Biografía de Ana Frank

CAROL ANN LEE

Biografía de

Ana Frank

1929-1945

Traducción de
Mónica Rubio

PLAZA & JANÉS EDITORES, S.A.

Título original: *Roses from the Earth: The Biography of Anne Frank*
Ilustraciones interiores: © Fundación Ana Frank. Basilea, Suiza

Primera edición: mayo, 1999

Publicado por acuerdo con el autor

© 1998, Carol Ann Lee
© de la traducción, Mónica Rubio
© 1999, Plaza & Janés Editores, S. A.
   Travessera de Gràcia, 47-49. 08021 Barcelona

Printed in Spain – Impreso en España

ISBN: 84-01-37641-6
Depósito legal: B. 17.843 - 1999

Fotocomposición: Zero pre impresión

Impreso en Hurope, S. L.
Lima, 3 bis. Barcelona

L 376416

Una persona vale más que un libro.

Miep Gies

Índice

Nota de la autora

He recurrido a una amplia selección de fuentes literarias en mi intento por entender el pasado y las figuras centrales de este libro. Mi más profundo agradecimiento a aquellos autores y editores que me han dado permiso para copiar material. Aunque hemos hecho todos los esfuerzos posibles para localizar derechos, me disculpo por cualquier posible omisión. Se ruega a cualquiera que crea tener derechos sobre estas omisiones se ponga en contacto con la autora.

Todas las fotografías y citas del diario de Ana están bajo copyright del Anne Frank-Fonds, Basilea, Suiza. Las cartas de la familia Frank y las memorias de Otto Frank han sido utilizadas por gentileza de Buddy Elias.

Prefacio

Mi interés por Ana Frank empezó a edad muy temprana. Encontré un relato de su historia cuando tenía seis o siete años y leí el diario a los diez. La pregunta más habitual de la gente a lo largo de los años y en particular durante el tiempo en que estaba escribiendo este libro es: ¿qué te condujo con tanta fuerza hacia Ana Frank? No creo que ni yo misma lo supiera hasta que tuve que responder a otra cuestión: al escribir este libro, ¿descubrí algo que me llevó a cambiar de opinión sobre Ana Frank y la persona que a mí me parecía que era? Contesté instintivamente: «No, en absoluto. Me gustaba mucho al principio; me sigue gustando.» Es así de sencillo.

No hay duda, sin embargo, de que desde que leí el diario por primera vez mi interés creció hasta convertirse en una fijación que ha tenido su culminación en este libro. No obstante, sin la ayuda de ciertas personas habría sido una labor mucho más difícil. La lista es demasiado larga como para citarla aquí, pero incluye a todos aquellos que fueron lo bastante amables para compartir su tiempo y sus recuerdos conmigo. Entre ellos están: Eddy Fraifeld, Jetteke Fridja, la doctora Trude K. Holländer, Bernard Kops, Herbert Levy, Jacqueline van Maarsen, Edmond Silverberg, Eva Schloss, Alice Schulmann, Lotte Thyes y Betty C. Wallerstein. A Hanneli Pick-Goslar, con la que mantuve correspondencia pero no pude conocer debido a diversas circunstancias, también me gustaría expresarle mi agradecimiento. Me disculpo con aquellos cuyo testimonio no he podido incluir.

Recibí asimismo una inestimable ayuda de diversos archivistas, bibliotecarios y particulares, en especial: Horst Hoffman, de la Casa Frank-Loeb'sches en Landau; el doctor Appel, de los archivos de la ciudad de Landau; Joan Adler; Wolf von Wolzogen, del Museo Histórico de Francfort; el personal de la exposición «Anne aus Frankfurt»; Gillian Walnes y Barry van Driel, del Anne Frank Educational Trust; Jan Erik Dubbelman, del Anne Frank Stichting; Fama Mor, del Centro Simon Wiesenthal; la Fundación Shoah y

Michael Enge; el personal de la Wiener Library de Londres; David Barnouw y Manon Wilbrink, del Netherlands State Institute for War Documentation; el personal de Yad Vashem en Israel; Aaron T. Kornblum del United States Holocaust Memorial Museum y el personal de los museos de Belsen y Westerbork y centros para el recuerdo.

Respecto a las fuentes de material y los consejos me gustaría destacar a Jon Blair, Gerrold van der Stroom, Dick Plotz y John Francken. También debo dar las gracias a Christoph Knoch por su ayuda con las fotografías.

Agradezco a Rosalba Venturi, Liz Kim y Anthony Tisbury de K. International sus traducciones del holandés al inglés, y a David Nuth por sus traducciones del alemán al inglés.

Hay un puñado de personas de cuya paciencia he abusado de manera especial. En Inglaterra mi agente, Jane Judd, y mi editor en Penguin, Andrew Kidd, me han guiado y apoyado. En Holanda, Françoise Gaarlandt-Kist y Jan Geurt Gaarlandt de Balans han hecho lo mismo. Me gustaría dar las gracias a Jan Michael por todo esto y por su hospitalidad en Amsterdam. Por recordarme que vivo en el presente tanto como en el pasado debo dar las gracias a mi familia y mis amigos, que han estado junto a mí cuando los necesitaba.

Finalmente hay cuatro personas sin las cuales, por diversas razones, este libro no podría haber sido escrito. Son: mi madre, mi marido Nick, Buddy y Gerti Elias y, naturalmente, Ana Frank. A todos ellos les dedico este libro.

Nota previa
de Buddy Elias

El 10 de septiembre de 1997 la oficina del Anne Frank-Fonds me envió la primera carta de Carol Ann Lee dirigida a mí. Soy el último pariente vivo de Ana Frank, su primo al que llama Bernd en el *Diario*, y soy presidente de la Fundación.

Leí la primera línea: «Apreciados señores, les escribo para preguntar si considerarían dar su aprobación a un libro que estoy escribiendo sobre la vida de Ana Frank.»

Mi primer pensamiento fue: otro escritor tratando de hacer dinero con Ana Frank. Pero seguí leyendo y, línea a línea, mi impresión fue cambiando. Me di cuenta de que esto era diferente, prometedor, interesante: una joven cuya vida, desde la primera infancia, estuvo afectada por Ana Frank, su diario, su corta vida, su destino. Me sentí conmovido.

Quedé aún más impresionado por la primera carta que me dirigió personalmente, para informarme de que su prevista biografía de Ana tenía tal importancia para ella que si no tenía éxito, consideraría su carrera como un fracaso. ¿Melodramático? No; para mí, creíble, sobre todo tras haber recibido y leído los dos primeros capítulos: prueba notable de una meticulosa investigación, de un talento evidente.

Y entonces conocí a Carol, cuando vino a hacerme una entrevista para que le contestase unas cuantas preguntas. Aquello se convirtió en una conversación que duró casi tres horas, mientras intercambiábamos preguntas y respuestas y hablábamos sobre Ana, su familia, su vida, mi vida, mi familia; en resumen, Carol sabía ya tanto que era evidente que estaba más que capacitada para hablar al mundo del fenómeno de Ana Frank. Sus conocimientos no sólo eran asombrosos, sino que además su amor y su dedicación a esta causa me conmovieron.

Este libro será enriquecedor para todos aquellos que se interesen por Ana Frank, por su corta vida, su familia y las circunstancias que llevaron a su destino terrible. Y, aún más importante, este libro es fundamental para todos aquellos que sólo tienen una vaga idea acerca de lo que fue el Holocausto y especialmente para aquellos que aún creen que nunca sucedió.

BUDDY ELIAS.

Prólogo

Karl Josef Silberbauer, el hombre que detuvo a la familia Frank, entrevistado en 1963 por el periodista holandés Jules Huf:

JH: ¿No lamenta lo que hizo?

KJS: Por supuesto que lo lamento. A veces me siento como un auténtico marginado. Cada vez que quiero tomar el tranvía tengo que comprar un billete, como cualquier otro. Ya no puedo mostrar mi tarjeta de policía.

JH: ¿Y qué me dice de Ana? ¿Leyó usted su diario?

KJS: Compré el librito la semana pasada para ver si era mencionado en él. Pero no lo soy.

JH: Millones de personas han leído el diario antes que usted. Pero usted pudo haber sido el primero en leerlo.

KJS: Es muy cierto. Nunca lo había pensado. Después de todo quizá debería haberlo recogido...[1]

4 de agosto de 1944, media mañana en Amsterdam, tiempo cálido y sereno. En la oficina principal del 263 de Prinsengracht fragmentos de luz, el reflejo del sol brillando en el canal, formaban extraños dibujos en el techo. El único sonido que podría oírse —el ronroneo de los molinos de especias del almacén de abajo— había enmudecido. Los miembros de la oficina estaban ocupados en sus tareas rutinarias: Bep Voskuijl, mecanógrafa de veinticinco años de edad, revisaba detenidamente los libros de recibos mientras que Miep Gies, de veinticinco, y Johannes Kleiman, de cuarenta y ocho, estaban igualmente enfrascados en su trabajo. Nadie advirtió el murmullo de un coche que se detenía en la calle. Vehículos de todas clases aparcaban junto al canal a diario. No había nada raro en ello, aunque el coche hubiera parado justo delante del almacén.[2]

Bep recuerda: «La puerta principal se abrió y alguien subió por las escaleras. Me pregunté quién sería. A menudo teníamos visitas. Pero esta vez oí que eran varios hombres...»[3]

La puerta de la oficina se abrió. Un hombre alto y delgado vestido con ropa de civil, se encontraba en el pasillo. Tenía «un rostro alargado, seco, amarillento»[4] y llevaba una pistola en la mano. Apuntándoles con el arma les advirtió: «Quédense ahí sentados y no se muevan.» Luego salió, dejando a los tres inmóviles, conmocionados. Miep dijo de pronto: «Bep, ya está.»[5]

En la oficina contigua Victor Kugler oyó pasos en el pasillo. Su puerta también se abrió. Se sobresaltó al ver a los hombres que tenía delante.

Kugler no sabía sus nombres, pero uno de ellos era Karl Josef S3ilberbauer, un hombre robusto de cuarenta y tantos años, insignificante a no ser por su uniforme de la Gestapo. Iba acompañado de tres o cuatro nazis holandeses vestidos de paisano, que se comportaban «como detectives de una película policíaca».[6] Uno de ellos era Maarten van Rossum, un conocido colaboracionista.

El oficial de la Gestapo se adelantó.

—¿Quién es el dueño de esta casa? —preguntó con un notable acento vienés. Kugler le dio el nombre y la dirección del casero—. No me refiero a eso. ¿Quién está a cargo de esto?

—Yo —contestó Kugler.

Uno de los nazis holandeses se acercó al escritorio.

—Lo sabemos todo. Han sido denunciados. —Hizo una pausa y luego agregó—: Están ocultando judíos. Se encuentran en este edificio. Llévennos hasta ellos.

Kugler enrojeció hasta la raíz del cabello. Todo había terminado. Se levantó y les condujo arriba.

Miep jugueteaba con su bolso, sacando las cartillas de racionamiento ilegales necesarias para alimentar a ocho personas escondidas. Las dejó sobre su regazo mientras rebuscaba de nuevo en el bolso, sacando dinero y la comida de su marido, Jan. Había pasado un tiempo desde que se habían marchado los holandeses. Cuando llegó Jan, eran las doce menos cuarto. Miep le detuvo en la puerta, le dio el dinero, la comida y las cartillas de racionamiento y susurró con urgencia: «Tenemos problemas.» Él supo exactamente a qué se refería. Rápidamente y en silencio salió del edificio.

Miep: «Después, parece ser que estaba presente otro holandés y un hombre que hablaba alemán (qué más tarde resultó ser austriaco, nacido en Viena como yo). Era el que estaba al mando. Les oí subir, y el señor Kugler tuvo que acompañarles...»[7]

Kugler, Silberbauer y los nazis alemanes estaban en el pequeño pasillo que unía la parte delantera de la casa con la trasera, en el piso de arriba de las oficinas. Había una librería al final de un pasillo, una puerta con un dibujo de rombos en la otra y un par de ventanas a un lado, parcialmente oscurecidas con papel rígido.

Kugler: «Por fuera yo mostraba una gran calma, pero por dentro estaba aterrorizado... Habíamos llegado al lugar crucial...»[8]

Señaló la librería; sus estantes estaban repletos de viejos archivadores de la oficina con los nombres «Opekta» y «Pectacon». Los hombres vestidos de calle la zarandearon, pero la librería permaneció firme.

«La librería no cedió ni un centímetro —asegura Kugler—. Una y otra vez trataron de moverla, pero no lo consiguieron. Al final encontraron el gancho que mantenía la librería en su sitio. Soltaron el gancho y movieron la librería...»[9]

Se abrió de par en par revelando una puerta lisa gris. Uno de los nazis holandeses hizo girar el picaporte; un tramo de gastados y altos escalones se adentraba en la oscuridad. Al pie de la escalera, a la izquierda, había un estrecho pasillo; a la derecha, un pequeño lavabo.

«Había llegado el momento que había temido durante dos años Supe que nos habían traicionado. Las ocho personas que se encontraban en el anexo secreto estaban condenadas; un destino terrible les esperaba a todos.»[10]

Silberbauer empuñó entonces su pistola. Empujó a Kugler delante de él, con la pistola apoyada en su columna vertebral, y le ordenó que entrara.

Kugler caminó lentamente por el pasillo y entró en una habitación de techo bajo. La habitación era desagradablemente húmeda, como siempre en los meses de verano. La ventana nunca se abría, las cortinas amarillentas nunca se corrían para permitir que el aire ventilase las rancias habitaciones. El papel de la pared se desprendía del yeso, descolorido por el tiempo, y la pintura oscura de los marcos estaba descascarillada.

Kugler alzó los ojos para mirar a la mujer judía de cabello oscuro que estaba de pie junto a la mesa, con una expresión a la vez preocupada y confusa. «La Gestapo está aquí», dijo Kugler.

Abajo, uno de los nazis holandeses entró en la oficina en la que Bep, Miep y Kleiman seguían esperando. Dijo a Kleiman que le acompañase al despacho de Kugler. Diez minutos más tarde, Kleiman reapareció solo; le habían ordenado que entregase a Miep las llaves del edificio. Le tendió a Bep su cartera y le dijo que se la llevase a un amigo que tenía una farmacia en la cercana Leliegracht. «Dile que se la entregue a mi mujer», dijo Kleiman, para que Bep pudiera escapar. Antes de volver al despacho trasero, metió las llaves en la palma de Miep y susurró: «Asegúrate de quedar fuera de esto, Miep; no puedes salvarnos ahora, así que haz lo que sea mejor de momento.»[11]

Miep siguió allí sentada en silencio. Cuando después de la guerra le preguntaron si alguna vez había tenido un plan para semejante eventualidad, ella contestó: «No, no. Estábamos seguros de que nunca sucedería.»[12]

En la pequeña y húmeda buhardilla bajo el ático, Otto Frank estaba dictando en inglés a Peter van Pels, un chico de dieciocho años. Corregía los errores de Peter cuando oyó a alguien subir a toda prisa por la escalera, sin esforzarse por ser silencioso. Otto se sobresaltó. La puerta se abrió de par en par y un hombre les apuntó con una pistola:

—Arriba las manos.

Les cachearon. Al no encontrar nada, el hombre les indicó con la pistola que salieran. Caminaron delante de él y entraron en el cuarto de los padres de Peter, donde el señor y la señora van Pels y Fritz Pfeffer, que compartían su escondite, estaban de pie con las manos sobre la cabeza. Otro nazi holandés les vigilaba y ordenó:

—Abajo.

En la habitación de los Frank, Edith Frank y las dos niñas,

Margot y Ana, estaban de pie con las manos en alto. Margot sollozaba suavemente. Kugler estaba allí, junto con un tercer nazi holandés y Silberbauer, que empuñaba su pistola. El sol brilló a través de las gruesas cortinas.

Otto: «No había imaginado ni por un momento cómo sería si venían. Era impensable. Y allí estaban.»[13]

Silberbauer les miraba fijamente. No hubo histerismos. Miró a Otto Frank e inquirió:

—¿Dónde están sus objetos de valor?

Otto señaló un armario. Silberbauer sacó una pequeña caja de caudales. Dentro había unas cuantas joyas y un rollo de billetes. Les echó un vistazo y vio luego la cartera de Otto. La alzó y la sacudió: cuadernos, hojas sueltas y un álbum de autógrafos con tapas de cuadros cayeron al suelo. Vació la caja de caudales en la cartera, junto con algunos objetos de plata y un candelabro de siete brazos de latón.

—¿Tienen alguna arma? —preguntó cerrando la cartera de un golpe. Todas las cabezas negaron—. Bien. —Silberbauer se detuvo un momento a pensar y luego dijo—: Prepárense. Vuelvan todos aquí dentro de cinco minutos.

El grupo se dispersó. Los Van Pels subieron por sus mochilas. Durante los dos años que llevaban escondidos, el principal temor de los fugitivos, aparte de ser descubiertos, era que la casa de estructura de madera se incendiase. Por esta razón todos disponían de una «bolsa de emergencia» por si tenían que evacuar el anexo. Naturalmente no tenían idea de dónde podrían encontrar otro cobijo.

Ana y Pfeffer entraron en la habitación que compartían, dejando a Otto, Edith y Margot con Silberbauer y los nazis holandeses. Otto descolgó su bolsa de un gancho. Silberbauer caminaba por la habitación. Un mapa del avance aliado colgaba de una pared; pequeños alfileres rojos marcaban su avance. Otros estaban clavados en el papel de pared descolorido de flores esperando para ser utilizados. Junto al mapa había una columna de líneas horizontales hechas a lápiz con letras y fechas. «A,1942», «A,1943», «A,1944». En cierto momento Otto le comentó a Silberbauer cuánto tiempo llevaban escondidos.

—¿Dos años? —Silberbauer estaba sinceramente asombrado—. No le creo.

Otto señaló las marcas de la pared.

—Así medíamos la altura de mi hija pequeña mientras estuvimos aquí.

Silberbauer se sorprendió aún más cuando vio un baúl gris del ejército entre las pulcras camas y la ventana.

—¿Dónde consiguió esto? —preguntó bruscamente.

—Me pertenece —dijo Otto—. Fui teniente del ejército alemán durante la Gran Guerra.

Silberbauer enrojeció.

—¿Por qué demonios no ha informado de su grado? —preguntó—. ¡Le habrían enviado a Theresienstadt y se le habría tratado decentemente!

Otto no contestó. Silberbauer evitó su firme mirada.

Kugler: «Vi a Silberbauer luchando con sentimientos encontrados... Se había puesto firmes ante el señor Frank y me dio la sensación de que una orden enérgica le habría hecho saludar.»[14]

Silberbauer se volvió y corrió escaleras abajo. Regresó al cabo de un instante y gritó:

—¡No hay prisa, tómense el tiempo que quieran! —Le dijo lo mismo a sus subordinados.

Otto: «Quizá nos hubiese dejado ir si hubiera estado solo.»[15]

El nazi holandés que amenazó a los tres de la oficina en primer lugar volvió abajo y se sentó sobre el escritorio de Bep. Miep le oyó telefonear para pedir un coche; luego Silberbauer entró y se colocó delante de ella:

—Ahora le toca a usted —dijo.

Ella decidió correr un riesgo y comentó:

—Es usted de Viena, ¿verdad? Yo también.

Silberbauer se la quedó mirando y le pidió los papeles.

Miep le tendió su tarjeta de identidad. Él paseó la vista por la tarjeta, advirtiendo que el nombre era Gies. Uno de los negocios que había en el edificio era Gies & Co. De pronto se volvió y gritó a los civiles:

—¡Salgan de aquí! —Los hombres huyeron hacia la puerta. Silberbauer tiró la tarjeta y exclamó:

—¿No le da vergüenza? ¡Es una traidora a su país! ¡Ayudando a judíos! ¡Merece el peor castigo! —Miep siguió callada. De pronto, Silberbauer recuperó la compostura e inquirió, pensativo—: ¿Qué hago con usted? —Inclinándose, le cogió las llaves y añadió—: Por pura simpatía personal, puede quedarse aquí. Pero que Dios ayude a su marido si usted desaparece. Porque entonces... nos lo llevaremos.

—¡Déjenle en paz! —exclamó Miep—. ¡Él no tiene nada que ver!

—No sea estúpida, niña —replicó Silberbauer—. Él sí tiene que ver. —Y al salir dijo—: Volveré.

Miep: «No tenía idea de qué estaba sucediendo en el resto de la casa. Me encontraba en un estado mental terrible. Me sentí como si estuviera cayendo...»[16]

En el anexo Ana dio unos golpecitos en el hombro de su padre. Le tendió un puñado de objetos. Otto los revisó rápidamente, diciéndole lo que se tenía que llevar y lo que no.

Otto: «Ana caminaba adelante y atrás y ni siquiera miró la cartera donde guardaba el diario. Quizá tuviese la premonición de que ya todo estaba perdido.»[17]

Nadie mostró emoción alguna. Finalmente todos estuvieron preparados y entonces, uno por uno, pues el camino era muy estrecho, avanzaron a lo largo del pasillo hacia la librería móvil. Cuando todos hubieron salido al descansillo, uno de los policías cerró la puerta y colocó la librería en su sitio.

Sola en su oficina, Miep los oyó bajar por las escaleras, «como perros apaleados».[18]

Se reunieron en el despacho privado, entre los elegantes muebles que Otto Frank había escogido con orgullo años antes. Kugler ya estaba allí y Kleiman entró inmediatamente después. Un nazi holandés se encontraba entre ellos, mientras Silberbauer hacía preguntas primero a Kugler y luego a Kleiman. La respuesta era siempre: «No tengo nada que decir.»

—Muy bien —soltó Silberbauer, enrojeciendo—, entonces ustedes también vendrán.

Jan Gies se encontraba junto al hermano de Kleiman, al otro lado del canal. Vieron una camioneta sin ventanillas de la policía aparcar frente al número 263 de Prinsengracht y a una muchedumbre de curiosos que se reunía alrededor.

Kleiman y Kugler fueron los primeros en salir del edifico. Les seguían los ocupantes del anexo secreto, a quienes el aire fresco y la luz directa del sol les parecía una anomalía tras dos años de confinamiento.

Otto: «Nuestros dos empleados del almacén se quedaron en la entrada mientras bajábamos, Van Maaren y el otro, pero no los miré cuando pasábamos delante de ellos y en el recuerdo sólo veo sus caras como discos pálidos y vacíos que no se movían.»[19]

Dentro de la camioneta, Kleiman se sentó en el banco justo detrás del conductor y a medida que sus ojos se habituaban a la oscuridad, vio que había otro hombre sentado enfrente. Los otros iban subiendo y acomodándose. El conductor susurró a Kleiman: «No hable ahora. Es uno de ellos.»[20] Inclinó ligeramente la cabeza hacia el hombre del rincón mientras las campanas de la Westertoren repicaban. Luego las puertas se cerraron de golpe y la oscuridad reinó entre ellos.

La luz del sol penetró en la habitación formando un arco, iluminando el desorden dejado por torpes manos. Revuelto por el suelo, exactamente como la Gestapo lo había dejado, estaba el contenido de la cartera. Todo estaba cubierto por la misma escritura inclinada: largos trazos puntiagudos, como dedos acusadores, en papeles coloreados, cuadernos escolares, bajo fotografías en un viejo álbum gastado, «Ésta es una fotografía mía con el aspecto que siempre he deseado tener...», «Esto es junio de 1939. Margot y yo acabábamos de salir del agua y recuerdo que tenía mucho frío...»,[21] y debajo una fotografía descolorida de una niña inclinada sobre una barandilla, con el pelo oscuro flotando en la brisa primaveral: «Se supone que la abuela debería estar en la foto. Margot apretó el obturador y cuando la revelamos vimos que la abuela había desaparecido...»[22]

En medio de todo aquel jaleo yacía un libro de tapas de cartón, y otro, y otro más, todos abiertos y sacudidos, todos con la característica letra: «La atmósfera es tan opresiva, soporífera y pesada como el plomo; no se oye ni un pájaro cantar fuera y un silencio mortal y sofocante flota por todas partes, atrapándome como si quisiera arrastrarme a un mundo subterráneo... Ya ni siquiera puedo responder; voy al sofá, me tumbo y duermo para que el tiempo pase más deprisa, y la quietud y el miedo terrible, porque no hay modo de matar el tiempo...»[23] En el último de los libros la misma mano curiosa e inclinada había escrito: «*El anexo secreto. El diario de Ana Frank. De abril de 1944 hasta...*»[24]

Hasta el 4 de agosto de 1944. La escritora se había ido.

PRIMERA PARTE
1929-1940

Seguimos formando parte de la vida diaria

1

—Blurry, ¿por qué te escapaste?

—Quería descubrir el mundo —fue su respuesta.

—¿Y lo descubriste?

—Oh, he visto muchas, muchas cosas. Me he convertido en un oso con mucha experiencia.

—Sí, eso ya lo sé; pero te pregunto si has descubierto el mundo.

—No, no... la verdad es que no; ¿sabes? ¡no he podido encontrarlo!

Cuentos del anexo secreto:
Blurry el explorador, de Ana Frank

«Pim es un gran optimista —dijo una vez Ana de su padre—, pero siempre encuentra una razón para su optimismo.»[1] Otto Frank, sus dos hermanos y su hermana menor, que habían crecido en el opulento oeste de Francfort, tenían pocas razones para pensar que la vida debía ofrecer más que cosas buenas. Era un vecindario establecido en la familiaridad y la calidez, poblado sobre todo por familias judías liberales que habían trabajado duro para construir allí sus casas. La madre de Otto, Alice Betty Stern, encontró antepasados de finales de siglo XVI en los archivos de la ciudad; muchos de sus ancestros se habían distinguido en la sociedad y el comercio alemanes. Sin embargo, los padres de Alice tenían antepasados que habían vivido en la conocida Francfort Judengasse. Su bisabuelo paterno, Abraham Süsskind Stern, había nacido en la Espada Dorada de la Judengasse, mientras que uno de los parientes de su madre, Nathan Michel Cahn, había sido el escriba del asilo de ancianos. La Judengasse era un semicírculo estrecho, «una estrecha callejuela, más suburbial y superpoblada que cualquier otra vivienda de Francfort. Era un recinto cerrado y quedaba apartado del resto de la ciudad por altos muros y tres pesadas verjas. Las verjas estaban custodiadas por soldados y se cerraban por la noche, todo el día durante los domingos y las fiestas cristianas y desde el Viernes Santo hasta después de la Pascua. En ella vivía la mayor comunidad judía de Alemania en condiciones de casi total aislamiento o *apartheid*.»[2]

A pesar de tener unos orígenes tan humildes, cuando August Heinrich Stern y Cornelia Cahn se casaron el 3 de marzo de 1865 no tenían problemas financieros y habían dejado atrás la Judengasse. Alice, su única hija, nació el 20 de diciembre de 1865 en la casa familiar de Langestrasse. Tenía veinte años cuando se casó, no con otro miembro de una eminente familia judeoalemana, como hubiera sido de esperar, sino con un hombre ajeno a los círculos de Francfort, que había hecho dinero por su propia cuenta.

Michael Frank había llegado a Francfort lleno de confianza, determinación y quizá una pequeña ayuda monetaria de su padre. Procedía de Landau, en el Rhineland-Pfalz, una ciudad cuya comunidad judía había sido expulsada sangrientamente varias veces antes de conseguir un estatus cívico pleno el año del nacimiento de Michael. Su padre, Zacharias Frank, un banquero que había comprado varios viñedos en Albersweiler, era famoso por sus fiestas de después de la cosecha. En 1870 compró la hermosa taberna con galería del siglo XV Zur Blum, en el centro de Landau. La propiedad permaneció en posesión de la familia durante casi ochenta años, pero cayó en ruinas durante la Segunda Guerra Mundial y después de ésta. Se ha restaurado recientemente y abierto al público como La Casa Frank-Loeb. Una fotografía de Michael Frank nos contempla desde sus muros, pero en realidad Michael y la mayor parte de sus parientes habían abandonado Landau en la época en que Zacharias compró la casa.[3]

Nacido el 9 de octubre de 1851, Michael fue el séptimo de once hijos. De los once sólo dos se quedaron en Landau, y cuando las dos hermanas de Michael, Rosalia y Caroline, se casaron con prósperos hombres de Francfort, él decidió que aquél sería el lugar donde probara su suerte.

Francfort era el destino lógico de un joven que quería mejorar. La situación central de la ciudad, en las riveras del río Main, la convertía en un lugar ideal para el comercio, aunque cuando Michael

Frank llegó allí en 1879, la población judía acababa de adquirir el derecho a participar plenamente en la vida comercial. Durante siglos, había existido un gueto judío en Francfort. Tras un pogromo en 1614 en el que todos los judíos fueron expulsados de la ciudad, los que volvieron fueron obligados a identificarse con una insignia redonda cosida a sus ropas. En el siglo XVIII las minúsculas casas hacinadas a lo largo de la Judengasse y la Konstablerwache eran tan raquíticas que incluso la insolidaria prensa francesa dedicó un artículo a hacerse eco de sus peticiones. Durante determinados días se prohibía a los judíos circular por las calles y su libertad para comerciar estaba estrictamente limitada a los negocios que más tarde los nazis les acusarían de monopolizar. Sólo se permitían doce matrimonios al año y la Francfort Kehillah impedía a las chicas circular fuera del gueto. Finalmente, a principios del siglo XIX, como resultado del empeño de judíos y no judíos, las leyes fueron suavizándose progresivamente y los judíos consiguieron igualdad de derechos. Cuando Michael Frank llegó a Francfort el odiado gueto estaba siendo desmantelado. Aun así seguía latiendo un resto de antisemitismo bajo la superficie del nuevo liberalismo.

Después de su matrimonio el 3 de enero de 1885 con Alice Stern (a la que Ana describe en su diario como «una mujer muy querida y lista que se lleva bien con todos sus conocidos, amigos y parientes y haría cualquier cosa por ellos»),[4] Michael Frank empezó a negociar con acciones y bonos, moneda extranjera y letras de cambio. Invirtió en varias compañías, entre ellas una fábrica de cigarros, una empresa de comida para niños, una imprenta y una marca de pastillas para la tos. Ayudado por los pagos de repatriación de la guerra francesa, la economía alemana prosperaba y las compañías de capital social florecían. En 1900 Michael era un hombre satisfecho, que había vendido muy provechosamente todas sus acciones excepto las de las pastillas Fay. Aunque sus abuelos no eran tan ricos como Ana pretendía (en su diario habla de ellos como de «millonarios»),[5] su futuro parecía asegurado. La empresa privada de banca de Michael se trasladó a una zona elegante para adaptarse a los crecientes negocios y los Frank también necesitaron una casa más amplia: por aquel entonces ya tenían cuatro hijos.

El padre de Ana, Otto Heinrich, era el hijo mediano, nacido el

12 de mayo de 1889. Robert había nacido el 7 de octubre de 1886 y Herbert el 13 de octubre de 1891. Helene, llamada Leni, les siguió el 8 de septiembre de 1893. Como hija única, pequeña y frágil, Leni fue muy protegida, sobre todo por Otto, que la llamaba afectuosamente Lunni o Lunna. En 1902 la familia se mudó a una estupenda casa en el número 4 de Jordanstrasse, en la parte oeste. La casa había sido construida el año anterior y, aunque no era ostentosa, sus balcones le daban un aire de noble confort. Al igual que sus vecinos, y aproximadamente el 80 por ciento de los judíos alemanes, los Frank pertenecían a la congregación liberal judía y tenían amigos de diversas creencias y distinto origen. Otto dijo que no podía recordar «haber conocido nunca a un antisemita durante mi juventud en Francfort. Ciertamente había algunos, pero yo nunca conocí a ninguno.»[6] Poco tiempo antes de su muerte, sin embargo, Otto mostró a un amigo una fotografía de sus amigos de infancia y admitió: «Todos se convirtieron en nazis.»[7]

Ana describió la juventud de su padre como «la educación de un auténtico niño rico, fiestas todas las semanas, bailes, festividades, bonitas chicas, valses, cenas, una gran casa, etc., etc. Antes de la guerra, aún tenían unos cuantos parientes ricos, como Olga Spitzer en París y Milly Stanfield en Londres. Y Jacob y Herman en Luxemburgo tampoco podían quejarse de falta de dinero. Papá fue, por tanto, sumamente bien educado...».[8] Una fotografía de los Frank en un elegante balneario de la Selva Negra en 1900 les muestra exquisitamente vestidos. Michael Frank, con bigote y bombín, y Alice Frank, robusta y guapa, posan detrás de Otto, Helene y Herbert. Robert está de pie a la derecha, con una masa de bohemios rizos negros, y aparenta más de los catorce años que tiene. Otto, de once años, viste un moderno traje de marinero y sostiene un sombrero de paja, sentado en la fila de delante junto a su hermana Leni. Hay un marcado parecido entre Otto y su futura hija Ana a la misma edad; comparten rostros estrechos y agudos, pero también hay algo de Leni en Ana cuando ésta se convirtió en adolescente —la misma belleza alargada, expectante, pómulos altos y ojos profundos e inteligentes—. Al contemplar una fotografía de Leni sentada en el hombro de Otto, cuando estaba en plena adolescencia, no podemos evitar preguntarnos cuán grande habría llegado a ser ese parecido.

Los días escolares de Otto transcurrieron en el Lessing Gymnasium, y recibió el Abitur (certificado final) con matrícula de honor al graduarse. Sus pasiones eran el arte, la arqueología y la antigüedad griega y romana, pero sabía que en el futuro sus hermanos y él tendrían que administrar los negocios bancarios. Sin embargo, Michael Frank no encaminó a sus hijos obstinadamente en esa dirección; invirtió en un negocio de arte en Francfort y colocó a Robert (que por aquel entonces estudiaba historia del arte) al frente. Quizá movido por la comprensión de su padre hacia las inclinaciones de Robert, en 1908 Otto inició un curso de historia del arte en la Universidad de Heidelberg, donde trabó amistad con un recién llegado de la Universidad de Princeton, en América, Nathan Straus.[9] La relación sería una de las más importantes en la vida de Otto, y duró a lo largo de las dos guerras mundiales y después. Straus era hijo de Nathan Straus, sénior, dueño de Macy's en Nueva York. Según el historiador de la familia, Nathan júnior era «muy pendenciero, como su padre... capaz de grandes gestos, pero imprevisible».[10] Uno de sus grandes gestos fue ofrecer a Otto un trabajo en Macy's, que Otto aceptó, abandonando Heidelberg sólo un trimestre después de haber empezado.

Otto se enamoró del descaro, el ritmo y la impresionante volubilidad de Nueva York. Ésta representaba el nuevo siglo, y trabajando en el mejor de sus grandes almacenes, Otto aprendió mucho de negocios. Pero en septiembre de 1909 supo que su padre había muerto.[11] Otto volvió a casa inmediatamente.

La propiedad del banco pasó a Alice, la viuda de Michael, pero fue sobre todo Otto el que asumió el control del negocio. Un año más tarde entró a trabajar a tiempo completo de administrativo en una compañía metalúrgica de Dusseldorf. Seguía trabajando en Dusseldorf y cumpliendo con sus obligaciones en el banco familiar, con frecuentes viajes a Nueva York, cuando estalló la Primera Guerra Mundial.[12]

Cien mil judíos lucharon en el ejército alemán durante la Gran Guerra. Otto, Robert y Herbert Frank fueron llamados a filas. Otto entró a formar parte de la artillería como telemetrista unido a la infantería. La mayor parte de los hombres de su unidad eran topógrafos o matemáticos. En agosto de 1915 Otto estaba siendo adiestrado en un depósito en Maguncia y escribió a casa lleno de entusiasmo, convencido de que Alemania iba a triunfar: «Me metí en el jergón a las once. ¡Diecinueve hombres en una habitación destinada a ocho! Hoy nos han dicho en qué unidades estamos y nos han dado ropa. Después hubo una gran limpieza "casera". Tuve que limpiar las ventanas, lustrarme las botas, etc. Me alegro de haber llegado a este lugar, ya que aparentemente era el último transporte hasta aquí; cualquier cosa posterior ha sido cancelada. Muchos también han solicitado venir y unirse a la victoria.»[13]

Un año más tarde se lanzó la ofensiva del Somme. Cuando acabó la campaña Gran Bretaña había perdido 400.000 de sus soldados, Francia 200.000 y Alemania 450.000. Otto Frank estaba entre los supervivientes. Existe aún un puñado de cartas de Otto desde el frente oriental.[14] En ellas rara vez menciona sus experiencias como soldado, sin duda deseaba ahorrar a la receptora de sus cartas —su hermana menor— los siniestros aspectos de su vida diaria. En lugar de ello, Otto aconseja a Leni acerca de sus problemas al hacerse mayor, su interés por los chicos y su relación algo menos armoniosa con su hermano mayor, Robert. Es fácil establecer comparaciones con la futura relación de Otto con Ana. Se refiere repetidamente en sus cartas a la importancia de la comunicación entre las familias y, prefigurando los años de refugiado cuando la suya iba a ser la tranquila voz de la razón, trata de resolver las peleas entre Leni y Robert, diciéndole a ella: «Me gusta actuar de mediador si eso ayuda a aclarar malentendidos... También tengo la sensación de que madres, hermanos y hermanas son las únicas personas dignas de confianza. Al menos así es en una familia judía como la nuestra.»[15]

Su referencia a la religión es interesante, pues durante la guerra Otto sintió con mucha intensidad que estaba luchando por su país y no había la menor sensación de dicotomía entre ser alemán y ser judío. En una carta de 1917 anhela la victoria alemana: «¡Me relamo ante las noticias de los periódicos, deseando que los rusos sientan el gran poderío de Alemania! Rusia no es capaz de pasar otro invierno más, así que yo sigo optimista.»[16] Retrospectivamente explicó: «Al haber nacido en Alemania en una familia integrada que había vivido en este país durante siglos, me sentía muy alemán»,[17] y, en otra carta: «No puedo pretender que no me sintiera judío en aquella época. Pero de algún modo era bastante alemán. De otro modo nunca habría llegado a ser un oficial alemán durante la Primera Guerra Mundial, ni habría luchado por Alemania. Pero más tarde, como sabemos, eso no supuso la más mínima diferencia a ojos de nuestros perseguidores.»[18]

Los alemanes se retiraron a la línea Hindenburg en febrero de 1917 y el jefe de la unidad de Otto, al que éste consideraba «un hombre decente y culto que manejaba su unidad con la mayor de las justicias»,[19] le propuso como candidato a oficial. Fue aceptado y fotografías de aquel año le muestran organizando maniobras sobre un gran tablero, o sentado tras un escritorio. Hacia finales de 1917 su unidad se desplazó a Cambray. En la mañana del 20 de noviembre trescientos veintiún tanques británicos aparecieron inesperadamente entre la niebla del amanecer y atacaron la línea Hindenburg. La de Otto fue la primera unidad de telemetristas que tuvo que enfrentarse a los tanques. En 1918 fue ascendido a teniente por su actuación en una valerosa acción de reconocimiento. Fue trasladado al muy bombardeado sector Saint-Quentin del frente. En su diario Ana escribe a menudo que él sufría mucho de los nervios, lo que pudo haber sido una consecuencia de su vida militar, pero no hay referencias de que sufriera alguna herida seria. En este sentido fue muy afortunado; Otto y sus hermanos estaban entre los pocos que volvieron a su hogar físicamente indemnes cuando acabó la guerra el 11 de noviembre de 1918.

Aunque los Frank no sufrieron pérdidas de vidas durante los años de la guerra, su riqueza se esfumó. Mientras Alice y su hija trabajaban de enfermeras voluntarias en el hospital del ejército de la Cruz Roja, ella hizo una mala inversión en bonos de guerra que, junto con la inflación, condujeron a la caída del negocio bancario familiar. Incluso la sociedad formada después de la guerra por Otto, Herbert y el marido de Leni, Erich Elias, fue incapaz de recuperarlo. El único medio posible para rescatar el negocio parecía ser la expansión extranjera y, en 1923, operando bajo el nombre Michael Frank & Hijos, Otto abrió una sucursal del banco en Amsterdam, en el 604 de la Keizersgracht.

Dos personas se incorporaron al banco holandés durante el primer año: Jacques Heuskin, de Luxemburgo, y Johannes Kleiman. Kleiman, nacido en 1869 en Koog aan de Zaan, iba a tener un papel fundamental en la vida de Otto Frank en los años siguientes. Miep Gies, que más tarde llegó a ser igualmente importante, le recuerda como «un hombre frágil, pálido, con gafas grandes y gruesas, nariz respingona y aspecto delicado. Era una persona callada cuya personalidad inspiraba inmediatamente una sensación de confianza y amabilidad.»[20] Kleiman y Otto enseguida se entendieron bien, aunque su amistad no sería íntima hasta diez años más tarde. A pesar de los esfuerzos de todos los implicados en 1924, Michael Frank & Hijos de Amsterdam fue liquidado.

Otto fue el último en casarse de todos los hermanos. Leni había sido la primera; se casó con Erich Elias en Francfort, el 16 de febrero de 1921. La pareja vivía con la madre de Leni en la casa de Jordanstrasse con su primer hijo, Stephan. Robert se había casado en julio de 1922 con Charlotte Witt. El hecho de que Charlotte no fuese judía no tenía importancia para la familia Frank, como comentó Otto a un amigo: «Mi hermano mayor se casó con una muchacha no judía. Ninguno de los dos son muy religiosos, aunque mi cuñada se ofreció a convertirse al judaísmo pero mi hermano no creyó que fuese necesario, aparte de que no tenían hijos.»[21] Herbert había conseguido salir de una desastrosa relación de tres años con una mujer americana llamada Hortense Schott. Otto parece haber tenido al menos una relación seria antes de casarse (hay referencias indirectas en el diario de Ana a una relación amorosa que Otto mantuvo o bien durante la guerra o justo después), pero en 1924 había terminado cualquier relación romántica y empezó a cortejar a la hija de un hombre de negocios de Aquisgrán, Edith Holländer.

Edith era la menor de cuatro hijos de un rico fabricante y su esposa. Su bisabuelo, Levy Elkan, se había casado dos veces y tuvo hijos de los dos matrimonios.[22] El abuelo de Edith, Carl Benjamin Holländer (conocido como Benjamin) era hijo del segundo matrimonio y el creador de la fortuna Holländer, que comerciaba con chatarra metálica y abrió varias fábricas metalúrgicas. El padre de Edith, Abraham, nació el 27 de octubre de 1860 en Eschweiler, una ciudad situada junto a las montañas Eifel. No se sabe mucho de los ocho hermanos y hermanas de Abraham, la mayoría de los cuales emigraron a Holanda, América, España y Rusia. Los que más cercanos se encontraban a él eran Karl, cinco años mayor, y Emanuel, un año mayor. Le tocó a Abraham llevar el negocio de su padre, ya que Emanuel, según una fuente de la familia, era «un bebedor y un jugador, y se gastaba el dinero en mujeres. Fue desterrado a América; el destierro que se estilaba en aquellos años».[23] Emanuel se casó con una mujer irlandesa y murió, sin hijos, en Nueva York. Karl murió en combate el 28 de diciembre de 1915.

Al parecer Abraham era más estable que su hermano Emanuel. Dirigió el negocio de su padre y fue un hombre de familia. Su mujer, Rosa Stern, nació el 25 de diciembre de 1866 en Langenschwalbach y dio a luz a su primer hijo, Julius, el 11 de diciembre de 1894, mientras vivían en Eschweiler. A continuación se trasladaron a Aquisgrán, en la frontera con Bélgica y Holanda, y alquilaron o compraron la casa del número 1 de Pastorplatz. Nació un segundo hijo, Walter, en 1897 y una hija, Bettina, en 1898. Edith era la menor, nacida el 16 de enero de 1900. Su infancia en la zona de clase media de Pastorplatz fue tranquila excepto por un incidente: la repentina muerte, de apendicitis, de su hermana mayor Betti a los dieciséis años, en 1914. Más tarde Edith nunca mencionó este incidente y hablaba con sus amigos y familiares de lo feliz que había sido su infancia, recordando especialmente la compañía de sus hermanos y las suntuosas cenas que daban sus padres para más de doscientos invitados.

El aspecto corriente de Edith y su amplia complexión eran compensados por unos ojos cálidos y atractivos y una cascada de cabellos, que llevaba recogidos en un moño a la moda hasta principios de los treinta. De naturaleza tímida, pero graciosa y amable, Edith tenía veinticuatro años cuando vio por primera vez a su futuro marido. No se sabe cómo se conocieron exactamente, pero fue gracias al negocio bancario de Frank. La familia Holländer cree hoy día que la boda fue muy conveniente para Otto que, según dicen, utilizó la considerable dote de Edith para «acabar con antiguas deudas... Otto Frank era obviamente el amo en el hogar».[24] Es imposible saber si fue así realmente. Sin duda la relación tuvo sus dificultades, pero Otto y Edith tenían mucho en común: sus antecedentes, su amor por el arte y la naturaleza, su respeto mutuo y, más tarde, sus hijas.

Se casaron el día del treinta y seis cumpleaños de Otto, el 12 de mayo de 1925, en la sinagoga de Aquisgrán. La ceremonia la ofició el rabino Davin Schoenberger y a ella asistieron ambas familias. Edith, once años menor que su esposo, estaba muy hermosa el día de su boda. Llevaba un vestido blanco de talle bajo muy elegante, justo por debajo de la rodilla, y adornado con flores naturales en la falda. Un velo largo bordado y zapatos blancos de trabilla completaban el atuendo. Otto llevaba un traje oscuro con chaleco de color crema y corbata de lazo a juego. Las fotografías de aquel día muestran a los participantes en la boda con actitud formal, los padres de Edith a su derecha —la mano del padre protectora sobre el hombro de la madre—, y a Alice Frank, muy elegante y orgullosa, sentada al lado de Otto. Viajaron de luna de miel a Italia y diversas fotografías ilustran la evidente felicidad de la pareja y el gusto innato y moderno de Edith por el vestir, ya fuese en la playa o caminando entre las exuberantes palmeras de San Remo.

De vuelta en Alemania se trasladaron a vivir con la madre de Otto, Leni, Erich y el pequeño Stephan. El segundo hijo de Leni y Erich, Bernhardt, nació el 2 de junio de 1925. Stephan puso a su hermanito el sobrenombre de Buddy, como un boxeador que conocía, y a partir de entonces Bernhardt pasó a ser llamado Buddy por todo el mundo excepto por su tío Otto, que siempre le llamó Berndt, y su tía Edith, que se dirigía a él como Bernd.[25] Había por aquel entonces dos niños pequeños en la casa de Jordanstrasse y al año siguiente un tercero se unió a ellos.

Margot Betti nació el 16 de febrero de 1926; su segundo nombre se le puso en honor de la hermana de Edith. El interés ya existente de Otto por la fotografía se convirtió en un hobby mucho más practicado, pues fotografió a su hija recién nacida en brazos de su madre cuando sólo tenía unas horas. A partir de entonces cada nueva etapa en la vida de Margot fue cuidadosamente recogida en álbumes encuadernados en cuero, junto con las de sus primos Ste-

phan y Buddy, sus constantes compañeros de juego. Edith apuntaba asiduamente todos los progresos de Margot en un cuaderno dedicado a ella, anotando los regalos que le habían hecho con motivo
de su nacimiento («una moneda de oro y un cochecito»),[26] cómo
se despertaba cada día a las seis de la mañana y lo bien que se portó cuando la llevaron en tren a Aquisgrán en mayo de 1926. Sus
primeros juguetes («un mono blanco y un osito»)[27] fueron apunta-
dos junto con su primer diente, su primer trajecito y la primera vez
que salió. Margot era un bebé bastante frágil y ganó peso y fuerza
lentamente; reaccionaba mal a las vacunas. Edith anota que, meses
más tarde, «la niña señaló la cicatriz y dijo: "au"».[28]

Mientras Margot fue un bebé, se parecía a la parte Holländer
de la familia y había heredado los pensativos y lúcidos ojos de su
madre, así como su gran abundancia de cabello oscuro. Era muy
fotogénica, como atestigua la gran cantidad de fotografías que se
conservan, aunque Edith escribió en su cuaderno: «A Margot le da
miedo que le hagan fotos.»[29] Margot era buena y cariñosa, y su
timidez no le impedía jugar con los niños de los vecinos. Las
amistades que hizo durante los primeros años de su vida fueran
duraderas, aunque el tiempo y las circunstancias la hicieran ale-
jarse de Alemania. En otoño de 1927 Otto, Edith y Margot, que
tenía dieciocho meses, se trasladaron a un piso en una gran casa
moderna situada en el 307 de Marbachweg, uno de los barrios pe-
riféricos de la ciudad. Alquilaron el espacioso apartamento que
ocupaba los dos primeros pisos de la casa, que tenía contraventa-
nas en todas las ventanas y un tejado a dos aguas. Un balcón trasero que Edith llenó de macetas con flores dominaba las casas y los
jardines adyacentes, y había sitio para las numerosas piezas de
mobiliario antiguo que habían formado parte de la dote de Edith.
Un alto secreter francés del siglo xix y un reloj Ackerman, hecho
allí, ocuparon un importante lugar entre los demás muebles de
madera oscura y pulimentada. Otto se concentró en ordenar su ya
extensa biblioteca.

A pesar de que su negocio languidecía Otto siempre se las arregló para mantener a su familia a flote financieramente, aunque
aquélla fue su peor época antes de la guerra. Sus vidas no eran fru-
gales y hubo muchos fines de semana en Aquisgrán y excursiones

de un día a lugares hermosos, así como unas vacaciones con los Straus en la lujosa villa de los primos de Otto en Sils-Maria. Nathan ya no trabajaba en Macy's. Después de que su tío Isidor se ahogase en el desastre del *Titanic* en 1912, la tienda pasó a manos de los hijos de Isidor, mientras Nathan y sus hermanos dirigían la compañía Abraham & Straus.[30] Nathan mandó una postal a la hermana de Otto, Leni, desde la villa de Spitzer, para informarla de que él y su familia estaban «muy felices aquí, con Otto y Edith».[31] No mencionaba a Margot, que había estado aquejada de una infección de oído, por lo que es posible que se hubiera quedado con su abuela en casa, o incluso con la criada de sus padres, Kathi Stilgenbauer, una joven de veintitantos años.

En el invierno de 1928 Otto y Edith comunicaron que iban a ser padres de nuevo. Seis meses más tarde, la tarde del 11 de junio de 1929, Edith se puso de parto. A la mañana siguiente, tras un agotador y difícil parto, nació la niña. Otto había estado todo el tiempo en el hospital y telefoneó a Kathi poco después de las siete y media para decirle orgulloso que era una niña y que todo estaba bien, aunque el hospital registró erróneamente «el nacimiento de un niño».[32] Annelies Marie Frank (conocida desde entonces como Anne) fue fotografiada por Otto aquella misma mañana. La fotografía muestra un bebé de cara arrugada con ojos firmemente cerrados al mundo. Unos días más tarde, cuando pudo volver a casa y se contrató a una enfermera, la señora Dassing, todos se reunieron en el balcón para fotografiarse. Era una cálida tarde de verano y las ventanas estaban abiertas de par en par, las flores resplandecían en sus tiestos sobre la barandilla, detrás del pequeño grupo formado por Kathi, con Margot sobre las rodillas, la señora Dassing con Ana, Edith sonriéndoles y la vecinita Gertrud Naumann, de pie a su lado con otras dos niñas. En honor a su nacimiento regalaron a Ana una cadena de plata de la que pendía un colgante triangular. En un lado había una inscripción en hebreo y en la otra «Amuleto de la suerte, 21.6.1929, Francfort del Main».

En la época en que nació Ana, Francfort se había convertido en escena de frecuentes agitaciones políticas. Los nacionalsocialistas empezaban a hacer sentir su presencia, surgiendo de las cenizas de los turbulentos años veinte en una explosión de resentimiento. Sus ataques cada vez más frecuentes contra la poderosa población judía de la ciudad, de 30.000 miembros, la segunda más grande de Alemania después de Berlín, provocaba considerable ansiedad acerca de cómo sería el futuro si conquistaban el poder absoluto. Los objetivos nazis eran los judíos, los negros, los gitanos, los homosexuales, los inválidos y los enfermos mentales. Pero Hitler reservaba su mayor desprecio para los primeros, a los que citaba con el sobrenombre de «subhumanos no alemanes». A medida que crecía la popularidad de los nazis, los partidarios del antisemitismo que siempre habían existido en Alemania empezaron a unirse en un único y poderoso torrente.

Sólo el 20 por ciento de los judíos que vivían en Alemania habían nacido en otros lugares. La mayoría de los judíos alemanes, muchos de los cuales habían luchado por su país en la Primera Guerra Mundial, se habían incorporado a la corriente principal y eran personas importantes en la vida económica y cultural alemana. Los judíos constituían el 1 por ciento del total de la población y muy pocos habían acumulado en realidad la riqueza que pretendía Hitler, pero los nazis, con su profundo amor tanto hacia la historia de Alemania como por el mito germánico y su habilidad para combinar los dos hasta volverlos indistinguibles, consiguieron crear una visión apocalíptica de la dominación judía. Uno de sus primeros triunfos fue la popularización de *Los protocolos de los sabios de Sión*. Este rencoroso panfleto era ampliamente comentado en los mítines del partido nazi, aunque el «documento» era falso. Sin embargo, era el perfecto trampolín para convertir a la gente al nazismo, pues se jactaba de que se habían descubierto en Rusia planes para que el capitalismo ruso se apoderase del mundo. El órgano del Partido Nacionalsocialista Obrero Alemán (NSDAP) *Der Stürmer*, editado por Julius Streicher, hablaba de ello repetidamente y difundía historias sobre las desviaciones sexuales y los asesinatos de niños de los judíos en términos que recordaban a Martín Lutero: «Es práctica común atraer a no judíos a celebraciones judías y después asesinarlos. Especialmente en la Pascua judía, los judíos prefieren asesinar a niños no judíos. Atan al niño, le apuñalan y lo descuartizan. Abren las venas de los niños y recogen la sangre. La mezclan con vino, que beben y añaden el matzen (pan ácimo), que comen...»[33]

El día de Año Nuevo de 1930 miembros de las SS asesinaron a ocho personas judías en Berlín y surgió el grito de guerra nazi: «¡Muerte a Judá!» Desde aquel momento, para los 500.000 judíos residentes en Alemania el futuro se había convertido en una pesadilla de horror sin precedentes.

Otto y Edith eran muy conscientes de la locura que estaba desatándose en Alemania. Kathi, la ama de llaves, carecía de su perspicacia y les contó con más sorpresa que alarma un incidente local relacionado con los nacionalsocialistas: «... la lavandera vino temprano esta mañana y estaba de un humor... Dijo: "No he dormido ni pizca en toda la noche. Hubo otra vez jaleo en la calle." "¿Qué pasó?", le pregunté. Y ella dijo: "Los Camisas Pardas estaban peleando y armando jaleo."»[34] Aquel día, durante la comida, Kathi preguntó a sus amos quiénes eran los Camisas Pardas. «El señor Frank se rió y trató de bromear con el asunto, y aunque no era ninguna broma ni tenía gracia, lo intentó. Pero la señora Frank levantó la vista del plato y nos miró fijamente. Luego dijo: "Pronto descubriremos quiénes son, Kathi." Aquello no era una broma y desde luego no lo dijo en tono de broma...»[35]

Otto pudo haber fingido reír, pero estaba francamente preocupado por la situación política y confió su inquietud a su prima inglesa, Milly Stanfield. Ella comenta: «Recuerdo a Otto hablar de política. Dijo: "No me gusta. No sé qué va a suceder. Me asusta la derecha." Lo veía venir; en un momento en que no creo que muchos otros judíos estuviesen aún preocupados.»[36]

Milly no volvió a ver a su primo hasta el nacimiento de Ana.

> Mamá y yo estuvimos una temporada en Francfort. Recuerdo aún muy bien ese día. Ana estaba en una cuna. Naturalmente todavía no sabía hablar, pero se sentaba y nos miraba a todos. Incluso en aquellos días ya estaba sumamente interesada por todo. La expresión de su rostro decía: «Me gustaría saber de qué estáis hablando.»[37]

Los primos de Ana y Margot, Stephan y Buddy, les visitaban a menudo y las niñas iban a casa de su abuela, donde todos jugaban juntos. Un día todo acabó en una travesura, como recuerda Buddy: «Mi hermano y yo agarramos el cochecito en que iba Ana y salimos afuera. Echamos a correr por la calle, pero no pudimos bajar bien el bordillo y el cochecito se volcó. ¡Ana salió volando del coche! No se lo dijimos a nadie, y a Ana no le pasó nada.»[38] Todo era más tranquilo cuando Stephen se limitaba a imitar a Charlie Chaplin, lo que encantaba a Ana y a Margot. Los dos hermanos de Otto también eran muy populares entre los niños. Buddy define a Robert como «tan lleno de humor... Aún tengo en casa un libro que hizo para mi hermano, lleno de dibujos y poemas. Era muy hermoso. Él era muy simpático».[39] Herbert también era, según Buddy, «un hombre muy gracioso, encantador».[40] La abuela de los niños, Alice, era una persona adorable, que Buddy compara a «una reina, muy cultivada, muy callada. Yo la quería. Éramos muy amigos. Los domingos por la mañana a las siete me permitían trepar a su cama; poníamos la radio y escuchábamos un concierto. Recuerdo que ella me contaba la historia de un ratoncito. Y cada domingo era un ratón distinto. El ratón de la cocina, el de la iglesia, el del campo. Mi aventura semanal consistía en trepar a la cama de Oma y escuchar la historia del ratón».[41]

Buddy no era el único al que obsequiaban con narraciones infantiles. Otto divertía a sus hijas con cuentos sobre dos hermanas, Paula la Buena y Paula la Mala. Margot sabía que prefería a Paula la Buena, pero Ana nunca consiguió decidirse entre las dos. Más tarde, cuando los tiempos eran especialmente duros en el anexo secreto, Otto calmaba a Ana con nuevas historias acerca de las dos Paulas. En el libro que ella tituló (*Cuentos y acontecimientos del anexo secreto*), Ana escribió una de las historias, prologándola con una explicación: «Hace mucho tiempo, cuando yo era pequeña, papá solía contarme historias sobre la "traviesa Paula"; tenía una colección entera de historias y a mí me volvían loca. Y ahora, cuando estoy con papá por la noche, a veces me habla de Paula, y yo he escrito la última de las historias.»[42] Es «El viaje en avión de Paula», que transcurre durante la Gran Guerra y cuenta la historia de cómo Paula se encuentra atrapada en un avión con destino a Rusia.

Cuando el avión aterriza, un granjero y su mujer la recogen. Durante algo más de dos años, vive en una granja en Minsk y gana dinero bailando en cafés, antes de volver a Alemania. En Berlín encuentra novio y se convierte en artista de cabaret, donde coincide con su propio padre, que enloquece de alegría al verla. Juntos vuelven a casa y entran en «la estación de Francfort del Main del brazo».[43] La historia es sencilla, improbable en algunas partes, pero sirvió a su propósito de desviar el terror de Ana hacia los aviones que sobrevolaban la casa de Prinsengracht, y la trasladaba a su primera casa de Francfort cuando, como Paula, era una «niña alemana.»[44]

Desde su sillita alta en el balcón de la casa la curiosa Anita veía las otras casas, los árboles, las calles y la gente que pasaba. Ana era afable y Margot, tímida; como las dos Paulas, eran ya el clásico caso de la hermana mayor reservada y sensible y la traviesa y consentida hermana menor. Margot iba siempre inmaculada, «la princesita», la llamaba Kathi,[45] mientras que si no se vigilaba a Ana cuidadosamente, podía pasar cualquier cosa. El escritor Ernst Schnabel recuerda: «Una mañana, Kathi la encontró [a Ana] en el balcón bajo la lluvia, sentada en un charco, riendo de placer. Una buena regañina dejó a la niña indiferente. Ni siquiera hizo intención de levantarse del charco. Quería que Kathi le contase una historia allí mismo y no le importaba que Kathi no tuviera tiempo. La historia podía ser corta, dijo. Ella recogió a Ana, la llevó al cuarto de los niños y la colocó con firmeza sobre la mesa para cambiarla de ropa. Encima de la mesa del cuarto de los niños colgaba una bonita lámpara. Era muy grande y el señor Frank había pintado animales en ella. Era un verdadero zoológico y Ana siempre quería mirarla. Inventaba toda clase de historias sobre los animales.»[46]

La creciente sombra del nazismo tocó por primera vez la vida de la familia Frank en marzo de 1931, cuando su casero empezó a sentir simpatía hacia los nazis. No se sabe si les pidió que se marcharan o si lo hicieron por decisión propia. Su nuevo piso, en el número 24 de Ganghoferstrasse, no estaba lejos de Marbachweg, en un barrio en desarrollo conocido como Barrio de los Poetas. Era más pequeño que el anterior, pero tenía un patio y un gran jardín, ideal para que jugaran Ana y Margot. Al otro lado de la casa había un campo, que ofrecía posibilidades ilimitadas a niños con imaginación, y cerca de éste varias colinas, perfectas para deslizarse cuando llegaba la nieve. Esto atrajo especialmente a Margot, que tenía un pequeño trineo en el que arrastrar a su hermanita por todas partes. Al principio Ana era demasiado pequeña para salir al jardín y jugaba en el amplio cajón de arena o, en días muy calurosos, en un gran baño de metal lleno de agua. Había gran cantidad de niños en el vecindario, además de los que ya conocían de Marbachweg, y a menudo formaban un ruidoso grupo de niños jugando.

Otto y Edith animaban a sus hijas a interesarse por las diversas celebraciones religiosas de sus amigos. En la casa de su joven vecina y amiga Hilde Stab, Margot y Ana fingieron ser ayudantes en la misa imaginaria de Hilde, observadas por sus sonrientes madres. Margot asistió a la primera comunión de Hilde y entre sus posesiones más preciadas estaba una fotografía de la propia Hilde en aquella ocasión, en la que Margot había escrito: «En conmemoración del día más hermoso de Hilde.»[47] La religión era motivo de conversaciones abiertas; los niños podían hacer cualquier pregunta y esperar una respuesta considerada. Otto y Edith contemplaban el judaísmo de distinta manera, pero para ambos era algo más secundario de lo que podría haber sido. Otto era un pensador progresista y consideraba la educación de sus hijas algo sumamente importante. A medida que Margot y Ana crecían, empezaron a hacer uso de su extensa biblioteca. Margot tenía tendencia a guardar sus opiniones y pensamientos para sí, pero cuando Ana aprendió a hablar, era más bien todo lo contrario y todo cuanto apareciese en su mente, aparecía también en sus labios. En cierta ocasión sorprendió a todo el mundo en casa de su amiga Gertrud Naumann cuando fijó su penetrante mirada de niña de tres años en el padre de Gertrud y exclamó: «¡Vaya, tiene usted los ojos exactamente igual que un gato!»[48]

El piso de Ganghoferstrasse les vino muy bien durante un año y medio, pero la menguante fortuna del banco familiar les obligó a hacer un recorte más en sus ingresos. La Gran Depresión, el cierre de la sucursal holandesa, la detención de Herbert por un caso erróneo de fraude y el cierre de la bolsa de Francfort durante un período de tiempo indefinido en el verano de 1931 habían contribuido a la quiebra. Los negocios se dirigieron desde un lugar más modesto que compartían con otra compañía, probablemente en la Boersen-platz, desde donde Otto escribió a un amigo o pariente:[49] «Los negocios van mal. No se puede ver con claridad cuando todo parece ir mal.» Concluía su carta: «Sólo los niños parecen pasarlo bien, como sin duda harán tus hijos.»[50] El coste del piso de Ganghofer-strasse estaba por encima de sus medios. A finales de diciembre de 1932 Otto avisó de su partida, y en marzo de 1933 se mudaron a vivir con su madre de nuevo.

La vida siguió como siempre, con visitas a los amigos y la familia y días de excursión. El interés de Edith por la moda se extendió a sus hijas y a menudo las llevaba al centro de la ciudad a ver escaparates, escogiendo un mullido abrigo blanco para Ana un día y un par de zapatos de charol para Margot otro. Estas expediciones incluían inevitablemente una visita a uno de los cafés de la Hauptwache, donde Edith se encontraba con sus amigas e invitaba a sus hijas a café y tarta. Cuando el trabajo lo permitía, Otto las acompañaba. Hay fotografías de uno de esos días, en la Hauptwache, en marzo de 1933. Caminando hacia casa aquel día por las frías calles, ni Otto ni Edith pudieron evitar ver una nueva forma desagradable de pintada: eslóganes antisemíticos condenatorios que cruzaban con pintura blanca los escaparates de las tiendas de judíos.

En la actualidad hay en Francfort una escuela con el nombre de Ana y una placa en su memoria en la fachada del número 24 de la Ganghoferstrasse. De pie ante la casa en 1957, Ernst Schnabel fue escrutado por un anciano residente:

Cerré mi cuaderno de notas y nos miramos mutuamente.
—¿Vive usted aquí? —le pregunté.
—No, pero vivo cerca.
—¿Vive por aquí desde hace mucho? —insistí.
Sí, pero no la conocí. —Ladeó la cabeza—. Hay demasiados niños en este vecindario. Mire.
Señaló una acera cercana en la que un grupo de escolares jugaban y corrían.
—He estado pensándolo desde que lo oí por primera vez —dijo—. Pero había siempre tantos niños...[51]

En enero de 1933 los nazis fueron elegidos como el partido mayoritario del Reichstag y el 23 de marzo de 1933 Hitler se hizo con el poder absoluto, utilizando el incendio del Reichstag del mes anterior —supuestamente llevado a cabo por un joven comunista holandés— como una conveniente excusa para castigar a los oponentes políticos. Uno de los hombres detenidos recibió cien latigazos porque era comunista y judío. Hitler anunció «el principio de una nueva gran época en la historia alemana...».[52]

La decisión de Otto Frank de abandonar su patria fue motivada en parte por la flemática respuesta de sus conocidos a la noticia de que Hitler había sido nombrado canciller. Recuerda: «El 30 de enero fuimos de visita a casa de unos amigos. Estábamos sentados a la mesa y escuchábamos la radio. Primero llegó la noticia de que Hitler se había convertido en canciller. Luego escuchamos el relato del desfile de las Sturmtruppen en Berlín y los gritos y vítores posteriores. El locutor dijo que Hindenburg estaba en la ventana, saludando con la mano. Al final Hitler pronunció su discurso "Dadme cuatro años". Nuestro anfitrión comentó de buen humor: "¿Por qué no esperamos a ver qué puede hacer este hombre? ¡Démosle una oportunidad!" Yo fui incapaz de responder y mi mujer estaba allí sentada como si se hubiera petrificado.»[53]

Los Frank vivían, como muchas familias, tan normalmente como les era posible en un país que ya no reconocía su ciudadanía. Los servicios prestados por Otto a Alemania durante la guerra ya no significaban nada. En el centro de Francfort después de las elecciones municipales, que los nazis ganaron por amplia mayoría, hubo una manifestación en las escaleras del ayuntamiento. Nazis uniformados blandiendo la esvástica y alzando los brazos en saludo a Hitler gritaban: «*Juden raus! Juden raus!*» La bandera roja, blanca y negra del partido fue desplegada sobre el edificio. Los cánticos antisemitas continuaron y partidarios de la calle se unieron a ellos. Otto y Edith supieron que les había llegado el momento de partir, antes de que fuese demasiado tarde. Un nuevo decreto que establecía que los niños judíos no eran bienvenidos en las escuelas dirigidas por no judíos les afirmó en su decisión. Ana había sido inscrita en una guardería para septiembre de 1933, pero como niña judía, el compromiso fue anulado. Margot tuvo que abandonar la escuela Ludwig-Richter, que le encantaba, y encontrar otra. A sus padres esta última medida les pareció demasiado ofensiva como para ignorarla. Otto reflexionó: «No se puede educar a los niños como a caballos con anteojeras, ignorando el paisaje social que hay fuera de su pequeño grupo... El mundo se hundió a mi alrededor. Cuando la mayoría de las personas de mi país se convirtieron en hordas de criminales nacionalistas, crueles, antisemitas, tuve que enfrentarme a las consecuencias y, aunque me dolió profundamente, me di cuenta de que Alemania no era el mundo, y me marché para siempre.»[54]

Otros miembros de la familia habían abandonado ya Alemania. En el verano de 1929 el cuñado de Otto, Erich Elias, se había marchado a Suiza donde le habían ofrecido abrir una sucursal de Opekta (de la que era miembro fundador), una empresa subsidiaria de la compañía Pomosin-Werke, con base en Francfort, que comerciaba con pectina, una sustancia usada en la preparación de mermeladas. Erich aceptó la oferta y se marchó a Basilea, en Suiza, donde se le unieron Leni y Buddy en 1930 y Stephan en 1931. A Buddy no le preocupó el cambio. «Me sentía muy bien. Tiraba de las coletas a las niñas. Recuerdo que me regañaban por eso.»[55] Los Elias permanecieron unos meses en una pensión hasta encontrar una casa propia.

El hermano menor de Otto, Herbert, había emigrado a Francia después de su detención en abril de 1932, bajo el cargo de haber hecho caso omiso al Acta del Comercio de Valores en Países Extranjeros. Fue acusado de aceptar acciones extranjeras y venderlas en varios bancos con beneficios. Fue puesto en libertad el 14 de mayo y se fijó el proceso para octubre de 1933. Aunque se negó a aparecer ante el tribunal debido a «daños materiales y mentales»,[56] ganó la apelación. Herbert nunca se recobró totalmente de la impresión, pero tuvo la suerte de escapar a una multa. Buddy recuerda: «Era muy independiente y la oveja negra de la familia. Amaba la vida y siempre iba detrás de las chicas, ¡incluso a los setenta y ochenta años seguía detrás de las chicas!»[57] Eva Schloss, cuya madre se casó con Otto Frank después de la Segunda Guerra Mundial, utilizó la misma frase para referirse a Herbert: «Era muy alegre y vivaz. Nunca trabaja-

ba de verdad. Era como la oveja negra de la familia. Muy amistoso...
pero nunca pudo arreglárselas.»[58] Herbert echó nuevas raíces en París, donde tenía parientes que vivían cerca.

El hermano mayor de Otto, Robert, y su esposa Lotti, abandona-
naron Francfort en 1933, viajando en barco a Inglaterra. Buddy recuerda: «Robert era muy divertido y se volvió muy británico, al
menos lo que él entendía por ser británico. Cuando llegó a Inglaterra, se compró inmediatamente un bombín y un paraguas. Y su esposa Lotti, que también era alemana, también se volvió muy británica. Ambos perdieron el acento y hablaban perfectamente en
inglés. Les encantaba aquello.»[59] Robert y Lotti se instalaron en el
número 39 de Roland Gardens, en South Kensington, y pusieron
en marcha con éxito un negocio de arte en Saint James Street.
Buddy señala: «¿Saben?, si van hoy a la Tate Gallery, hay dos hermosos cuadros de John Martin donados por la señora de Robert
Frank. Por aquel entonces John Martin estaba olvidado, pero Robert lo redescubrió y coleccionó sus obras.»[60] Los cuadros colga-
ron originalmente en la casa de los Frank. Eva Schloss repite de
nuevo las palabras de Buddy: «Robert era exactamente lo opuesto a
Herbert. Era un caballero de aspecto muy distinguido, muy preciso, muy exacto. Podía haber sido inglés. ¡Un inglés de antes de la
guerra! Y en Saint James se entendía muy bien con la gente de los
clubes... Lotti también se volvió muy discreta y cuando yo la tele-
foneaba, siempre sentía un dolor en el estómago porque no se me
permitía hablar en voz alta y había que ser muy educada. Pero era
encantadora.»[61]

En Alemania el negocio bancario de los Frank estaba siendo
liquidado poco a poco y todas las operaciones cesaron en enero de
1934. Cuando Erich sugirió que Otto abriese una sucursal holandesa de Opekta, Otto consideró la oferta a la luz de la situación en
Alemania, su familiaridad con Holanda y las amistades que había
hecho allí, así como el hecho de que la política holandesa hacia los
refugiados era menos severa que la mayoría. Otto tenía que convertirse en el director de Pomosin en Utrecht, pero surgieron problemas con el director general, por lo que estableció su negocio en
Amsterdam. Erich (director de Opekta en Suiza) proporcionó el
apoyo financiero con un préstamo libre de interés de 15.000 flori-

nes pagaderos en diez años. Otto adquirió los derechos de Opekta bajo la condición de que compraría pectina exclusivamente a Opekta en Colonia, y que el 2,5 por ciento de los beneficios irían a Pomosin. Podía pagar el préstamo cuando quisiera, cediendo sus acciones de Opekta en Amsterdam.

Las amigas de las niñas insistieron en que Ana y Margot les prometiesen que se mantendrían en contacto con ellas. Gertrud, un poco mayor que las demás, recordaba cómo la habitual alegría de Otto parecía haberle abandonado. «El señor Frank nunca hablaba de lo que le preocupaba. Pero... se veía cómo le preocupaban las cosas y cómo les daba vueltas en su interior.»[62] En junio de 1933 Otto fue a buscar una casa adecuada para su familia, mientras que Edith y los niños se trasladaban con la familia de ella a Aquisgrán. Alice Frank cerró la casa de la Jordanstrasse y emigró a Basilea. Una fotografía tomada a su llegada a la estación de Basilea la muestra con su hija, yerno y nietos, todos sonrientes bajo el sol de octubre.

Los Frank formaban parte de los 63.000 judíos que abandonaron Alemania en 1933, un momento decisivo para Hitler y sus seguidores. 150.000 «oponentes políticos» fueron detenidos para ser «reeducados», siendo arrestados 10.000 miembros activos del movimiento laborista. Cada casa fue provista de una bandera nazi, que debía ser exhibida todo el tiempo. Las SA y las SS se infiltraron en la policía alemana, usando la violencia y la propaganda para crear un nuevo sistema de terror. Hitler negoció la lealtad de un selecto número de jueces que aceptaron las nuevas leyes discriminatorias, proporcionando a la Gestapo, las SS y las SA el control supremo de la sociedad alemana.

Entre el 1 y el 3 de abril, las tiendas de los judíos fueron boicoteadas y devastadas. Las personas con las más ligeras relaciones de sangre con la fe judía fueron expulsadas de sus trabajos, sin tener en cuenta sus capacidades ni el tiempo que llevasen en ellos. Nuevas leyes impedían a los judíos y a los opositores políticos dar clases y acceder a puestos oficiales. Los judíos perdieron sus títulos académicos. El número de judíos y mujeres estudiantes de cualquier origen en la educación superior fue reducido al mínimo. Los libros de texto nazis que fomentaban el nacionalismo extremo y retrataban a los judíos como monstruos sustituyeron al material educativo normal. Uno de los libros de texto más ampliamente usado era *La seta venenosa*, que decía a los niños que «una sola seta venenosa puede matar a una familia entera, al igual que un judío solitario puede destruir un pueblo entero, una ciudad entera, una población entera.»[63] En el recreo se animaba a los niños a jugar al último juego de mesa, *¡Judíos fuera!* Las Juventudes Hitlerianas, formadas en 1926 por «arios» con edades comprendidas entre los diez y los catorce años, seguía atrayendo miembros. Llegó a convertirse en algo obligatorio y los demás grupos juveniles se prohibieron.[64]

El 10 de mayo de 1933 se suprimieron los sindicatos para formar el Frente Alemán de Obreros y se animó a todos los empleados a que se uniesen a éste. Las huelgas se declararon ilegales. En Berlín los libros de judíos, homosexuales, comunistas y otros escritores «prohibidos» fueron destrozados página por página y arrojados a una enorme hoguera. A los artistas que no pintaban el ideal ario se les prohibió comprar material. Se excluyó a los artistas judíos de la exposición anual de la Academia y se les impidió trabajar. El 25 de julio de 1933, un grupo antisemita que se hacía llamar «Los cristianos alemanes» recibió el voto mayoritario en las elecciones de la Iglesia evangélica.

Cuatro meses antes Heinrich Himmler, presidente provisional de la policía de Múnich, hizo un anuncio que presagió el horror que aún estaba por venir. Los terrenos de una fábrica de pólvora en desuso cercana a Múnich estaban listos para ser utilizados. En una zona desolada donde se habían erigido altos muros coronados por alambre de espino y construido garitas de vigilancia, se abrió el campo de concentración de Dachau para recibir a sus primeras víctimas.

Poco después de la llegada de los Frank a Aquisgrán, Kathi recibió una postal. Ella reconoció de inmediato la elaborada escritura de Edith y atribuyó acertadamente los garabatos dibujados a lápiz a

Ana. Gertrud también encontró una carta en el correo de Edith de parte de Margot y Ana, con la posdata: «Ana me recuerda a ti en su afición por los bebés. Mira en todos los cochecitos junto a los que pasamos. Si por ella fuera, se llevaría a todos los niños que ve a dar un paseo.»[65]

Al otro lado de la frontera, en Holanda, Otto estaba demostrando que era un hombre de negocios innovador y ya había colocado acciones de Opekta en la bolsa de Amsterdam. Había alquilado habitaciones en la segunda planta de un edificio de apartamentos en el 24 de Stadionkade, a veinte minutos de tranvía del centro de Amsterdam. Las oficinas de Opekta estaban en Nieuwe Zijds Voorburgwal 120-126, un edificio alto que destacaba por su moderna e inusual fachada de espejos color verde mar. Dentro, la compañía tenía asignadas dos habitaciones y una pequeña cocina. Una de las habitaciones servía fundamentalmente de oficina para Otto y la otra de atestado despacho. Bajo las encimeras de la cocina se almacenaban diversas frutas. Entre los empleados había varios representantes charlatanes y eficientes, que atravesaban el país promocionando y vendiendo los últimos productos.

Debido a la larga ausencia por causa de enfermedad de una de sus oficinistas habituales, Otto contrató a Miep Santrouschitz, una moderna mujer austriaca de veintipocos años. Miep se llamaba en realidad Hermine Santrouschitz y nació en Viena el 15 de febrero de 1909. Debido a la escasez de comida en Viena después de la Gran Guerra, había crecido débil y desnutrida, y una organización de ayuda le consiguió una estancia de tres meses con una familia holandesa, donde recibiría comida en abundancia y volvería a casa revitalizada. Miep llegó a Holanda en diciembre de 1920 y se adaptó rápidamente a su familia de acogida en Leiden, que le dio el sobrenombre holandés de Miep. Su estancia se alargó indefinidamente y ella se trasladó junto con su familia adoptiva a Nieuwe Amsterdam-Zuid (Nuevo sur) en 1922. Visitó a sus padres en Viena en 1925 y 1931, pero decidió quedarse con su familia adoptiva, porque era «ahora una chica holandesa del todo».[66] En Opekta, Miep aprendió a hacer mermelada antes de trasladarse al departamento de «Quejas e información», donde se ocupaba de los problemas y las preguntas de los clientes. En su trabajo tenía que escribir a máquina y llevar los libros, y conservó el puesto cuando la mecanógrafa a la que había sustituido volvió. Le gustaba instintivamente Otto: «Advertí inmediatamente su naturaleza amable y dulce, algo rígida por la timidez y un comportamiento ligeramente nervioso... Llevaba bigote y cuando sonreía, que era a menudo, descubría unos dientes algo desiguales.»[67]

Para supervisar a los empleados estaba Victor Gustav Kugler. Miep le describe como «un hombre ronco, de buen aspecto, preciso y de pelo oscuro. Siempre estaba serio, nunca sonreía... siempre muy formal y educado... Le gustaban las cosas hechas a su manera y sólo a su manera».[68] A pesar de su talante algo distante, Kugler era muy honrado y esencialmente buena persona. Nacido en Hohenelbe, Austria, en 1900, había sido reclutado por la marina imperial a la edad de diecisiete años, pero un año más tarde, mientras servía en el Adriático, fue herido y licenciado. Tras dos meses de recuperación, Kugler se trasladó a Alemania, donde trabajó dos años de electricista, un oficio que había aprendido en la marina. En septiembre de 1920 emigró a Utrecht, donde trabajó para la compañía a la que debía haberse unido Otto. Debía haberse hecho cargo de la sucursal de Amsterdam de Opekta, pero no tuvo éxito y renunció a su puesto para trabajar a las órdenes de Otto. Kugler vivía en Hilversum con su esposa.

Otto se sentía muy solo sin su familia y pasaba cada minuto que tenía libre buscando una casa adecuada para ellos. Su esfuerzo lo llevó hasta Nieuwe Amsterdam-Zuid, donde vivía Miep, y finalmente encontró el piso perfecto para la familia. Edith y Margot tomaron el tren hacia Holanda el 5 de diciembre de 1933. Ana se quedó en Aquisgrán con su abuela, a la que adoraba, hasta febrero de 1934, cuando fue —como más tarde dijo ella misma— «colocada sobre la mesa de Margot como regalo de cumpleaños».[69] No tenía aún cinco años. Edith escribió a una amiga: «Las dos niñas son muy divertidas. Ana es una pequeña comediante.»[70]

2

Si pienso en el Merry, en mis amigas, en la escuela, en la diversión, es como si otra persona hubiera vivido todo aquello, no yo...[1]

Diario de Ana Frank, 8 de noviembre de 1943

A principios de 1930, cada vez más judíos que huían de los nazis se establecían en Holanda. El gobierno holandés de coalición no tenía una política especial para refugiados, aparte de requerir que demostrasen que podían mantenerse. El repentino flujo de emigrantes causó fricción entre los judíos que ya vivían en Holanda (aproximadamente 113.000 en 1930), y que esperaban mantener las buenas relaciones existentes entre ellos y los no judíos. En 1933 el Ministerio de Justicia recomendó nuevas leyes para los que buscaban asilo. Éstas nunca se llevaron a la práctica, pero se introdujeron campos de recepción para los *extraños* y el flujo disminuyó.

Muchos refugiados eran atraídos por los nuevos distritos en desarrollo de Amsterdam-Zuid. La familia Frank alquiló el piso del número 37 de Merwedeplein, en la zona conocida como el Barrio del río. Su nuevo hogar era espacioso; había una gran habitación arriba que alquilaron a una sucesión de inquilinos, hombres y mujeres. Se habían traído sus muebles de Francfort y el amado secreter de Edith se encontraba entre las dos ventanas del cuarto de estar, junto con el reloj del abuelo en otra esquina y un par de hermosas esculturas modernas y algunas piezas de cristal. Al fondo del apartamento una ancha balconada de gravilla dominaba los jardines y las casas de la calle de atrás. Los edificios eran lineales y uniformes; bloques de cinco pisos de ladrillo marrón oscuro con ventanas de marcos blancos que llegaban hasta los tejados en ordenadas hileras. Estrechos pasillos y escaleras conducían desde los primeros pisos hasta calles inusualmente anchas, construidas alrededor de plazas con césped. El vecindario tenía un aspecto enérgico y contemporáneo. En la parte este fluía el río Amstel, con sus barcazas pintadas y renovadas, y el canal Josef Israelskade, bordeado de árboles, separaba al Nuevo Sur del Viejo. Waalstraat, que corría paralela a Merwedeplein, albergaba panaderías, carnicerías y cafés, donde el olor a *bagels* calientes impregnaba el aire. Tiendas de encurtidos mostraban en su exterior letreros que proclamaban: «¡Los mejores pepinillos de Amsterdam!», y siempre estaban llenas de clientes que charlaban.

Los Frank se sintieron inmediatamente a gusto en su nuevo entorno. Margot ingresó en una escuela elemental de Jekerstraat, al otro lado de Merwedeplein. Hizo buenas amistades y enseguida destacó como alumna aventajada. Ana fue al jardín de infancia Montessori en la cercana Nierstraat. El sistema Montessori permite una mayor libertad a los niños en las clases, animándoles a hablar unos con otros mientras trabajan. Edith y Otto escogieron esta escuela especialmente, conscientes de que Ana no podría soportar estar sentada y callada durante largo rato, ya que le encantaba charlar. En su paseo diario hasta la escuela Ana iba a menudo acompañada por su profesor, Van Gelder, que se había dado cuenta de lo habladora que era.

> A veces me contaba historias y poemas que había inventado con su padre cuando iban de paseo. Eran siempre historias muy alegres. Solía hablar de su padre, pero muy poco de su hermana o su madre... No era una niña prodigio. Era atractiva, saludable, quizá un poco delicada, aunque creo que eso apareció más tarde. No era sin duda una niña fuera de lo común, ni siquiera adelantada para su edad. O quizá podría decirlo así: para muchas cosas era madura, mientras que para otras era inusualmente infantil. La combinación de estas dos características la hacía muy atractiva. Hay muchas posibilidades en esa mezcla, a fin de cuentas.[2]

Las mejores amigas de Ana, Hanneli Goslar y Sanne Ledermann también iban a la escuela Montessori. Ana escribió en su diario: «La gente que nos veía juntas siempre decía: "Ahí van Ana, Hanne y Sanne."»[3] Sanne era la segunda hija de Franz e Ilse Ledermann, de Berlín. La familia había pensado en un principio emigrar a Palestina, pero Franz se desanimó después de visitarlo y, en lugar de ello, acabaron en el Barrio del río de Amsterdam poco después de los Frank. Vivían en el 37 de Noorder Amstellaan. Hanneli también era de Berlín y su familia había emigrado a Amsterdam en 1933, instalándose en el pisito de debajo de los Frank, en el número 31 de Merwedeplein. Hanneli (Lies) y Ana se convirtieron inmediatamente en buenas amigas. La madre de Lies se había preocupado el primer día de escuela de su hija. Lies recuerda: «Mi madre me llevó a la escuela. Yo aún no hablaba holandés y mi madre estaba muy nerviosa por el modo en que yo reaccionaría, por cómo resultaría. Pero cuando entré, Ana estaba en la puerta, tocando las campanas. Se volvió y me arrojé a sus brazos; mi madre volvió a casa tranquila. Yo abandoné mi timidez ¡y olvidé a mi madre en aquel mismo instante!»[4]

Algunos juegos y patrones de conducta prevalecían entre los niños del vecindario. Los álbumes de poesía eran la pasión del momento: las amigas escribían páginas de versos sentimentales acerca de las otras y decoraban las rimas con dibujos de animales y flores. En las vacaciones y los fines de semana cada una llamaba a la otra, silbando su cancioncilla característica por las aberturas de los buzones. Para gran desilusión propia, Ana no sabía silbar. Así que cantaba —cinco notas arriba, cinco notas abajo— y de ese modo la suya era la llamada más original del vecindario. La rayuela, las volteretas y el pino eran juegos populares. Ana no era muy hábil para todos ellos, pero aun así se unía a todos. Cuando su amiga Toojse trató de consolarla diciéndole que era más baja y pequeña que los demás, Ana no estuvo de acuerdo: «Eso no es razón para ser incapaz de hacer el pino.»[5] Tras un juego particularmente bullicioso de rayuela, Lies recuerda que Ana y ella llegaron a casa y escucharon «la noticia en la radio de que había habido un terremoto en alguna parte. ¡Nos reímos mucho!»[6] Las fotografías de Ana a principios de los años treinta la muestran generalmente jugando, ya sea haciendo hoyos en areneros, saltando o escribiendo con tiza en el pavimento. Edith escribió a una amiga: «Margot es feliz en la escuela y a Ana le encanta el jardín de infancia.»[7]

Otto, Margot y Ana pronto aprendieron a hablar holandés. Edith lo encontraba más difícil, pero perseveró con la ayuda de amigos.

En 1934 conoció a Miep en las oficinas de Opekta y su amistad creció con los años, a pesar de la reserva natural de Edith. En su autobiografía Miep escribe: «La señora Frank se presentaba como alguien que procedía de un ambiente culto y rico. Era altiva pero sincera... La señora Frank echaba de menos Alemania, mucho más que el señor Frank. A menudo en su conversación hablaba con melancolía de su vida en Francfort, la superioridad de determinada clase de dulces alemanes y la calidad de la ropa alemana. A la señora Frank le gustaba recordar el pasado, su feliz infancia en la pequeña ciudad de Aquisgrán, su boda con el señor Frank en 1925 y su vida en Francfort.»[8] Los recelos de Edith con respecto a su nueva vida eran compartidos por miles de refugiados, la mayoría alemanes, que vivían en la zona. Para los judíos más religiosos la transición había sido sin duda difícil, porque a principios de los años treinta no había un lugar apropiado para el culto, y por tanto, ningún centro comunitario auténtico. Los líderes religiosos judíos resolvieron la situación a mediados de la década, cuando comenzó a construirse una sinagoga para el vecindario.

Los Frank pasaron el verano de 1934 visitando Aquisgrán y haciendo excursiones de un día a Zandvoort, un popular lugar costero de vacaciones. La secretaria de Otto en Francfort, la señora Schneider, les acompañó en una ocasión y una fotografía los muestra a todos comiendo helados, rodeados de la habitual parafernalia vacacional. El 12 de junio, Ana celebró su quinto cumpleaños con una fiesta en casa. Una de las invitadas era Julianne Duke, de tres años de edad, cuya familia vivía en el piso de arriba. Era demasiado pequeña para acordarse de la fiesta, pero sí recuerda que «cada invitado entregaba un regalo y a su vez recibía otro. A mí me dieron un servicio de té de hojalata en miniatura».[9] A ella le gustaba vivir en el Barrio del río. «Las relaciones con los Frank y los demás vecinos se desarrollaban con facilidad, porque muchos de los residentes estaban unidos por un pasado similar: la lengua alemana, la experiencia de haber sido expulsados de su país y la incertidumbre hacia el futuro.»[10] Por las tardes la madre de Julianne tomaba café con Edith Frank. Julianne disfrutaba de las visitas:

Tomaba uno de los sándwiches de crema de queso de la señora Frank cubierto con virutas de chocolate y podía jugar con Ana. Siempre recordaré su energía y su risa. Solía abrocharme el abrigo, abrazarme, tomarme de la mano... En invierno, si había nieve en el suelo, Ana me paseaba por nuestra calle en forma de herradura sobre un pequeño trineo de madera. Recuerdo cómo me agarraba y reíamos cuando pasábamos sobre un montón de nieve. Cuando el tiempo mejoraba, jugábamos en el parquecito que había en el centro de Merwedeplein. En otras ocasiones yo me sentaba en los escalones que había delante del apartamento y miraba a Ana y sus amigas jugar... Cada mañana me quedaba en la ventana de nuestro salón, que dominaba la calle, y le decía adiós con la mano a mi padre... Poco después de su partida, me despedía de Ana y Margot, deseando ser incluida en su hermandad para poder ir a la escuela con ellas. Un día mi deseo se hizo realidad. Fui invitada a pasar el día en el jardín de infancia Montessori. Ana estaba muy orgullosa de la gran sala soleada bordeada de ventanas, sobre cuyos alféizares había flores rojas en tiestos de barro. Se movía cómodamente entre los niños que trabajaban... y, como todos los miembros de su familia, era una persona muy sociable.[11]

Julianne y su familia abandonaron Holanda y partieron hacia América antes de que estallara la guerra, y el día de su partida Ana salió a ver el carro de las mudanzas que estaban cargando. Julianne recuerda: «Ana me pidió que bajase y me quedase en la acera viendo cómo nuestras posesiones salían como un torrente por la ventana del salón. Todo se bajó a la calle con un cable de metal, porque la escalera de nuestro piso era muy estrecha. De repente, Ana señaló hacia la ventana y rió. El objeto de su regocijo era mi pequeño orinal de porcelana que bajaba lentamente hacia la calle. Yo estaba avergonzadísima. Quise salir corriendo para esconderme.»[12] La madre de Julianne y Edith Frank se cartearon con regularidad hasta 1938. «Mi madre me dijo que siempre acababa sus cartas con el ruego: "Venid a América." La señora Frank escribía que ella querría emigrar, pero que el señor Frank no veía la necesidad de abandonar Holanda. Creía en la bondad básica del ser humano y no quería fijarse en su lado más oscuro e irracional.»[13]

En 1934 las cosas le iban bien a Otto. Los negocios habían mejorado lo suficiente como para justificar un cambio de domicilio.

Así pues, Opekta se trasladó al número 400 de Singel, a un edificio con tejado a dos aguas sobre el colorista mercado flotante de flores. Otto escribió cautelosamente a su primo Armand Geiershofer en Luxemburgo: «Aunque mis ingresos siguen siendo bastante modestos, hay que estar satisfecho porque hemos encontrado un medio de vida y poder arreglárnoslas.»[14] No obstante, encontraba que el trabajo le resultaba muy fatigoso y confesó en una carta a Gertrud Naumann: «Viajo casi todos los días y sólo vuelvo a casa por las noches. No es como en Francfort, donde puedes comer en casa a mediodía y descansar un poco. Aquí estás todo el día trabajando...»[15]

En Alemania, Ernst Röhm, Erich Klausener y el sacerdote Bernhard Stempfle, junto con doscientos miembros de las SA, fueron asesinados la noche del 30 de junio de 1934. Hitler anunció que los asesinatos eran «un asunto de seguridad nacional.»[16] En realidad el propio Hitler, ante el temor de que las SA minasen su autoridad, había organizado las muertes. Denunció públicamente las cláusulas del Tratado de Versalles en marzo de 1935 y forzó el reclutamiento de todos los hombres no judíos de Alemania, exigiendo un juramento de lealtad a cada soldado. Gran Bretaña y Francia, cada vez más preocupadas, firmaron un tratado con Rusia en que declaraban el apoyo mutuo. Alemania empezó a rearmarse y en un intento por limitar sus recursos, Gran Bretaña firmó un tratado naval que permitía a Alemania tener un tercio de submarinos y armada de los que tenía Gran Bretaña. El hecho rompió el tratado de mutuo apoyo y una atmósfera de incertidumbre y sospecha se cernió sobre Europa.

En el congreso del NSDAP en Nuremberg, el 15 de septiembre de 1935, el Reichstag promulgó dos nuevas leyes. Designadas para «proteger la sangre alemana y el honor alemán»,[17] definían la ciudadanía alemana como una cuestión de «sangre alemana o semejante».[18] Según aquellas leyes, los judíos no podían declararse alemanes, izar la bandera alemana, emplear a una mujer alemana de menos de cuarenta y cinco años como ayuda doméstica, casarse o tener relaciones sexuales con arios.[19] En octubre los cines propiedad de judíos fueron vendidos obligatoriamente a arios, y a los productores de cine judíos se les confiscaron las licencias. A medida que aumentaban los rumores de la brutalidad hacia los judíos en los campos de internamiento alemanes, más de 50.000 judíos abandonaron el país.

El 26 de marzo de 1935 Edith envió una melancólica nota a Gertrud a Francfort: «... Que esperamos verte de nuevo, puedes estar segura. Pero aún no queremos hacer planes. Margot y Ana hablan de ti a menudo.»[20] Margot añadía brevemente: «¡Querida Gertrud! Espero que estés bien, como yo. Estoy muy triste de no verte más. Me gusta mucho la escuela. Saludos, Margot, y Ana.»[21]

El trabajo en la escuela resultaba un poco difícil para Ana, según informó Edith a Kathi Stilgenbauer. «Ana no se porta tan bien como Margot y no le gusta concentrarse en la cosas...»[22] Unos meses más tarde volvió a escribir: «Ana está luchando con sus lecciones de lectura. Margot tiene mucho trabajo en la escuela...»[23] Como si quisiera demostrar que su madre estaba equivocada, al final de la carta Ana escribió diligentemente: «hola ana».[24] En otra carta a Kathi, Edith escribe: «Nuestra niña mayor, Margot, es muy trabajadora y ya está pensando en ir a la universidad. La pequeña Ana es un poco menos industriosa, pero muy divertida... ingeniosa y entretenida. Las niñas siempre están jugando en la calle.»[25] Una fotografía de Ana en la escuela Montessori en verano de 1935 la muestra sentada al fondo de la clase, una diminuta figura de blanco. La clase es luminosa y aireada, llena de niños escribiendo grandes números en una pizarra. Otto comentó las diferencias entre sus hijas: «Ana estaba siempre contenta. Era popular entre niños y niñas; una niña normal y vital que necesitaba mucha ternura y atención, que a menudo nos encantaba y nos hacía enfadar. Cuando entraba en una habitación, era como un remolino... Margot era la brillante. Todo el mundo la admiraba. Se llevaba bien con todos... Pero el talento de Ana era evidente. Siempre escribía buenas redacciones en la escuela y solía leernos lo que había escrito, pequeños cuentos... Era bulliciosa; y difícil.»[26]

En un esfuerzo por revitalizar la salud de las niñas las vacaciones de verano se dividían entre la playa y la villa de los Spitzer en Sils-Maria. Margot sufría de dolores de estómago y enfermaba fácilmente, mientras que Ana tenía el corazón delicado y fiebres reumáticas. Sus brazos y piernas tenían tendencia a dislocarse, algo que divertía mucho a la propia Ana, a quien le parecía muy gracioso sacar y meter el hombro de la articulación ante sus amigas horrorizadas. Otto explicaba:

> Ana no era una niña fuerte. Hubo una época en especial en que crecía muy deprisa y tenía que descansar todas las tardes a causa de sus problemas de salud. No podía hacer ningún deporte brusco, pero daba lecciones de gimnasia rítmica, que le gustaba mucho. Más tarde aprendió a patinar sobre hielo con gran entusiasmo. Se disgustó mucho cuando una ley prohibió patinar sobre hielo, en el invierno de 1941/42, a los judíos. Naturalmente tenía una bicicleta, como todo el mundo en Holanda, pero sólo la usaba para ir al colegio, no para hacer excursiones. Prefería quedarse en la ciudad a salir al campo, y no le interesaban las excursiones que hacíamos por Amsterdam. Le gustaba mucho ir a la playa, donde podía jugar con otros niños.»[27]

El aire del mar la revivificaba, y Edith escribió a sus amigos alemanes: «Durante las vacaciones escolares estuve en la costa con las niñas... Ana está muy ilusionada aprendiendo a nadar. Su salud es mucho mejor este año.»[28] La mejora fue grande; Ana ganó dos medallas por sus proezas en los baños públicos de Amsterdam.

En su diario Ana se refería a aquella época como a la «vida normal». A pesar de los problemas en Alemania y en otras partes, en Amsterdam Ana y Margot seguirían disfrutando de su niñez. Alice, Herbert y Stephan venían a pasar algún tiempo con ellos de vez en cuando, y hubo frecuentes visitas a Suiza, donde los Elias habían alquilado un piso de cuatro habitaciones. En Amsterdam los Frank se habían hecho buenos amigos de los Goslar. El padre de Lies, Hans Goslar, había sido jefe de prensa en Alemania y viceministro del Interior en el gabinete prusiano prenazi en Berlín. La madre de Lies, Ruth Judith Klee, era profesora e hija de uno de los abogados más distinguidos de Berlín. Emigraron a Inglaterra, pero Hans fue incapaz de encontrar allí un empleo decente y en 1933 se trasladaron a Holanda, donde Hans puso en marcha un negocio junto con el padre de Sanne, un abogado, ayudando a los exiliados con dificultades financieras.

Los Goslar eran profundamente religiosos y Hans había sido miembro fundador del Mizrachi alemán prosionista. Hasta que tuvo doce años Lies comía con los Frank el día de Yom Kippur, dejando a sus padres libres para que pudieran ayunar e ir a la sinagoga con Edith y Margot, mientras que Otto y Ana preparaban la comida de la noche. Los Frank solían compartir la comida nocturna del sabbath de los viernes con los Goslar, y también celebraban juntos la Pascua judía. Lies recordaba: «La señora Frank era un poco religiosa y Margot también iba en esa dirección. Margot siempre decía que después de la guerra, si pudiera elegir, le gustaría ser enfermera en Palestina.»[29] Edith se relacionó estrechamente con la congregación judía liberal y a menudo leía a sus hijas la Biblia infantil de Martin Buber, pero la asistencia de Otto a la sinagoga era esporádica. De las dos niñas Margot era la que estaba más claramente interesada por la religión. Los Frank celebraban la Navidad, cosa que no hacían los padres de Lies, aunque le permitían participar en la fiesta del colegio y en las celebraciones de los Frank. En Nochevieja los Goslar podían estar en casa de los Frank o éstos en casa de los Goslar. Los miércoles por la tarde y los domingos por la mañana Lies estudiaba hebreo. Margot también tomó clases de esta lengua, pero Ana prefería pasar los domingos con su padre en la oficina. Lies acudía por la tarde y las dos jugaban a ser secretarias, llamándose la una a la otra por los teléfonos de la oficina y haciendo travesuras. Su truco favorito, sobre todo en Merwedeplein, consistía en tirar cubos de agua fría desde la ventana a los que pasaban. Lies no iba a la escuela los domingos, ya que era el sabbath judío, pero iba a la sinagoga por la mañana con una niña que era alumna de la escuela de Margot. Ana estaba celosa de esa amistad; es de esa «amiga del sabbath» de la que escribe en su diario el 27 de noviembre de 1943: «Yo... era demasiado pequeña para entender sus dificultades. Estaba muy unida a su amiga, y a ella le parecía como si yo quisiera llevármela.»[30] Aparte de esta cuestión, Ana y Lies siguieron estrechamente unidas hasta su adolescencia.

Encima de su cama en Merwedeplein, Ana había clavado una fotografía de uno de los hoteles en que había estado con la familia de Lies (la misma fotografía colgaría más tarde sobre su cama en el anexo secreto). Habían puesto al hotel —una casa de campo con tejado de brezo cerca del mar del Norte— el mote de «La casa del tomate», debido a su estricto menú vegetariano. Lies recuerda aquellas vacaciones porque fue la primera vez que descubrieron una casa de los espejos en un parque de atracciones, porque vieron cómo hacían huchas de cerdito y se llevaron una después, y por una tormenta vespertina que estalló cuando sus padres estaban fuera y Ana había llorado diciendo que quería que vinieran ellos y su hermana. [31] Aunque Ana solía hacer rabiar a Margot y a veces estaba celosa de ella, tanto Lies como ella la admiraban, envidiándole sus «gafas de persona mayor que le favorecían y la hacían parecer más inteligente. Margot era brillante, obediente, callada y seria. Se le daban bien las matemáticas y todo lo demás».[32] Los Frank eran una familia muy unida, pero Lies era consciente de que Ana estaba «un poco mimada, sobre todo por su padre. Ana era la niña de papá; Margot se parecía más a su madre. Estaba bien que sólo fuesen dos».[33]

Cuando se le pide a Lies que describa a Ana, sólo puede decir sinceramente: «En la época de nuestra infancia era como las demás niñas de nuestra edad, sólo que su desarrollo fue mucho más rápido y [más tarde] su escritura muy madura.»[34] Recuerda lo mucho que le gustaban los pequeños secretos y que le encantaba «charlar. Y coleccionaba fotografías de estrellas de cine... A mí nunca me interesó aquello. Pero las dos coleccionábamos fotos de los niños de la familia real holandesa e inglesa. Las intercambiábamos. Y ella empezó a escribir. Siempre estaba dispuesta a hacer travesuras. Era una niña muy obstinada. Era guapa... Le gustaba ser importante; ésa no es una mala cualidad. Recuerdo que mi madre, que la quería mucho, solía decir: "Dios lo sabe todo, pero Ana lo sabe todo mejor."»[35] Lies y Ana eran inseparables. Se confiaban sus secretos, se hacían enojar mutuamente, compartían el mismo dentista en la Jan Luykenstraat, se llamaban una a la otra con una cancioncilla especial e incluso, en 1936, se contagiaron varias enfermedades. La peor fue el sarampión. Lies estuvo enferma desde el 6 de diciembre; Ana desde el 10. Hablaban todos los días por teléfono, pero no las dejaron verse hasta estar totalmente recuperadas. El 18 de diciembre Ana se sentía lo bastante bien para mandar a su abuela en Suiza una cartita: «Querida Omi, te deseo lo mejor en tu cumpleaños. ¿Cómo están Stephan y Bernd? Dale las gracias a tía Leni por los bonitos guantes de esquí. ¿Te han hecho muchos regalos? Por favor, escríbeme. Besos, Ana.»[36] En Navidad había vuelto a la normalidad, pero el mote que le habían puesto durante su enfermedad —Tierna— permaneció.

En marzo de 1936 las tropas de Hitler avanzaron hacia la zona desmilitarizada de la frontera sudoccidental franco-alemana y establecieron fortificaciones a lo largo de ella. A finales de mes se anunciaron los resultados de las elecciones alemanas. El 99 por ciento de los electores había votado por Hitler. En agosto se celebraron los Juegos Olímpicos en Berlín y el talento de los nazis para lo espectacular brilló con todo su esplendor. En septiembre se decretó una tasa del 25 por ciento sobre todas las posesiones de los judíos. En los dos años anteriores 69.000 judíos habían abandonado Alemania. A Palestina también habían llegado 11.596 refugiados judíos procedentes de Polonia.

En 1936 empezó la guerra civil española. Francia y Gran Bretaña estaban decididas a mantener las distancias, pero permitieron que sus voluntarios luchasen con los republicanos. Mussolini y Hitler intervinieron a favor de los nacionalistas, aportando armas y hombres. La guerra continuó hasta 1939, cuando Madrid se rindió a los rebeldes nacionalistas, convirtiendo a su líder, el general Franco, en jefe de gobierno. Para el partido nazi la guerra había sido un ejercicio valiosísimo para probar aviones y métodos de ataque. Estaban ganando fuerza tanto con las armas como en aliados: en 1936 Hitler y Mussolini crearon el Eje Roma-Berlín y Hitler firmó el Pacto Anti-Komintern con Japón.

La sucursal holandesa de Opekta estaba siendo un éxito. Anuncios de pectina, escritos por Otto o Miep, fueron insertados en revistas femeninas con el eslogan «Mermeladas y jaleas en diez minutos... Haga su propia mermelada con Opekta; éxito garantizado».[37]

Otto lanzó un juego completo para hacer mermelada, un Diario Opekta, una película de propaganda y una furgoneta publicitaria. Las compañías rivales apuraban a Otto, pero él pidió fondos prestados a su primo Armand Geiershofer y el negocio siguió prosperando.

Otto se enteró de que estaba surgiendo una relación entre Miep y un holandés de treinta y cuatro años llamado Jan Gies y le invitó a cenar una noche a Merwedeplein. Jan también vivía en el Barrio del río y, al igual que Miep, no era judío, pero estaba tan disgustado por lo que ocurría en Alemania como Miep. Trabajaba para los Servicios Sociales y le recordaba a Miep a su jefe, pues ambos eran «de complexión similar, altos, delgados, aunque Jan era un poco más alto... El pelo oscuro del señor Frank era fino y escaseaba. Tenían un carácter bastante parecido: hombres de pocas palabras con estrictos principios y un irónico sentido del humor».[38] La velada en la casa de los Frank fue muy agradable. El piso era acogedor y un dibujo al carboncillo de una gata con sus gatitos llamó la atención de Miep. «A los Frank les gustaban los gatos»,[39] advirtió, y vio también «señales por todas partes de que los niños dominaban la casa: dibujos, juguetes».[40] Las niñas vinieron corriendo desde su habitación. Margot, de diez años, era una niña serena y hermosa. Llevaba el pelo igual que su hermana y llevaba ropas semejantes, pero parecía más pulcra que Ana, de siete años, que era habladora y confiada. Toda la energía y la palabrería de Ana parecían estar en sus ojos, ojos rápidos y penetrantes, grises con puntitos verdes. Ambas niñas tenían excelentes modales. Miep aprobó su buen apetito y cómo «después de cenar las niñas se despidieron, dando primero las buenas noches. Volvieron a su cuarto a hacer los deberes. Al marcharse me di cuenta de que las piernecitas de Ana estaban cubiertas con calcetines blancos por los tobillos y zapatitos. Los calcetines le caían ligeramente alrededor de los tobillos de una manera tierna y cómica».[41]

De vuelta a la escuela en otoño de 1937, Ana conoció a su primer *novio*, Sally Kimmel. Éste vivía en el Barrio del río e iba con su primo a la clase de Ana. Siete años más tarde Ana le recordaba en su diario:

Había perdido a su padre, creo que sus padres estaban divorciados y él vivía con su madre en casa de su hermana. Uno de los primos de Sally era Appy [Ab], y los dos solían estar juntos y vestir igual. Appy era un niño moreno, delgado y guapo, y Sally era bajo, gordo y amigable, con gran sentido del humor. Pero para mí no contaba el aspecto y sentí mucho afecto por Sally durante años. Solíamos estar bastante tiempo juntos, pero aparte de eso, mi amor no era correspondido.[42]

Kimmel sobrevivió a la guerra y emigró a Israel. Recuerda a Ana como muy femenina, popular y sensible, pero no como una estudiante aventajada. «A menudo íbamos uno a casa del otro —recuerda—. Habían traído muchos objetos hermosos de Alemania y había una sensación de opulencia. Era una casa cultivada, con libros y música.»[43] Los dos amigos perdieron el contacto cuando, en 1941, las leyes les obligaron a cambiar de escuela.

El círculo de amigos de Ana incluía ahora un cierto número de chicos. A Lies le divertía la naturaleza coqueta de Ana y su costumbre de retorcer y rizarse el pelo con los dedos. «A los chicos les gustaba. Y a ella le encantaba mucho que los chicos le hiciesen caso... Gustaba en general a todo el mundo y siempre era el centro de atención en nuestras fiestas. También era el centro de atención en el colegio.»[44] Otto se hizo eco de estas sensaciones cuando se dio cuenta de que su hija estaba convirtiéndose en «una niña verdaderamente problemática. Una gran parlanchina, y fascinada por la ropa bonita».[45]

Las relaciones entre los miembros cercanos de las familias Frank y Holländer siguieron siendo estrechas, a pesar de la distancia física. Siempre llegaban felicitaciones de cumpleaños y notitas, aunque Buddy no recuerda que el don de Ana para la escritura hubiese aparecido ya por aquel entonces. «¡No tenía idea de que sabía escribir! Es decir, había visto cartas suyas pero en ellas no había nada especial. Fue sorprendente descubrirlo después. Naturalmente eso ocurrió en el anexo secreto... Nunca hubiera soñado que la vivaz niña que nos visitaba en vacaciones tuviese la profundidad que Ana desarrolló durante sus dos años de exilio.»[46] Margot era «la seria, siempre leyendo libros y haciendo crucigramas... Era muy distinta de Ana. Yo tenía muy poca relación con Margot. No es que no me gustase; me gustaba mucho, pero no era simpática, sino más bien reservada».[47]

Buddy esperaba las visitas de sus primas a Suiza porque se llevaba muy bien con Ana. «Como niño, la adoraba porque era muy buena compañera, siempre dispuesta a jugar y divertirse. Solíamos disfrazarnos y jugar a estrellas de cine. Ana tenía un gran sentido de la justicia. Cuando nos disfrazábamos y hacíamos nuestras escenas, Ana nunca escogía los mejores disfraces. Siempre me los daba a mí, y cuanto más gracioso estaba yo, más le gustaba a ella.»[48] Recuerda otro aspecto de la personalidad de Ana que sólo apareció durante la época en que estuvo escondida. «A Ana no le gustaba la naturaleza. No, al principio no le gustaba. Ni siquiera iba a dar paseos y cosas así. Era una niña de ciudad. Le gustaba la orilla del mar, le encantaba ir a nadar, estar en la playa, pero no le gustaba la naturaleza. Hasta que tuvo que esconderse; eso la cambió... El árbol en el jardín y el cielo...[49] —Y concluye—: Ana llevaba el corazón en la mano; nunca se le dio bien ocultar sus sentimientos. Margot era siempre amable y dulce, pero tengo que admitirlo: a mí me gustaba más Ana.»[50]

En 1937 Otto visitó Alemania por última vez antes de que estallara la guerra. Era dolorosamente consciente de cómo le contemplaba ahora su patria. Tras ver a Gertrud, le comentó: «Si nos viesen ahora, nos detendrían.»[51] A finales de año Edith volvió a escribir a Gertrud y su talante era desconsolado: «Mi marido apenas está en casa. El trabajo se vuelve cada vez más duro...»[52]

Tras la ocupación de la Renania por parte de Hitler, la tensión se extendió por toda Holanda; nadie despreciaba la amenaza de una invasión, aunque el Ministerio de Asuntos Exteriores alemán aseguraba a los holandeses que su neutralidad no estaba en peligro. En Alemania la Gestapo, que ahora era la policía principal del país, se llevó a trescientos ochenta y cinco niños negros al hospital para esterilizarlos. Todos los judíos debían llevar tarjetas de identidad y tener estampada en sus pasaportes la letra J. Asimismo, tenían que poner antes de sus nombres el de «Sara» para las mujeres e «Israel» para los hombres. 3.601 judíos alemanes emigraron a Palestina en 1937 junto con 3.636 judíos de Polonia. En total 25.000 judíos huyeron de Alemania en 1937. El país estaba inundado de propaganda. En el carnaval de Nuremberg de 1938 una de las carrozas exhibía hombres con uniformes de los campos de concentración haciendo ondear una bandera en que ponía «¡Fuera, a Dachau!», y un molino con marionetas representando a judíos colgando de las aspas fue paseado por toda la ciudad. Revistas con insinuaciones antisemíticas inundaban el mercado. *Der Stürmer* declaraba: «Los judíos son nuestra desgracia.»[53]

El 12 de marzo de 1938, Viena fue invadida por tropas alemanas y Austria fue incorporada al Reich. Los judíos austriacos sufrieron inmediatamente las consecuencias, siendo obligados a limpiar las calles y los retretes bajo la burlona vigilancia de las Juventudes Hitlerianas. Se dictaron decretos crueles: se prohibía a los judíos acudir a los baños públicos, parques, cafés y restaurantes, no podían practicar su profesión y tenían que ceder cualquier propiedad que poseyesen. Durante los dos primeros meses de la anexión austriaca, se suicidaron quinientos judíos.

El asesinato de Ernst vom Rath, un tercer secretario de la embajada alemana en París por parte de un joven estudiante judío polaco, fue utilizado como excusa para convocar «manifestaciones espontáneas» por toda Alemania.[54] Durante el 9 y el 10 de noviembre de 1938 fueron destruidos siete mil negocios judíos, quemadas 131 sinagogas, 91 judíos asesinados y otros 30.000 hombres deportados a los campos de concentración de Buchenwald, Dachau y Sachsenhausen. La sinagoga de Aquisgrán donde Otto y Edith se habían casado en 1925 fue incendiada y su rabino, David Schoenberger, y la mayoría de los miembros de su congregación, detenidos. A los Schoenberger no les torturaron, sobre todo porque la mujer del rabino era de nacionalidad extranjera. Escaparon, vía Luxemburgo, a París, Inglaterra y luego América. El resto de la congregación fue deportado. En Berlín se expulsó a 8.000 judíos de sus casas. Los manuscritos de la Torá y los libros sagrados judíos fueron quemados en enormes piras en medio de los vecindarios judíos. El 20 por ciento de las propiedades pertenecientes a judíos fue confiscado y los negocios que quedaban, expropiados. Se estableció una multa de mil millones a los judíos de Alemania.

La «manifestación espontánea» del 9 de noviembre de 1938 se conoció como *Kristallnacht* (Noche de cristal), después de que se calculase que la cantidad de cristales rotos de los escaparates de tiendas judías y quema de sinagogas equivalía a la mitad de la producción anual de cristal importado de Bélgica. Las noticias del último pogromo circularon por todo el mundo y el boicot a las mercancías alemanas se puso en marcha, pero no consiguió desanimar a los nazis. Los negocios de los judíos fueron vendidos a comerciantes arios y a los judíos se les prohibió acudir a un gran número de lugares públicos. Los que desobedecían se arriesgaban a ser enviados al campo de prisioneros o, en algunos casos, a ser ejecutados.

El pánico reinaba en Alemania y la gente se preparaba para huir rápidamente, consciente de que empezaba a negarse el asilo a los refugiados en muchos países. 250.000 judíos habían emigrado a otros países por aquel entonces, algunos tan lejanos como Shanghai. En diciembre de 1938 miles de niños judíos alemanes llegaron a Gran Bretaña, sin saber cuándo o si alguna vez volverían a ver a sus familias.

En 1938 Miep y Jan hablaron a menudo de política durante la cena en el piso de los Frank en Amsterdam. Todos compartían un profundo odio hacia el partido nazi. El pasaporte austriaco de Miep había sido confiscado y sustituido por uno alemán. Otto hablaba con reticencia de los acontecimientos que ocurrían en el extranjero, con la sensación de que su país estaba pasando por una fase de demencia, pero que acabaría recobrando el buen sentido. Edith discutía abiertamente la teoría de su marido y mantenía una visión más pesimista de las cosas. Todas las conversaciones sobre política cesaban cuando aparecían Ana y Margot. Las niñas, parecían crecer muy deprisa. Miep advirtió que «el color de las mejillas [de Ana] era brillante; su conversación llegaba como una exhalación. Tenía un tono de voz alto y rápido... Margot era cada vez más bonita al acercarse a la adolescencia; callada, sentada muy erguida, las manos cruzadas sobre el regazo... Margot tenía muy buenas notas en el colegio».[55] En este sentido los resultados de Ana eran también cada vez mejores y estaba «convirtiéndose en una mariposa social».[56] Miep admiraba lo impecables que parecían las niñas. «Siempre llevaban vestiditos estampados recién almidonados y planchados, muchos de ellos con cuellos de lino blanco bordados. El pelo oscuro de las dos estaba siempre recién lavado, peinado y brillante.»[57] Después de cenar, Ana y Margot se iban a su dormitorio a acabar los deberes antes de que Otto se uniese a ellas para la sesión de cuentos. «Ana siempre se alegraba de aquello», recuerda Miep.[58]

El año pasó rápidamente, con numerosos viajes más allá de Amsterdam para la familia Frank y visitas de parientes que estaban deseosos de verles. En marzo los Frank «hicieron el Viermerentocht» (una vuelta a los lagos),[59] y volvieron para saludar a la prima de Otto, Milly, que estaba en la ciudad. «Me quedé unos días en una habitación situada frente a su casa en Amsterdam —recuerda—. Ana venía a traerme el desayuno. Era muy dulce. Luego Otto, las niñas y yo salíamos a dar un paseo. Recuerdo que no podía hablar con ellas. A las niñas no se les permitía hablar una palabra de alemán en la calle. Otto y yo hablábamos en inglés. Las niñas hablaban en holandés.»[60] Milly no explica por qué las niñas tenían prohibido hablar en alemán, pero aquélla fue la última vez que las vio.

Después de las vacaciones de verano, Otto se concentró en buscar un medio de compensar el declinar estacional del negocio. Puso en marcha una nueva compañía, Pectacon, que venía en el listín telefónico de Amsterdam como «comercio al por mayor de hierbas, fabricante de sal para encurtidos y especias mezcladas».[61] Pectacon se hizo oficial en noviembre. Otto se nombró a sí mismo director y a su viejo amigo Johannes Kleiman supervisor y tenedor de libros, tanto de Pectacon como de Opekta. Las mercancías se importaban de Hungría y Bélgica, exportándose a este último país. Como asesor de la compañía, Otto escogió a un hombre con el que había hecho muchos viajes de negocios al extranjero, Hermann van Pels.

Van Pels había nacido el 31 de marzo de 1898 en Gehrde, Alemania, y era uno de seis hermanos. Tras acabar los estudios Hermann representó al negocio familiar en Osnabrück y comerciaba con saborizantes, sobre todo los que se usaban en la fabricación de salchichas. Se casó con Auguste Röttgen el 5 de diciembre de 1925. Al igual que su marido, Auguste era judeoalemana de nacimiento, y también tenía un abuelo que llevaba su propio negocio. En el diario de Ana aparece como una mujer alegre, egoísta, irritable, amable, fácil de contrariar e inclinada al cotilleo. Su prima la describía como «una persona muy buena, hogareña, de clase media, que nunca haría daño a nadie».[62] La pareja se mudó a un piso en Matinistrasse, Osnabrück, y tuvieron un hijo, Peter, nacido el 8 de noviembre de 1926. Ana lo describiría más tarde como «honesto y generoso... modesto y colaborador».[63] Como su padre, era fornido, con abundante cabello negro y pálidos ojos azules. La joven vida de Peter cambió dramáticamente a mediados de los años treinta, cuando el boicot nazi condujo a la venta del negocio familiar y la consecuente emigración de Peter y sus padres, en junio de 1937, a Amsterdam.[64]

Hermann van Pels era apreciado en Pectacon, donde tomaba nota de los pedidos de los representantes y discutía sobre recetas para combinar condimentos con Kugler. Sus recetas eran molidas y mezcladas en la fábrica, y luego vendidas a carniceros de todo el país. Miep estaba muy impresionada. «No había nada sobre especias que Van Pels no supiera; era capaz de identificar cualquier especia por el olor.»[65] Le recuerda con «un rostro masculino, directo... El señor Van Pels siempre tenía tiempo para bromear... No podía empezar a trabajar si no se tomaba un café fuerte y fumaba un cigarrillo».[66] Los Van Pels alquilaron al principio un piso en el 59 de Biesboschstraat, pero en 1939 compraron un piso que estaba justo detrás del de los Frank, en el número 34 de Zuider Amstellaan. Por aquel entonces otros sesenta judíos llegaron de Osnabrück y se convirtieron en una comunidad dentro de una comunidad, organizando sus propias «veladas de Osnabrück».

Max van Creveld, que se alojó con los Van Pels durante 1940 y 1941, recuerda que ellos y los Frank eran «buenos amigos, tanto los hombres como las mujeres. Yo tenía mi propia habitación y todas las noches cenábamos juntos. La señora Van Pels preparaba la comida. Yo no era amigo íntimo de los Van Pels. No supe, por ejemplo, que iban a esconderse. Pero en aquellos años esta clase de cosas se mantenían en secreto. Era una época peligrosa. El señor

Van Pels era encantador y la señora Van Pels también».[67] Recuerda a Peter sólo vagamente como a «un joven muy agradable».[68] El primo de Hermann, Bertel Hess, conocía mejor a Peter. «Solía ver a Peter. Venía a visitar a la tía Henny y a su abuelo... Era un chico dulce y muy tímido, muy hábil con las manos. A menudo preguntaba a Henny si tenía pequeñas tareas que encargarle, carpintería y esa clase de cosas. No era muy hablador.»[69]

Peter y sus padres solían asistir a las reuniones de los sábados organizadas por los Frank. La finalidad de Otto era reunir a los judíos, para ayudarles y presentarles a «personas holandesas que estuviesen interesadas en ellos, en por qué habían huido y en su bienestar allí en Holanda».[70] La conversación solía acabar en la situación de Alemania y se cruzaban palabras duras de un lado a otro de la gran mesa redonda de roble. Miep y Jan iban a menudo a las reuniones, así como los Van Pels, los Baschwitz, un farmacéutico judío llamado Lewinsohn, que tenía la tienda en la esquina de Prinsengracht y Leliegracht, su esposa no judía y el recién llegado dentista Fritz Pfeffer y su novia, Charlotta Kaletta, de Berlín.

Pfeffer, que más tarde compartiría el anexo secreto con los Frank y los Van Pels, había nacido el 30 de abril de 1889 en Giessen, Alemania. Cuando Pfeffer abandonó la escuela, cursó estudios de odontología y se convirtió en un buen cirujano maxilar. Tras un breve matrimonio fallido con una mujer llamada Vera (que también emigró a Holanda antes de la guerra y fue deportada), se dedicó de lleno a su carrera y su pequeño hijo, Werner Peter. En la primavera de 1936, a la edad de cuarenta y seis años, Pfeffer conoció a Charlotta Kaletta, de diecinueve. A pesar de la diferencia de edad, Pfeffer y Lotte tenían mucho en común. Lotte también tenía detrás un matrimonio fracasado y un hijo, Gustav.

Después de la *Kristallnacht*, Pfeffer supo que debía abandonar Alemania. Werner Peter fue enviado a Inglaterra, donde vivía con su tío Ernst, también dentista. Pfeffer tomó la penosa decisión de no unirse a ellos por razones prácticas y económicas. En lugar de ello, el 8 de diciembre de 1938, después de dejar al hijo de Lotte en Alemania con su padre, que insistía en que se quedase con él (y donde ambos fueron asesinados más tarde por los nazis), Lotte y él emigraron a Holanda.[71] Al principio Lotte encontró difícil la vida en Amsterdam, porque «muchos de los holandeses no se creían las historias que les contábamos acerca de Alemania. Ni siquiera los judíos de Holanda podían creerlas».[72] Conocieron a los Frank muy poco después de llegar a Amsterdam y pronto se convirtieron en parte de su círculo de amigos, aunque ninguno de ellos sabía lo estrechamente unidas que iban a llegar a estar sus vidas.

El nuevo negocio de Otto, Pectacon, iba muy bien. Kugler —que había adquirido la ciudadanía holandesa en mayo de 1938— estaba aprendiendo a manipular y mezclar hierbas bajo la experta supervisión de Van Pels, y habían contratado a una mecanógrafa a tiempo completo, Bep Voskuijl. Bep era holandesa, nacida en 1919, la mayor de nueve hermanos, y vivía con sus padres. Alta y con gafas, era cariñosa y sumamente tímida, aunque gustaba a todos. Ella y Miep se hicieron buenas amigas. Bep conoció a la familia de su jefe, y, con el tiempo, se convirtió en una hermana más para Ana. Se había dado cuenta de que la relación entre Otto y Kleiman estaba basada en una sólida amistad, «solían jugar a las cartas todas las semanas, creo».[73] Le parecía «de lo más natural que Ana estuviese tan unida a su padre... Los dos eran iguales. El señor Frank... también era una persona con la clase de comprensión que uno sólo encuentra en los escritores. Podía ser tan afectuoso como Ana, y él también era implacable consigo mismo... A veces [Ana] se portaba mal y tenía mal carácter. Sólo su padre era capaz de hacerla entrar en razón, pero lo hacía con una sola palabra. "Autocontrol" era la fórmula mágica y no tenía más que susurrársela. Lograba un efecto inmediato, pues Ana era tan sensible como su padre, a quien una palabra suave impresionaba más que cualquier grito».[74]

En 1938 Otto y sus hijas fueron a Suiza.[75] Buddy recuerda con claridad la visita: «Fue la última vez que estuve con Ana. Nuestra abuela vivía en un piso porque no había bastante sitio en nuestra casa. Y la última vez que Ana estuvo allí recuerdo que jugamos en casa de mi abuela con mi teatro de marionetas. Nos turnábamos. Luego fuimos al guardarropa de mi abuela y nos disfrazamos. ¡Con sombreros y todo! Imitábamos a los mayores. Nos divertimos mucho. Nos pusimos malos de tanto reír, lo recuerdo bien... Tenía un gran sentido de la comedia.»[76] Fue la última vez que Buddy vio a Ana y a Margot. A partir de entonces la comunicación fue sólo por carta.

En marzo de 1939 la madre de Edith, Rosa Holländer, se unió a su hija y su familia en Amsterdam, trayendo consigo sólo «una cuchara, un tenedor, un cuchillo y un poco de comida».[77] El padre de Edith había muerto en Aquisgrán el 19 de enero de 1927, pero Rosa no se quedó sola en la casa de Pastorplatz hasta finales de 1938. Un registro nazi de judíos de 1935 que vivían en Aquisgrán describe a la familia:

> Julius Holländer, n. Eschweiler 11.12.1894, comerciante, soltero, Pastorplatz 1.
> Rosa Holländer, nacida Stern, n. Langenschbalwach 25.12. 1866, viuda, Pastorplatz 1.
> Walter Holländer, n. Aquisgrán, 06.02.1897, comerciante, soltero, Pastorplatz 1.[78]

Tanto Julius (que estuvo brevemente casado en Alemania con una mujer llamada Anna Haymann) como Walter se habían hecho cargo de la administración de los negocios de la familia, pero un segundo registro nazi de compañías «arianizadas y por tanto fuera del control judío, 1938-1942» recoge el negocio de los Holländer y equivocadamente registra a Julius y a Walter como emigrados a Amsterdam. De hecho, tras la *Kristallnacht*, uno de los hermanos emigró a América (su salvoconducto para emigrar fue firmado por un pariente que vivía ya allí) y dispuso las cosas para que el otro se reuniese con él pronto. Varios miembros de la familia Holländer habían emigrado a América. Uno de los primos de Edith, que vivía en Perú, intentó organizar el traslado de los Frank, pero el plan fracasó. Julius y Walter se establecieron en Boston, donde «encontraron empleos inferiores en la compañía de un primo —Ernst Holländer—, que tenía sus propias dificultades financieras debido a su desconocimiento de la lengua y los métodos establecidos de trabajo en América. Ambos hermanos permanecieron juntos y se trasladaron a otra ciudad fabril de Massachusetts (Leominster), donde fueron empleados como obreros, que era lo que sabían hacer. Vivían frugalmente».[79]

Mientras tanto, su madre era feliz en su nuevo hogar de Merwedeplein. Ana estaba enferma de gripe cuando su madre llegó con un regalo muy especial: una hermosa pluma estilográfica, envuelta en algodón en una caja de cuero rojo. Más tarde, se convertiría en la pluma favorita de Ana, con la que escribió su diario. Rosa contaba setenta y tres años, pero siempre tenía tiempo de escuchar las historias de Ana sobre la escuela y sus amigos.

En mayo de 1939 Otto tuvo que irse de viaje de negocios y, consciente de lo mucho que Ana le echaba de menos cuando estaba fuera, le mandó una carta escrita en alemán, que ella conservó para que le sirviera «de apoyo durante toda la vida»:[80]

> Mi querida Anita:
>
> Cuando eras todavía muy pequeña, la abuela solía llamarte «mujercita». Y eso es lo que sigues siendo, gatita mimosa.
>
> Sabes que a menudo tenemos secretos el uno con el otro. Es verdad, las cosas no han sido siempre tan fáciles contigo como con tu hermana, aunque en general tu sentido del humor y tu amabilidad te permiten superarlo todo fácilmente. A menudo te he dicho que debes educarte a ti misma. Hemos acordado los «controles» mutuos y estás haciendo un buen trabajo tragándote los «peros». Aun así, te gusta ser caprichosa y aún más que los demás te mimen.
>
> Todo eso no es malo si en el fondo de tu pequeño corazón sigues siendo tan buena como siempre lo has sido. Te he explicado que cuando yo era pequeño también solía precipitarme y hacía las cosas sin pensarlo dos veces. Cometía muchos errores. Pero lo principal es reflexionar un poco y encontrar el propio camino por el sendero recto.
>
> No eres obstinada y, por tanto, tras unas pocas lágrimas, la risa vuelve enseguida.
>
> «Disfruta de lo que hay», como dice mami.
>
> Que esa alegre risa permanezca contigo, la risa que embellece tu vida, la nuestra y la de otras personas.
>
> Tu Pim. [Pim era el sobrenombre que Ana y Margot daban a su padre.][81]

Ana escribió más tarde acerca de la carta en su diario: «Jacque [una amiga del colegio] creía que era una declaración de amor de un chico y yo no le aclaré nada.»[82]

En verano Rosa Holländer acompañó a Margot, Ana y Edith a hacer excursiones a la playa, a pesar de su salud cada vez más precaria. Ana tuvo un fuerte catarro, pero insistió en ir a nadar. Una fotografía la muestra con aspecto muy triste, agarrada a los pliegues de su albornoz a rayas. Escribió bajo la fotografía: «Esto es junio de 1939. Margot y yo acabábamos de salir del agua y recuerdo que estaba muy fría. Por eso me puse el albornoz de felpa. La abuelita está sentada detrás, tan dulce y callada, como solía sentarse a menudo.»[83]

El décimo cumpleaños de Ana se celebró con una fiesta especial para conmemorar su entrada en las cifras dobles. Se le permitió invitar a sus amigas favoritas. Una fotografía tomada por su padre las muestra a todas de pie al sol de Merwedeplein, con los brazos unidos y luciendo sus mejores vestidos. Ana dio una copia de esta foto a Lies, habiendo escrito en el dorso: «Fiesta de cumpleaños de Ana Frank, 12-6-39.»[84] Naturalmente Lies estaba con ellas, así como Sanne y otras seis niñas: Lucie van Dijk, Juultje Ketellapper, Kitty Egyedi, Mary Bos, Rie (Ietje) Swillens y Martha van den Berg. Las jóvenes juerguistas hicieron un picnic en el parque Amstelrust, donde Ana se hizo fotografiar sosteniendo a un conejo. De las nueve niñas que fueron a la fiesta aquel día sólo seis seguían vivas seis años más tarde: Ana, Sanne y Juultje Ketellapper murieron en el Holocausto.

En enero de 1939 Hitler dijo a sus seguidores en el Reichstag: «Si la financiación internacional a los judíos en Europa y fuera de ella logra una vez más lanzar a los pueblos a una guerra mundial, la consecuencia no será la bolchevización del mundo y por tanto la victoria del pueblo judío, sino por el contrario la destrucción de la raza judía en Europa...»[85] El 15 de marzo sus tropas invadieron Checoslovaquia.

Aquel verano se introdujo en Holanda el racionamiento de comida. Colijn había sido sustituido como primer ministro por el jefe de la Unión Histórica Cristiana, D. J. de Geer. Éste siguió comandando un gobierno de coalición. Los rumores de una posible invasión alemana hacían temblar de miedo a los holandeses, pero los alemanes hicieron otra declaración de respeto hacia su neutralidad.

El 23 de agosto Alemania y Rusia firmaron un pacto de no agresión y acordaron el reparto de Polonia. El 1 de septiembre, Alemania invadió Polonia y se anexionó en la misma fecha la ciudad de Danzig. Dos días más tarde Francia y Gran Bretaña declararon la guerra a Alemania. El Ejército Rojo penetró por la frontera oriental de Polonia el 17 de septiembre. Bajo el poder del *Blitzkrieg*, Polonia admitió la derrota y a continuación fue dividida según los términos acordados el 23 de agosto en un tratado firmado por los ministros de Exteriores ruso y alemán, Molotov y Ribbentrop. Las tropas alemanas entraron en Varsovia el 30 de septiembre. Rusia asumió el control de Estonia, Letonia y Lituania e invadió Finlandia el 30 de noviembre. El anuncio de Hitler de que aún quería la paz fue despreciado por Chamberlain. En un intento por fraccionar la sociedad polaca y acabar con su clase dominante, Hitler dio órdenes a cinco *Einsatzgruppen* (policía especial paramilitar alemana) para que asesinaran a tantos intelectuales, oficiales y sacerdotes como fuera posible.

Para los judíos de Alemania, Austria y ahora Polonia, la vida estaba volviéndose insoportable. La primera tarea de Adolf Eichmann como jefe del Centro de Emigración de Judíos Austriacos fue organizar la «emigración forzosa» de cada uno de los judíos austriacos y bohemios. Para marcharse cada persona debía pagar una cantidad establecida más cierta cantidad de moneda extranjera. El dinero pasaba a los llamados «fondos de emigración». Para entrar en otro país, hacía falta una suma determinada en concepto de visados, así como disponer de dinero extranjero. 60.000 judíos emigraron así hasta 1941, año en que se detuvo la emigración. Muchos se dirigieron a Palestina, pero se encontraron con la oposición de los árabes y tuvieron poco apoyo por parte de los británicos. En 1940 a los refugiados a bordo de los barcos *Patria* y *Salvador* se les negó la entrada en Palestina por parte del gobierno británico. Ambos barcos se hundieron misteriosamente, con la pérdida de cuatrocientas cincuenta vidas. Neville Chamberlain escribió en una carta: «No hay duda de que los judíos no son personas atractivas...»[86]

El 17 de octubre de 1939 más de mil judíos fueron enviados a Polonia desde Checoslovaquia y se les ordenó construir un campo

de concentración. El 28 de noviembre se establecieron los primeros Consejos Judíos (grupos de ciudadanos judíos importantes directamente responsables ante los nazis) de la guerra en el sector
oriental polaco conocido como Gobierno General. Las autoridades
alemanas emitieron nuevos decretos, expulsando a los judíos de las
oficinas del gobierno, prohibiéndoles que tuvieran tratos de negocios con los arios y que diesen o recibiesen tratamiento médico
de los arios, entre otras muchas restricciones. Entre diciembre de
1939 y febrero de 1940, 600.000 judíos fueron enviados en camiones de ganado al Gobierno General. Cuando el gobernador de la
zona, Hans Frank, se quejó acerca de la escasez de alimentos, los
viajes se terminaron. Mientras tanto, los judíos austriacos eran sometidos a humillantes restricciones, obligados a llevar una estrella
amarilla y a abandonar sus saqueadas casas para vivir en guetos.
Cuando se acercaba el fin de 1939, quedaba en Austria un 40 por
ciento de la población judía; 150.000 personas habían escapado.
En los dos primeros meses de la ocupación de Polonia fueron asesinados 5.000 judíos. En Alemania vivían aún 200.000 judíos.

El 12 de marzo de 1940, tras una feroz batalla que duró tres
meses, Finlandia sucumbió al ejército ruso. Dinamarca, Noruega y
Luxemburgo fueron conquistadas por Alemania en una rápida sucesión durante abril y principios de mayo; el gobierno de Luxemburgo huyó tras la ocupación. Finlandia albergaba a 2.000 judíos,
Noruega 1.800, Dinamarca 8.000 y Luxemburgo 5.000. En este último grupo había miembros de la familia Frank.

1940 fue el último año completo de Ana en la escuela Montessori.
Desde el primer año al cuarto, su profesor había sido el señor Van
Gelder. Hacia el final él se dio cuenta de que Ana tenía una nueva
ambición: «Es cierto que quería ser escritora. Lo recuerdo. Empezó muy pronto. Y supongo que podía muy bien haberse convertido
en escritora. Era capaz de *experimentar* más cosas que los demás
niños... Casi diría que oía más, incluso parecía percibir cosas sin
sonido, y a veces oía cosas cuya existencia misma nosotros olvida-
mos. Eso les ocurre a los niños.»[87] La recuerda en clase como
«muy trabajadora e inteligente... Le encantaba dibujar y en algunas

asignaturas mostraba gran diligencia y comprensión... Siempre estaba ocupada y quería —eso siempre se advertía en ella—, conocer todas las sutilezas de cada cosa. Cuando se explicaba algo en clase, siempre pedía aclaraciones; no estaba satisfecha hasta que entendía totalmente el asunto y éste se había convertido en su propiedad mental.»[88]

En el quinto año Ana recibía clases de la señorita Gadron y en el último año la directora, la señora Kuperus. Ésta recuerda muy bien a Ana:

> Ana era una niña adorable, nada revoltosa, pero siempre activa y espontánea. Era inteligente, aunque había niños más inteligentes en la clase. Sé que le encantaba leer y le apasionaba el teatro... Era muy buena alumna y se interesaba mucho por la escuela. Tenía montones de amigos, pues era fácil llevarse bien con ella. Sin duda no era introvertida. Poseía un gran espíritu de equipo y disfrutaba trabajando en grupo. Yo quería tener conmigo a Ana durante otro año. Era aún pequeña para la clase, y también muy frágil. Había estado enferma durante un tiempo, pero se recuperó y durante los últimos años gozó de buena salud. Ana y Lies estaban siempre juntas, naturalmente. Pero no recuerdo que ambas charlasen tanto en clase como Ana dice en su diario. Quizá eso llamase la atención en el Lyceum, pero aquí, en la escuela Montessori, no había razón alguna para llamarlas charlatanas. No exigimos a los niños que estén callados... El último año fue especialmente agradable. Habíamos empezado a hacer teatro. Los niños escribían obras en una clase y en la siguiente las representábamos. Ana se encontraba en su elemento. Por supuesto, siempre tenía ideas para las obras, pero como no era tímida y le encantaba imitar a otras personas, le tocaban los papeles principales. Era bastante pequeña entre sus compañeros, pero cuando interpretaba a la reina o la princesa, de pronto parecía más alta que los demás. Era realmente extraño ver aquello.»[89]

La escuela había sido muy útil para Ana, tal como deseaban sus padres. Muchos años después de la guerra, Otto reflexionaba:

> Para Ana fue positivo ir a una escuela Montessori, en la que cada niño era tratado individualmente. Ana nunca fue una buena estudiante. Odiaba las matemáticas. Yo practiqué con ella las tablas

innumerables veces. Sólo destacaba en las materias que le interesaban, particularmente en historia. Un día vino a mí y me dijo que tenía que dar un corto discurso en clase sobre el emperador Nerón. «Todo el mundo sabe lo que dicen de él los libros de historia, pero ¿qué puedo decir yo?» Para ayudarla, la llevé conmigo a casa de uno de mis amigos que tenía una gran biblioteca. Ella tomó unos cuantos libros especializados, que se llevó muy orgullosa a casa. Poco después le pregunté acerca de su discurso. «Oh —dijo—, mis compañeros no querían creer lo que les conté, porque era muy diferente de lo que habían oído acerca de Nerón.» «¿Y el profesor?», le pregunté. «A él le gustó mucho», contestó.[90]

En la primavera de 1940 Ana y Margot empezaron a escribir cartas a dos amigas de América. El intercambio fue organizado por Birdie Matthews, una joven maestra de Danville, Iowa. Birdie visitaba Europa casi todos los años y siempre llevaba consigo una lista de niños que querían iniciar una correspondencia internacional. En 1939 visitó Amsterdam y conoció a otra maestra a quien le interesaba el plan. Intercambiaron nombres y direcciones y, de vuelta a Danville, Birdie pidió a sus alumnos que escogiesen de una lista de niños holandeses. Juanita Wagner, que vivía en una granja en Danville, escogió a Ana Frank. En su carta le describió a Ana su hogar, su familia y mencionó a su hermana mayor, Betty Ann, que también quería tener una amiga por carta. Ana le contestó inmediatamente, incluyendo una postal, fotografías y una carta de Margot para Betty Ann. Las cartas fueron escritas en inglés, pero Otto seguramente las tradujo a partir de los originales de Ana y Margot. La carta de Margot a Betty Ann rezaba:

> 27 de abril de 1940.
> Querida Betty Ann:
> Hace una semana que he recibido tu carta y no he tenido tiempo de contestar. Hoy es domingo, así que por fin tengo tiempo de escribir. Durante la semana estoy muy ocupada, porque tengo que hacer los deberes del colegio en casa todos los días. Nuestra escuela empieza a las nueve de la mañana. Al mediodía vuelvo a casa en bicicleta (si hace mal tiempo, voy en autobús y me quedo en la escuela). Por la tarde la clase empieza a la una y media; luego tenemos clas [sic] hasta las tres. Los miércoles y sábados por la tar-

de estamos libres y empleamos el tiempo en jugar al tenis y en remar. En invierno jugamos al hockey y, si hace bastante frío, vamos a patinar. Este año fue inusualmente frío y los canales estaban helados; hoy es el primer día de auténtica primavera, el sol brilla y calienta. Generalmente llueve mucho. En verano tenemos dos meses de vacaciones, quince días en Navidad y lo mismo en Pascua; en Pentecostés sólo cuatro días. A menudo escuchamos la radio, ya que los tiempos son muy emocionantes, pues al tener frontera con Alemania y al ser un país pequeño, nunca nos sentimos a salvo.

En nuestra clase casi todos los niños se comunican entre ellos, así que no conozco ninguno que quisiera tener un corresponsal. Sólo tengo dos primos, chicos, que viven en Basilea, Suiza. Para los americanos eso no está lejos, pero para nosotros sí. Tenemos que viajar a través de Alemania, cosa que no podemos hacer, o a través de Bélgica y Francia, y tampoco podemos. Hay guerra y no se dan visados.

Vivimos en un piso de cinco habitaciones en el único rascacielos de la ciudad ¡que tiene doce pisos! Amsterdam tiene unos 200.000 habitantes. Estamos cerca de la costa, pero echamos de menos las colinas y los bosques. Como todo es plano y gran parte del país está bajo el nivel del mar, por eso se llama Holanda [en inglés, Netherland; *nether*: inferior].

Papá va a trabajar por las mañanas y vuelve a casa hacia las seis de la tarde. Mi abuela está viviendo con nosotras y le alquilamos una habitación a una señora.

Creo que te he contado muchas cosas y espero tu respuesta.

Con mis mejores saludos, tu amiga,

MARGOT BETTI FRANK.

P. S. Muchas gracias por la carta de Juanita; como Ana está escribiéndole, no necesito escribir yo. Margot.[91]

La carta de Ana a Juanita rezaba:

Amsterdam, 29 de abril, lunes.
Querida Juanita:
Recibí tu carta y quiero contestarte lo antes posible. Margot y yo somos las únicas niñas de la casa. Nuestra abuela vive con nosotros. Mi padre tiene una oficina y mi madre se ocupa de la casa. No

vivo lejos de la escuela y estoy en quinto curso. No tenemos horas de clase en particular, podemos hacer lo que queramos, aunque al final tenemos que conseguir unos resultados. Tu madre sin duda conocerá este sistema, se llama Montessori. Tenemos pocos deberes para casa.

He vuelto a mirar el mapa y he encontrado el nombre de Burlington. Pregunté a una amiga mía si le gustaría cartearse con una de tus amigas. Preferiría que fuera una niña de mi edad, pero no un niño.

Te escribo debajo su dirección. ¿Escribiste tú misma la carta que me mandaste o lo hizo tu madre por ti? Te mando una postal de Amsterdam y seguiré haciéndolo. Colecciono postales ya tengo unas ochocientas. Una compañera de clase fue a Nueva York y nos escribió [sic] una carta hace tiempo. En caso de que Betty y tú tengáis una fotografía mandad una copia, pues tengo curiosidad por saber cuál es vuestro aspecto. Mi cumpleaños es el 12 de junio. Ten la bondad de decirme cuándo es el tuyo. Quizá alguna de tus amigas escriba antes a mi amiga, pues ella tampoco puede escribir en inglés, pero su padre o su madre traducirán la carta.

Esperando tus noticias, se despide tu amiga holandesa,

ANNELIES MARIE FRANK.

P. S. Por favor, escríbeme la dirección de una niña. La dirección de mi amiga es... [Seguía la dirección de Sanne.]

En la postal Ana había escrito:

Querida Juanita:
Esta foto te muestra uno de los muchos viejos canales de Amsterdam. Pero éste es sólo uno de los de la ciudad vieja. También hay grandes canales y sobre todos ellos hay puentes. Hay unos 340 puentes dentro de la ciudad.

ANA FRANK.[92]

Juanita recuerda: «No hace falta decir que ambas estábamos emocionadas por haber establecido relación con amigas extranjeras y las dos contestamos de inmediato. Sin embargo, no volvimos a saber nada de Ana ni de Margot... Supusimos que las cartas no habían llegado a causa de la censura.»[93] Betty Ann continúa la historia. «A menudo hablábamos y nos preguntábamos cosas acerca de la familia, como si tendrían suficiente comida o si les caerían las bombas cerca... Francamente, nosotras crecimos en un pueblo pequeño en que no había muchos judíos. Nunca me paré a pensar que las otras niñas eran judías. De haberlo sabido, habríamos rezado y habríamos hecho algo más.»[94] Las niñas no tuvieron más contacto con la familia Frank hasta después de la guerra.

La comunicación con los amigos y parientes del extranjero llegaría a resultar problemática, pero en 1940 no había dificultades con el correo que entraba y salía de Holanda, como Milly, la prima de Otto, recuerda:

> Durante los primeros meses de la guerra, Otto era prácticamente nuestro único nexo con el continente. No podíamos escribir a nuestros conocidos en Alemania, ya que ésta estaba en guerra con Inglaterra. Pero Otto podía escribir a Alemania porque lo hacía desde la neutral Holanda. Recibí una carta suya en que me comunicaba lo infeliz que se sentía porque estaba seguro de que Alemania iba a atacar. Decía: «No sé qué hacer con las niñas. No puedo hablar con Edith acerca de ello. No sirve de nada preocuparla antes de que sea necesario.» Yo le llevé la carta a mi madre y le pregunté: «¿No crees que deberíamos hacerle saber inmediatamente que si manda a las niñas a Inglaterra, cuidaremos de ellas durante la guerra?» Ella respondió: «Naturalmente.» De inmediato le escribí. «Sé que suena muy raro, porque estamos en guerra y vosotros no. Pero si crees que es lo más mínimamente seguro, por favor, manda a las niñas aquí.» Su siguiente carta fue la última que recibí antes de que Hitler les invadiera. «Edith y yo hemos hablado de tu carta. Ambos sentimos que somos incapaces de hacerlo. No podemos soportar la idea de separarnos de las niñas. Significan demasiado para nosotros. Pero si eso te sirve de algún consuelo, vosotras sois las personas en las que habríamos confiado.» Entonces las luces se apagaron en Holanda.[95]

El 4 de marzo de 1940 Ana escribió en el álbum de poesías de su amiga de la escuela Henny Scheerder. Su poesía, ilustrada con una pegatina de margaritas, rosas y nomeolvides en la misma página, dice: «Tiene poco valor lo que te ofrezco, rosas de la tierra y nomeolvides.» En una esquina se identifica: «Escrito por mí, hecho por mí, Ana Frank, ése es mi nombre», y en la otra, habiendo leído algo escrito antes en el libro que estaba fechado al revés, escribió en rima: «Tip, tap, top, la fecha está arriba.» («*Tip, tap, top, the date is on the top.*»). En la página de enfrente pegó un dibujo en relieve de un cesto de rosas rojas, flores blancas y ramas verdes. Una paloma lleva una carta en medio de las flores de colores. Y en cada esquina de la carta, repite su ruego: «no-me-olvides».[96]

En sus visitas al piso de los Frank aquella primavera a Miep le asombró lo crecidas que estaban Ana y Margot:

> Margot cumplió catorce años... Nos dimos cuenta de que estábamos viendo a una jovencita en lugar de una niña. Su figura se había llenado un poco. Las gruesas gafas cubrían ahora sus ojos serios y oscuros, y siempre estaba ocupada con asuntos de libros y nunca con frivolidades. A pesar de las gafas, Margot era ya muy bonita, con una piel suave y cremosa... Ana admiraba sin duda a su hermana. Cualquier cosa que Margot hiciera o dijera era absorbida por los agudos ojos y la rápida mente de Ana. De hecho, Ana había desarrollado la habilidad de la imitación. Era capaz de imitar a cualquiera o a cualquier cosa, y muy bien; el maullido del gato, la voz de sus amigas, el tono autoritario de su profesora... No podíamos evitar reírnos de sus pequeñas representaciones. A Ana le encantaba tener un público atento y le gustaba oírnos responder a sus escenificaciones y payasadas. Ella también había cambiado. Sus delgadas piernas parecían estirarse cada vez más por debajo de su vestido, así como sus brazos. Seguía siendo una niña bajita y delgada, pero parecía empezar a dar un estirón preadolescente, con los brazos y las piernas demasiado largas para su cuerpo. Era aún el bebé de la familia. Ana siempre quería un poco de atención extra.[97]

Los Frank acudían a un fotógrafo profesional todos los años para que diese testimonio del crecimiento de sus hijas. Las fotografías tomadas de Ana en 1940 eran muy apropiadas. En ellas se la ve sentada encorvada, con los brazos cruzados y el pelo recogido a los lados. En casi todas sonríe, mirando hacia arriba o hacia un lado, y les puso la leyenda: «Las cosas están poniéndose serias, pero sigue habiendo una sonrisa para las cosas graciosas», «¡Oh, vaya broma!», «¿Qué será lo próximo?», «Ésa es una historia graciosa»,

«Ésta también».[98] En una fotografía tiene la cabeza ligeramente levantada y parece estar sumida en profundos pensamientos. Escribió en ella con tinta negra: «Ésta es una fotografía mía con el aspecto que me gustaría tener siempre. Entonces tendría la oportunidad de ir a Hollywood [*sic*]. Pero me temo que por ahora suelo tener un aspecto bastante diferente.»[99]

El 10 de mayo de 1940 Alemania invadió Holanda.

SEGUNDA PARTE
1940-1942

*Cuando los sufrimientos de nosotros los judíos
empezaron de verdad*

3

Ahora que los alemanes llevan la batuta aquí, estamos en auténticos apuros...

Diario de Ana Frank, jueves, junio de 1942

Durante cuatro días un ambiente de histeria reinó en Holanda. Una sensación de desolación barrió el país ante la noticia de que la familia real holandesa, junto con el primer ministro y su gabinete, habían huido a Londres. Los alemanes lanzaron un ultimátum: o las fuerzas del país se rendían o Rotterdam sería destruida. Dos horas antes de que el ultimátum se cumpliera, Rotterdam fue bombardeada. Su centro fue prácticamente aniquilado. Murieron 900 personas, 78.000 se quedaron sin hogar y más de 24.000 edificios fueron reducidos a escombros. Rotterdam se rindió el 13 de mayo de 1940. Holanda capitulaba al día siguiente.

En un gran convoy los alemanes entraron en Amsterdam. La proclama del comisario del Reich, Arthur Seyss-Inquart, fue distribuida por toda ciudad: «Hoy me he hecho cargo de la autoridad civil en Holanda... La magnanimidad del Führer y la eficacia de los soldados alemanes han permitido que la vida civil haya sido restaurada rápidamente. Pretendo que la ley y la administración general holandesas continúen como siempre.»

En el momento de la invasión alemana vivían 140.000 judíos en Amsterdam. 14.381 eran refugiados alemanes o austriacos que habían llegado después de 1933; 117.999 holandeses; y 7.621 judíos de otras nacionalidades. El NSB (Movimiento Nacional Socialista) holandés había sido fundado por Anton Mussert en 1931. En los primeros días el partido era ardientemente nacionalista, pero no había política de «raza»; el NSB fomentaba la libertad religiosa y contaba con judíos entre sus filas. A medida que la influencia alemana aumentó en el partido, los miembros judíos fueron obligados a marcharse. El NSB consiguió el 7,9 por ciento de los votos en las elecciones generales del Estado de 1935, pero su creciente antisemitismo les hizo perder un apoyo considerable. A principios de 1940 quedaban sólo 33.000 miembros del NSB. Después de la invasión, los nazis holandeses se hicieron con la agencia de noticias holandesa y el personal judío de la ANP (Agencia Holandesa de Prensa) fue despedido. Los judíos también fueron obligados a despedirse del sindicato cinematográfico holandés. El WA (cuerpo defensivo del NSB) atacó a los judíos físicamente y luchó en las calles con ciudadanos antinazis, aunque el burgomaestre de Amsterdam aseguró a los dignatarios judíos que la comandancia militar alemana le había dado su palabra de que sus comunidades estaban a salvo.

Al principio, la vida continuaba en Amsterdam igual que siempre, a pesar de los oscurecimientos y las sirenas antiaéreas. Jetteke Frijda, amiga de Margot, recuerda: «El día después de la invasión había que ir al colegio. Nos reunieron en el gran salón de actos y nos dijeron que estábamos en guerra con Alemania. Nos mandaron a casa y no volvimos hasta después de la capitulación.»[1] Eva Schloss añade: «Durante la invasión había aviones que venían de los dos lados. Todos aquellos bombardeos y disparos nos aterrorizaban. En la primera guerra con que nos enfrentábamos, y fue terrorífico. Pero con la rendición, las cosas casi volvieron a la normalidad. Volvimos a nuestras escuelas y no estábamos mal, ni nosotros los judíos, ni nadie. Había bastante comida y todo eso. Llegó todo poco a poco...»[2]

Eva era entonces Eva Geiringer, y acababa de llegar con sus padres y su hermano desde Bruselas. Vivían justo enfrente de los Frank en Merwedeplein, que era, como recuerda Eva, «perfecta para los niños. Jugábamos al corro y a saltar, o nos sentábamos a hablar en los escalones de delante de los edificios, niños y niñas juntos. Había una auténtica afinidad entre la gente, porque muchas familias judías vivían allí. Desgraciadamente nos mudamos de Merwedeplein en febrero de 1940; sólo tuvimos unos meses de libertad. En mayo llegó la guerra, pero como dije, las cosas no cambiaron inmediatamente».[3] Eva conoció a la familia Frank en marzo: «Yo estaba fuera jugando y comenté a Ana que no sabía hablar holandés muy bien. Ella dijo: "Oh, bueno, mi padre puede hablar alemán contigo", y me acompañó arriba para ver a sus padres.»[4]

Con impermeable azul marino y botas de goma (el «uniforme necesario»[5] de los niños del lugar), Eva a veces subía al piso de los Frank, yendo derecha hasta el gato de Ana, *Moortje*. «Los Frank tenían un gato grande que ronroneaba cariñosamente cuando yo lo tomaba en brazos... Me dirigía al salón a acariciar al gato y veía al señor Frank, que me miraba con expresión divertida. Era... muy amable. Siempre se preocupaba de hablarme en alemán. La señora Frank preparaba limonada para los niños y nos sentábamos a beberla juntos en la cocina.»[6] Eva quería estar cerca de Sanne Ledermann, la amiga de Ana. «Sentía una especie de fascinación hacia Suzanne. Era muy dulce. Vivía en Noorder Amstellaan en el segundo o tercer piso, luego había unos jardines en medio y nosotros vivíamos al otro lado, en el primer piso de Merwedeplein. Nuestros balcones estaban situados uno enfrente del otro. Tendíamos una cuerda entre ellos y nos enviábamos mensajes. Incluso cuando teníamos que estar en casa antes de las ocho [cuando se estableció el toque de queda], seguíamos comunicándonos por el balcón. Ella me gustaba mucho.»[7]

Anne, Sanne y Lies habían empezado a distanciarse de los demás niños, prefiriendo sentarse en la plaza a leer revistas de moda, hablar de artistas de cine y reír tontamente al hablar de los chicos. Eva dice: «Ana era sin duda madura... Formaban un trío inseparable, las tres un poco más sofisticadas que el resto de nosotros; más parecidas a adolescentes... Una cálida tarde de domingo, cuando yo estaba sentada con Sanne en los escalones de nuestra casa, ella me confió lo mucho que admiraba a su amiga Ana Frank, porque tenía mucho estilo.»[8] Eva ya se había dado cuenta de que «Ana se cuidaba mucho, era muy vanidosa, lo que es poco frecuente a esa edad, once o doce años. Al contrario que a mí, le interesaba mucho la ropa.»[9] Como ejemplo del estilo y dominio de sí misma (de Ana), Eva cita el día que su madre, Fritzi Geiringer, y ella visitaron a las costureras de Merwedeplein para que arreglaran el abrigo de Eva. En su autobiografía Eva escribe:

Estábamos sentadas esperando nuestro turno y oímos a la costurera hablar con una clienta en el probador. Ésta estaba decidida a que las cosas fuesen como ella quería. «Quedaría mejor con hombreras más anchas —le oímos decir con tono autoritario—, y el dobladillo debe ir un poco más alto, ¿no le parece?» La costurera asintió y yo me quedé allí sentada, deseando poder escoger lo que quería llevar. Me quedé pasmada cuando las cortinas se corrieron y allí estaba Ana, sola, tomando decisiones acerca de su vestido. Era color melocotón con un remate verde. Me sonrió: «¿Te gusta?», inquirió volviéndose. «¡Oh, sí!», dije sin aliento, envidiándola. Yo no llegaba a tanto... Ana quería que fuese más sofisticado. Para mí aquello era inimaginable. Ana parecía mucho mayor que yo, aunque yo fuese un mes mayor.[10]

Fritzi Geiringer conocía sólo superficialmente a los Frank, pero reconocía la seguridad de Ana y su creciente interés hacia el sexo opuesto. «Era como las demás niñas de su edad, sólo que un poco más extravertida... ¡y estaba loca por los chicos! Su único defecto era la vanidad.»[11] Eva recuerda que Ana «flirteaba con los chicos y tenía novios. Caminaba junto a ellos y coqueteaba. A mí no me interesaban; como tenía un hermano, los chicos no significaban gran cosa para mí».[12] Eva tampoco compartía otros intereses de Ana: «Yo no era una de sus mejores amigas porque teníamos intereses muy diferentes. Yo era un marimacho; ella, una verdadera chica. Así que, aunque jugábamos juntas, no éramos íntimas y su lado serio, que muestra en el diario, yo nunca lo conocí. Era una auténtica charlatana y hasta cierto punto eclipsaba a Margot, porque Ana tenía que ser siempre el centro de atención. Ana parecía muy moderna y coqueta, casi sexy. Margot era más... rígida. Tenía el mismo aspecto que Ana, pero Ana era definitivamente más bonita. En parte, eso se debía a su expresividad, y si la gente sonríe, les hace ser más atractivos. Ana era la que sonreía siempre. Tenía una personalidad fuerte. Supongo que Margot era más profunda. No trataba de destacar. Edith también era muy amable, pero no la clase de persona que causa impresión. En cambio, Otto me impresionó. Era un hombre destacable y se sentía una calidez que exhalaba de él, a diferencia de su mujer.»[13]

Naturalmente los chicos mayores, como los amigos de Margot,

no se fijaban mucho en Ana y la veían como a las demás niñas pequeñas. Una de esas amigas era Laureen Klein, que había emigrado de Francfort en 1936 con sus padres y dos hermanas. Los Klein eran vecinos de los Frank en el Barrio del río y a menudo se veían en reuniones. Los miércoles por la tarde Laureen y su hermana mayor Susi se encontraban con Margot en la esquina de la calle y caminaban juntas hasta la sinagoga para recibir clases de educación religiosa. «Ana nunca iba —recuerda Laureen—. No quería ir. Su padre nunca la obligó.»[14] Laureen creía que Ana no era «más que una cría».[15] Se llevaba infinitamente mejor con Margot.

En el verano de 1940 Otto Frank recibió el primer aviso de lo que se avecinaba. Vio un coche del ejército alemán que pasaba por Scheldestraat, junto al Barrio del río. Se detuvo en una esquina junto a un puesto callejero lleno de flores. El conductor preguntó algo al vendedor y luego siguió su camino. De pronto el coche giró en redondo y siguió por Scheldestraat. Cuando llegaron de nuevo a la esquina, uno de los pasajeros, un joven soldado, abrió de pronto la portezuela, saltó del coche y golpeó salvajemente al vendedor en la cara. Otto repetiría más tarde que «así fue como todo empezó».[16]

En agosto los Frank visitaron de nuevo Zandvoort. Una fotografía muestra a Margot, de catorce años, riendo y apartándose el pelo oscuro de la cara mientras permanece de pie junto a Ana, que está tumbada en la playa, sonriendo y sosteniendo un aro de goma. Ana pegó la fotografía a su diario dos años más tarde y la nota que escribió revela tanto su deseo de salir de la infancia para entrar en la edad adulta como un sentimiento de competitividad entre las dos hermanas. «Esto es en 1940, otra vez Margot y yo. Me consuelo con la idea de que en la fotografía anterior, tomada en 1939, Margot tampoco estaba desarrollada. Por aquel entonces tenía trece años, la misma edad que yo ahora, o era incluso un poco mayor. Así que no tengo por qué agobiarme.»[17]

Ana estaba inmersa en su primera aventura amorosa adolescente, con un chico del barrio, Peter Schiff, de catorce años. Ella le recordó en el diario cuatro años más tarde: «Peter se cruzó en mi camino y, a mi modo infantil, me enamoré de verdad. Yo también le gustaba mucho y no nos separamos durante todo el verano. Aún nos veo a los dos caminar de la mano juntos por la calle. Luego yo fui a sexto de la escuela primaria y él a primero en la secundaria. A menudo le recogía en el colegio o él me recogía a mí y a menudo iba a su casa. Peter era un chico de muy buen aspecto, alto, guapo y esbelto, con un rostro prudente, tranquilo e inteligente. Cuando reía, un brillo malicioso surgía en su mirada.»[18] La amistad terminó inevitablemente cuando Peter se mudó de casa y sus nuevos amigos se mofaban de su amistad con una niña tan pequeña. Para no sentirse avergonzado ante sus amigos, Peter decidió ignorarla. Ana se sintió al principio muy desgraciada, pero su hogar y su vida social eran lo bastante intensos para que a ella no le durase mucho la pena por su romance roto.

Las reuniones de los sábados de los Frank eran, más que nunca, una fuente de distracción en un entorno incierto. La gente hacía lo posible para asegurarse de que los niños no se vieran alterados. Otto y Edith estaban acostumbrados a andar y la familia pasaba las tardes paseando por la ciudad, aprovechando el buen tiempo. El padre de Lies, que siempre fue un bromista, solía imitar a Hitler, echándose el pelo negro hacia atrás y retorciéndose el bigote. Lies encontraba esto divertido: «Los Frank vivían en la puerta de al lado; él llamaba y entraba. Recuerdo que la primera vez se llevaron un buen susto. ¿Qué ocurría? ¡Pensar que Hitler podía ir a su casa! Pero cuando se dieron cuenta de quién era, fue muy gracioso...»[19] A medida que se acercaba el otoño y no había cambios significativos en sus vidas desde la invasión alemana, todo lo que podía hacerse era rezar para que les dejaran en paz.

En julio de 1940 los judíos fueron despedidos del Departamento Holandés de Protección Civil ante los Bombardeos Aéreos —que se volvió cada vez menos efectivo—, y posteriormente del funcionariado. Una circular nombraba a los «indeseables» que no podían trabajar en Alemania: «elementos antisociales, como personas que han cumplido largas penas de prisión, los que tengan un pasado claramente comunista y los judíos».[20] Un decreto anunciado por medio de la *Gaceta Oficial* del comisario del Reich para la Holanda ocupada ordenaba que: «Todos los judíos que no tengan nacionalidad holandesa han de identificarse inmediatamente.»[21] Se dijo a los judíos alemanes que abandonaran La Haya y las costas holandesas, pero no se les dio razón alguna de por qué debían hacerlo. El Partido Comunista mantenía sus reuniones en secreto, ya que los nazis habían ordenado que se disolviera. Se retiraron de las bibliotecas libros considerados ofensivos para la sensibilidad alemana por parte de los nazis. Los libros de texto de escuelas y universidades fueron sustituidos por material aprobado por los nazis y se prohibieron los periódicos judíos. Todas las emisoras de radio de fuera de Alemania y los territorios ocupados fueron prohibidas, pero empezaron a escucharse programas de un cuarto de hora del gobierno holandés y la familia real en el exilio. Después de que sus ruegos para que se negociase la paz fracasaran, De Geer fue sustituido como primer ministro holandés por el profesor P. S. Gerbrandy, del Partido Antirrevolucionario.

A finales de septiembre de 1940 una circular dirigida a las autoridades provinciales especificaba quién era judío según la definición nazi: una persona era judía si tenía un abuelo que era, o había sido, miembro de la comunidad judía, o bien si dicha persona se había casado con un judío. Profesores holandeses firmaron una petición que declaraba que las universidades del país consideraban «un asunto indiferente si un erudito era judío o no».[22] El 18 de octubre el ayuntamiento de Amsterdam distribuyó dos formularios que todos los directores de los departamentos de educación debían rellenar y devolver al cabo de una semana. Los formularios preguntaban si el receptor era judío o ario. 1.700 estudiantes de la universidad de Leiden enviaron una petición a Seyss-Inquart para protestar contra la nueva medida.

Se decretó el toque de queda para todos los habitantes de Holanda; no se permitía a nadie estar en la calle entre la medianoche y las cuatro de la madrugada, y viajar a través de las fronteras, a menos que estuviese específicamente autorizado por los alemanes, estaba prohibido. El racionamiento fue impuesto con gran severidad y pronto se vio claramente que los suministros holandeses estaban siendo enviados a Alemania. Diversos productos caseros empezaron a desaparecer de las tiendas: el jabón, el tabaco y el alcohol eran cada vez más difíciles de encontrar.

El 22 de octubre la *Gaceta Oficial* editó el «Decreto concerniente al Registro de Compañías», por el cual «Toda empresa industrial o comercial propiedad de judíos o con socios judíos debe ser declarada. Las infracciones a esta orden serán castigadas con hasta cinco años de cárcel o multas de hasta 100.000 florines».[23] Todas las compañías que en el momento de la invasión alemana tuvieran uno o más socios o directores que fuesen judíos, accionistas judíos y capital judío tenían que ser declaradas ante la Oficina de Investigación Económica.

El 4 de noviembre los funcionarios judíos de educación fueron suspendidos de sus puestos. Ninguno fue reincorporado. Dos universidades, la de Delft y la de Leiden, fueron cerradas ante su persistente resistencia contra los alemanes. La Universidad de Amsterdam fue cerrada temporalmente por sus propios administradores para evitar las manifestaciones de los estudiantes, que de otro modo hubieran conducido a su cierre definitivo. El 25 de noviembre los judíos fueron despedidos de todas las oficinas gubernamentales y oficiales. El 19 de diciembre un decreto prohibía a los alemanes trabajar en casas de judíos.

Por aquel entonces quedó claro que el tratamiento de los judíos en Holanda no iba a ser diferente de cualquier otro lugar en la Europa ocupada. Algunas personas nunca lo habían dudado; durante el primer mes de gobierno nazi, 248 judíos se habían suicidado. Familias con recursos financieros suficientes estaban dispuestas a pagar lo que fuera por conseguir permisos de salida. Unos cuantos desafiaron el peligro y se marcharon a pie a través de Francia con la esperanza de alcanzar España y la libertad. Lo lograron unos mil. Doscientos judíos escaparon en barco a Inglaterra desde Ijmuiden, ayudados por una no judía, Gertrude Wijsmuller-Meijer, que se dedicó a esta causa durante toda la guerra.

Al día siguiente de que el «Decreto concerniente al Registro de Compañías» se emitiese, Otto registró una nueva compañía en un notario de Hilversun. Las acciones de la compañía, la Synthese NV, eran propiedad de Jan Gies, al que habían nombrado director supervisor, y su director adjunto, Victor Kugler. El auténtico dueño de la compañía, Otto Frank, podía ocultarse tras esta tapadera. Sin embargo, el 27 de noviembre Otto registró Opekta, admitiendo ser su único propietario e inversor de 10.000 florines en capital, y Pectacon, declarando que poseía 2.000 florines de capital, mientras que el resto no había sido emitido. Los formularios parecían ser inofensivos a primera vista. Preguntas concernientes al nombre y la dirección del negocio, así como la naturaleza de sus importaciones y exportaciones. También había preguntas personales acerca de los directores y jefes de la compañía. Otto, Kugler (que había sido nombrado procurador de Pectacon aquel año) y Kleiman proporcionaron información sobre sus lugares y fechas de nacimiento, posición que ocupaban en la compañía y direcciones actuales. La pregunta 9B decía simplemente: «¿Judío?»[24]

El 1 de diciembre de 1940 las compañías Opekta y Pectacon se mudaron a un nuevo edificio situado en el número 263 de Prinsengracht, en la zona conocida como el Jordaan. La Westerkerk, la más grande de las iglesias protestantes de Holanda, está calle abajo, y la campana de su torre de ladrillo, la Westertoren, resuena sobre la ciudad cada quince minutos, exactamente igual que lo hacía hace casi sesenta años, cuando Otto Frank trasladó su compañía a sus pies. Construido en 1635 por Dirk van Delft, el 263 de Prinsengracht sufrió diversas modificaciones de estructura a lo largo de los siglos. El tejado había sido sustituido en 1739 y el viejo anexo (la casa de la parte trasera) había sido derruido y se había construido uno mayor. Isaac van Vleuten, un droguero, había pagado 18.900 florines por él en 1745 y había vivido allí a pesar de poseer una casa de estilo campestre en el Haarlemmer Trekvaart. Cuando Van Vleuten murió, la casa permaneció vacía durante años. En 1841 la planta baja se convirtió en establo para cinco caballos y fue usada de manera intermitente como local para negocios hasta principios del siglo XX, cuando una firma especializada en calefactores, estufas y camas tomó posesión del edificio. En los años treinta era usado como taller por una empresa que fabricaba cilindros de pianola y fue vendido al jefe de la compañía, el señor Krujier. Llevaba un año vacío cuando Opekta/Pectacon se trasladaron a él, alquilándoselo directamente a su nuevo dueño, M. A. Wessel.

Unas puertas dobles a la derecha del edificio conducían directamente al almacén, que estaba dividido en tres espacios separados en la planta baja. La entrada junto a las puertas del almacén condu-

cía a los despachos del primer piso. La puerta de la izquierda llevaba desde el bajo, por una estrecha escalera, hasta el segundo piso,
donde había tres habitaciones —desde la parte delantera hasta la
trasera—, que se utilizaban para albergar grandes contenedores
para mezclar, sacos de ingredientes para fabricar mermeladas, y
especias. El ático también se usaba para almacenaje. El anexo estaba vacío en el segundo y tercer piso, pero Otto había convertido el
espacio abierto del primero en dos habitaciones para su despacho
privado y la cocina del personal. El edificio estaba flanqueado a la
derecha por una sucursal de la compañía Keg de Zaandam; a la izquierda, por un taller de muebles.[25]

En total, había once personas trabajando en Prinsengracht,
cinco en Pectacon y seis en Opekta. Empleados temporales trabajaban a veces en ambas compañías. Cada sábado por la mañana los
representantes llevaban los informes y encargos de los farmacéuticos a Opekta y de los carniceros a Pectacon. Kugler dirigía a los
empleados del almacén y el personal de oficina y compartía un espacio de trabajo con Hermann van Pels. Kleiman, Miep (que vivía
con Jan en el Barrio del río, en Hunzestraat) y Bep estaban instala-
dos en el despacho principal delantero. El ambiente era relajado
como lo había sido siempre, pero a medida que iban introducién-
dose más decretos antisemitas, Miep sabía que la compostura
de Otto ocultaba sus auténticos sentimientos. «Aunque el señor
Frank daba la impresión de que todo era normal, yo me daba cuenta de que no podía más. Como ya no se le permitía ir en tranvía,
tenía que caminar muchos kilómetros hasta la oficina cada día y
volver a casa a pie por la noche. Me resultaba imposible imaginar
la tensión que debían de soportar él, la señora Frank, Ana y Margot. Nunca se hablaba de su situación, y yo no preguntaba.»[26]

En diciembre Margot escribió a su abuela en Suiza. No se men-
cionan específicamente los hechos que estaban desarrollándose en
Holanda, pero las referencias a la escuela parecen implicar que las
cosas estaban cambiando:

Querida Omi:
Felicidades en tu cumpleaños. Este año es especial. Sólo se
cumplen setenta y cinco años una vez. Cuando cumpliste setenta,

papá y yo estábamos en Basilea y espero que podamos estar contigo el 20 de diciembre.

Por las tardes no salimos mucho rato porque oscurece muy pronto, y yo juego a las cartas con el señor Wronker, nuestro inquilino. A Ana y a mí nos gusta ir a ver al bebé de los Goslar.[27] Ya se ríe y está cada día más rica. Mañana Ana va a ir a la pista de patinaje, que ahora está en el Apollo Hall, así que está mucho más cerca. ¿Patina mucho Berndt, o tiene demasiado trabajo?

En nuestra escuela algunos de los profesores se han ido, no hay clases de francés y tenemos otro profesor de matemáticas. La escuela empieza ahora a las nueve y cuarto en lugar de las ocho y media y tenemos una hora menos de lecciones. Los sábados voy a la ciudad con mamá y ahora, justo antes de Januká, siempre encontramos algo que comprar.

Bueno, mis mejores deseos a ti y a Stephan en su cumpleaños. De tu

MARGOT.

[Añadido de la mano de Edith: «Otto escribirá desde el despacho.»][28]

Los Frank no llegaron a tiempo para el cumpleaños de Alice y Stephan: todos los viajes a través de la frontera del territorio ocupado les estaban vedados.

El 5 de enero de 1941 los cines cerraron sus puertas a los judíos. En cafés, restaurantes y parques empezaron a aparecer carteles advirtiendo a los judíos que no eran bienvenidos. El 10 de enero se hizo el anuncio de que «Toda persona de religión judía, o total o parcialmente de sangre judía, tenía que ser declarada. La no declaración se considerará un delito».[29] A los judíos de Amsterdam se les dieron diez semanas para presentarse a la oficina del censo (a los que vivían en otra parte se les dieron cuatro semanas), donde recibirían, previo pago de un florín, una tarjeta de identificación amarilla con una gran «J» impresa en negro.

El 11 de febrero los estudiantes judíos fueron expulsados de las universidades. El 12 de febrero, durante saqueos a mercados judíos en Waterlooplein y Amstelveld, un miembro de las WA (la facción paramilitar nazi-holandesa) fue herido en el tumulto y murió —los alemanes dijeron que los judíos le habían mordido en una vena y que le habían chupado la sangre—. Hans Rauter, de las SS y jefe de policía, selló totalmente la zona de Waterlooplein y convocó a los líderes de las comunidades judías, ordenándoles que formaran un consejo.[30] Se esperaba que el Consejo Judío, liderado por A. Asscher, presidente del Consejo de la Gran Sinagoga holandesa, y el profesor D. Cohen, antiguo presidente del Comité de Refugiados Judíos, mantuviese el orden en la zona judía y reportase cualquier instrucción posterior a la comunidad de dicha zona.

El mismo mes, en la heladería Koco, hombres de las SS fueron rociados con amoníaco por el dueño, un judío alemán, Ernst Cahn, que fue más tarde torturado y asesinado en el cuartel general de la Gestapo en Amsterdam. Himmler exigió la deportación de cuatrocientos judíos y el 22 de febrero hubo una redada en el barrio judío. Hombres judíos atrapados al azar fueron alineados en la Jonas Daniel Meijerplein y sometidos a vejaciones y golpes por parte de nazis uniformados que les azuzaban sus perros. Los prisioneros fueron enviados, pasando por Schoorl y Almaar, al campo de concentración de Buchenwald. Dos meses después, los supervivientes fueron enviados a Mauthausen, para que trabajasen hasta morir en las canteras de piedra. En protesta por la redada de Meijerplein empezó una huelga el 25 de febrero, que duró dos días en Amsterdam, Hilversum y Zaandam y que detuvo totalmente los negocios, la industria y el transporte antes de que se impusiera la ley marcial, apoyada por el ejército alemán. Las SS advirtieron que cualquier otro intento repercutiría sobre los judíos y se detendría a otros trescientos si la gente se negaba a colaborar. Se comunicó a Asscher que si el Consejo Judío no ponía fin a la huelga, quinientos judíos serían fusilados. Los alemanes llevaron a cabo sus castigos de todos modos: dieciséis trabajadores de la Resistencia y tres huelguistas fueron fusilados por un pelotón en La Haya, los holandeses fueron severamente multados y un decreto amenazaba a cualquier futuro huelguista con un mínimo de un año de prisión.

En marzo algunas propiedades judías fueron requisadas a la fuerza para su «arianización». Se eliminó a los judíos de las listas de

donantes de sangre. Judíos y no judíos fueron separados en el trabajo en los mataderos. El 12 de marzo el «Decreto Económico de Deju-
dificación» estableció que cualquier cambio efectuado entre el 9 de
mayo de 1940 y el 12 de mayo de 1941 en negocios registrados bajo
el decreto de octubre de 1940, debía ser declarado el 12 de abril, su-
jeto a la aprobación alemana. Otro decreto declaraba que Holanda
se hallaba en estado de sitio administrativo y que cualquiera que se
resistiese a las órdenes de la policía se enfrentaría a la pena de muerte. *Het Joodsche Weekblad*, el periódico semanal judío utilizado por
los nazis para emitir directivas, hizo su primera aparición. El 9 de
abril los periódicos holandeses informaban de que se había prohibido que los judíos acudiesen a casi todos los lugares públicos de
Haarlem, por orden del burgomaestre de la ciudad. A los judíos de
Haarlem se les prohibía mudarse de casa y a los judíos que pensasen
trasladarse a Haarlem se les comunicaba que no serían bienvenidos.
Se publicó un nuevo decreto que prohibía a los judíos moverse de
Amsterdam. El 15 de abril se ordenó a todos los judíos que entrega-
sen sus radios y firmasen una declaración de que no se habían pro-
curado otra en su lugar. La radio era una tabla de salvación para muchos, sobre todo desde que habían empezado las retransmisiones de
Radio Oranje, el portavoz del gobierno holandés. Miles de personas
se aferraron clandestinamente a sus receptores. Una película titulada *De Eeuwih Jood (El eterno judío)* fue estrenada en los cines holandeses, definida como «Un documental sobre el mundo judío». Su
cartel de propaganda mostraba a un judío de nariz torcida y ganchu-
da con la Estrella de David en la frente, y conminaba a la gente:
«¡Tiene usted que ver esta película!»

Desde el 1 de mayo los judíos fueron expulsados de la Bolsa de
Valores en Holanda y se les prohibió que trabajasen con no judíos en
determinadas profesiones. El 23 de mayo se expulsó a los judíos de la
Bolsa del Trabajo. Las granjas propiedad de judíos fueron registradas
el 28 de mayo para ser vendidas a los arios en septiembre. Los músicos judíos fueron excluidos de las orquestas fundadas por el gobierno y los médicos judíos sólo podían atender a pacientes judíos. A finales de mayo se publicaron edictos que prohibían a los judíos ir a
los parques públicos, las carreras, las piscinas y los baños públicos,
así como alquilar habitaciones en hostales, pensiones y hoteles.

Ana escribió dos cartas a Suiza en enero y marzo de 1941, en las que describía principalmente su pasión por el patinaje. Fragmentos de ambas han sobrevivido. La primera, fechada el 13 de enero, dice:

> Queridos todos:
> Recibí hoy la carta de Bernd. Creo que es muy amable por su parte que nos haya escrito, así que muchas gracias de nuevo. Cada minuto que tengo libre lo paso en la pista de patinaje. Hasta ahora siempre llevaba mis patines viejos, que pertenecían a Margot. Los patines se ajustaban con una llave y en la pista mis amigos tenían patines que tenían que ser fijados a los zapatos para que no se perdieran. Yo quería unos patines de ésos y, tras una larga espera, ya los tengo. Estoy recibiendo lecciones de patinaje y doy pasos de vals, salto y hago de todo lo que se puede hacer patinando. Hanneli tiene ahora mis patines viejos y está encantada con ellos, así que las dos estamos contentas. La hermana de Hanneli es muy simpática, a veces la tomo en brazos y se ríe...[31]

La segunda carta está fechada el 22 de marzo:

> Querida Omi y queridos todos:
> Muchas gracias por la bonita foto; se ve que Bernd es muy gracioso.[32] He colgado la foto sobre mi cama. El señor Wronker se ha ido, así que tenemos la habitación grande para nosotras ahora, cosa que me parece estupenda, y también tenemos un poco más de sitio. Hoy mamá y yo fuimos al centro a comprar un abrigo para mí. El sábado estaba en la oficina con papá y trabajé allí de nueve a tres, luego fuimos juntos al centro y finalmente volvimos a casa.
> Sé que puedo empezar de nuevo con el patinaje, pero necesitaré mucha paciencia. Después de la guerra, si papá puede aún pagarlas, tomaré lecciones en la pista de patinaje. Si patino realmente bien, papá me ha prometido un viaje a Suiza para veros a todos.
> En la escuela tenemos montones de deberes. La señora Kuperus es muy amable, y también Hanneli. Margot estaba cuidando del bebé y el domingo *yo voy* [sic] a salir con la señora Goslar y el bebé. Sanne está pocas veces con nosotras; ahora tiene sus propias amigas.
> Barbara Ledermann viene mañana...[33]

Mientras Ana pensaba en su futura carrera como patinadora, su padre estaba preocupado preparando un plan para que Pectacon no cayese en manos de los nazis. Con el decreto del 12 de marzo en la cabeza Otto hizo una solicitud para que la aprobasen los alemanes relativa a cambios en el negocio, que según él se habían hecho en una reunión de la dirección el 13 de febrero de 1941, y que habían tenido como resultado la cesión de Pectacon para que quedase bajo control totalmente ario. En la reunión imaginaria, el resto de acciones por valor de 8.000 florines había sido adjudicado a Kleiman y a A.R.W.M. Dunselman, el abogado de la ciudad que había sido designado director supervisor de Opekta en 1935. Otto renunciaba así a pertenecer al comité de dirección, Kleiman ocupaba su lugar y Dunselman ocupaba el cargo de director supervisor de Pectacon. Aquellos movimientos hubiesen significado que el negocio había sido «desjudificado». El 8 de mayo, con la cooperación de Jan Gies, Pectacon se convirtió en Gies & Co. En realidad aquellos cambios eran sólo aparentes y los negocios seguirían como siempre, con Otto a la cabeza de la compañía.

Por desgracia los nazis vieron inmediatamente lo que se ocultaba tras aquella cortina de humo, como revela un informe alemán a la Oficina de Investigación Económica: «Esas medidas pretendían crear la impresión de que la mayoría del capital, así como la dirección del negocio, estaban en manos arias... Las decisiones tomadas en la reunión general anual del 13 de febrero de 1941 no tiene validez legal [por lo que] el comisario general de Finanzas y Asuntos Económicos, División de Investigaciones Económicas, ha emplazado, el 12 de septiembre, al señor Karl Wolters como administrador de la compañía bajo VO 48/41 y se le ha encargado su liquidación.»[34] Wolters, un abogado de Amsterdam miembro del partido nazi holandés era, a pesar de sus simpatías políticas, más razonable que la mayoría con respecto a los hombres de negocios que eran puestos a su cargo. Dio a Otto y a Kleiman de ocho a diez días para liquidar Pectacon. Con la ayuda de un corredor de bolsa pudieron, trasladarlo todo —la maquinaria y las existencias— a Gies & Co, y Otto conservó sus acciones.

El 12 de junio de 1941 Ana cumplió doce años. Escribió a su

abuela en Suiza a finales de mes, para explicarle por qué no había
podido contestar antes:

> Querida Omi y todos los demás:
> Gracias a todos por vuestra encantadora carta de cumpleaños.
> La leí el día 20 porque mi cumpleaños se pospuso debido a que
> Oma[35] estaba en el hospital. Recibí un montón de dinero de Oma,
> 2,50 florines, un atlas de papá, una bicicleta de mamá, una nueva
> cartera para el colegio, un traje para la playa y otras muchas cosas.
> Margot me ha regalado este papel para escribir porque el mío se me
> había acabado. También me ha dado dulces y otros regalitos, así
> que no me ha ido nada mal.
> Hace mucho calor aquí. ¿Y ahí?
> Me gustó mucho el pequeño poema que Stephan me escribió.
> Papá también me escribió uno; siempre lo hace. Pronto tendremos
> vacaciones. Voy a ir con Sanne Ledermann (Omi puede conocerla)
> a un campamento infantil, para que no nos sintamos solas. Ayer
> (domingo) salí con Sanne, Hanneli y un niño. No puedo quejarme
> de falta de amigos.
> Ya no tenemos muchas oportunidades de ponernos morenas
> porque no podemos ir a la piscina.[36] Es una lástima, pero así son las
> cosas.[37]

La carta acaba aquí, pero unos días más tarde Ana mandó una
postal a Suiza desde un salón de té, el Weide Blik, Oud Valkeveen:
«Queridísima Omi, hemos salido hoy porque hace muy buen tiempo. Esta postal es preciosa. Estamos pensando en ti, Ana, Sanne y
Hanneli.»[38] Otto también añadió su firma a la postal. Han sobrevivido otras dos cartas enviadas por Ana aquel verano. Ambas son
del «campamento de verano» que menciona en su carta a su abuela,
y las dos están dirigidas a su padre:

> Lunes por la mañana.
> Querido papi:
> Muchas gracias por la carta y el dinero, seguro que podré usar-
> lo. He gastado mucho hasta ahora, pero no en tonterías. Necesitaba
> sellos para escribir a todo el mundo.
> 0,25 florines en dulces.
> 0,05 en sellos.
> 0,10 en más dulces.

0,30 en flores para la tía Eva.
1,80 en más sellos.
0,05 en un cuadernito.
0,73 en postales.
Todo junto son 3,28.

¿Quieres felicitar al señor Dreher[39] por mí? También le he escrito una postal. Hoy estuve todo el día tumbada en el jardín o jugando al ping-pong, porque quiero aprender. El tío Heinz y la tía Eva[40] juegan muy bien. Estoy leyendo mucho. He leído todos los libros menos uno de los que me ha prestado Sanne. No tengo correo de mamá desde el sábado por la tarde y ahora es lunes por la tarde. El tiempo es muy bueno y no llueve. Ray[41] es una lata, pero agradable. ¿Me escribirás lo antes posible? Muchos besos de,

ANA.[42]

Mi amadísimo Hunny Kungha,[43] y con eso me refiero a mi papi, muchas gracias por las postales de estrellas de cine. Tengo dos más, pero éstas me faltaban. Me alegró mucho recibir tu carta y ya me he comido el azúcar, la mermelada y el arroz que mandaste. El arroz llegó realmente en buen momento, porque tengo el estómago un poco mal y me lo comí enseguida. Hoy me he levantado por primera vez después de estar enferma. Ya estoy bien, aparte de un ligero dolor de cabeza y el malestar de estómago.

Esta tarde comimos pescado cocido, patatas y ensalada. No me pude comer la ensalada ni el pan, pero después tuvimos un estupendo pastel de cerezas con salsa. Me parece que el pastel es maravilloso pero sólo si lleva salsa. Estoy segura de que mamá también podría prepararlo, por ejemplo con jarabe de frambuesas.

Estaba muy contenta con tu carta. ¿No podrías atrasar una semana tus vacaciones, y si eso no es posible, no podrías visitarme? Me gustaría mucho. Podrías venir en tren a las nueve y media desde Amsterdam y luego quizá tomar un autobús desde la estación a Beekbergen, bajar en el Sonnehuis y preguntar por el número 5 de Koningweg, «Op den Driest». [Frase ilegible]... por favor, trae pan de mantequilla. Aquí les gusta mucho. Espero que lo hagas, os echo mucho de menos a todos. Escríbeme inmediatamente, porque los domingos no recibimos correo, muchos saludos y besos,

tu ANA.[44]

Otto, Edith y Margot se unieron a Ana en la casa «Op den Driest» en julio. Cuando los cuatro y Sanne volvieron a Amsterdam, se alegraron de saber que Miep y Jan iban a casarse. Toda la familia fue invitada, pero la abuela de Ana volvía a estar seriamente enferma, y también Margot sufría algún tipo de enfermedad. Edith decidió quedarse con ellas por si la necesitaban. No obstante, Otto y Ana estuvieron entre los invitados, muy emocionados. Acudió la familia de Miep, la señora Stoppelman (la casera de Jan y Miep), los Van Pels, Kleiman, Kluger y Bep. La boda se celebró el 16 de julio de 1941 en el ayuntamiento en la plaza de Dam. Miep llevaba una chaqueta larga muy a la moda sobre un bonito vestido estampado, con un sombrero; Jan un traje ligero y sombrero. Ana iba vestida con un trajecito nuevo y un sombrero *cloche* a juego con una cinta. Le habían cortado el pelo como a un chico y tenía el aspecto de la señorita chic que sus amigas tanto admiraban. El tiempo fue muy bueno y un fotógrafo callejero tomó fotografías de la boda. A la mañana siguiente Otto dio a la pareja una modesta recepción en las oficinas de Prinsengracht. Ana y Bep prepararon la comida (suministrada por uno de los representantes) y la ofrecieron a los invitados. También hubo regalos para los recién casados; los Frank y el personal de la oficina les habían comprado una cara bandeja de plata, que Ana les entregó con una reverencia.

Poco después los recién casados visitaron a los Frank en su casa y Miep se dio cuenta de que las niñas estaban muy afectadas por los cambios que estaban produciéndose. «Desde la ocupación la frágil salud de Margot había empeorado por la ansiedad. Solía estar enferma, pero conseguía que ello no interfiriera en sus estudios. Su naturaleza dulce y callada escondía sus miedos. Mientras tanto, Ana evolucionaba hasta convertirse en la persona más extravertida de la familia. Estaba indignada por las injusticias a que estaba siendo sometido el pueblo judío. Además de los muchos intereses de Ana, como el cine, los actores famosos y sus mejores amigas, un nuevo asunto atraía su atención: los chicos. Su conversación estaba ahora salpicada por comentarios acerca de jóvenes del sexo opuesto. Era como si los terribles acontecimientos del exterior aceleraran el desarrollo de la niña, como si Ana tuviese de pronto prisa por conocer y experimentarlo todo. Por fuera Ana parecía una niña delicada y vivaz, pero interiormente, una parte de ella era de pronto mucho mayor...»[45]

En julio de 1941 algunas escuelas holandesas empezaron a expulsar a los alumnos judíos. En agosto las finanzas judías fueron puestas bajo la supervisión de los banqueros Lippmann, Rosenthal & Co. El banco fue utilizado por los nazis como un pozo para consolidar nuevos fondos y cuando los judíos empezaron a esconderse, el dinero usado para pagar a los que les traicionaban a menudo procedía de las bóvedas de Lippmann, Rosenthal & Co. El 18 de agosto, todas las propiedades judías estaban sujetas a la confiscación, ya fuese por parte de las autoridades alemanas o por los no judíos holandeses. El Sindicato de Holanda, fundado el 29 de julio de 1940, impedía a los judíos afiliarse y echó a los que eran miembros. Los alemanes establecieron una sociedad aprobada por los nazis para las artes creativas no judías, en un intento por aplastar la resistencia. A cualquiera que no se uniese a la *Kultuurkamer* se le prohibía por ley seguir trabajando.

El 29 de agosto un decreto expulsó a los niños judíos de las escuelas a las que asistían no judíos. Éste fue el primer decreto que tuvo un impacto significativo en las vidas de los niños judíos en Holanda. Se fundaron institutos especiales para niños y niñas en Amsterdam y La Haya. Los alumnos judíos de las provincias fueron expulsados de las escuelas técnicas y enviados a campos de trabajo en Alemania. La medida «hizo que la separación de los judíos holandeses del resto de los habitantes de Holanda diese un gran paso hacia adelante».[46]

El 15 de septiembre se llevaron a efecto un sinfín de leyes que «prohibían a los judíos», impidiéndoles asistir a lugares de entretenimiento y actividades deportivas. El 22 de octubre se emitió un decreto según el cual los judíos con empleo debían solicitar permisos especiales para seguir en sus trabajos. Los judíos con contratos de corta duración podían ser despedidos según la voluntad de sus patronos (y estarían sujetos a despidos desde el 31 de enero de 1942). En noviembre los judíos alemanes de todos los territorios ocupados fueron despojados de su nacionalidad. Los que vivían en

Holanda debían registrarse en el Zentralstelle y se les ordenó que elaboraran una lista de todas sus posesiones, todo lo cual quedaría en manos de Alemania. El 5 de diciembre todos los judíos que no fuesen de nacionalidad holandesa fueron obligados a declararse de nuevo en el Zentralstelle, esta vez para la «emigración voluntaria».[47]

A finales de 1941 los alemanes hicieron un balance del primer año de ocupación de Holanda. Concluía: «Supervivientes de los 900 judíos deportados a Mauthausen: 8.»[48] En una carta a Arthur Seyss-Inquart, Bohmcker, el delegado alemán en Amsterdam le confiaba: «... todos los judíos holandeses están ahora en el bote...».[49]

Para Ana y Margot Frank, la segunda mitad de 1941 fue terrible, ya que tuvieron que dejar las escuelas que tanto les gustaban. Sin duda Ana no era la única niña judía en la suya, además de Lies Goslar; había veinte, y ochenta y siete en toda la escuela. Les convocaron a una asamblea especial y les comunicaron que no volverían el año siguiente. Ana sollozaba al despedirse de la señora Kuperus, que estaba desolada al ver marchar a los niños. «Había más niños judíos en las escuelas Montessori que en las escuelas normales de primaria. El sistema de educación Montessori se consideraba por aquel entonces "moderno" y evidentemente hay muchos judíos que tienen una actitud moderna. Los Frank eran muy abiertos en este sentido... Durante un tiempo la vimos [a Ana] bastante a menudo. Pero de pronto todos llevaban la estrella amarilla y después no volvimos a verlos...»[50]

Cuando se anunció el decreto, la madre de Eva, Fritzi Geiringer, llamó a los Frank para preguntarles si querrían que sus hijas se uniesen a Eva en una pequeña clase privada con una profesora que había perdido su trabajo a causa de los nazis. Edith y Otto dijeron que no, porque preferían que sus hijas fuesen a una escuela *normal*. En sus recuerdos Otto contaba cómo, con la nueva ley, había sido muy difícil para Ana y Margot «mantener sus amistades con niños no judíos, sobre todo ahora que estaba prohibido que los cristianos visitasen a familias judías y viceversa... Cuando pienso en aquel tiempo en que se introdujeron tantas leyes en Holanda, que hicieron que nuestras vidas fuesen mucho más difíciles, tengo que decir que mi esposa y yo hicimos todo lo posible para evitar que nuestras hijas se diesen cuenta de los problemas que se avecinaban, tratando de asegurarnos de que para ellas seguía siendo un tiempo de tranquilidad. Aquello pronto acabó...».[51]

Ana y Margot pasaron al Lyceum judío, que estaba enfrente del pequeño instituto judío en la Stadstimmertuinen. El Lyceum era un edificio de tres plantas con buhardillas bajo el tejado. Había un gran patio de recreo delante y otro detrás, y un arco bajo las casas adyacentes conducía al río Amstel. Laureen Klein recuerda haber visto a Ana en la parada del tranvía cada mañana: «Vivíamos dos paradas más allá de los Frank. Ana y sus conocidos tomaban el tranvía y yo pensaba: "¡Qué vivaracha es!" Era sin duda el centro del grupo. Hablaba, hablaba y hablaba.»[52] Ana iba al primer curso del Lyceum con Lies Goslar y Margot al cuarto, con su mejor amiga, Jetteke Frijda.

Ana encontró una nueva mejor amiga en el Lyceum, Jacqueline van Maarsen, que vivía con sus padres y su hermana mayor, Christiane, en el número 4 de Hunzestraat, en el Barrio del río. El padre de Jacque comerciaba con libros y grabados antiguos y era judío de nacimiento, lo que significaba que su familia tenía que rendirse ante los decretos antisemíticos. Su madre, una católica francesa que se había convertido al judaísmo, era directora de los grandes almacenes Hirsch en el Leidesplein. Jacque había nacido en Amsterdam en enero de 1929. La familia se había trasladado al Barrio del río en 1940. No eran especialmente religiosos: «Sólo íbamos a la sinagoga en ocasiones especiales. Y el Lyceum judío no era practicante como tal. Creo, por ejemplo, que yo iba a la escuela los sábados. Estoy segura de que había niños y niñas que eran religiosos y que no iban, pero no era obligatorio.»[53]

Jacque conoció a Ana después del primer día en el Lyceum. Iba en bicicleta a su casa cuando alguien la llamó y al volverse vio a Ana, «una niñita con cara avispada, de brillante pelo negro y agudos rasgos faciales» que la saludaba con la mano.[54] Ana se acercó pedaleando en su bicicleta y dijo alegremente: «Podemos ir juntas en bicicleta a casa desde ahora. Vivo en Merwedeplein.»[55] De vuelta parloteó sin cesar contándole a Jacque todo acerca de sus amigos en la antigua escuela. Jacque era más reservada que ella y fue la «seguridad de Ana y el modo en que empezó nuestra relación»,[56] junto con su honestidad, lo que formó la base de su relación. Aquel día, fue a casa con Ana e inmediatamente se sintió muy a gusto con la familia Frank, que la invitaron a quedarse a cenar. Las dos niñas compartían intereses similares y les gustaba leer los mismos libros. Jacque recuerda: «Nos gustaba mucho Cissy van Marxveldt y yo tenía un ejemplar firmado de uno de sus libros. Creo que Ana y yo leímos aquel ejemplar juntas. Ana compró otros libros de ella y me dio un libro de otra serie de Van Marxveldt. Es una lástima que Ana no lo firmara.»[57] A las dos les fascinaba la mitología, lo cual era más raro. El padre de Jacque le había comprado *Los mitos de Grecia y Roma* y ella se lo enseñó a Ana, que al instante también quiso uno.

En casa de Ana solían jugar al Monopoly en el salón, aunque Jacque recuerda mejor la cocina, donde Ana «siempre estaba preparando bocadillos después de salir de la escuela a las cuatro, y donde daba de comer al gato, *Moortje*... También hacíamos los deberes allí, en el salón de la casa».[58] Ana ya no tenía dificultades para concentrarse en los estudios; Jacque recuerda que cuando hacían los deberes, «la diligente Ana lo hacía muy bien».[59] Se intercambiaban fotografías de estrellas de cine que guardaban en cajas decorativas, junto con su colección de postales. Jacque sostiene que su colección de postales era mejor que la de Ana, pero ésta tenía más estrellas de cine. Shirley Temple era uno de los ídolos de Jacque, junto con la sensación cantora Deanna Durbin. La casa de Ana se convirtió en un minicine local donde ella y Jacque organizaban espectáculos, con Otto manejando el proyector y Edith sirviendo refrescos. Mandaban entradas a sus amigos que rezaban: « ... es invitado el ... con Ana Frank en Merwedeplein, 37, a las once a ver una película. Sin esta tarjeta no se puede entrar. Por favor, ven a tiempo. Fila..., Asiento...»[60] Jacque explica: «Juntas hacíamos pequeñas tarjetas para entrar —naturalmente todo el mundo podía entrar—, pero queríamos hacerlo como si fuera de verdad, con entradas auténticas.»[61]

Cuando hacía buen tiempo, pasaban horas en el balcón de la casa de los Frank, contándose secretos y cotilleando acerca de las amigas comunes. Aquel lugar era uno de los favoritos de Ana y Margot, y hay varias fotografías de ambas sentadas en hamacas en la terraza de grava, con libros y sombreros para el sol a mano. Jacque recuerda que hablaban, como lo hacen todas las niñas de su edad, del «comportamiento sexual. [Ana] quería saber en qué consistía y yo sabía mucho más que ella, porque mi hermana mayor me lo había explicado y yo pensaba, ¡bueno, no voy a decírtelo todo, pregúntaselo a tu padre...! El cuerpo de Ana todavía no estaba cambiando y creo que era curiosa, porque... usaba un sostén de Margot con algodón dentro, para que pareciese que tenía pecho, mientras que yo no necesitaba nada de eso».[62] Ana sentía curiosidad por los cambios que tenían lugar en su cuerpo y más tarde escribió en su diario: «Recuerdo que una noche dormí con Jacque y no pude contenerme; tenía mucha curiosidad por ver su cuerpo, que ella siempre me escondía y yo nunca había visto. Le dije a Jacque que si como prueba de nuestra amistad podíamos tocar cada una los pechos de la otra. Jacque se negó. Yo también sentía un fuerte deseo de besarla y lo hice.»[63] Jacque se sintió incómoda acerca de este incidente cuando se publicó el diario, recordando: «[a Ana] no le pareció bien que yo no accediera a su propuesta, pero cuando le dejé darme un beso en la mejilla, se quedó satisfecha».[64]

Cuando Ana hizo descubrimientos acerca del sexo, encontró cierto placer en transmitir sus conocimientos a otros, utilizando su ventaja sobre un niño más pequeño que ella en particular. Jacque explica: «De esta forma se sentía una persona mayor, lo que era muy importante para ella.»[65] La curiosidad perfectamente natural de Ana acerca de su sexualidad parece haber incomodado también a su madre que, cuando Ana trató de sacar a colación el tema, contestó: «Ana, deja que te de un buen consejo, nunca hables con los chicos de estas cosas y nunca contestes si empiezan ellos.»[66] En su diario Ana escribió: «Cuando acababa de cumplir once años, me hablaron de tener el período, pero cómo llegaba o lo que significaba no lo descubrí hasta mucho después. Cuando tenía doce años y medio oí algo más, porque Jacque no eran tan tonta como lo era yo. Había imaginado lo que un hombre y una mujer hacen cuando están juntos; al principio la idea me pareció completamente absurda, pero cuando Jacque me lo confirmó, ¡me sentí orgullosa de mi intuición! Que los niños no salían del estómago también fue algo que aprendí de Jacque, que me dijo sencillamente: "¡El producto final sale por donde entró!"»[67] Ana tenía que contentarse con lo que había aprendido de Jacque y de Otto, que era menos inhibido acerca de estos temas y entendía la preocupación de su hija con las manifestaciones de la adolescencia. Era bastante consciente del interés de Ana por el sexo opuesto, que relacionaba con el cambio al Lyceum judío. «Había supuesto un gran cambio... Por medio de Margot, Ana conoció a alumnos de las clases superiores de la nueva escuela. Los chicos pronto empezaron a fijarse en ella. Era bastante atractiva y sabía cómo usar sus encantos... Ana era vivaracha, impulsiva y bastante vanidosa... Quería tener buen aspecto, quería saber y también hacer.»[68]

Aunque Ana se quejaba a veces de su madre y su hermana, Jacque creía que eran «muy dulces y pacientes con ella... Margot era siempre encantadora con Ana. Era realmente la "hermana mayor". Supongo que yo la admiraba, como a mi hermana. Margot era muy lista, pero no creo que yo me diera cuenta por aquel entonces. Nunca vi ningún signo de rivalidad entre ellas. Margot siempre era muy amable con Ana, lo cual no puede decirse de ésta, aunque nunca llegó a ser desagradable con su hermana».[69] Ana nunca se quejaba de su padre, ya que en realidad los dos eran muy parecidos. Jacque recuerda: «Otto era muy extravertido, igual que su hija Ana. Ella necesitaba tener a álguien cerca para hablar o jugar, porque si no se aburría.»[70] Ana aún no había aprendido a disfrutar de su propia compañía; eso no llegaría hasta su confinamiento en el anexo.

La madre de Jacque apreciaba mucho a Ana y habló de ella al escritor Ernst Schnabel:

> ¡Ana era un monito! Muy inteligente, muy destacada. Tenía una gran personalidad. Parecía un gato. Tenía los ojos de color gris verdoso, sólo que los gatos tienen ojos traicioneros y los de Ana eran cándidos. Ésa es la diferencia. Veía las cosas... En fin, ella lo veía todo exactamente tal como era, y a veces hacía comentarios tan agudos como una aguja. Pero no dolían, porque acertaba plenamente... Mi marido se sentía impresionado cada vez que ella entraba por la puerta; y eso que ya tenía dos hijas propias. Pero la dife-

rencia estaba en que Ana sabía quién era ella. Nuestra hijas no, ni siquiera Jacque. Las dos eran muy buenas amigas. No obstante, Ana tenía encanto y seguridad, mientras que Jacque era tímida. Siempre traían entre manos conspiraciones y cuchicheos y se telefoneaban todo el día, aunque los Frank vivían a dos puertas de nosotros... Y si Ana pasaba el fin de semana con Lies, ¡qué celos! Indescriptibles. Pero si no iba a ver a Lies, ella venía a nuestra casa o Jacque iba a la de los Frank.[71]

Jacque recuerda que cuando Ana venía a dormir a su casa, se traía una maleta y «un neceser con sus rulos, cepillo y peinador».[72] La madre de Jacque lo confirmaba: «La maleta estaba vacía, naturalmente, pero Ana insistía en traerla, porque sólo con una maleta se sentía como si realmente estuviera de viaje... Un domingo estábamos a punto de sentarnos a la mesa cuando de pronto Ana se despidió. Yo dije: "Pero Ana, si vamos a comer." Ella comentó que tenía que volver a casa porque debía bañar a *Moortje*. Yo insistí: "Pero Ana, ¿estás loca? Se supone que a los gatos no se les baña." Ana replicó, altiva: "¿Por qué no? ¡Yo lo baño a menudo y él nunca ha protestado!" Y cogió su maleta y se fue.»[73]

Poco después de que Jacque y Ana se conocieran, Otto se llevó a su hija de la escuela para que le acompañase en un corto viaje a Arnhem. Él le mandó una postal a su madre desde allí el 14 de septiembre: «Queridísima madre, Ana y yo hemos venido un par de días aquí, los demás están en Amsterdam. No nos quedaremos mucho tiempo. Sólo quería tener un poco de paz y tranquilidad, pero no quería marcharme solo. Ana es siempre una buena compañera, y podía dejar unos días la escuela. Todo va bien. Nuestro cariño a todos. Tuyo, Otto.»[74] La parte delantera de la tarjeta mostraba su hotel, el Groot Warnsborn, y encima Ana escribió alegremente: «¡Estamos aquí! ¡En medio del bosque! ¿No es maravilloso?»[75]

Cuando volvieron, Ana y las tres hermanas Klein empezaron a ensayar una obra para Januká titulada *La princesa de larga nariz*. La obra iba a representarse en el cuarto de estar de los Klein y aunque Laureen no recuerda con seguridad qué papel tenía Ana, asegura que tanto los actores como el público se «divirtieron mucho».[76] Observó a Ana: «Era delgada, un poco desaseada en aquel momento, una niña antes de la pubertad. Nunca pensé que Ana fuese a formalizarse ... Sin duda tenía una especie de carisma, pero nunca imaginé que eso se expresaría a través de un diario que iba a ser mundialmente famoso.»[77] Laureen, como todos los demás, creía que Margot era la más prometedora de las dos hermanas. Margot se interesaba mucho por la literatura clásica y después de la escuela asistía a clases impartidas por Anneliese Schutz, que había trabajado de periodista en Berlín antes de emigrar a Holanda.

Mientras sus hijas disfrutaban aún de la poca libertad que les quedaba, Otto estaba cada vez más preocupado por el futuro de su negocio. En octubre había recibido una carta del jefe de la compañía Rohstoff Verkers A. G. (Rovag) de Basilea, en que le informaba de que el dinero que Erich Elias le había prestado para la compañía estaba ahora bajo su control. Le pedía a Otto que confirmase el acuerdo y explicase por qué la tasa de la licencia no se había pagado desde hacía tanto tiempo. De inmediato Otto respondió que 5.000 florines de la deuda original habían sido reembolsados y que la cantidad pendiente estaba en manos de Dunselman. El 12 de diciembre, en una reunión de accionistas de Opekta (durante la cual estuvieron presentes Otto y Dunselman), Dunselman anunció que la distribución del capital en acciones de Opekta debía ser revisado de nuevo. También comentó que había hablado con dos empleados de Pomosin-Werke que estaban en proceso de intentar «arianizar» Opekta; estaban seguros de conseguir la aprobación de la Oficina de Investigación Económica. Los empleados habían dejado claro que Pomosin, por medio del préstamo de Rovag, eran los auténticos dueños de las acciones de Opekta y habían sugerido a la OIE que las acciones de Otto se depositasen en un banco que manejase asuntos judíos en proceso de arianización. Otto informó a Dunselman de que renunciaba a su puesto como director de Opekta. Ambos acordaron que Kleiman lo sustituyese. Se informó de estos cambios a la Cámara de Comercio de Amsterdam.

En enero de 1942 los asuntos personales tomaron el relevo en la casa de los Frank: la madre de Edith perdió su lucha contra el cáncer. Ana y Margot quedaron desoladas con la muerte de Rosa Holländer y Ana escribió más tarde en el diario: «Nadie sabrá nunca lo mucho que ella está en *mis* pensamientos y cuánto la quiero aún.»[78] Echaba de menos el apoyo de su abuela; Rosa había sido capaz de mantener la difícil relación entre Edith y Ana a un nivel relativamente equilibrado. La amiga de Margot, Hilde Jacobsthal, era consciente de las fricciones entre ellas. «La madre de Ana aparece bajo una luz negativa en el libro [el diario de Ana]. Ana hace un retrato de una madre seria, distante, poco comprensiva, mientras que el padre estaba muy próximo a ella... La verdad es que aquella mujer era muy buena, virtuosa y agradable, muy reservada. Los conflictos son perfectamente comprensibles y conmovedores, porque con aquella hermana tan bondadosa, Margot, era obvio que la pequeña sería la que causase los problemas en la familia, especialmente con la madre.»[79]

En el club de juventudes judías del que Hilde, Margot y Peter van Pels eran miembros, se hablaba a menudo de las medidas que se les estaban imponiendo en Holanda. Hilde recuerda muy bien las discusiones: «Todos teníamos grandes luchas de fe. Cada vez que nos veíamos contábamos las cabezas para ver quién faltaba. Yo sentía que había perdido la fe por lo que estaba pasando. Teníamos las más violentas discusiones sobre Dios y el judaísmo, sobre si teníamos que estar orgullosos por ser judíos o si era una desgracia serlo. Margot era la más serena del grupo. Yo era la orgullosa... Recuerdo que aquellos domingos por la mañana volvíamos a casa en bicicleta sintiéndonos vivas, y pensando que tenía que haber un futuro para todos nosotros.»[80]

4

Cuando caminábamos juntos a través de nuestra placita hace unos días, papá empezó a hablar de que íbamos a escondernos; está muy preocupado de que pronto sea difícil para nosotros vivir completamente apartados del mundo. Le pregunté por qué estaba hablando ya de aquello...

Diario de Ana Frank, 1 de julio de 1942

En el verano de 1941 Heinrich Himmler anunció: «El Führer ha dado orden de que se solucione de una vez la cuestión judía y nosotros, las SS, vamos a llevar a cabo esa orden.»[1] El Plan Madagascar, según el cual los nazis pensaban enviar a cuatro millones de judíos a una isla africana a trabajar como esclavos bajo la supervisión alemana, había sido abandonado por considerarlo demasiado fantástico. La construcción de los campos de exterminio nazis —la Solución Final— se determinó en el Acta de Wannsee el 20 de enero de 1942 con Dachau, Sachsenhausen y Esterwegen. El más conocido se encuentra cerca del pequeño pueblo fabril de Oswecim, donde los ríos Sola y Vístula se unen en unas pantanosas y áridas tierras. Los alemanes lo llamaron Auschwitz. Lo escogieron por su fácil acceso en ferrocarril; Auschwitz era una unión de caminos importantes que llevaba y traía a la gente de las capitales europeas. Estaba aislado y, según pensaron los alemanes, ofrecía «grandes posibilidades físicas».[2] Treinta criminales convictos alemanes fueron enviados del campo de Sachsenhausen a Auschwitz el 30 de mayo de 1941, para servir de *kapos* (prisioneros jefes judíos que actuaban como celadores). Junto con trescientos judíos del pueblo de Oswiecim, el 1 de junio empezaron a preparar el lugar. Rudolf Höess, un devoto católico romano, se convirtió en comandante de Auschwitz el 29 de abril de 1941 y siguió allí hasta 1943.

En principio se pretendía que Auschwitz consistiera en unos barracones de castigo para los prisioneros políticos polacos, pero en el verano de 1941 Eichmann visitó el campo para hablar con Höss acerca de técnicas de ejecución. Entre ellas hablaron de «la muerte mediante duchas de monóxido de carbono mientras se bañan»[3] y «la muerte de personas con gases de tubo de escape en camiones».[4] Se habían llevado a cabo experimentos para descubrir la manera más sencilla y menos costosa de matar —uno de los primeros fue el proyecto «Eutanasia»—. Fueron construidos lugares especiales para asesinar a los enfermos mentales, los disminuidos psíquicos y físicos. Fueron asesinados cinco mil niños. El 3 de septiembre de 1941 novecientos rusos prisioneros de guerra y trescientos judíos fueron llevados al sótano del Bloque II de Auschwitz y gaseados utilizando Zyklon B, el nombre comercial de un producto químico vendido por Tesch & Stabenow, una compañía alemana, como pesticida. Diminutos cristales azul verdosos emitían un gas mortal en contacto con el aire. En un experimento posterior con Zyklon B aquel año, fueron asesinados más de trescientos judíos en una casa de campo situada en los bosques cercanos de Auschwitz. Sus cuerpos fueron arrojados a fosas poco profundas en un prado.

En la conferencia de Wannsee de enero de 1942 todos los organismos involucrados en la Solución Final recibieron instrucciones explícitas sobre la coordinación del plan. Las SS asumieron el control de la operación y Eichmann, como jefe de la Sección IV B4 en Berlín, dio las instrucciones.

En marzo de 1942 se ordenó ampliar el campo principal de Auschwitz I. La construcción de Birkenau, la terminal de muertes de Auschwitz, empezó en septiembre. *Birkenau* significa bosque de abedules en alemán, que era donde estaba situada la terminal, al otro lado de la línea férrea. Estaba dividido en subcampos. BI, el campo de mujeres; BII, el campo de hombres; BIIF, los barracones médicos; BIIE, el campo de gitanos; BIIB, el campo checo; y más tarde, BIII, «México», iniciado en el verano de 1944 y nunca terminado. Además estaba el campo de la cuarentena, una casa de baños con sauna, «Kanada» (donde las pertenencias de los prisioneros eran recogidas y expedidas), cámaras de gas y vestuarios adyacentes, crematorios, plantas de filtrado, donde los huesos se convertían en polvo que se filtraba para transformarlo en fertilizantes, y

enormes pozos bajo la sombra de los abedules donde se incinera-
ban los cuerpos. Una valla electrificada rodeaba el complejo, salpicada de torres desde las que guardianes armados vigilaban. Más
tarde llegó Auschwitz III, los subcampos y las fábricas en que se
hacía de todo, desde minería de carbón hasta agricultura. En tres
años, Auschwitz cubría sesenta y cinco kilómetros cuadrados de
barracones, fábricas y recintos de muerte.

La mayoría de los «campos de trabajo» tenían sus propias cámaras de gas a finales de 1942. Con el pretexto de desinfectarlos o
ducharse, se conducía a grupos de veinte o treinta personas a las
cámaras. A medida que avanzaba la guerra, se aumentaba el número de personas obligadas a dirigirse a las cámaras, así que la gente
moría tanto de asfixia como de los efectos del gas. Normalmente
los judíos eran enviados a los campos con el pretexto de ser «reeducados» para «trabajar en el Este».[5] Pero en el gueto de Varsovia,
donde la desnutrición era omnipresente, las familias judías fueron
atraídas hacia el campo de muerte de Treblinka con la promesa de
algo tan simple como pan y mermelada.

El 20 de enero de 1942 la familia Frank solicitó en la Zentralstelle
un pasaje a Inglaterra. Los Van Pels habían solicitado emigrar a Estados Unidos en 1939 (las hermanas de Hermann, Ida y Meta, habían escapado a Estados Unidos y su hermano Max estaba viviendo
en Chile). En contestación a sus peticiones ambas familias recibieron prolijas cartas en la Zentralstelle, que concluían: «aprobación
pospuesta indefinidamente».[6]

El único contacto de Edith con sus hermanos Walter y Julius,
que también estaban viviendo en América, se producía a través de
su suegra en Suiza. Alice trataba de parecer animosa acerca del retraso del correo en una carta de cumpleaños dirigida a ella: «Es de
esperar que Julius responda pronto para que recibáis noticias...
Pensamos en ti con todo nuestro corazón... espero que tus seres
queridos te hayan hecho pasar el día lo más feliz posible... Si pudiera aparecer el viernes para felicitarte personalmente y llevarte
un regalito...»[7] Añadía que estaba deseando recibir una fotografía
de su nieta mayor. «Seguimos esperando la foto de Margot. Puedes

imaginar lo impresionados que estamos con nuestra gran chica.»[8] Cuando la prometida fotografía llegó, Alice escribió de nuevo: «Qué alegría me diste con la bonita foto de nuestra gran chica. Aunque creas que no es muy buena, veo mucho amor y seriedad en la pequeña foto. Siempre llevo ambas fotografías conmigo... me alegro mucho de que la pequeña Ana crezca tan deprisa y tenga tan buen apetito, pero me sorprende, porque antes nunca quería comer mucho. Stephan tiene un apetito increíble, pero está muy delgado y no tiene buen aspecto, mientras que Berndt de momento es muy guapo, con mejillas rubicundas, y se divierte mucho en la pista de patinaje. En casa el teléfono también está siempre ocupado, con chicas que llaman. ¡Esas cosas nunca cambian! Desgraciadamente en mi juventud el teléfono no existía.»[9] En abril, preocupada por el racionamiento, Alice envió a su hijo y su nuera un paquete que contenía «Una libra de café, una de chocolate en polvo, dos latas de sardinas... Supongo que os vendrán bien».[10] Debía de haber tenido noticias de Julius Holländer, porque escribe: «Recibí la tarjeta de Edith del 31 de marzo. Escribí su contenido a Julius, que está deseando tener noticias... Le escribo lo más a menudo posible, y espero una respuesta, pero debéis tener mucha paciencia.»[11]

Como muchas familias judías que vivían en territorio ocupado, los Frank tenían que soportar desagradables llamadas telefónicas anónimas. A veces eran para bien —gracias a ellas, Otto logró evitar varias razias quedándose a pasar la noche con amigos—, pero era un hecho conocido que los informantes nazis estaban trabajando en las situaciones más inverosímiles. En cierta ocasión Otto conoció a un hombre cuya esposa trabajaba de representante de Opekta; en respuesta a la convencida declaración del hombre de que la guerra pronto terminaría, él contestó: «¿Usted cree?» Otto no volvió a acordarse de aquello hasta que una semana más tarde, un extraño se personó en su despacho y le entregó un informe elaborado por el hombre en el que se decía que Otto Frank había dudado de la victoria alemana y había tratado de influenciarle contra el gobierno nazi. El extraño le comentó que trabajaba de correo entre los nazis holandeses y la Gestapo. Se había llevado el papel de un archivo de informes entrantes y quería veinte florines por él. Otto le dio el dinero y él se marchó diciendo: «Puede quedárselo [el informe]. Si yo fuese usted, lo rompería.» Después de la guerra, Otto encontró la pista del misterioso mensajero. «Estaba en la cárcel como criminal político. Fui a la comisión y dije: "Este hombre me salvó la vida." Pero me mostraron los documentos que llevaba encima y supe que yo había sido la única persona a la que había salvado. Había traicionado a muchos otros... El hombre no me conocía. Y si había venido por los veinte florines... podía haberme sacado mucho más. No lo entiendo, pero me salvó.»[12]

En abril de 1942 los Frank y los Van Pels celebraron juntos la Pascua judía. El primo de Auguste van Pels, Hermann, fue invitado a la comida de Seder en el piso de los Frank. «Fue la última noche de Seder que pasé con una familia —aseguraba—. Aún recuerdo las habitaciones, la elegante madre, el padre encantador, las dos hermanas. Toda la casa exhalaba antigua cultura judía. Nunca olvidaré la cara de Ana. Los grandes, oscuros y expresivos ojos eran lo que más llamaba la atención en ella. Obviamente nadie tenía idea del genio literario que estaba latente en aquella niña inteligente y encantadora. Aún la oigo pronunciar, como persona más joven de la mesa, el "Manischtano".»[13]

Después de las celebraciones, la atención de Otto volvió a centrarse en los negocios. Karl Wolters terminó sus asuntos con Pectacon aquel mes, concluyendo que el capital líquido del negocio ascendía a 17.000 florines. De ellos Kleiman recibía 5.000 florines y Dunselman otros 3.000 en relación con sus acciones. Éstas fueron devueltas en secreto a Otto por Kleiman y Dunselman, quedando 9.000 florines restantes. Cuando se restaron los gastos por liquidación, quedaron 7.712,83 florines; el 11 de mayo de 1943 éstos fueron transferidos al Nederlandse Bank, donde permanecieron hasta 1947. Pectacon siguió funcionando bajo el nombre de Gies & Co durante la guerra.

Se habían establecido sólidas amistades entre el personal permanente de Prinsengracht. Otto Frank, Johannes Kleiman, Victor Kugler, Hermann van Pels, Miep Gies y Bep Voskuijl trabajaban a tiempo completo en la oficina. El padre de Bep, Johan Voskuijl, estaba a cargo del almacén. Otto permitió a su amigo Arthur Lewinsohn llevar a cabo experimentos farmacéuticos y fabricar ungüentos todas las semanas en el anexo. Sin embargo, en algún momento de la primavera de 1942 Otto le dijo que iban a necesitar el anexo para almacenaje. Lewinsohn trasladó su equipo de las húmedas habitaciones traseras a la cocina del primer piso.[14]

Muchos años más tarde, en una carta a Yad Vashem, Otto explicaba:

> Pronto me di cuenta de que había llegado el momento en que tendríamos que escondernos para escapar del peligro de la deportación. Después de hablar ampliamente del asunto con el señor Van Pels, llegamos a la conclusión de que la mejor solución sería escondernos en el anexo del edificio de nuestra oficina. Eso sólo sería posible si el señor Kleiman y el señor Kugler accedían a responsabilizarse de todo lo que tuviera que ver con nuestro escondite, y si las dos secretarias de la empresa querían cooperar. Los cuatro accedieron de inmediato, aunque eran perfectamente conscientes del peligro que corrían al hacerlo. Según la ley nazi, cualquiera que ayudase a judíos era severamente castigado y se arriesgaba a ser encarcelado, deportado o incluso fusilado. Durante los meses siguientes preparamos el escondrijo... siempre una de las cuatro personas antes nombradas se ocupaba del asunto.[15]

Después de la guerra, Kugler habló de su participación en el plan: «Abandonar Holanda era imposible. Sólo personas muy conocidas podían marcharse. Me refiero a que tenían que ser amigas del sistema; el sistema alemán... No pensé en el peligro que yo corría. Miles de holandeses escondieron a otras personas. Después de la liberación, vi a mucha gente que yo sabía que eran judíos y que habían sido escondidos por amigos. Sin duda podíamos habernos negado. Pero en aquel edificio había un ambiente familiar, y sabíamos que si no los ocultábamos, sería como condenarlos a muerte. Así que no teníamos opción.»[16] De la petición de ayuda por parte de Otto, Miep dijo: «Hay una mirada entre dos personas un par de veces en la vida que no puede ser descrita con palabras. Esa mirada se cruzó entre nosotros... No hice más preguntas... No sentía curiosidad. Había dado mi palabra.»[17] Unos días después de que se hubiera hecho el pacto, Hermann van Pels pidió a Miep que le acompañara a ver a un carnicero en la cercana Rozengracht. Ella ya lo había hecho en varias ocasiones antes de darse cuenta de que él estaba asegurándose de que el carnicero, que era amigo suyo, la reconocería y le proporcionaría raciones extra cuando llegase el momento de que las dos familias se escondieran.

El anexo —es decir, la parte trasera del ático y los dos pisos que había debajo— fue limpiado a conciencia y habilitado para la vivienda por P.J. Genot, que trabajaba para CIMEX, la empresa del hermano de Kleiman.[18] Como los judíos eran sometidos a registros cuando transportaban sus compras por la calle, se sacaron objetos de las casas de ambas familias con el pretexto de ser limpiados o reparados, y luego fueron depositados en casa de Kleiman en Biseboschstraat, hasta que fuese seguro llevarlos al anexo. La comida (en su mayoría productos desecados y enlatados), ropa de cama, toallas y utensilios de cocina fueron fáciles de trasladar. Los muebles y otros objetos grandes fueron recogidos con la camioneta de CIMEX y transportados hasta el escondrijo después de las horas de oficina. Los ocupantes de las casas que había frente al anexo sabían que pertenecía a las oficinas, porque a veces Miep dejaba las ventanas abiertas para airear un poco el mohoso edificio. Para asegurarse de no despertar sospechas, los trabajos preparatorios del anexo se hicieron sólo durante los fines de semana y las noches durante un período de tiempo bastante largo. Los que visitaban la oficina y los ayudantes de Voskuijl suponían otro peligro. Pegaron papel azul en las ventanas de la casa delantera que había frente al anexo y papel opaco en las ventanas del descansillo, con el pretexto de las regulaciones de oscurecimiento. A medida que avanzaba 1942 la perspectiva de ocultarse resultaba cada vez más verosímil. Se fijó la fecha de julio de aquel año.

Otto no mencionó el plan a las niñas, para que disfrutasen lo poco que les quedaba de libertad. El hecho de que los Frank fuesen judíos alemanes que habían emigrado de su patria quizá facilitaba su hostigamiento, como señala el historiador Jacob Presser:

> No era exactamente un privilegio ser un judío holandés en aquellos días, pero era mucho mejor que ser un judío alemán, que los nazis consideraban conejillos de Indias por naturaleza y que ya habían sido perseguidos en la madre patria. Preocupados por sus familias, a menudo esparcidos por la faz de la tierra, sujetos a todo

tipo de humillantes regulaciones, acosados de acá para allá, no podemos sino admirar el modo en que tantos consiguieron salir adelante. Para empeorar aún más las cosas algunos —pero no todos, en absoluto— judíos holandeses mantenían las distancias hacia ellos, igual que los judíos alemanes se habían mantenido distantes de sus semejantes polacos. Es un hecho triste, pero bien documentado, que muchos judíos holandeses desconfiaban de sus correligionarios alemanes e incluso les odiaban de un modo que era casi antisemítico.[19]

Los Frank siempre se habían considerado alemanes y seguían haciéndolo, a pesar de que los nazis les hubiesen despojado de su nacionalidad y les hubiesen colocado en la categoría de «judíos sin patria». Edith solía hablar a Miep Gies acerca de su niñez en Aquisgrán y de la vida en Francfort, y muchos años después de la guerra Otto afirmó con orgullo que había servido en el ejército alemán. Ana, según aparece en su diario, no sufrió la división de lealtades de sus padres. Rara vez distingue entre «nazis» y «alemanes» y escribe que «no tiene patria».[20] Lo más revelador es quizá su anotación del 9 de octubre de 1942 que termina: «Qué agradables estos alemanes. ¡Y pensar que soy uno de ellos! Pero no, Hitler nos quitó la nacionalidad hace mucho tiempo; de hecho, los alemanes y los judíos son los mayores enemigos del mundo.»[21]

Eva Schloss explica cómo la manera de experimentar de un niño la creciente emisión de decretos antijudíos era diferente de la de un adulto: «No era tan aterrorizador ni destructivo. Los niños se toman las cosas tal como vienen. Claro que nos asustaban y extrañaban. Los amigos de mi hermano, que eran ya jóvenes, fueron detenidos. En un cálido día un chico se quitó la chaqueta y no se le veía la estrella. Un informador nazi se dio cuenta e hizo que le detuvieran. Fue enviado a un campo y nunca volvió a saberse de él. Pero nosotros salíamos y jugábamos. Hablábamos de ello, y decíamos cosas como: "Oh, no podemos jugar, hay que volver pronto". Como si nuestras vidas no estuvieran amenazadas.»[22] En su diario Ana escribe: «Jacque solía decirme: "Te asusta hacer cualquier cosa porque puede estar prohibida."»[23] Jacque reflexiona: «No recuerdo haber dicho eso, pero así es como me sentía. Hablábamos de las leyes a medida que iban surgiendo, pero no mucho. Lo peor era no saber qué iba a pasar a continuación. Continuamente había nuevas regulaciones, pero te acostumbrabas a ellas. Luego llegaron las razias. No creí que fuesen a matar a nadie, pensaban que los llevaban a trabajar. Descubrí que mi primo había muerto, pero creí que se debía al trabajo que le habían obligado a hacer. ¡Nunca pensé que fueran a matar a mis primos! No sabías nada, no tenías ninguna experiencia en que basarte.»[24]

Un problema menor surgió durante la Pascua de 1942, cuando Ana descubrió que le habían robado la bicicleta. Como los judíos tenían prohibido usar el transporte público, su única opción era ir andando a todas partes, aparte de usar el ferry de Jozef Israelskade, que seguía estando disponible. Edith había guardado su bicicleta en casa de unos amigos cristianos y Margot necesitaba la suya para su propio uso. No había posibilidad de comprar otra bicicleta para Ana, que ahora debía caminar media hora hasta la escuela a diario. Las noches tampoco eran tranquilas, como recordaba Toosje, amiga y vecina de Ana: «Los aviones sobrevolaban Amsterdam todas las noches. Sonaba una alarma y todos nos reuníamos bajo el arco de la pared, a la entrada de la casa, nosotros, los Frank y los demás inquilinos. Las luces cruzaban el cielo, las defensas antiaéreas disparaban y resplandecían, y Ana estaba de pie junto a mí... las dos muy asustadas. Ana se asustaba muchísimo. También había un hombre de la casa de al lado. Era el doctor Beffie. Siempre se unía a nosotros durante las alarmas y cada vez traía un trozo de pan en la mano y se lo comía. Masticaba muy lentamente, y Ana no podía evitar mirarle, por muy asustada que estuviera. Y una vez, cuando llegó el final de la alarma, Ana me dijo: "Santo cielo, si yo masticase tan despacio, ¡estaría hambrienta toda mi vida!"»[25]

Ana dio a sus últimos meses de libertad el título de «¿Recuerdas? Reminiscencias de mis días escolares» en su libro de cuentos escritos en el confinamiento del anexo. Meditaba: «Aquel año en el Lyceum fue una bendición para mí; los profesores, todo cuanto me enseñaron, las bromas, el prestigio, los romances y los chicos adorándome.»[26] Incluso los hechos más mundanos eran elevados a la categoría de ocasiones «tremendas». Una carta que Ana escribió a su abuela en 1942 refleja su amor hacia la escuela y plenitud de su joven vida:

Querida Omi:

No te he escrito desde hace mucho tiempo, pero es que he tenido muchos deberes y nunca tengo tiempo para mí. En Pascua hicimos los exámenes. En matemáticas he tenido tres puntos más, pero en holandés, alemán y francés, he tenido tres puntos menos (en conjunto, claro). ¿Cómo estás? Hoy hace un tiempo de verano por primera vez. El martes se acaban las vacaciones. Han ido demasiado deprisa.

Esta carta está dirigida a Oma, pero es para toda la familia. El patinaje se ha acabado de nuevo, ¿no es verdad, Bernd? Yo no lo he practicado últimamente, porque las lecciones llevan demasiado tiempo.

El Lyceum está muy bien. Somos doce chicas y dieciocho chicos en clase. Al principio salíamos mucho con los chicos, pero lo he dejado y me alegro, porque son demasiado pesados. Estoy otra vez en la misma clase que Hanneli. Su hermana es muy rica y ya sabe andar sola. Sanne no va a nuestra escuela, pero la veo a menudo y le encanta *Moortje*, igual que a mí. Ése es el nombre de nuestro gato, que tenemos desde hace seis meses. Es una hembra y espero que pronto tenga niños, porque está viéndose con muchos hombres actualmente.

Aquí todo va bien. Papá tuvo un poco de reuma en la espalda, pero felizmente ya le ha desaparecido. Tienes que escribirme otra vez, me gusta mucho recibir cartas. Pronto nos harán fotografías y creo que te enviaremos una. Tengo un aspecto muy diferente porque me he cortado y rizado el pelo, pero lo verás en las fotografías, si mis rizos aún no han desaparecido. Esta noche Margot va a salir, a un club de la escuela, pero tiene que volver pronto, porque si no, me sentiré sola.

Ahora tengo que dejarte, adiós a todos. Espero que me cuentes pronto cómo os va todo.

ANA.[27]

Otto advirtió que su hija iba haciéndose más gregaria a medida que crecía: «Siempre estaba saliendo y siempre llevaba con ella un grupo de niños adondequiera que fuese. Gustaba a la gente porque era ingeniosa, siempre sabía a qué jugar, dónde jugar, se le ocurrían cosas nuevas que hacer... Ana tenía una cualidad que era un poco molesta. Siempre estaba haciendo preguntas, no sólo cuando

estábamos solos, sino también en presencia de otros. Cuando teníamos visita, era muy difícil deshacerse de ella porque todo el
mundo y todas las cosas le interesaban.»[28]

El 7 de enero de 1942 el Consejo Judío discutió la convocatoria
propuesta de que 1.402 hombres judíos sin empleo fuesen a campos de trabajo en el este de Holanda. El Consejo publicó una llamada en *Het Joodsche Weekblad* a todos los convocados, instándo-
los a que «en su propio interés... lo que se les pide hacer es trabajo
corriente de ayuda en campos holandeses normales, bajo la supervisión de instructores holandeses normales».[29] El 10 de enero 905
judíos se marcharon a Westerbork. Dos días más tarde, se comunicó al Consejo Judío que enviase convocatorias a mil judíos, aunque no se han encontrado registros de que la orden se cumpliera.
El 17 de enero 98 personas apátridas fueron enviadas a Westerbork y 270 judíos de Zaandam fueron llevados a Amsterdam, tras
ordenarles que dejaran atrás todas sus pertenencias —éstas quedaron en manos del comisariado alemán de Asociaciones y Funda-
ciones No Comerciales—. El 27 de enero trece familias de Arnhem
llegaron coaccionados a Amsterdam. La ciudad pronto se convirtió
en una red en la que los nazis podían detener a los judíos mientras
planeaban su siguiente movimiento. Dos días más tarde, 137 personas apátridas de Hilversum fueron enviadas a Westerbork y 240
a Asterdorp, que habían sido específicamente segregados del resto
de Amsterdam a fin de albergar «elementos asociales».[30]
   El 5 de marzo se indicó al Consejo que enviase citaciones a tres
mil judíos. El Consejo desoyó esta última orden y el asunto pasó a
manos de la Organización de Trabajo de Distrito, que ordenó que
seiscientos hombres parados fuesen citados, junto con 2.400 más
de edades comprendidas entre los dieciocho y los cincuenta y cinco años. El Consejo se negó a convocar a profesores, médicos, téc-
nicos y sacerdotes, pero accedió a la deportación de hombres solte-
ros de edades comprendidas entre dieciocho y cuarenta años.
1.702 judíos eran nombrados en la lista; 863 fueron enviados al
este de Holanda. A partir del 20 de marzo no se permitió a los judíos conducir automóviles. Tres días más tarde, los alemanes orde-

naron la citación de entre quinientos y mil judíos. Como se había difundido la noticia de que los hombres casados evadían más fácilmente las listas de transporte, las bodas entre judíos se multiplicaron por diez. El Consejo Judío dijo que era una coincidencia. Sus intentos por engañar a los nazis, sin embargo, disminuyeron a medida que pasaba el tiempo. El 25 de marzo un decreto prohibía los matrimonios y las relaciones sexuales entre judíos y no judíos. El 8 de abril treinta judíos que habían anunciado sus inminentes matrimonios con no judíos fueron detenidos.

El 29 de abril, en Holanda, Francia y Bélgica, la insignia judía se convirtió en obligatoria, «una reliquia de barbarie medieval».[31] Los judíos de Alemania llevaban la insignia desde septiembre de 1941 y también había sido introducida ya en Checoslovaquia. El decreto holandés establecía que «Todos los judíos que aparezcan en público deben llevar una estrella judía. La estrella judía debe ser una estrella de seis puntas de material amarillo ribeteada de negro del tamaño de un palmo, y con la inscripción "Jood". La estrella ha de ser claramente visible e ir prendida en la ropa externa sobre la parte izquierda del pecho; se prohíbe a los judíos que lleven órdenes, condecoraciones y otras insignias».[32] Se podían conseguir las estrellas en puestos de distribución por cuatro céntimos y un sello de la cartilla de racionamiento para ropa. Si un judío no llevaba la estrella, se arriesgaba a ir a la cárcel y a una multa de mil florines. Las autoridades carcelarias también tuvieron que proporcionar la estrella a los prisioneros judíos. Sólo los niños de menos de seis años quedaban exentos. Se acuñó un eslogan: «¡Lleva la estrella amarilla con orgullo!» Algunos judíos se sentían orgullosos de su estrella, pero otros estaban avergonzados. Cuando aparecieron por primera vez, muchos no judíos la llevaron como protesta. La Gestapo les amenazó con la deportación si seguían desafiando a la ley. El decreto que apareció al día siguiente, prohibiendo a los judíos casarse en el ayuntamiento, pasó casi inadvertido después de lo de la estrella.

Miep Gies recuerda: «El señor Frank se plegó a la necesidad. Se despidió de la empresa cuando llegó el momento; llevaba la estrella; no decía nada. Nunca mostraba sus sentimientos. Aún le re-

hijos de la familia Frank en Landau; el muchacho de la derecha es Michael, el abuelo de Ana.

Michael y Alice Frank justo después de su boda en 1885.

Otto Frank con su hermana Leni (a la izquierda), sus hermanos Robert (en el centro) y Herbert (a la derecha). Fecha desconocida.

o y Robert Frank. Hacia 1917.

Otto Frank y su hermana Leni durante la Primera Guerra Mundial.

Abraham Holländer, el padre de Edith. Fecha desconocida.

Edith Holländer, de joven.

4

…a de miel de Otto y Edith en San Remo. 1925.

Margot Frank con sus abuelos, Abraham y Rosa Holländer. 1926.

Otto, Margot y Edith. Hacia 1928.

...rás, de izquierda a derecha: Erich Elias, Robert Frank, Herbert Frank y Otto Frank. En el centro: Leni ...nk-Elias, Charlotte Witt (esposa de Robert), Alice Frank, desconocida (probablemente esposa de Herbert) ...dith Frank-Holländer. Delante: Berndt (Buddy) Elias, Margot Frank y Stephan Elias. Hacia 1928.

De izquierda a derecha: Stephan, Leni y Buddy. Hacia 1929.

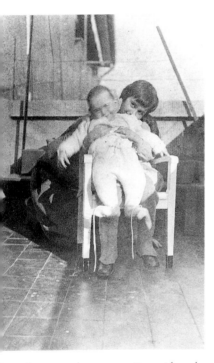

rgot abraza a su hermana recién nacida en la aza de Francfort, 1929-1930.

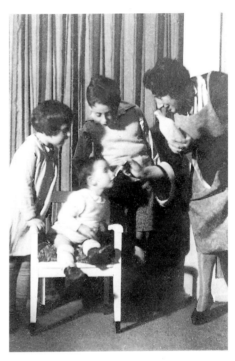

De izquierda a derecha: Margot, Ana, Stephan y Edith, 1931-1932.

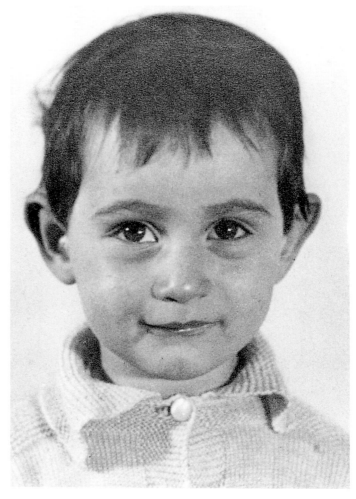

Ana Frank, 1932.

rgot y Ana en Francfort, 1933.

Margot simula lavarse los dientes. Hacia 1933.

Última foto de la familia en Francfort. Ana, Edith y Margot, en el centro de la ciudad. 1933.

Margot y Ana disfrazadas. Ana está en primer plano, Margot a la derecha.

Ana y Margot. 1933.

La plaza Merwede de Amsterdam, donde la familia vivió de 1933 a 1942.

y Sanne en la plaza Merwede. 1934 o 1935.

Ana disfruta del sol en Sils-maria. 1935.

Ana en la playa de Eitner. 1935 o 1936.

cuerdo el día que llegó a la oficina con su gabardina y, al desabrocharla vi la estrella sobre su pecho. No creo que llevase una en el abrigo. Tratamos de hablar y actuar con él como siempre lo habíamos hecho, como si fuera perfectamente natural que viniera ahora a la oficina, porque sabíamos que detestaba la piedad. Era su manera de aceptar sus sentimientos en silencio.»[33]

Eva Schloss reflexiona:

> La gente siempre dice hoy día, ¿por qué hicisteis esto, por qué hicisteis lo otro? Pero estábamos todos tan asustados... Pensábamos: «Si hacemos las cosas que nos dicen que hagamos, estaremos bien.» Te dicen que pongas una «J» en tu pasaporte, y lo haces. Sobre todo en una comunidad tan pequeña como la de Amsterdam, en la que todo el mundo sabía quién era judío y de dónde venía cada cual. Había muchos nazis y no sabíamos en quién confiar, quién era un espía, quién podía delatarte. Pensábamos: «Si llevamos la estrella, si obedecemos el toque de queda, si lo hacemos todo, nada nos ocurrirá.» Y realmente lo creíamos, especialmente porque los holandeses son muy orgullosos y obstinados y veían a los alemanes como al enemigo. Los judíos holandeses estaban muy integrados en la vida holandesa, se les llamaba «nuestros judíos», y cuando se llevaba la estrella, muchos cristianos la llevaban también, y luego hubo aquella huelga, así que pensábamos: «Nada nos ocurrirá porque la población está con nosotros.»[34] —Por encima de todo estaba la convicción, común a muchos, de que la guerra no podía durar demasiado—: Nadie se imaginaba que fuese a durar tanto. Nadie sabía lo poco preparada que estaba Inglaterra. Pensábamos: «En Navidad habrá acabado.» Y cuando empezamos a escondernos, creímos que sería para unos meses. Si hubiésemos sabido que iba a durar años, puede que no hubiésemos intentado hacer nada.[35]

No obstante, en medio de aquella pesadilla Ana era capaz de escribir que «la vida seguía, a pesar de todo».[36] En una carta a su abuela en Suiza escribió que aquellos días eran muy perezosos. «Por las mañanas no hacemos gran cosa en la escuela... Por las tardes nos sentamos en el jardín a atrapar moscas y recoger flores.»[37] Aunque Lies era ahora la «mejor amiga» de Ilse Wagner, a la que había conocido en la sinagoga, y Ana era la «mejor amiga» de Jacqueline van Maarsen, seguían estando muy unidas y se sentaban juntas en la clase. A menudo tenían problemas por interrumpir las lecciones con su incesante charla. Lies recuerda: «Nos copiábamos el trabajo la una a la otra y recuerdo que por eso una vez nos dieron trabajo suplementario. Un día el profesor agarró a Ana por el cuello del vestido y la puso en otra clase porque quería mantenernos separadas. Habíamos estado hablando demasiado. No sé qué ocurrió, pero una hora más tarde yo estaba sentada junto a ella en la otra clase, y entonces los profesores nos dejaron sentar juntas.»[38] Los profesores de Ana le mandaban hacer redacciones como castigo, pero en una de ellas argumentaba astutamente que charlar era una característica femenina, heredada de su madre, y que por lo tanto no tenía control sobre ella, así que era inútil tratar de impedírselo. Al final los profesores parecieron rendirse y Ana siguió hablando tanto como lo había hecho siempre.

Ana, Lies, Jacque, Sanne e Ilse («una niña dulce y sensible»)[39] formaron un club de tenis de mesa llamado «La Osa Menor menos 2». Jacque recuerda: «Formamos el club porque podíamos hacer muy pocas cosas y además, porque los niños no estaban tan mimados, con tantas posibilidades como tienen ahora.»[40] El extraño nombre fue el resultado de un malentendido. Quería ponerle el nombre de una constelación, y pensaron que la Osa Menor tenía cinco estrellas (como su grupo). Más tarde descubrieron que tenía siete, y por eso pusieron el «menos 2». Se celebraron minitorneos en el comedor de la casa de Ilse con su equipo de ping-pong. Después, siendo muy «partidarias de un helado»,[41] visitaban la heladería Oasis en Geleenstraat o el salón de té Delphi en Danielwillinkplein, ambos en el Barrio del río. Jacque explica: «Nunca nos sentábamos dentro del Oasis. Los niños y las niñas judíos del vecindario nos congregábamos allí, pero era una reunión social que tenía lugar en la acera. Uno compraba un helado y salía a comérselo... Siempre nos encontrábamos con gente conocida. A Ana le encantaba ir detrás de los chicos e imaginar que eran sus admiradores.»[42]

En mayo de 1942 Ana escribió para felicitar a Buddy en su diecisiete cumpleaños, y le preguntó sobre sus aventuras románticas:

Querido Bernd:

Muchas felicidades en tu cumpleaños (¡las cartas de cumpleaños siempre empiezan así!) y que cumplas muchos más. Espero
que estés bien, como nosotros. Hemos tenido cinco días de vacaciones por Pentecostés; estuvo muy bien y yo he estado muy ocupada todos los días. Esta noche no vuelvo a casa hasta las diez, pero
normalmente me acompaña un joven. ¿Cómo te va con tu novia,
la que te mandó una foto? Por favor, escríbeme acerca de ella, pues
esas cosas siempre me interesan. Margot también tiene novio, pero
es más joven que el mío. Esta carta no ha resultado muy larga,
pero es que no tengo tiempo porque me voy con mi padre al cine.
Mis mejores deseos a todos. Escríbeme,

ANA.[43]

Buddy recuerda: «Esa carta fue la última que me envió.»[44]
También recibió felicitaciones de Edith, Otto y Margot. En su carta Otto se admira de lo rápido que pasa el tiempo: «... apenas podemos creer lo que habéis crecido. Vemos en nuestras propias hijas
cómo han pasado los años y a veces incluso me siento como si fuera abuelo cuando pienso en mis hijas tan mayores...»[45] Margot medita sobre el pasado y el futuro en su carta: «... ayer le dije a mamá
lo bien que recuerdo haberte visto en el cumpleaños de Omi, cuando teníamos diez años. Espero que podamos vernos antes de que
tengas dieciocho... No creo que sea muy agradable que tu cumpleaños se celebre entre semana, porque tienes que estar todo el
día en la escuela. El próximo año ambos habremos terminado la
escuela. Pero quién sabe lo que pasará en el futuro...».[46]

El 7 de mayo 1.500 judíos recibieron citaciones. Ya había 3.200 judíos en campos de trabajo holandeses. Los rumores acerca de los
planes a largo plazo de los nazis concernientes a ellos seguían ex-
tendiéndose. Pronto aparecieron artículos en la prensa ilegal sobre
los gaseamientos en Polonia, y a finales de 1942 incluso el gobierno holandés en Londres sabía que existía Auschwitz y por qué.
Aun así, la mayoría de la gente seguía creyendo que los artículos
eran rumores alarmistas. El 10 de mayo, *Het Parool*, uno de los pe-

riódicos ilegales, afirmaba: «Incluso ahora muchos de los nuestros están despreocupados. No oyen nada, no saben nada y preferirían no ver nada. Son ciegos ante los actos criminales con que se persigue a nuestros compatriotas judíos, con que una parte de la población holandesa en nuestro país, hasta ahora seguro, está siendo gradualmente obligada a vivir como animales, sin ninguna protección de la ley, temiendo por sus vidas, sin saber lo que el mañana puede depararles y qué nueva maldad se le ocurrirá al satánico huno.»[47] El 11 de mayo el «satánico huno» pidió al Consejo Judío que le proporcionase otros tres mil hombres, y estableció regulaciones referentes a la estrella en Holanda. Tenía que ser cosida en lugar de prendida a la ropa y exhibida en jardines, patios y en puertas abiertas en todo momento. El 21 de mayo los judíos tuvieron que declarar sus bicicletas y sólo podían comprar alimentos en determinadas tiendas y mercados judíos.

El 2 de junio se comunicó a los judíos de Hilversum que serían trasladados a Amsterdam a partir del 15 del mismo mes. El 12 de junio —el día que Ana Frank recibió su diario de regalo— *Het Joodsche Weekblad* anunciaba: «Cualquier forma de deporte al aire libre, incluyendo el remo, la canoa, la natación, el tenis, el fútbol, la pesca, etc., quedará terminantemente prohibido a los judíos.»[48] A lo largo del mes se dictaron leyes en contra de los judíos tan rápidamente que no podían cumplirse. Los judíos no podían visitar ni ser visitados en sus casas entre las seis y las ocho de la tarde; después de las ocho tenían que permanecer en sus casas. Se permitía que los judíos fuesen en ciertos tranvías y trenes, pero tenían que quedarse de pie en la plataforma delantera de los tranvías y sólo podían viajar en los vagones de fumadores de los compartimientos de clase más baja que no usasen los no judíos. Se les prohibía usar cualquier otro transporte público excepto transbordadores, bicicletas, ambulancias y sillas de ruedas. Los judíos sólo podían comprar en tiendas propiedad de arios entre las tres y las cinco de la tarde (aparte de verdulerías, carnicerías y pescaderías, que les estaban totalmente prohibidas). Los judíos no podían usar teléfonos públicos. Las habitaciones, los jardines y alojamientos pertenecientes a no judíos quedaban prohibidos a los judíos, lo que significaba que éstos ya no podían alquilar nada a los no judíos ni visitar a amigos nò judíos. Tampoco podían recibir entregas en sus casas (excepto servicios de lavandería). Se prohibía que usasen los servicios de peluqueros o médicos no judíos. No podían usar balcones o jardines abiertos a la calle, así como asomarse por las ventanas. Los judíos de pie ante ventanas abiertas tenían que exhibir la estrella.

A finales de junio Eichmann informó a todos los departamentos relacionados con la Solución Final de que desde principios de julio de 1942 —el mes siguiente— empezarían las deportaciones a los campos de exterminio del este.

El viernes 12 de junio era el cumpleaños de Ana. Cumplía trece años y fue el día en que recibió el diario que le daría la fama póstuma que difícilmente podría haber imaginado. Escogió el diario —en realidad un álbum de autógrafos de cuadros rojos y blancos del tipo que los niños del lugar hacía años que tenían— de entre los que se vendían en Blankevoorts, una de sus tiendas favoritas. Blankevoorts, situada en la esquina de Waalstraat y Zuider Amstellaan, estaba repleta, del techo hasta el suelo, de libros y objetos de papelería en una agradable mezcla polvorienta. Su padre le compró el diario. Lies recuerda muy bien la mañana del cumpleaños de Ana. Cuando llegó al piso de los Frank para recoger a Ana, admiró brevemente el diario antes de que Ana se lo llevara a su dormitorio, colocándolo junto a su colección de fotografías de estrellas de cine y la familia real. En el cuarto de estar estaban dispuestos los demás regalos de Ana, incluidos regalos de los Pfeffer («un tubo de caramelos ácidos, flores»)[49] y de los Van Pels («de Peter van Pels, una tableta de chocolate».[50] La habitación estaba llena de flores para el cumpleaños de Ana, pero Lies recuerda que el olor no procedía de ellas, ni del molinillo de café, como habitualmente, sino de la cocina, donde Edith estaba preparando una tarta de fresa. Otto estaba arrellanado en su silla y bromeó con Lies como siempre hacía. Cuando llegó la hora de marchar, Edith tendió a Ana una cesta con galletas para que se las llevara a la escuela, y Ana añadió unas galletas que había hecho ella. Por la tarde Lies, Jacque, Sanne e Ilse dieron a Ana su regalo conjunto, un libro llamado *Cuentos y leyendas de Holanda*.

En algún momento del 12 de junio de 1942 Ana escribió por primera vez en su diario. Pegó una fotografía de sí misma en la escuela tomada durante el invierno de 1941, con la anotación: «¡Elegante fotografía! ¿No es verdad?»[51] En la guarda delantera escribió: «Espero ser capaz de confiarme a ti totalmente, como nunca he podido hacerlo con nadie, y espero que seas un gran apoyo y consuelo para mí.»[52] Quedaba suficiente espacio en la primera página para añadir algunos comentarios dos meses más tarde, cuando ya estaba escondida: «Oh, estoy tan contenta de haberte traído»,[53] e hizo una lista de atributos que creía que hacían hermosa a una mujer. En la lista pone:

1. ojos azules, pelo negro (no).
2. hoyuelos en las mejillas (sí).
3. hoyuelo en la barbilla (sí).
4. pico de viuda (no).
5. piel blanca (sí).
6. dientes rectos (no).
7. boca pequeña (no).
8. pestañas rizadas (no).
9. nariz recta (sí) {al menos de momento}.
10. ropa bonita (a veces) {no lo suficiente en mi opinión}.
11. bonitas uñas (a veces).
12. inteligente (a veces).[54]

En esta versión original, opuesta a su propio texto revisado y el del diario publicado, la voz de una niña de trece años llega tan sólo como la de una niña mimada, de clase media, popular y brillante, cuya principal ambición era comprar un perro, llamarle *Rin-Tin-Tin* y llevarlo con ella a la escuela o guardarlo en el cobertizo de las bicicletas, donde creía que estaría bien cuidado por el portero de la escuela. No hay atisbos de la futura capacidad para la aguda descripción, la habilidad de evocar visiones y olores con una extraordinaria economía de medios, o para la caracterización rápida e inteligente. No daba razones para empezar un diario y escribió sólo una breve historia familiar (aunque reflexiona acerca de la situación en Holanda con cierta profundidad). Lo demás vino después, cuando reescribió el diario con vistas a su publicación. El diario original pertenece a una adolescente corriente, que vive en circunstancias extraordinarias y las ignora ampliamente, prefiriendo escribir sobre los chicos, la escuela, las amigas, el club de ping-pong y su fiesta de cumpleaños.

Las amigas de Ana se enteraron de que le habían regalado un diario. Lies comenta: «No sé si fue el primero o el segundo que tuvo, porque recuerdo que Ana siempre estaba escribiendo en su diario, sosteniéndolo con una mano incluso en el recreo en la escuela. Todo el mundo veía que estaba escribiendo, pero a nadie se le permitía ver lo que había escrito. Yo pensaba que estaba escribiendo libros enteros. Siempre tuve mucha curiosidad por saber qué había en el diario, pero ella nunca se lo enseñó a nadie. Creo que tuvo que haber más de lo que apareció publicado en el diario. Quizá nunca se encontró todo lo que escribió antes de que se escondiera; ya llevaba escribiendo un par de años... Ana ya escribía muy bien por aquel entonces. Si tenía que hacer trabajo extra porque había estado hablando, lo hacía muy bien.»[55] Lies suscita una interesante cuestión acerca de otros diarios que Ana pudo haber escrito. Por desgracia, si alguno existiera, aún no ha sido encontrado. Jacque se hace eco de los sentimientos de Lies: «Nos despertaba mucha curiosidad... Queríamos ver lo que había escrito sobre nosotras.»[56] También recuerda el método característico de escribir de Ana. «Ana siempre escribía con la pluma entre el dedo índice y el medio, porque se había torcido en algún momento el pulgar. Yo siempre había admirado su letra y había tratado de imitarla, sujetando la pluma de la misma manera.»[57]

La fiesta de Ana se celebró el domingo después de su cumpleaños y el recuerdo más intenso de Jacque de aquel día era la felicidad de Ana por estar rodeada de sus amigas: «Con ojos brillantes vio entrar a sus amigas y abrió expectante sus regalos. Disfrutaba de ser el centro de atención...»[58] Lies recuerda el parloteo de los niños en el piso; los padres de Ana repartiendo trozos de tarta de fresas en platos de porcelana; vasos de leche fría para todos; Margot y Jetteke uniéndose a ellos; las persianas bajadas cuando Otto colocó el proyector; y luego *Rin-Tin-Tin y el farero* tomando vida sobre la pared vacía. También recuerda haberse ido de la fiesta pronto para ayudar a su madre con Gabi, y sus celos cuando vio a

Ana y a Jacque cuchicheando juntas. En aquel momento pensó en los meses que siguieron y siempre se dijo a sí misma: «De haber sabido lo que iba a pasar, no me hubiese importado.»[59]

Las disputas escolares eran inevitables. El 19 de junio Ana relata en su diario: «Jacque se ha vuelto de repente muy amiga de Ilse y se comporta de manera muy infantil y estúpida hacia mí; cuanto más la conozco menos me gusta.»[60] Jacque recuerda:

> Ana podía ser una amiga difícil. Yo tenía que ser sólo suya. Estaba celosa, mientras que a mí no me importaba que ella estuviera con otras niñas. Yo sólo quería ser libre de vez en cuando y eso a ella no le gustaba. Hay otra niña de la que Ana escribe en su diario que era amiga mía. A Ana no le gustaba nada, y tenía bastante razón, ¡porque a mí tampoco me gustaba! Habíamos estado juntas en la escuela Montessori y luego coincidimos de nuevo en la escuela judía, así que la conocía desde hacía tiempo. Esa niña también estaba celosa de Ana, pero yo era demasiado ingenua en aquella época para darme cuenta de lo que ocurría entre las dos, no me daba cuenta de la lucha. Lo leí después en el diario de Ana, y entonces lo comprendí. Y cuando Ana escribe: "Esta tarde Jacqueline fue a casa de Lies y yo me moría de aburrimiento", recuerdo muy bien aquel día. Estaba sentada con Lies sobre su cama. Lies estaba enfadada con Ana porque ésta la hacía rabiar y se portaba mal con ella. Yo estaba... no exactamente enfadada con Ana, pero ella siempre quería saberlo todo sobre mí. Hablé de esto con Lies y lo recuerdo muy bien, porque después me sentí culpable. Se lo conté a Ana, pero ella no lo puso en el diario. Me sentí culpable de haber estado hablando a sus espaldas.[61]

A finales de mes el comportamiento de Jacque estaba olvidado y Ana estaba preocupada con un nuevo novio, Hello Silberberg. Hello era de Gelsenkirchen, donde su padre había poseído una sastrería. Después de la *Kristallnacht* en noviembre de 1938, la familia huyó de Alemania. Hello fue colocado en un tren que se dirigía a Amsterdam, donde su abuelo poseía su propio negocio. En la frontera holandesa dos guardias de las SS le ordenaron que bajara del tren. El joven consiguió colarse de nuevo cuando ellos se distrajeron y llegó a salvo a Amsterdam, instalándose con sus abuelos en el Barrio del río. En la actualidad vive en América y recuerda cómo fue obligado a dejar la escuela después de la invasión: «Me pasé a una escuela privada y aprendí diseño de muebles hasta que eso también fue prohibido. Pero el director de la escuela era un hombre estupendo que siguió aceptando alumnos judíos, enseñándoles en su propia casa.»[62] Era un guapo chico de dieciséis años cuando su primo le presentó a Ana: «No recuerdo claramente el encuentro con Ana, pero sé que charlamos y al día siguiente fui a buscarla. Entonces yo tenía otra novia, que mi familia prefería a Ana, pero eso era porque Úrsula tenía la misma edad que yo, mientras que Ana era mucho más joven.»[63] Sin embargo, él prefería a Ana. Recuerda: «La palabra que siempre me viene a la cabeza cuando pienso en Ana es "expresiva". Era muy expresiva para su edad, sin duda mucho más que otras niñas. Era muy atractiva y le gustaba reír y hacer reír a los demás. Era simpática y sumamente vivaz. Hacía pequeñas y sutiles imitaciones de otras personas. En mi recuerdo siempre la veo sentada en un gran sillón con las manos debajo de la barbilla y mirando directamente hacia adelante a quienquiera que estuviese con ella. Era una pose muy coqueta, aunque no creo que yo la reconociera como tal por aquel entonces... Supongo que estaba enamorado de ella. Ella también parecía creerlo. Sí, estaba enamorado de Ana en el contexto de aquel momento, de los dieciséis años. Ambos éramos niños de clase media. Sabíamos cómo comportarnos.»[64]

Cuando Hello conoció a los amigos de Ana, le comentó que eran muy infantiles. Ella añadió en su diario, con escasa generosidad: «tiene razón».[65] También describe cómo le llevó a casa para que conociera a sus padres. Él medita: «No recuerdo aquel día en particular, aunque Ana asegura que yo la llevé a su casa tarde, después del toque de queda, lo que probablemente fue culpa mía, ya que tenía tendencia a ignorar el toque de queda. Casi me cuesta la vida en una ocasión. Sé que visité a la familia Frank varias veces. No recuerdo bien a la madre, era una señora muy callada, pero el padre destacaba. Era muy hablador y amistoso. Margot tenía más o menos mi edad y era muy atractiva. Sus fotografías no le hacen justicia. Pero era Ana la que me gustaba. Teníamos interesantes conversaciones, disfrutábamos realmente de la mutua compañía. Y cuando leí el diario mucho más tarde, cuando leí acerca de su fe en la humanidad... no me sorprendió lo más mínimo, porque ella era así, muy brillante

y optimista, la clase de persona que siempre se lleva las cosas a su terreno. Se hacía con las cosas.»[66] Ana sabía que la familia de su novio
no la aprobaba, pero cuando le preguntó a él sobre su futuro juntos, él declaró atractivamente: «El amor siempre encuentra un camino.»[67]

Al final del año escolar las niñas recibieron los resultados de
los exámenes. Ana advirtió con cierta admiración reticente que el
informe de Margot era «brillante como de costumbre».[68] El suyo
era mejor de lo que esperaba, aunque se les decía a ella y a Lies que
debían repetir el examen de matemáticas en septiembre. Lies recuerda: «Ana y yo pasábamos a duras penas porque no éramos
buenas en matemáticas. Recuerdo que volvimos a casa juntas y
después de aquello no la vi durante varios días.»[69] En aquel momento Otto le habló a Ana acerca del plan para esconderse. Margot
ya lo sabía y Ana confió a su diario su esperanza apasionada de que
«el cumplimiento de esas sombrías palabras siga siendo lejano».[70]
Aunque no podía saberlo, Ana había hecho su última visita a Jacque y a su familia durante la primera semana de julio, cuando fue
al piso de Hunzestraat para enseñarles un nuevo vestido. La señora
Van Maarsen recordaba: «Le quedaba muy bien y se lo dije. ¿Y qué
creerán que contestó Ana? "Pues naturalmente —dijo—, al fin y al
cabo, es nuevo".»[71] A la señora Van Maarsen le gustaba mucho Ana
y se preguntaba si podría proporcionarle un medio seguro. «Cuando aquello empezó, pensé: podríamos traernos a Ana a vivir con
nosotros. Pero mi marido también era judío y estaba vigilado, y
Jacque tenía que llevar la estrella.»[72] Por aquella época la hija de
unos amigos llamó al piso de los Frank. La habían convocado a
Westerbork. Otto recordaba: «Nos dijo que había metido su cuaderno de dibujo en su mochila. Dibujaba muy bien y quería tener
algunos recuerdos, para más tarde...»[73]

Ignorando la prohibición de que judíos y cristianos se reunie-
ran, Kugler y su esposa asistieron a una pequeña cena que dieron
los Frank poco antes de esconderse. Tras ver a las chicas en anteriores ocasiones, Kugler había llegado a la conclusión de que «Ana
no era tan inteligente como su hermana, o al menos no tan desarrollada mentalmente, pero había algo extraño en ella, una especie
de sabiduría».[74] Lo «extraño» de Ana se manifestó claramente en la

cena de aquella noche. Kugler recordaba: «Para evitar que mi esposa se implicara, yo no le había hablado de los planes del anexo secreto. Pero ella era una persona muy sensible, como Ana Frank, y durante la cena ocurrió un hecho extraño. Se produjo un silencio durante la cena y, sin saber por qué, Ana levantó los ojos hacia mi esposa, que le devolvió la mirada. Al cabo de un momento, en el silencio que siguió Ana dijo: "Acabo de hablar con la señora Kugler y nadie lo ha oído." Si eso fue una premonición que tuvieron ambas, o si alguna comunicación más directa pasó entre ellas, nunca lo sabré, pues las dos están muertas ahora. Que los demás no diesen importancia a aquel extraño comentario de Ana es quizá lo más descriptivo que puedo decir sobre su imaginativa naturaleza.»[75]

El 4 de julio Otto escribió a su familia en Suiza:

> Queridos:
> He recibido la tarjeta de mamá fechada el 22 de junio. Me encanta conocer hasta la menor noticia, aunque sólo sea que estáis bien de salud. Aquí todo está bien, aunque todos sabemos que día a día la vida está volviéndose más difícil. Por favor, no os preocupéis lo más mínimo, incluso aunque sepáis muy poco de nosotros. Cuando no estoy en la oficina, sigue habiendo mucho que hacer y mucho en que pensar, y hay que tomar decisiones que son muy difíciles de tomar.
> Las niñas están ahora de vacaciones, pero trabajan duro. Ana se toma mucho interés... No os hemos olvidado y sabemos que pensáis en nosotros continuamente, pero no podéis cambiar nada y sabéis que tenéis que cuidaros.
> Vuestro,
>
> OTTO.

El día siguiente, domingo 5 de julio de 1942, empezó de manera normal. Otto fue hasta el Joodse Invalide a visitar algunos pacientes ancianos (Goldschmidt, un hombre divorciado de treinta y tantos años que alquilaba la amplia habitación de arriba de los Frank, trabajaba en el Joodse Invalide). El día era inusualmente cálido. Hello vino a ver a Ana para concertar una salida para más tarde. Cuando se hubo marchado, Ana se tumbó al sol en el balcón para leer. A las tres de la tarde sonó el timbre de la puerta y desde la calle dijeron: «¿La señorita Margot Frank?» Edith bajó y un policía le tendió un sobre certificado. Dentro había una tarjeta en la que se ordenaba a Margot presentarse ante las SS a la mañana siguiente.

La Zentralstelle había enviado cientos de tarjetas aquel día a judíos alemanes en Amsterdam. Cuatro mil judíos iban a ser deportados a campos de trabajo alemanes entre el 14 de julio y el 17 de julio de 1942. La tarjeta no indicaba nada de lo que ocurriría a continuación: «... la hábil manera en que estaba redactado el documento; sugería que los convocados serían enviados a trabajar y no daba pista alguna de lo que los alemanes les tenían preparado. Y las pobres víctimas estaban, naturalmente, demasiado dispuestas a tragarse el anzuelo».[76] La mayoría eran chicos y chicas de quince y dieciséis años. Heinz, el hermano de Eva, y Susi Klein, amiga de Margot, habían recibido tarjetas. Los sobres también contenían una lista de ropas que debían meterse en bolsas de viaje.

Edith abandonó la casa inmediatamente para informar a los Van Pels de que llevaría a cabo el plan de esconderse. Quizá siguiendo un consejo de Edith, Margot le dijo a Ana que las SS habían llamado a su padre. Cuando más tarde Margot le dijo la verdad, Ana se echó a llorar. Ahora que el mazo había caído, el impacto fue enorme. Ninguna de las dos niñas habló, porque «el calor y los nervios... nos dejaron muy impresionadas y silenciosas».[77] Hello volvió al mismo tiempo que Edith y Hermann van Pels. Edith le dijo que Ana no podía verlo en ese momento y cuando Jacque telefoneó un poco más tarde, le dieron un mensaje similar. Ana y Margot fueron enviadas a su habitación, con órdenes de que empezasen a hacer el equipaje. Ana metió su diario y las viejas cartas en una cartera del colegio —«los recuerdos significan más para mí que los vestidos»—.[78] Todavía no sabía dónde iban a esconderse.

Otto volvió a las cinco de la tarde y cuando le contaron qué había pasado, llamó a Kleiman. «Me telefonearon el domingo por la tarde —recordaba Kleiman—, y por la noche me acerqué hasta su casa de Merwedeplein. Había llegado una tarjeta que ordenaba a Margot presentarse el lunes al centro de recepción del campo de Westerbork. Así que nos dijimos que no había por qué esperar más.»[79] Otto ni siquiera consideró la posibilidad de presentarse a la convocatoria. «Sabíamos que mandaban aquellas tarjetas y que mucha gente había obedecido la orden. Se decía que la vida en los campos, incluso en los de Polonia, no era tan mala; que el trabajo era duro pero que había comida suficiente y que las persecuciones acababan, que era lo principal. Le dije a mucha gente lo que sospechaba. También les comenté lo que había escuchado en la radio inglesa, pero muchos seguían creyendo que eran historias de miedo...»[80]

Van Pels visitó a Miep y Jan, que se dirigieron directamente al piso de los Frank y empezaron a llevarse las pertenencias de la familia a su apartamento, para guardarlas hasta que estuvieran en el escondrijo. Miep recuerda: «Sentía su prisa, una corriente subterránea cercana al pánico. Pero me di cuenta de que había que preparar y organizar muchas cosas. Todo era demasiado terrible. La señora Frank nos dió montones de lo que parecía ropa y zapatos de las niñas. Yo estaba en tal estado, que ni siquiera miré. Sólo me llevé todo lo que pude, escondiendo los bultos de cosas lo mejor posible, debajo del abrigo, en los bolsillos, bajo el abrigo de Jan...»[81]

Ana escribió aquella noche: «Seguía haciendo calor y todo era muy extraño.»[82] Su inquilino, Goldschmidt, decidió visitarles y era imposible deshacerse de él sin ser maleducados. Se quedó hasta las diez y a las once Miep y Jan volvieron. Miep recuerda: «Todo el mundo se esforzaba por parecer normal, para no correr, para no alzar la voz. Se nos entregaron más cosas. La señora Frank envolvía y escogía rápidamente, nos lo daba y nosotros nos lo llevábamos. Se le escapaba el pelo del tirante moño y le caía sobre los ojos. Ana entró, llevando demasiadas cosas; la señora Frank le dijo que volviese a dejarlas en su sitio. Ana tenía los ojos muy abiertos...»[83]

En algún momento de aquella noche, seguramente cuando sus amigos se hubieron marchado, Otto escribió a su familia en Suiza, dejando entrever lo más claramente que se atrevió que iban a esconderse:

Queridísima Leni:

Felicidades en el día de tu cumpleaños; queríamos asegurarnos de que recibirías nuestras felicitaciones el día oportuno, ya que más tarde no tendremos la oportunidad. Te deseamos todo lo mejor desde el fondo de nuestros corazones. Estamos bien y juntos, eso es lo principal. Todo es difícil estos días, pero hay que tomarse las cosas con buen humor. Espero que este año encontremos la paz para así poder reunirnos de nuevo. Es una lástima que ya no pueda escribiros más, pero así son las cosas. Debéis entenderlo. Como siempre, os mando mis mejores deseos,

OTTO.[84]

Edith, Margot y Ana añadieron sus saludos. El de Ana dice: «Ahora no puedo escribir una carta acerca de las vacaciones. Recuerdos y besos de Ana.»[85] Eran las once y media cuando se fueron a la cama. Ana estaba exhausta y se durmió nada más meterse bajo las sábanas.

El tiempo había empeorado durante la noche y la lluvia golpeaba las ventanas cuando la familia desayunó, casi a oscuras, a las 5.30 de la madrugada. Cada uno llevaba puesta toda la ropa que podía para reducir la cantidad que debían llevar en la mano. Margot llenó su cartera del colegio con libros escolares y sacó su bicicleta[86] para esperar a Miep, que llegó a las seis en su bicicleta. Miep cuenta: «En cuanto llegué a la entrada, la puerta de los Frank se abrió y salió Margot... El señor y la señora Frank estaban dentro y Ana, en camisón con los ojos muy abiertos, estaba apoyada en el quicio...»[87] Miep y Margot salieron de Merwedeplein, despidiéndose silenciosamente y con prisa. Le dijeron a Ana que se pusiera más ropa y hasta una bufanda. «Estaba casi asfixiada antes de que saliéramos, pero nadie me preguntó.»[88] Dejaron una carta para Goldschmidt, en que le pedía que llevase el gato de Ana, *Moortje*, a sus vecinos. Se deshicieron las camas y se dejaron las cosas del desayuno sobre la mesa, para dar la impresión de que se habían marchado a toda prisa. A las siete y media cerraron la puerta de su apartamento y se alejaron andando bajo la cálida lluvia. Las calles estaban todavía oscuras y los coches pasaban con las luces borrosas por el agua. Mientras caminaban, Otto le dijo a Ana dónde iban a esconderse. La noticia de que Miep, Bep, Kugler y Kleiman iban a cuidar de ellos debió de ser un alivio para ella.

Miep y Margot fueron las primeras en llegar al anexo. El miedo estaba haciendo mella en Margot, como recuerda Miep: «Estábamos caladas hasta los huesos. Vi que Margot estaba a punto de derrumbarse... Le cogí el brazo para darle ánimos. Seguimos sin decir nada. Desapareció detrás de la puerta y yo ocupé mi lugar en la oficina delantera. Mi corazón latía con fuerza.»[89] Cuando por la mañana Otto, Edith y Ana llegaron al edificio de la oficina, empapados por la lluvia y cansados por la larga caminata, se dirigieron arriba, al anexo. Margot estaba esperándolos.

El anexo, decorado con papel estampado amarillo y pintura oscura, estaba completamente desordenado, con cajas y sacos apilados por todas partes. En la habitación de Otto y Edith había dos divanes, dos pequeñas mesas, una mesita baja, un pequeño juego de estanterías, un armario empotrado y ciento cincuenta latas de comida. Una ventana daba al sucio patio de abajo y a las casas de enfrente. Una puerta a la derecha conducía al cuarto de Ana y Margot. Éste era más o menos la mitad de grande que el de sus padres, con una ventana, dos sofás cama y tres armarios empotrados. En la puerta contigua había un cuarto de baño con un lavabo nuevo y un pequeño compartimiento que albergaba el retrete. Una puerta a la derecha conducía al pasillo y a la puerta de entrada.

El piso superior iba a convertirse en el apartamento de los Van Pels. En lo alto de la escalera otra puerta se abría hacia una gran habitación, donde unas ventanas dobles ofrecían otra vista del patio. Un fregadero y armarios ocupaban una pared, una robusta estufa de gas sobresalía de la chimenea y dos camas y una mesa completaban el mobiliario. Junto a las encimeras de la cocina, una puerta conducía al húmedo cuarto reservado a Peter van Pels. Una pequeña ventana con contraventana daba a la casa de enfrente. Las escaleras del ático estaban en medio de la habitación, flanqueadas por una cama y un armario.

Desde la diminuta ventana lateral en arco del ático se divisaba la Westerkerk. Otra ventana situada encima de la habitación de Peter daba a la casa de enfrente, mientras que una tercera daba al patio y a un magnífico castaño.

Cuando más tarde Miep visitó el anexo aquel día, descubrió a Edith y a Margot completamente inmóviles en sus camas, mientras que Otto y Ana estaban muy ocupados ordenando sus pertenencias y colocando las cosas en su lugar, tratando de hacer el menor ruido posible. Miep estaba muy turbada: «La situación era terrible. Yo quería dejar a la familia sola. No podía imaginar cómo debían de sentirse al haber abandonado todo lo que poseían en el mundo: su hogar, toda una vida de posesiones reunidas, el gatito de Ana, *Moortje*, recuerdos del pasado y amigos.»[90]

Los vecinos de Merwedeplein ya sabían que se habían marchado. Otto había dejado una carta deliberadamente confusa para que la viera su inquilino, sugiriendo que estaban en Suiza. La amiga de Ana, Toojse, recordaba: «El lunes por la mañana, creo que era el día 6... a mediodía, el señor Goldschmidt vino y nos dijo: "Los Frank se han ido." Y entregó a mi madre la nota que había encontrado en la mesa de la casa, y se pusieron a hablar. Vi al gato de Ana en sus brazos. Tomé a *Moortje* de sus brazos y él me dio el plato de comida del gato, que había encontrado sobre la mesa; fui a la cocina y le di a *Moortje* de comer. Al cabo de un rato, mi madre entró en la cocina. Vio comer a *Moortje* y dijo: "Lo guardaremos aquí."»[91]

El amigo de Ana, Hello, preguntó por ella: «El domingo, cuando llegué al piso de los Frank por la tarde, no pude ver a Ana. Había llegado la convocatoria para Margot, aunque nadie me lo dijo entonces. Me fui a casa, consciente de algún modo de que nunca volvería a ver a Ana. Estas cosas ocurren y para mí no fue un gran choque, aunque estaba muy disgustado. No recuerdo si también oí la historia de que habían huido a Suiza, pero sabía que tenían familia allí, así que si alguien me lo hubiera dicho, no me habría sorprendido.»[92] La amiga de Margot, Jetteke, llamó al piso el lunes: «Fui a casa de Margot a ver qué había pasado, porque no sabía nada de ella. En aquel entonces yo ya había dejado la escuela. Todos intentábamos dejar la escuela mucho antes, porque si tenías algún tipo de trabajo, cabía la posibilidad de que no te convocaran. Yo trabajaba en un hogar de niños. Otras personas habían recibido esas notas de los alemanes. Cuando llegué a casa de Margot, la puerta estaba abierta. Entré y cogí un libro de poesía de sus estantes. Aún conservo el libro. Creo que alguien me dijo que la familia se había ido a Suiza. Y eso fue todo. En agosto de 1942 yo también me escondí.»[93]

Jacque y Lies también sabían que Ana se había marchado. Lies llamó para pedirle a la señora Frank que le devolviera una balanza de cocina, y se quedó asombrada cuando Goldschmidt le comunicó que la familia se había ido a Suiza. Cuando más tarde descubrió la verdad, Lies supo instintivamente por qué los Frank les habían pedido a los Van Pels que compartieran el escondrijo en lugar de decírselo a su propia familia. Los Goslar tenían un bebé, Gabi, y otro en camino. Era casi imposible esconderse en esas circunstancias. De todos modos, los Goslar esperaban ser tratados con mayor condescendencia que el resto, habían obtenido la ciudadanía sudamericana por medio de un pariente en Suiza y estaban en una lista de sionistas. Sin embargo, a Lies le confundió que los Frank se hubieran marchado. Corrió a su casa para contárselo a sus padres, que se impresionaron tanto como ella: «Fue un golpe caído del cielo... Mis padres se quedaron muy preocupados; no entendían qué había ocurrido... Creo que Ana fue la primera amiga que perdí.»[94]

Lies le contó a Jacque que Ana y su familia habían desaparecido. La madre de Jacque recordaba: «Cuando supimos que los Frank se habían ido —a Suiza, nos dijeron, se suponía que un oficial alemán que el señor Frank conocía de la primera guerra les había llevado—, todos nos alegramos.»[95] Goldschmidt dejó entrar a Jacque y a Lies en el piso cuando ellas le explicaron que querían buscar algo de Ana para guardarlo. Jacque medita: «Una imagen en particular de la casa abandonada de la familia Frank se me ha quedado grabada en la memoria: la cama deshecha de Ana y, en el suelo delante de ella, sus zapatos nuevos, como si acabara de quitárselos... Vi el Variety, el juego que acababan de regalarle para su cumpleaños y al que habíamos jugado como locas las últimas semanas, allí tumbadas... Miré alrededor una vez más para asegurarme de que no había una carta de Ana para mí por alguna parte, pero no pregunté si había dejado una. Ana y yo habíamos prometido que nos escribiríamos una "carta de despedida" si alguna de las dos tenía que marcharse inesperadamente. No la recibiría hasta años más tarde.»[96] Encontraron las medallas de natación de Ana y se las llevaron; unos pocos recuerdos de la amiga que había desaparecido.

TERCERA PARTE
1942-1944

Un mortal y sofocante silencio flota por todas partes

Esconderse se ha convertido en una palabra cotidiana.
¡Cuánta gente debe de haber escondida! No mucha, comparativamente hablando, claro, pero sin duda más adelante nos sorprenderemos cuando nos enteremos de toda la buena gente que hay en Holanda y ha acogido a judíos, así como a cristianos en fuga, con o sin dinero.

Diario de Ana Frank, 2 de mayo de 1943

Días después de que los Frank se escondieran, salieron de Westerbork todos los detenidos no clasificados como «completamente» judíos para hacer sitio a los que sí lo eran. El 14 de julio setecientos judíos fueron detenidos en el barrio judío de Amsterdam y llevados al cuartel general de la Gestapo. Les dijeron que permanecerían en prisión hasta que los cuatro mil judíos que estaban destinados originalmente a ser deportados apareciesen. El pánico que siguió alcanzó su grado máximo en las oficinas del Consejo Judío, donde la gente «perseguía papeles, exenciones, suplicaba un retraso de una semana, sacaba certificados médicos para atestiguar que eran drogadictos, mutilados o inválidos. Se desató un infierno... Los vigilantes de la puerta tenían las manos ocupadas esforzándose por mantener fuera a una masa que se empujaba, tratando de entrar por las buenas o por las malas».[1] Todos los prisioneros de la Gestapo, menos cuarenta, fueron liberados; los que seguían bajo arresto pronto fueron deportados y el primer transporte de los cuatro mil abandonó Amsterdam el 17 de julio. Fueron llevados primero a Westerbork y después a Auschwitz, donde 449 fueron gaseados.

La visión oficial del Consejo Judío sobre la posibilidad de esconderse era que resultaba «impracticable para muchos en términos financieros y prácticamente imposible para la gran mayoría».[2] Es difícil decir exactamente cuántos ignoraron esta opinión, pero se calcula que hubo de 25.000 a 30.000 que lo hicieron.[3] La mayo-

ría se escondieron en el campo, pero se arriesgaban a sufrir las ca-
zas organizadas de los nazis holandeses, que a menudo hacían redadas en los pueblos para buscar judíos. Esconderse era difícil en
todos los sentidos. Dejar atrás todas las pertenencias y el modo de
vivir era sólo una parte de los numerosos y *diversos* problemas a
los que se enfrentaban. Se embarcaban en una existencia diferente
a cualquier otra, en la que su supervivencia estaba enteramente
puesta en las manos de gente que no siempre conocían o en quien
confiaban. La prueba podía ser más dura debido a una serie de factores; por ejemplo, la observancia de una dieta *kosher* era virtual-
mente imposible. Por encima de todo, ninguno sabía qué podía esperar, ni qué se esperaba de ellos. Eva Schloss, que también estuvo
escondida en el verano de 1942, explica: «No se puede imaginar lo
que era esconderse. No salir y ver a gente es algo que, como niña,
no puedes soportar. Pero cuando nos escondimos, empezamos a
hundirnos. Yo era una niña muy alegre, tenía trece años y mucha
energía, pero no podía hacer nada. Estaba asustada y muy preocupada. Solía luchar con mi madre para deshacerme de mi energía.
Fue muy, muy difícil.»[4]

La familia de Eva se escondió por separado. Ella y su madre se
ocultaron en un lugar; su padre y su hermano en otro. Los Frank
decidieron esconderse juntos y algunos los han criticado por esta
decisión. Bruno Bettelheim sugiere que su reticencia a creer en la
destrucción inminente les impedía tomar medidas que hubieran
podido salvarles.[5] Sin embargo, incluso aquellas familias que se escondían separadas eran a menudo traicionadas o capturadas (los
Geiringer fueron detenidos en mayo de 1944). En total, ocho personas vivieron en el anexo secreto: los Frank, los Van Pels, que llegaron durante las razias de julio, y Fritz Pfeffer, que se unió a ellos
en noviembre de 1942.

La supervivencia dependía de una serie de componentes que
funcionaban al unísono. Lo más importante eran las acciones y el
apoyo de los que te escondían, o «ayudantes», como Ana los llamaba. Los ayudantes rara vez se ofrecían a rescatar a alguien.[6] Normalmente se dirigía a ellos un amigo necesitado de ayuda y así
empezaba el proceso de protección. A veces la gente tenía que apoyarse en personas que colaboraban con la Resistencia, extraños

que no tenían una lealtad personal hacia ellos. Algunos ayudantes explotaban abiertamente a las personas a su cargo, mientras que otros eran indiferentes a la difícil situación de los judíos y les escondían pensando que era peor. Presser cita el caso de un artista al que se le pidió cuidar de un niño judío: el artista lo hizo, quejándose: «Eran un desastre, pero naturalmente teníamos que ayudarles.»[7] Cada cual tenía sus propias razones para actuar como lo hizo. Eva Fogelman describe varias categorías de ayudantes en *Conscience and Courage: Rescuers of Jews During the Holocaust*. Miep, Jan, Bep, Kleiman y Kugler eran un conjunto de «morales» —«personas dispuestas a proteger a judíos por ideas o sentimientos de conciencia»— y «judeófilos» —«personas que sentían una cercanía especial con judíos individuales o que se sentían cercanos al pueblo judío en su conjunto».[8] Los salvadores morales tenían valores «propios, no dependientes de la aprobación de los demás... Los espectadores que finalmente se convirtieron en salvadores sabían que, a menos que se pusiesen manos a la obra, moriría gente... La moralidad ideológica se basaba en las creencias éticas y nociones de justicia de los salvadores. Defendían sus creencias».[9] Las sólidas creencias religiosas de Kugler (era luterano) pueden también haber influenciado en su decisión de ayudar. Los salvadores morales eran más proclives a actuar cuando se les pedía y solían ayudar a más de una persona. Miep y Jan Gies escondieron antes a un joven judío que no conocían en su propia casa y Jan estuvo en la Resistencia, un secreto que compartió sólo con Kleiman inicialmente, y más tarde con Miep —nunca se lo dijeron a sus amigos escondidos—. Después de la guerra, los salvadores judeófilos tendieron a continuar sus relaciones con las personas a las que habían ayudado, a menudo de manera muy estrecha. Éste fue el caso de Otto Frank y sus ayudantes, sobre todo con Miep y Jan.

Los salvadores debían tener la sensación de que iban a tener éxito, «necesitaban tener fe en su capacidad para engañar a los nazis... Hubo gran cantidad de desconocidos. Nadie sabía cuánto iba a durar la guerra ni, hasta el final, quién iba a ganar... Albergar a un judío era un acto ilegal. Una oferta de ayuda inmediatamente colocaba a la persona en contra de su familia, sus amigos y vecinos observadores de la ley. Destruía cualquier posibilidad de vida normal. Es más, significaba convertirse en totalmente responsable de la supervivencia de otra persona».[10] Era importante que las familias de los salvadores a quienes se les contaba el secreto apoyasen sus acciones. Miep y Jan formaban una unidad protectora; Bep y su padre otra, y Kleiman y su esposa una tercera. Kugler decidió no contárselo a su mujer.[11] Su recompensa no era financiera: su confianza y valentía procedían de ver cómo su conducta ayudaba a los necesitados, la alta estima en que se les tenía, y de la creencia de que sus acciones eran justificables aunque la ley dijera lo contrario. Los ayudantes de Ana sufrieron una gran presión para que las cosas fuesen lo más fáciles posible para sus amigos del anexo, pero lo hicieron de buena gana. Miep declara: «Nunca sentí el deseo de liberarme de la familia Frank. Era mi destino, mi carga y mi deber... pero cuando yo entraba, ellos estaban todos en fila, junto a la mesa. Nadie decía nada, sino que esperaban a que yo empezase. Era un momento horrible para mí. Sentía la dependencia de aquellas personas, excepto de Ana. Ana estaba delante y preguntaba: "¡Eh, hola, Miep! ¿Qué novedades hay?"»[12] Cuando se le preguntaba si se sintió alguna vez asustada, Miep contestaba: «No especialmente, sobre todo al principio... Cuidar de aquella gente era lo principal. A veces me quedo despierta por la noche y pienso: "Oh, aquellas pobres personas escondidas allí, qué horrible. ¿Cómo me sentiría yo...?" Nosotros, los ayudantes, éramos conscientes de que a veces había momentos difíciles para cada uno de nosotros, pero no hablábamos de ello. Todo tenía que seguir su curso y si hablábamos de ello, empezábamos a sentir cierta presión. Nos hubiéramos pasado el día pensando en las personas escondidas y eso no podía ser. Debíamos parecer lo más relajados posible al resto del mundo, si no, la gente hubiera empezado a sospechar.»[13] Aunque se tenían unos a otros para hacerse compañía, los habitantes del anexo ansiaban las visitas de los ayudantes. Presser explica: «En el solitario judío exilado y fugitivo, el anfitrión era, como el sol, la única fuente de calor y consuelo humanos.»[14] Cuando uno de los ayudantes estaba ausente, se cernía una pequeña nube de tristeza sobre los que se escondían.

A cambio de la ayuda de sus amigos, los habitantes del anexo colaboraban en las tareas de la oficina, que iban desde repasar cuentas hasta deshuesar cerezas para conservas, desde llenar paquetes con salsa hasta escribir facturas. Cuando Bep se ausentó un tiempo para ocuparse de unos parientes enfermos en otoño de 1943, Ana y Margot ayudaron a Miep con parte del trabajo extra que le tocaba. En su diario Ana escribe lo industriosamente que se aplicaban en sus tareas: «Bep nos da a Margot y a mí mucho trabajo de oficina; nos hace sentir a las dos importantes y es de gran ayuda para ella. Cualquiera puede archivar correspondencia y escribir en el libro de ventas, pero nosotras nos lo tomamos con mucho interés.»[15] Esta clase de contrapartidas era bastante corriente entre los salvadores y las personas que tenían a su cargo. «Los judíos eran conscientes de que vivían sólo gracias a la bondad de sus salvadores y la mayoría hacían lo posible por ayudarles... Incluso bajo las condiciones más extremas, los judíos trataban de resultar lo más útiles posibles a sus salvadores.»[16]

Ana reflexionó a menudo acerca de las relaciones entre los dos grupos de individuos. El 28 de enero de 1944, escribió sobre los salvadores: «Es sorprendente la obra tan noble y generosa que está haciendo esta gente, arriesgando su propia vida para ayudar y salvar a otros. Nuestros ayudantes son un ejemplo muy bueno, han tirado de nosotros hasta ahora y esperamos que acabarán llevándonos a salvo hasta tierra firme... Nunca les hemos oído una palabra de la carga que sin duda debemos de suponer para ellos, nunca se han quejado de los problemas que les causamos. Suben todos los días, hablan de negocios y política con los hombres; con las mujeres, de comida y de las dificultades de los tiempos de guerra; y sobre periódicos y libros con los niños. Siempre tratan de sonreír, traen flores y regalos en los cumpleaños y las fiestas, están siempre dispuestos a ayudar y hacen todo lo que pueden. Hay algo que nunca tenemos que olvidar: aunque otros puedan mostrar su heroísmo en la guerra o contra los alemanes, nuestros ayudantes demuestran su heroísmo con su alegría y su afecto.»[17] Los ayudantes de Otto también se aseguraron de que tuviera un modo de vivir cuando terminase la guerra. El negocio arrojó incluso un balance favorable durante el período comprendido entre 1942 y 1945.

Al esconderse, la seguridad era obviamente una de las mayores preocupaciones. La idea de ocultar la entrada al anexo se les ocurrió a Kugler y a Johan Voskuijl a mediados del verano de 1942, cuando las casas estaban siendo registradas regularmente para encontrar bicicletas ocultas. Voskuijl, un hábil carpintero, construyó una librería especial que podía ser movida por aquellos que sabían buscar sus bisagras ocultas. El escalón alto frente a la puerta del anexo fue retirado y la librería, con los estantes llenos de viejos archivos, fue colocada en su lugar, tapando la entrada completamente. Los habitantes del escondrijo tenían cuidado de no arriesgar su seguridad, clavando tiras de tela alrededor de las ventanas y asegurando los tablones de oscurecimiento por las noches. Añadieron pequeños toques para dar a su prisión la sensación de hogar; las fotografías y postales de Ana en las paredes de su habitación están entre las pocas indicaciones que sobrevivieron de la fuerza con que trataron de mantener la normalidad. Varias «normas de la casa» debían respetarse continuamente. Mantenerse «tan callado como un ratón recién nacido»[18] durante las horas de oficina, no retirar las cortinas y usar los servicios sólo durante determinadas horas del día, eran algunas de las reglas obligatorias. El asunto más sencillo requería precauciones especiales. Por ejemplo, en septiembre de 1942 hubo problemas con el retrete de la oficina y los albañiles que vinieron a cambiar las tuberías preguntaron si podían revisar las tuberías del anexo. Kleiman mintió y dijo que había perdido la llave. Los albañiles aseguraron que volverían al día siguiente. Afortunadamente el problema se resolvió solo, pero poco después Lewinsohn, el químico, empezó a trabajar en la cocina que estaba justo encima del anexo. Durante un día entero los refugiados no pudieron moverse lo más mínimo. Kugler mantuvo una furtiva vigilancia sobre Lewinsohn. En su diario Ana se refiere al fontanero, a Lewinsohn y a la asistenta como a los «tres peligros negros».[19]

«No hay, de hecho, ningún judío superviviente que se hubiese escondido y se librase por muy poco...»[20] Los refugiados del anexo parecen haber tenido más motivos que otros para preocuparse por ser descubiertos. Varios robos tuvieron lugar en las oficinas durante la guerra y en uno de ellos, el 8 de abril de 1944, los ladrones zarandearon la librería mientras los que se escondían escuchaban horrorizados. Ana escribe acerca del terrorífico incidente en su diario, después de que el peligro hubiera pasado. También menciona que, en primavera de 1943, se enteraron de que el dueño del edificio había vendido el inmueble a un tal F.J. Piron, sin informar a Kleiman ni a Kugler. Piron apareció inesperadamente en la oficina y anunció su intención de vender la casa. Kleiman le acompañó por el edificio, utilizando otra vez el truco de la llave perdida. Piron no pareció interesado por el anexo y no hizo preguntas extrañas. Había comprado el edificio el 22 de abril de 1943. Los ayudantes y sus ayudados pensaron en buscar un refugio alternativo, pero tras muchas deliberaciones, decidieron que la mejor opción sería quedarse donde estaban y esperar que no pasase nada malo. La presión que este peligro añadido supuso para ellos fue inmensa, especialmente porque había una persona nueva en el almacén, Willem Gerard van Maaren. Éste había sustituido al padre de Bep, que tenía cáncer. Al principio, la presencia de Van Maaren no resultó molesta, pero a medida que pasaba el tiempo y su comportamiento empezó a ser poco menos que inquisitivo y hasta siniestro, había toda clase de razones para pensar que podía ser una presencia amenazante en potencia.[21]

La mayor preocupación aparte del miedo a ser descubiertos era la comida. Todas las mañanas Miep y Bep daban a las familias sus raciones, que recogían para ellas. El pan se lo compraban a un amigo de Kleiman que dirigía una conocida cadena de panaderías en Amsterdam. Se entregaba una cantidad fija de pan dos veces a la semana en la oficina, aparentemente para el personal. Parte del coste se pagaba a la entrega, pero la suma restante era cargada en una cuenta que se pagaría cuando la guerra terminase. La carne era suministrada por el carnicero amigo de Van Pels, Scholte. Miep le entregaba notas de Van Pels para que supiera lo que hacía falta, ya fuese en cupones o en el mercado negro. Ella visitaba con regularidad la tienda de ultramarinos de Leliegracht que llevaba el señor Van Hoeven, un hombre robusto y afable de treinta y pocos años que estaba relacionado con un grupo de la Resistencia. Él y su esposa escondieron a dos hombres judíos en su apartamento del oeste de Amsterdam, hasta que fueron traicionados en 1944. Él mismo entregaba grandes sacos de patatas en la oficina a la hora de comer, depositándolos en un pequeño armario de la cocina. Peter van Pels los recogía por la noche y se los llevaba al ático, donde había 122 kg de guisantes secos y verduras almacenadas. La leche era responsabilidad de Bep. Metía de contrabando varias botellas al día de la oficina al anexo. Cuando los precios eran bajos, también les llevaba fruta. El gasto de esconderse era enorme. La mayor parte de la comida había que comprarla en el mercado negro. Ana comentaba en su diario: «Se han comprado cartillas ilegalmente. Su precio no hace más que subir; han pasado de veintisiete florines a treinta y tres. ¡Y todo por un papelito impreso!»[22] Jan Gies obtenía esas cartillas y otras por medio de la Fundación de Ayuda Nacional, una organización de la Resistencia en que estaba metido. En su diario Ana a veces protesta por la duración de los «ciclos» de comida que tienen que soportar, semanas en que sólo disponían de un par de cosas. Ana creía que la decadencia de las reservas era atribuible a los Van Pels: «auténticos cerdos avariciosos del piso de arriba»,[23] pero se guardó la observación para sí, consciente de que en el tema de la comida, el señor Van Pels podía «bufar como un gato».[24]

A medida que la guerra se alargaba, Miep cada vez pasaba más horas haciendo cola para comprar comida, para llegar a veces al mostrador y que le dijesen que no había nada. El racionamiento de mantequilla y grasa se interrumpía sin cesar y la comida estaba a menudo podrida. Hubo momentos en que el menú del anexo consistía en pan seco y sucedáneo de café para desayunar, seguido de lechuga o espinacas con patatas para comer. Surgieron disputas a causa de la escasez de comida y su distribución. Ana se ponía furiosa ante la aparente falta de consideración de los Van Pels y Pfeffer: «En la mesa, cuando Pfeffer se sirve la cuarta parte de la salsa que hay en la salsera mientras el resto de nosotros esperamos, pierdo el apetito y me dan ganas de ponerme de pie de un salto, empujarle de la silla y sacarle de la habitación... El lema de los Van Pels es: "Si nosotros tenemos suficiente, el resto puede tener también un poco, pero para nosotros lo mejor, la mayor cantidad."»[25] En 1944 estaban agotando sus últimas reservas y los hombres que les proporcionaban las cartillas de racionamiento habían sido atrapados por la NSB. Jan proporcionó cinco nuevas cartillas, pero pronto se quedaron sin mantequilla, grasa y margarina. Comían papilla de avena para desayunar en lugar de patatas fritas y col pi-

cada para cenar, para disgusto de Ana. «El olor es una mezcla de
retrete, ciruelas podridas, conservantes y diez huevos podridos.
¡Uf! ¡Sólo pensar en comer esa porquería me hace vomitar!»[26] Tras
la detención de su tendero, la situación fue deteriorándose cada
vez más. Aunque los habitantes del anexo lo sintieron muchísimo
por él, pensaron en las posibles consecuencias para ellos: ¿podría
ceder ante la tortura y delatarles? Apenas tenían comida. Miep visitó a otro tendero de Rozengracht, pero le llevó tiempo y paciencia
convencer al anciano dueño de que le diera raciones extra. Los
ocho escondidos tenían que saltarse el desayuno y comer papilla
de avena para comer y pan, patatas, espinacas y lechuga para cenar. Lo cierto es que era una dieta miserable, por no decir otra
cosa, pero Ana resumió su actitud: «Vamos a pasar hambre, pero
nada es peor que ser descubierto.»[27]

Todos tenían miedo de que sus raciones se acabasen. El jabón,
por ejemplo, era difícil de obtener. Inicialmente habían hecho
provisiones de jabón, pero más tarde tuvieron que compartir lo
poco que pudieran ahorrar Miep o Bep. El contraste de sus circunstancias antes de la guerra y durante ella era dolorosamente
obvio. Ana escribe en 1942: «En casa nunca hubiera creído que algún día tendría que bañarme en un retrete.»[28] Cada persona se ba-
ñaba en un lugar diferente, usando un balde de cinc que podía ponerse en cualquier parte. Ana y Margot usaban a veces la oficina
principal cuando estaba cerrada. «Las cortinas están bajadas los
sábados por la tarde, así que nos lavamos en la semipenumbra,
mientras que la que espera su turno mira por una rendija de la ventana, entre las cortinas, y contempla a la gente divertida que pasa
por fuera.»[29] La electricidad debía ser utilizada con moderación y
cuando gastaron su cuota, las velas sustituyeron la luz eléctrica y
se apilaron abrigos sobre las camas para ahuyentar el frío. En la oscuridad se divertían y se mantenían calientes bailando y haciendo
ejercicio. Sus ayudantes hacían lo que podían para proporcionarles
más raciones, mantas y ropa de abrigo.

En sus memorias Otto escribe: «Nadie imaginaba lo que significaba para nosotros que mis cuatro empleados demostrasen ser
ayudantes tan sacrificados y auténticos amigos en un momento en
que lo malo prevalecía. Demostraron un verdadero ejemplo de co-

operación humana, arriesgándose de verdad al hacerse cargo de nosotros. A medida que pasaba el tiempo, esto era cada vez más difícil. Sus visitas diarias nos infundían enormes ánimos. Ana, en particular, esperaba impaciente cada día a que alguien viniera y nos explicara qué estaba pasando fuera. No se perdía nada. Era muy amiga de Bep, la mecanógrafa más joven, y las dos solían cuchichear en un rincón.»[30] Describe las tareas individuales de los ayudantes en su carta a Yad Vashem:

> Miep y Bep tenían enormes dificultades para proporcionarnos comida. Alimentar a ocho personas mientras que la mayor parte de la comida estaba racionada no era tarea fácil... El señor Gies y el señor Kleiman compraron cartillas de racionamiento en el mercado negro para nosotros, y cuando nos quedamos sin dinero, vendieron parte de nuestras joyas. El señor Kugler también vendió especias sin apuntarlas en los libros, para ayudar a financiar nuestras necesidades. Todas estas actividades eran arriesgadas y debían tener cuidado de no ser atrapados por colaboradores o agentes provocadores. Aparte de la comida, había muchas otras cosas que necesitamos durante los veinticinco meses que estuvimos escondidos, como artículos de tocador, medicinas, ropa para las niñas que crecían, etc., así como libros y otros materiales para mantenernos ocupados... Su apoyo moral fue muy importante para nosotros. Nos daban una visión tan optimista de la situación como era posible y trataban de ocultarnos las malas noticias. Hubo mucha tensión en sus vidas durante aquellos dos años y el señor Kleiman, que tenía una salud muy delicada, sufrió varios ataques de úlcera debido al nerviosismo. A pesar de todas las precauciones y la devoción de nuestros amigos, fuimos traicionados...[31]

Si el que les traicionó se hubiese mantenido callado, los ocupantes del anexo hubiesen tenido que hacer frente al invierno de hambre que se llevó tantas vidas en Holanda, y uno se pregunta cómo hubieran podido sobrevivir los últimos largos meses antes de la liberación. Su escasa dieta ya había hecho mella en su salud y se temía mucho a las enfermedades, porque los tratamientos normales no estaban a su alcance. En invierno de 1943 Ana sufrió una fiebre alta debido a la gripe y se usaron toda clase de pociones y teorías para curarla, pero ninguna funcionó. Cuando recobró tanto la salud como el humor, escribió que la gran desgracia de haber estado enferma no era el dolor de garganta, los miembros doloridos ni los dolores de cabeza, sino el hecho de que «el señor Pfeffer creía que estaba jugando a los médicos y colocó sobre mi pecho desnudo su cabeza grasienta para auscultarme. Su pelo me hacía unas cosquillas insoportables, pero además yo estaba avergonzada, aunque treinta años atrás hubiera estudiado medicina y tuviera el título de doctor. ¿Por qué tenía que venir ese tipo y apoyarse sobre mi corazón? ¡Al fin y al cabo no es mi amante! Además, no iba a oír si estaba bien o no por dentro; sus oídos necesitaban un buen lavado y estaba volviéndose muy duro de oído».[32]

Pfeffer era invariablemente el blanco del malintencionado sentido del humor de Ana y sus estallidos de furia. Hubiera sido difícil encontrar dos personas más distintas y estar además obligadas a compartir un espacio tan reducido durante tanto tiempo (Margot se fue al cuarto de sus padres), lo cual no hizo más que intensificar su irritación mutua. Pfeffer era un hombre inteligente y serio, que había disfrutado de una activa vida deportiva antes de la ocupación alemana y a quien la inactividad forzosa le resultaba intolerable. Contrariamente a sus compañeros, no tenía a miembros de su familia en el anexo y su única comunicación con su esposa se producía por medio de Miep. Ella se veía con Lotte todas las semanas y pasaba cartas y pequeños obsequios de un lado a otro. Lotte no tenía idea de dónde vivía su marido y no sabía hasta qué punto estaba involucrada Miep. Un día antes de esconderse, Pfeffer escribió a su esposa una carta de despedida. Ésta revela un «Doctor Dussel» muy distinto del personaje descrito por Ana en su diario y en posteriores adaptaciones a la escena y la pantalla:

15/XI 1942, S. Amsterdam. Amada mía, mi único amor:
Te envío un beso esta mañana. Me resulta muy difícil escribirte ahora, comparado con el tiempo en que podíamos hablar de todo todos los días. Mi amor por ti, sin embargo, me impulsa a escribirte esta carta, pues estoy muy orgulloso de ti, querida mía. Hace mucho que admiro tu valiente serenidad, tu grandeza de alma y la nobleza con que has pasado por estos tiempos increíblemente difíciles. Mi orgullo consiste en mi total devoción por ti y en todos mis comportamientos, acciones y sacrificios para mostrar que soy me-

recedor de tu amor. ¿Cuál es el significado de esta pausa, esperemos que corta, en nuestros eternamente irrompibles lazos? No pierdas tu maravilloso coraje y tu fe en Dios. Tu amor fortalecerá nuestros espíritus. Abrazos y besos, con amor,

tu FRITZ.

P. S. De los cigarrillos que guardé para ti durante tanto tiempo estoy fumando sólo uno al día.[33]

La visión que tenemos de Pfeffer a partir del diario de Ana es invariablemente sesgada. Al principio ella es magnánima al compartir su habitación con él, pero la exasperación y el resentimiento se instalan pronto. En el diario protestaba: «Se vuelve más insoportable y egoísta cada día, no he visto ni una sola de las galletas prometidas después de la primera semana. Me pone furiosa...»[34] La tensión entre ellos nunca disminuyó. Había una lucha constante por el uso de la mesita que había en su dormitorio y Otto a menudo intercedía en sus peleas. Entrevistado para el documental de Jon Blair, *Anne Frank Remembered*, Werner Peter Pfeffer contemplaba la tormentosa relación entre Ana y su padre: «Estamos hablando de una niña pequeña bajo circunstancias muy difíciles, que decide en primer lugar que mi padre no era un hombre agradable. Por lo tanto, le llama "Doctor Dussel", que significa "idiota". En lo que se refiere a mi punto de vista, todo resulta borroso en un niño de once años. Para empezar, mi padre era un hombre estricto, pero muy bueno. Lo que otra gente no reconocía era su amor por la vida y la libertad... Le encantaba remar, montar a caballo, subir a las montañas. Así que un hombre que ha sido activo toda su vida acaba allí... Fue como enjaular a un pájaro.»[35]

Encontrarse hacinados en unas pocas habitaciones sin oportunidad de escapar les afectó a todos. Estallaban discusiones por las cosas más insignificantes y las relaciones se volvieron muy tensas. La mayoría de las peleas eran por la comida, pero otras cosas también causaban disensiones. En su diario Ana cuenta cómo la señora Van Pels sacaba sus sábanas del armario de la ropa, para evitar que las usaran los que no eran de su familia. Cuando Edith descubrió asombrada lo que había hecho la señora Van Pels, se apresuró a sacar también las suyas. La misma mañana los Frank fueron testigos de la primera batalla entre los Van Pels, que tenían un carácter fuerte y cuyas peleas eran normalmente acerca del dinero. El señor Van Pels opinaba que la única solución a su empobrecimiento era vender sus ropas. La señora Van Pels detestaba la idea de separarse de su abrigo de conejo que, como insistía su marido, les proporcionaría más dinero en el mercado negro que el resto de su ropa. Al final capituló de mala gana y Kleiman le dio el abrigo a un amigo para que lo vendiera. Cuando recibieron el dinero, hubo más peleas. La señora Van Pels quería ahorrar el dinero para comprarse ropa nueva después de la guerra. A su marido le costó una semana entera de gritos y amenazas que cambiara de opinión.

Los más mínimos asuntos se utilizaban para dar rienda suelta a los sentimientos; por ejemplo, si debían comer verduras enlatadas. Los Frank solían ganar en las discusiones. Edith podía ser tan gritona como su hija pequeña, sobre todo en lo que se refería a las niñas. Cuando Van Pels hizo enojar a Margot por su escaso apetito, diciendo: «Supongo que lo haces para mantenerte delgada», Edith le miró fijamente y dijo en voz muy alta: «¡No puedo soportar por más tiempo su charla estúpida!» Van Pels, siempre cobarde cuando tenía que enfrentarse a la ira de Edith, se quedó sin habla, mientras su mujer se ruborizaba del apuro.[36] La señora Van Pels y Ana tuvieron varias peleas y el desprecio de Ana hacia la mujer es evidente en su diario, pero Otto recordaba que «cuando más tarde hablé con la hermana de la señora Van Pels, cuando ella leyó el diario, me dijo que Ana había descrito a su hermana exactamente tal como era».[37] La naturaleza coqueta de la señora Van Pels enfurecía a Ana, especialmente cuando Otto era el objeto de sus atenciones. Él la ignoraba pero Ana, con su manera de ser desenvuelta, le dijo: «Mamá no se comporta así con el señor Van Pels.»[38]

A veces el ánimo de Ana fallaba y tomaba píldoras de valeriana todos los días para combatir la depresión. Su madre también se desanimaba, confiando privadamente su pesimismo a Miep, que explica: «Sufría bajo un gran peso de desesperación... Se sentía profundamente avergonzada por el hecho de creer que nunca llegaría el fin... Se quejaba de que la señora Van Pels se impacientaba con sus hijas, sobre todo con Ana... Estas críticas hacia Ana y Margot molestaban mucho a la señora Frank. Con voz triste expresaba los pensamientos temerosos que secretamente albergaba. "Miep, no veo que llegue el fin." Una vez dijo: "Miep, recuerda esto: Alemania no saldrá de la guerra del mismo modo en que entró." Yo escuchaba comprensivamente todo lo que la señora Frank quería contarme... Pero tenía que dejarla sentada en aquella habitación, con una mirada de tristeza y depresión...»[39]

El episodio más oscuro llegó a finales de 1943. Miep nos cuenta: «Yo sospechaba que un año y medio de obligada inmovilidad y aislamiento estaban teniendo su efecto sobre los nervios de todos. Veía a Margot y a Peter sumiéndose más y más en la lejanía. Cuando entraba, sentía las chispas de los conflictos revoloteando en el aire y todos ponían cara de bienvenida. Ana estaba cada vez con más frecuencia sola, escribiendo en su diario, arriba en el ático, solitaria y sombría.»[40] Ana era muy sensible al estado de ánimo que la rodeaba, advirtiendo cuánto sufría incluso su normalmente plácido padre. «Papá anda con los labios fuertemente cerrados; cuando alguien le habla, levanta la mirada, asustado, como si temiera tener que arreglar otro asunto complicado.»[41] Otto era sin duda el árbitro del grupo escondido, y era consciente de su papel. «Habíamos pensado que la vida comunal, escondiéndonos con la familia de mi socio, haría la vida menos monótona. No habíamos previsto cuántas dificultades surgirían a causa de las diferentes personalidades y puntos de vista... Había diferencias de opinión entre las diversas personas de nuestra pequeña comunidad. Mi principal labor consistía en asegurar que la vida comunitaria fuese tan feliz como fuera posible y cuando yo cedía, Ana me lo reprochaba.»[42]

A pesar de las discordias, el diario de Ana es testigo de los momentos humorísticos que se produjeron en los tiempos en que estaban escondidos. Una anotación de 1942 reza: «Por la noche reíamos como locos en la mesa, porque puse el cuello de piel de la señora Drehrer[43] alrededor de la cabeza de papá, lo que le daba tan buen aspecto que podíamos haber muerto de risa. El señor Van Pels también se lo probó e incluso tenía peor aspecto, sobre todo cuando se puso las gafas de Margot en la nariz. Parecía una mujercilla alemana y nadie hubiera podido reconocerle.»[44] El amor de Ana hacia el teatro fue inesperadamente compartido por Peter van

Pels. «Aparecía con uno de los estrechos vestidos de la señora Van Pels y yo con su traje, todo adornado con un sombrero y una capa. Los mayores se partían de risa y nosotros nos divertíamos tanto como ellos.»[45] El padre de Peter escribió el cómico «Prospecto y Guía del Anexo Secreto», describiendo el escondrijo como una «Institución especial como residencia temporal de judíos y semejantes.»[46] Ana copió las bromas de Van Pels en su diario, y su descripción de los hechos exhibe una hábil ironía y un buen humor innato. Su descripción de Pfeffer tratando de utilizar sus habilidades odontológicas con la señora Van Pels, a quien le dolían dos dientes, es tan divertido como un *sketch* de comedia: «Pfeffer empezó a rascar en uno de los agujeros pero, no temáis —ni se planteaba—, la paciente agitó brazos y piernas en todas direcciones, hasta que en un momento dado Pfeffer soltó el rascador, que quedó clavado en el diente de la señora Van Pels. ¡Ahí sí que se armó! Ella gritó (todo lo que pudo, con semejante instrumento metido en la boca), intentó sacárselo y sólo consiguió meterlo aún más. El señor Pfeffer observaba la farsa tranquilamente, con las manos en la cintura. El resto del público perdió el control y estalló en carcajadas; cosa que está muy mal, porque estoy segura de que yo hubiera gritado mucho más.»[47]

Cuando Otto recordaba aquella época, trataba de contemplarla desde un punto de vista positivo. «He de decir que en cierto modo fue una época feliz. Pienso en todo lo bueno que nos ocurrió, de modo que la incomodidad, la nostalgia, los conflictos y los miedos desaparecen. Era estupendo vivir en contacto tan estrecho con aquellos a los que querías, hablar con mi mujer de las niñas y de planes futuros, ayudar a las pequeñas en sus estudios, leer los clásicos con ellas y hablar de toda clase de problemas y puntos de vista sobre la vida. También tenía tiempo de leer. Eso no habría sido posible en la vida corriente, ya que estaba todo el día trabajando. Recuerdo muy bien haber dicho una vez: "Cuando los aliados ganen y nosotros sobrevivamos, miraremos hacia atrás con gratitud hacia el tiempo que pasamos aquí juntos..."»[48]

Cualquier motivo de celebración era bienvenido en el anexo. Los cumpleaños, Januká, Navidad y Año Nuevo eran saludados con más placer y alegría que antes. Los ayudantes se unían a ellos y celebraron una fiesta sorpresa en el anexo para señalar la llegada de 1943. Semejantes ocasiones aligeraban la monotonía de los dos años pasados con tanto aislamiento. Los fugitivos trataban de mantenerse tan ocupados como fuese posible. Miep recuerda: «Parecían camafeos vivientes, la cabeza metida en un libro, las manos suspendidas sobre un montón de peladuras de patatas, una mirada soñadora en un rostro cuyas manos tricotaban distraídamente, una mano tiernamente posada sobre la sedosa espalda de *Mouschi*,[49] acariciando y tocando, una pluma rascando una página en blanco, deteniéndose para mordisquear un pensamiento y rascando otra vez. Todos silenciosos. Y cuando aparecía mi cara en el descansillo, todas las miradas se dirigían a mí, con un resplandor de entusiasmo recorriéndolas.»[50] Ana le pidió a Miep y a Jan que se quedasen una noche. Éstos accedieron y todos se alegraron mucho, incluso los adultos. Edith y Margot prepararon la cena, que Miep y Jan disfrutaron mucho más que la noche en el anexo. El viento en los árboles, las vigas que crujían en el ático y el retumbar de las ruedas de los coches en las oscuras calles les impidieron dormir. Miep recuerda: «Durante toda la noche estuve oyendo las campanadas del reloj de la Westertoren. No dormí, no podía cerrar los ojos... El silencio del lugar era sobrecogedor. El miedo de aquellas personas encerradas allí era tan espeso que lo sentía aplastándome. Era como una cuerda de terror muy tensada. Era tan terrible, que no me dejó cerrar los ojos.»[51] Bep experimentaba la misma sensación de horror cuando se quedaba por la noche en el anexo. A la mañana siguiente los ocupantes habituales del escondrijo estaban siempre más alegres que cualquiera de sus invitados. Habían aprendido a vivir con el miedo.

Durante las horas de oficina, las únicas actividades que tenían lugar en el anexo eran aquellas que podían llevarse a cabo en silencio: leer, escribir, estudiar, jugar a juegos de mesa y hablar en voz baja. Los fugitivos eran lectores voraces, gustaban de hablar sobre los libros que Kleiman les dejaba y los que Jan pedía prestados a un amigo librero del Barrio del río. Eran un grupo de intelectuales y les gustaban las biografías de artistas y músicos; escuchaban «La música inmortal de los maestros alemanes» en la radio, citaban y escribían poesía, aprendían español, inglés, francés y latín, y hablaban de política pasada y presente. Para su fastidio, Ana no siempre tenía acceso a los libros que leían Margot y Peter, pero devoraba biografías, cuentos de mitología, novelas románticas y sagas familiares, y apuntaba en su diario lo mucho que le había gustado *La saga de los Forsythe*, de John Galsworthy, porque Jon le recordaba a Peter y Fleur a ella misma. Por las noches su padre proporcionaba un tipo diferente de literatura. Otto dejaba a un lado sus preferencias hacia Dickens y leía en voz alta a su familia a Goethe, Schiller y Körner. Ana escribía en un cuaderno nuevas palabras, frases extranjeras y párrafos que le llamaban la atención. Reunía árboles genealógicos de la familia real y estudiaba taquigrafía con Margot y Peter. Otto daba clases a los tres adolescentes de diversas materias, entre las que estaban los idiomas, el álgebra, la geometría, la geografía y la historia. El ático se convirtió en un lugar apacible en el que estudiar individualmente. Ana también lo usaba como cuarto de escritura y Peter se había montado un pequeño taller junto a una pared. Por la noche, Ana tomaba prestados los prismáticos de su padre y espiaba las casas del otro lado del patio. Más allá del esqueleto negro del castaño, veía la consulta de un dentista, en la que una noche el paciente era una anciana señora que estaba «asustadísima».[52]

Con la resistencia de los jóvenes y su propio espíritu valeroso, Ana contemplaba la vida desde su refugio como una gran aventura y declaraba en el papel que, aunque en el anexo no se sentía «en casa», tampoco lo odiaba, sino que le parecía «más bien como estar de vacaciones en una pensión muy peculiar... El "Anexo Secreto" es un lugar ideal para esconderse; aunque está inclinado hacia un lado y es húmedo, nunca encontrarías un sitio tan cómodo en Amsterdam, quizá ni en toda Holanda».[53] El miedo descendía por la noche, cuando «es el silencio lo que tanto me asusta».[54] Los minutos pasaban lentamente y cada sonido era un acontecimiento, cada coche podía ser un camión de la Gestapo y cada crujido una bota en la escalera. Los aviones pasaban, bombardeando al enemigo en la oscuridad, y Ana estaba segura de que el anexo acabaría siendo alcanzado por una bomba. Otto recordaba: «Ana vino junto a mí a la cama, muerta de miedo, convertida en un manojo de nervios, buscando protección. La tomé en mis brazos, la consolé contándole cuentos. Me alegré de haber conseguido distraerla y cuando acabó la alarma, se durmió.»[55]

Aparte de los terrores nocturnos, ella escribe repetidas veces acerca de su alivio por haber encontrado ese escondrijo: «Qué afortunados somos aquí, tan bien cuidados y atendidos. No tendríamos por qué inquietarnos por toda esa miseria si no fuera por lo preocupados que estamos por las personas que queremos y a las que ya no podemos ayudar;[56] somos más afortunados que millones de personas...»;[57] «Si pienso en cómo vivimos aquí, normalmente llego a la conclusión de que es el paraíso en comparación a cómo deben de estar viviendo otros judíos que no están escondidos.»[58] Al principio su idealismo sólo la abandonaba cuando pensaba en sus amigas y en su gato, *Moortje*, al que echaba muchísimo de menos. Escribió una carta de despedida a su amiga Jacqueline van Maarsen, suplicándole: «espero que sigamos siendo las "mejores" amigas hasta que volvamos a vernos».[59] Sus antiguos enfados y celos estaban olvidados; sólo quería «disculparme y explicar cosas».[60] Sabía que Jacque nunca recibiría la carta, pero eso parece haberla protegido de la idea de que tal vez jamás volvería a ver a sus amigas, e incluso esbozó una respuesta imaginaria a la contestación imaginaria de Jacque. Cuando Jacque supo más tarde de estas cartas, entendió lo difícil que debió de ser para Ana pensar en los meses de encierro con un fin incierto. «Debió de sentirse tan sola, sin amigas. Creo que escribió las cartas porque se sentía sola y porque acordamos escribirnos si una de nosotras tenía que marcharse. Me alegro de que las escribiera y las guardara en el diario. De otro modo nunca lo habría sabido, y para mí es la prueba de que su enfado hacia mí no era más que algo pasajero y que todo volvía a estar bien. Para mí fue un consuelo.»[61]

La fértil imaginación de Ana a menudo le proporcionaba un respiro ante la miseria de su encierro en el anexo. Uno de los muchos sueños que tenía despierta acerca de «después de la guerra» tenía que ver con su primo Buddy. Ana fantaseaba que podían convertirse en pareja de patinaje. «Hacemos buena pareja y todos se vuelven locos por nosotros... Harán una película más adelante en Holanda y Suiza; mis amigas de Holanda y Suiza creen que es estupenda.»[62] Cuando Buddy leyó el diario años más tarde, quedó muy conmovido ante la fantasía de Ana. «Debe de haber sido tan penoso para ella... Nosotros aquí en Suiza, libres... Todos sus sueños estaban enjaulados y nosotros, los chicos, sus primos, podíamos hacer todo aquello con lo que ella soñaba. Sin duda tiene que haber sido muy difícil para ella.»[63] Cuando se enteró de que Ana incluso había dibujado un traje especial para llevar en la película de patinaje, se sintió «abrumado. Me hizo llorar, sinceramente. Entonces, cuando lo vi, me di cuenta de verdad que no estaba viva. Me habría encantado ir a patinar con ella».[64]

El falso rastro que dejó Otto fue un éxito y casi todo el mundo creyó que se habían marchado a Suiza con la ayuda de un capitán del ejército. Ana se sorprendió al ver «la facilidad con que la gente deja correr su imaginación. Una familia de Merwedeplein nos vio pasar a los cuatro en bicicleta por la mañana muy temprano, y otra señora sabía perfectamente que nos había recogido un coche militar en mitad de la noche».[65] Obviamente los Elias sabían que los Frank no estaban en Suiza, pero no tenían idea de dónde se encontraban hasta que Kleiman empezó a escribir a Erich y a darle sutiles pistas. Buddy recuerda: «No supimos más. Bueno, no es exactamente así, porque mi padre se escribía con Kleiman por asuntos del negocio. Éste escribió algo referido a los Frank, y así supimos que estaban a salvo.»[66] Incluso en la neutral Suiza los Elias tuvieron sus propias desgracias. «Teníamos miedo. Mi madre era valiente, muy valiente. Mi padre, al ser judío, fue expulsado de la compañía alemana para la que trabajaba durante la guerra y no teníamos dinero. Estábamos perdidos.»[67] A Leni le entró el pánico en una ocasión y huyó con su hijo pequeño a otra parte del país. Sin embargo, cuando volvió a casa, parecía haber encontrado nuevas fuerzas. Buddy afirma: «Mi madre nunca había tenido que trabajar en su vida, pero empezó a vender zapatos viejos y ropa usada que conseguía de los refugiados que entraban en Suiza y seguían su camino. Esto fue al principio de la guerra. Luego les compró muebles. De vez en cuando conseguía una silla, más tarde una mesa y poco a poco eso acabó convirtiéndose en la más hermosa tienda de antigüedades. Ella nos sacó adelante.»[68]

En la ocupada Amsterdam pensar en sus primos, que seguían viviendo una vida relativamente normal, sumía a Ana en la depre sión. Sabía que la hija de Kleiman era libre de ir y venir a sus anchas, mientras que ella y los demás ocupantes del anexo estaban «atrapados aquí como si fuéramos proscritos... Cuando alguien viene de fuera, con el viento en la ropa y el aire frío en la cara, podría hundir mi cabeza entre las mantas para dejar de pensar: ¿cuándo se nos concederá el privilegio de oler aire fresco? Créeme, si has estado encerrada durante un año y medio, hay días que ya no aguantas... Ir en bicicleta, bailar, silbar, contemplar el mundo, sentirse joven, saber que soy libre; eso es lo que deseo».[69] Del mismo modo que hay muchas anotaciones en el diario de Ana que expresan su agradecimiento por haber evitado su captura, también hay otras que reflejan su pesimismo y desesperación: «Sencillamente no puedo basar mis esperanzas en unos cimientos que consisten en confusión, miseria y muerte. Veo que el mundo está convirtiéndose gradualmente en algo salvaje, oigo el trueno que se acerca, que nos destruirá a todos, siento el sufrimiento de millones de personas [...].[70] Una y otra vez me pregunto si habría sido mejor para todos que no nos escondiéramos, si ahora estuviéramos muertos no tendríamos que sufrir todas estas miserias... Que llegue el final, aunque sea duro.»[71] Cuando el tendero fue detenido, Ana no pudo evitar pensar en que aquélla podía haber sido su suerte: «La policía forzó la puerta, ¡así que pueden hacernos lo mismo! Si un día tenemos que... no, no debo escribir esto, pero no puedo quitármelo de la cabeza. Por el contrario, el miedo por el que ya he pasado parece invadirme de nuevo con todo su horror.»[72]

Trató de sofocar sus aprensiones y su pena leyendo, escribiendo, charlando con alguien o subiendo al ático a contemplar el cielo y la torre de la Westerkerk. Observar el castaño «en cuyas ramas brillan gotitas de agua, las gaviotas y otros pájaros que parecen de plata al sol»[73] le daba paz, porque creía que «la naturaleza sosiega todo miedo».[74] Muy a menudo, cuando el último empleado o visitante se había marchado, Ana se deslizaba a la oficina, deseosa de ver lo que estaba ocurriendo más allá de los confines de su encierro. Bep se encontraba allí en una ocasión, recuperando trabajo tras una noche sin sueño en el anexo. En *The Footsteps of Anne Frank* [*Los pasos de Ana Frank*], Ernst Schnabel reconstruye la escena: «De pronto la puerta se abrió y la cara de Ana apareció en la abertura. Susurró: "¿Se ha ido todo el mundo?" Ana estaba en forma, como lo había estado desde la mañana. Había dormido perfectamente, estaba muy acostumbrada a los ruidos de la noche. "¿Se han marchado, Bep?" "Sí, hace mucho rato," dijo Bep. Ana cruzó de puntillas la gran oficina, inclinándose para que nadie pudiese verla desde la calle. Se colocó detrás de la cortina y miró por una pequeña abertura para ver algo del mundo. Era la perspectiva de un prisionero.»[75]

Los ayudantes no podían mantener a sus amigos en la ignorancia de las deportaciones y persecuciones que estaban teniendo lugar. Kleiman recordaba: «Cuando a mediodía tomábamos nuestro plato de sopa arriba con ellos, intentábamos no decir nada de lo que estaba sucediendo fuera. Pero era imposible ocultarlo. El aire estaba cargado con ello. Penetraba a través de las paredes.»[76] Cuando los Van Pels y Pfeffer llegaron al anexo, trajeron consigo noticias de amigos y vecinos. Ana se refiere a estas personas y su posible suerte un sorprendente número de veces en su diario: «Bep nos contó que Betty Bloemendal, de mi clase, también ha sido enviada a Polonia; ¡qué horrible!, ¿no? Y nosotros que estamos tan bien aquí»;[77] «Rosel y Wronker han sido enviados a Polonia»;[78] «Miep nos habló ayer de un hombre que escapó de Westerbork y que las cosas son allí terribles. Si son tan malas, ¿cómo serán en Polonia?»;[79] «La tía R. debe de sentirse realmente mal, tiene una hija y un yerno en Polonia, su hija y su yerno han sido atrapados y L. ha muerto. Sólo queda P.».[80] Cuando escribe sobre su antiguo novio Peter Schiff, añade: «me gustaría que hubiera venido a esconderse con nosotros. Quizá el pobre chico esté ya muerto en Polonia».[81] Escuchaban la radio con regularidad y Otto recordaba lo importante que era para ellos, «así podíamos sentirnos conectados con el mundo exterior. Escuchábamos los programas de Londres».[82] Su emisora favorita, *Radio Oranje*, informaba de que los judíos «estaban siendo asesinados con ametralladoras, granadas de mano, e incluso envenenados con gas».[83] Las emisoras alemanas estaban salpicadas de discursos nazis; el 4 de octubre de 1942 Ana escribió: «Esta mañana puse la radio un rato. ¡¡¡Göring estaba amenazando a los judíos con algo horrible!!!»[84]

Miep recuerda el dilema que se planteaba: cuánta información proporcionar. «Jan, mi marido, decía: "Miep, no tienes que decírselo. Debes pensar que esa gente está encerrada. No pueden salir. Las malas noticias les deprimen más que a nosotros. Limítate a contar sólo una parte." Así lo hacía. Pero Ana no estaba satisfecha. Creía que yo sabía más. Y cuando había contado todo lo que había ido a contar y ya me marchaba, ella me llevaba aparte, fingiendo que quería charlar, y decía: "Miep, qué está pasando..." ¡Me hacía muchas preguntas! Finalmente no podía aguantarme y se lo contaba todo. Así era Ana... Siempre tenía preguntas para todo el mundo. Cuando yo bajaba, Kleiman preguntaba: "¿También a ti te ha acribillado a preguntas?" Y yo la defendía de nuevo. Decía: "Sí, tantas que casi no puedo respirar. Pero menos mal que pregunta. Imagínese a Ana decir que no puede soportarlo más. ¿Cómo nos lo tomaríamos?" "Sí, tienes razón" convenía Kleiman.»[85] Los intentos por mantener a sus amigos al margen de la verdad eran inútiles. Kugler recordaba: «Yo subía todos los días excepto los domingos, que estaba todo cerrado. Hablábamos de las noticias, de lo que pasaba. Ellos también leían los periódicos.»[86] Bep también recuerda que poco se les escapaba: «Lo sabían todo... Ana vio una vez a dos judíos que pasaban por la calle, cuando estaba conmigo en la oficina mirando por el agujerito de la cortina. Y no había judío que pasase por la calle cuya mirada no contase toda la historia.»[87]

Después de la guerra Otto reveló cómo había conseguido mantener el ánimo. «Recuerdo haber leído en cierta ocasión una frase: "Si el fin del mundo fuese inminente, aún hoy plantaría un árbol." Cuando vivíamos en el anexo secreto, teníamos la divisa *face et spera*, que significa "trabaja y espera"... Sólo con cierto tiempo por delante desde el principio y con cada uno dedicado a sus tareas, podíamos confiar en superar aquella situación. Por encima de todo, los niños debían tener libros para leer y aprender. Ninguno de nosotros quería pensar lo larga que iba a ser aquella prisión voluntaria.»[88] En su diario Ana explica cómo superaban el constante flujo de terribles noticias: «... debemos seguir bromeando y metiéndonos unos con otros cuando aquellos horrores se desvanecen un poco en nuestras mentes; no nos sirve de nada ni ayuda a los de fuera seguir estando tan sombríos, y ¿qué objeto tendría convertir nuestro anexo secreto en un "Anexo Secreto de la Tristeza"? ¿Debo seguir pensando en toda esa gente haga lo que haga y si quiero reírme de algo, debo detenerme rápidamente y sentirme avergonzada porque estoy alegre? ¿Tengo que llorar todo el día? No, no puedo hacer eso y, además, con el tiempo esta tristeza desaparecerá.»[89]

Otto dijo más tarde que las persecuciones habían «obligado a los judíos a contemplar de otra manera su identidad judía».[90] De las ocho personas que estaban escondidas Pfeffer era el más religioso. Ana menciona su observancia de los rituales y las oraciones en su diario, y en una carta de después de la guerra, Lotte Pfeffer declara que había sido maestro de lengua hebrea, y que su «religión lo significaba todo para él».[91] Después de la guerra, Otto comentó los diversos grados de religiosidad de Pfeffer, él mismo y su familia. Según Otto, Pfeffer «tenía una educación bastante ortodoxa, mientras que mi esposa era progresista y albergaba profundos sentimientos religiosos»; Margot «seguía más o menos a mi esposa»; él mismo «no había sido educado en un ambiente religioso», pero su matrimonio y las persecuciones nazis le habían hecho reflexionar sobre su religión; mientras que Ana, creía él, era todavía «más inescrutable. Las ceremonias y los hechos religiosos no parecían impresionarla mucho, pero se quedaba junto a mí cuando encendíamos las velas y cantaba con nosotros el *Maoz Tzur*, la conocida canción de Januká. No mostraba ningún sentimiento religioso. Margot mostraba interés, pero Ana no. No tuvo una auténtica religión judía. Ana nunca mostraba interés cuando hacíamos celebraciones judías o cuando Pfeffer decía las oraciones del viernes por la noche. Se limitaba a quedarse allí callada. Creo que las formas religiosas del judaísmo no significaban gran cosa para ella; más bien las enseñanzas éticas».[92] No decía nada de los Van Pels, pero Ana menciona en el diario su aparente ambivalencia. La señora Van Pels diría: «Haré que me bauticen más adelante —pero luego añade—: Siempre quise ir a Jerusalén porque sólo me encuentro en casa entre judíos.»[93] Peter parece haber estado tan confuso como su madre. Ana escribe: «Hablaba de los judíos. Le habría parecido mucho más fácil ser cristiano. Le pregunté si quería ser bautizado, pero tampoco era el caso. No podía sentirse cristiano, dijo, pero ¡quién iba a saber si era judío después de la guerra y cuál sería su nombre! Peter también dijo: "Los judíos han sido siempre el pueblo elegido y siempre lo serán." Yo contesté: "¡Me gustaría que por una vez los escogieran para algo bueno!"»[94]

La observancia religiosa era una costumbre semanal en el anexo, fueran cuales fuesen los diversos sentimientos de los que allí estaban. Cuando aún era posible conseguir velas, éstas se encendían cada viernes en el escondrijo para indicar el *sabbath*, mientras Pfeffer dirigía las oraciones. Todos comían comida judía tradicional y celebraban el calendario religioso, aunque de una manera relativa. Las festividades de Navidad, más que una forma de culto, eran una excusa para llevar un poco de alegría a sus vidas, y cuando Qtto se ofreció a dar a Ana una copia del Nuevo Testamento como regalo de Januká, Margot manifestó su desacuerdo. El interés de Ana por la religión aumentó a medida que iba haciéndose adulta. Retrospectivamente dijo que 1943 fue el año en que «conoció a Dios».[95] Sus referencias a Dios y los judíos se hicieron más frecuentes a lo largo de 1943 y 1944, e incluso en 1942 su sentimiento de culpa por haber escapado al destino de sus correligionarios es profundo: «Me siento mala durmiendo en una cama caliente, mientras mis mejores amigos han sido derribados o han caído en una alcantarilla en algún lado de la fría noche. Me asusta pensar en amigos íntimos que han ido a parar a manos de los brutos más crueles que el mundo ha visto nunca. Y todo porque son judíos.»[96] Es escéptica cuando escucha a un obispo dirigirse a su congregación y les anima a mantener alta la moral, y pregunta: «¿Servirá de algo? No servirá a la gente de nuestra religión.»[97] Su comprensible pero ilógico sentimiento de culpa se manifestaba en pesadillas; veía a Lies vestida con harapos, muriéndose de hambre y pidiendo ayuda. Para Ana, Lies se convirtió en el símbolo de los judíos cuyas vidas pendían de una balanza. Se preguntaba por su destino en el diario: «¿Por qué yo he sido escogida para vivir y ella seguramente va a morir? ¿Cuál era la diferencia entre nosotras? ¿Por qué estamos tan lejos la una de la otra ahora?»[98] Un mes más tarde, Ana no podía desprenderse de la imagen de su amiga y rezaba a Dios para que la protegiera. «Hanneli, veo en ti lo que habría sido mi destino. No dejo de verme en tu lugar... Soy egoísta y cobarde. ¿Por qué siempre sueño y pienso en las cosas más terribles? A veces mi miedo me hace desear gritar.»[99]

Aunque Ana hablaba de cobardía, a medida que maduraba encontraba consuelo y fuerza en su religión. En marzo de 1944 pudo escribir: «Lo que tengo que soportar es mucho, pero soy fuerte... Sé que no estoy a salvo, me dan miedo las celdas de una prisión y los campos de concentración, pero creo que me he vuelto más valiente y que estoy en las manos de Dios.»[100]

El mes siguiente, después del último de una serie de robos en el edificio, las vehementes advertencias de sus ayudantes para que fueran más cuidadosos mientras estaban escondidos provocaron resentimientos entre los fugitivos. Evidentemente enojada ante las advertencias y sus ruegos, Ana escribió en los pasajes más emotivos de su diario:

> Se nos ha recordado que somos judíos escondidos, judíos encadenados, encadenados a un punto, sin ningún derecho, pero con mil deberes... ¿Qué nos ha hecho a nosotros, los judíos, diferentes de las demás personas? ¿Quién ha permitido que tengamos que sufrir tan terriblemente hasta ahora? Es Dios el que nos ha hecho como somos, pero también debería ser Él el que nos elevase de nuevo. Si soportamos todo este sufrimiento y si cuando todo acabe quedan judíos, en lugar de estar condenados, deberíamos ser puestos como ejemplo... Dios nunca ha abandonado a nuestro pueblo; durante todos los tiempos ha habido judíos y siempre han tenido que sufrir, pero eso también les ha hecho fuertes, ¡los débiles caen y los fuertes permanecerán y nunca caerán!»[101]

El diario no es sólo un recuento secuencial de hechos y un desahogo para la frustración de Ana ante la guerra y su situación; gran parte de su fuerza actual yace en la habilidad de la escritora para combinar todo esto con un monólogo interior de su transición de la niñez a la edad adulta. Este progreso está tan finamente tejido, junto con los otros aspectos de la existencia de Ana, que parece no tener costuras, pero es el despliegue de su carácter, y el modo en que se enfrenta a las habituales pruebas y tribulaciones de una adolescente en medio de tan catastróficas circunstancias, lo que ha asegurado para siempre la vigencia del diario. Ana tenía trece años cuando se escondió, y casi de inmediato la vemos intentando, como hacen todos los adolescentes, establecer su independencia de los padres. Esto solía ser causa de encendidas discusiones, sobre todo entre Ana y su madre. La segunda esposa de Otto, Fritzi, explica: «Otto a menudo me contaba lo difícil que era para una niña vital como Ana, que había estado rodeada de tantas amigas de su edad, vivir escondida, mantenerse en silencio durante horas y horas. Por lo tanto, había fricciones entre Ana y su madre y las demás personas del ático, lo que no era sólo culpa de ellas, sino también de Ana.»[102] Unos días después de instalarse en el anexo y de que sus vidas cambiasen para siempre, Ana escribió de su familia: «No encajo con ellos y eso es algo que siento con fuerza, sobre todo últimamente. Se ponen tan sensibleros unos con otros que yo prefiero estar sola.»[103] Aunque paulatinamente Ana empezó a entender un poco mejor a su madre, su comprensión no la hizo más tolerante. «No puedo querer a mamá de una manera dependiente, infantil.»[104] Una cosa cambió, sin embargo: Ana se descubrió a sí misma dispuesta a defender a su madre de su hostilidad en lugar de enfrentarla a ella, como había hecho en el pasado.

A Otto le hacía profundamente desdichado la falta de armonía entre su mujer y su hija. «Me preocupaba que no hubiese un buen entendimiento entre mi esposa y Ana, y creo que mi esposa era la que más sufría por esta situación. En realidad era una madre excelente, que hacía lo que fuese por sus hijos. A menudo se quejaba de que Ana estaba en contra de todo lo que ella hacía, pero suponía un consuelo para ella saber que Ana confiaba en mí. No me resultaba fácil mediar entre Ana y su madre. Por un lado, no quería herir a mi esposa, pero solía ser difícil indicar a Ana la dirección correcta cuando se ponía impertinente con su madre. Normalmente yo esperaba después de cada una de esas escenas, luego me llevaba a Ana aparte y le hablaba como si fuera adulta. Le explicaba que, en la situación en que estábamos, cada uno de nosotros debía controlarse, aunque hubiera motivos de queja. Eso solía servir por un tiempo.»[105]

Ana estaba convencida de que ni Margot ni Peter, que tenían ambos tres años más que ella, sentían y pensaban lo mismo que ella acerca de nada. Al principio les condenó tachándolos de «serios y callados».[106] Peter era «un joven blando, tímido y desgarbado»;[107] Margot «una miserable que me saca de quicio día y noche... No dejo de decirle que es una niña modelo, cosa que no soporta y quizá explote, que ya es hora».[108] Ana veía las cosas con ojos intransigentes de niña y conciencia de adulto, lo cual formaba un conjunto incómodo. Su franqueza irritaba a los Van Pels y a Pfeffer. Ellos dijeron a los Frank que Ana estaba muy mal educada, lo que provocó la cólera de Edith, que a pesar de ser frecuentemente el blanco de las burlas de Ana, la defendería hasta el final. En una ocasión Van Pels preguntó a Kleiman si podría conseguirle unos cigarrillos y Ana, que estaba sentada cerca, le advirtió: «Esta gente ya está haciendo mucho por nosotros. Olvídese de fumar, señor Van Pels. Si no, el señor Kleiman tendrá que recorrer media ciudad por su culpa.»[109] Van Pels abandonó la habitación visiblemente abochornado e irritado. A menudo Ana se desesperaba: «Si hablo, todo el mundo cree que estoy dando el espectáculo. Cuando estoy callada, creen que soy ridícula; maleducada si contesto; astuta si se me ocurre una buena idea; perezosa si estoy cansada; egoísta si como un bocado más del que debo; estúpida, cobarde, mañosa, etc. Todo el día no hago más que oír que soy una niña insufrible y aunque me ría de ello y finjo que no me doy cuenta, me importa. Me gustaría pedirle a Dios que me diese una forma de ser diferente para no hartar a todo el mundo. Pero no es posible.»[110]

Estar escondida no disminuyó la importancia que Ana le daba al cuidado y la apariencia personales. Empezó a teñirse con agua oxigenada el suave vello que le salía en el labio superior. Se rizaba el cabello igual que Margot y se hizo un peinador con una tela estampada con rosas, que se ataba bajo la barbilla para recoger los pelos que caían cuando se cepillaba los rizos. Su sueño de ir a ver a sus primos a Suiza la impulsó a elaborar una larga y costosa lista de todos los cosméticos y la ropa que tendría que comprar si su meta llegaba alguna vez a realizarse. Observaba su rostro en el espejo y le preguntaba a Margot si creía que era atractiva. Margot le contestaba que tenía «ojos bonitos».[111] Los ayudantes comprendían la necesidad y el deseo de Ana por agradar. Kleiman decía:

Naturalmente tratábamos de no olvidar lo difícil que aquello era para la niña. Estaba ansiosa por salir al mundo exterior, por vivir con otros niños; cuando mi mujer iba, Ana la saludaba con una curiosidad casi impertinente. Le preguntaba por Corrie, nuestra hija. Quería saber lo que estaba haciendo, qué novios tenía, lo que pasaba en el club de hockey,[112] si Corrie se había enamorado. Y mientras preguntaba estaba allí, delgada, con sus ropas desteñidas, la cara blanca como la nieve, pues hacía mucho que no salía al aire libre. Mi mujer siempre le traía algo, un par de sandalias o una prenda de ropa; pero los cupones eran muy escasos y no teníamos dinero para comprar en el mercado negro. Habría estado bien poder llevarle una carta de Corrie de vez en cuando, pero nunca permitimos a nuestra hija saber que los Frank no estaban en el extranjero, como todo el mundo creía, sino que aún estaban en Amsterdam. No queríamos abrumarla con un secreto tan terrible.[113]

Todo el mundo quería mimar a Ana para compensarla por la vida que debería estar viviendo. Kugler le traía la revista *Cinema en Theater* todas las semanas, entre otros regalitos. «Eran probablemente las únicas publicaciones de Holanda que no tenían propaganda nazi —recordaba—. Cuando comprábamos revistas, nos asegurábamos de que los vendedores eran buenos, que podíamos fiarnos de ellos.»[114] A veces Ana le pedía un periódico y aunque sus padres los habían prohibido, él le pasaba uno para que lo leyera. «No tienen idea de la inmensa expresividad que podía haber en los ojos de Ana —escribió después de la guerra—. A veces parecía que quería comprobar si la habían entendido bien. Pero de repente, podía ser otra vez muy infantil...»[115] Ana aceptó trasladarse al anexo a su manera de ser bastante adaptable, pero en ocasiones la inactividad forzosa le resultaba particularmente dura. Su padre cree que ella sufrió más que los demás: «Desde el principio sabíamos que la reclusión iba a ser mucho más difícil para la vivaracha Ana que para nosotros. Sabíamos que echaría de menos a sus muchas amigas y la escuela. Margot, que era más madura, se adaptaba a nuestra situación.»[116]

La capacidad de Ana para expresar con palabras los aspectos más complicados de su desarrollo quizá revela su talento literario con mayor claridad que cualquier otra cosa. Era muy curiosa acerca de sí misma, y en el diario se refería cándidamente a los cambios que estaban teniendo lugar tanto en su mente como en su cuerpo: «Últimamente creo que me siento avergonzada delante de Margot, mamá y papá... Lo que me está pasando es maravilloso y no sólo puede verse en mi cuerpo, sino que está teniendo lugar dentro de mí... Después de venir aquí, cuando tenía apenas trece años, pronto empecé a pensar en mí misma y a darme cuenta de que era una persona. A veces, cuando estoy en la cama por la noche, tengo el terrible deseo de sentir mis pechos y escuchar el silencioso y rítmico latido de mi corazón.»[117] Le gustaba tener el período a pesar de la incomodidad, sintiendo que albergaba «un dulce secreto»[118] en su interior. El proceso de autodescubrimiento se aceleró por su confinamiento y por no poder estar con sus contemporáneos de ambos sexos, con los que podían haber hablado de esas cosas. En su desesperación por compartir sus pensamientos, se volvió hacia Peter van Pels.

Al principio le había parecido tonto y blando. Ahora se convirtió en «querido y bueno»,[119] una combinación en la imaginación de Ana de él mismo y de su primer amor, Peter Schiff. Tomó la decisión de continuar con su amistad en términos tan sutiles, que al principio no se dio cuenta de que estaba enamorándose de él. Una conversación que tuvieron acerca de la sexualidad de *Mouschi* le hizo darse cuenta de que eran «jóvenes que podían hablar con mucha naturalidad de esas cosas sin reírse de ellas».[120] Ana no tenía a nadie más con quien hablar de sexo; en aquella época muy pocos padres estaban dispuestos a hablar con sus hijos de asuntos sexuales. Cuando abordó el tema con su padre, él le dijo que «no podría entender todavía el deseo».[121] Eso no sirvió de nada a Ana, que escribió que «siempre supe que lo entendía y ahora lo entiendo del todo».[122] Trató de encontrar palabras para describir las nuevas emociones que sentía: «El sol brilla, el cielo es muy azul, hay una agradable brisa y yo tengo ansias —tantas ansias— de todo... Creo que es la primavera dentro de mí, siento que la primavera está despertando, lo siento en mi alma y en mi cuerpo... Me siento completamente confundida, no sé qué leer, qué escribir, qué hacer, sólo sé lo que ansío.»[123] Al día siguiente, sus deseos fueron aplacados por la alegre sospecha de que Peter había empezado a fijarse en ella, lo que le hizo tener «un sentimiento encantador en mi interior».[124] Pronto el joven confió en ella, que era precisamente lo que Ana deseaba. Cuando la alababa, ella sentía «un tierno brillo».[125] Se preguntaba si Margot estaría enamorada de Peter, pero su hermana le dijo que no y que nunca lo había estado. Ana se sintió libre para perseguirlo y pasaron juntos muchas horas en el ático, sentados junto a la ventana y mirando la Westerkerk o el patio, contemplando cómo el invierno se convertía en primavera en el castaño.

En 1944 Ana escribió un largo y perspicaz pasaje en el diario acerca de lo mucho que había cambiado desde su cumpleaños en 1942. Ahora tenía la sensación de que era una joven mujer que quería vivir una vida diferente de las demás mujeres que conocía, deseaba algo más que un marido e hijos (aunque también quería eso): «Aunque sólo tengo catorce años, sé muy bien lo que quiero, sé quién tiene razón y quién no, tengo mis propias opiniones, ideas y principios y aunque parezca una locura de adolescente, me siento más una persona que una niña, me siento muy independiente de todo el mundo...»[126] Unos días más tarde, recibió su primer beso «auténtico» de Peter y escribió una exuberante carta a Kitty acerca de ello, aunque pronto se sintió invadida por un sentimiento de culpa. Se preguntaba si estaría bien. A Margot nunca se le hubiera ocurrido hacer una cosa así y sus amigas de la escuela se habrían escandalizado. Decidió hablarle a su padre de la relación. Él le aconsejó que tuviera cuidado, que «el hombre siempre se muestra activo en estas cosas; la mujer puede mantenerlo a raya».[127] Otto habló en privado con Peter, sugiriéndole que él y Ana pasasen menos tiempo juntos. A Ana le asustaba pensar que Peter se tomase aquello como una traición a su confianza y siguió como antes, disgustando y preocupando a su padre. Escribió a Otto una larga carta en que intentaba explicar su comportamiento, asegurando que nadie la había ayudado y que se había librado de la infelicidad gracias a sus propios esfuerzos. Le pidió que tuviera fe en ella, porque «soy independiente, tanto de cuerpo como de alma».[128] Después de leer la carta, Otto se sentó con ella y tuvieron una emotiva conversación que ambos acabaron entre lágrimas. Ana se sentía muy avergonzada de haber preocupado a su padre y prometió portarse mejor en el futuro. «Tomaré a papá como ejemplo y mejoraré.»[129] Gradual e inevitablemente sus intensos sentimientos hacia Peter empezaron a desvanecerse: él no podía satisfacer su necesidad de hablar de temas «más profundos» y no era su igual intelectualmente. Cuando Otto recordó el episodio, le pareció que había sido un consuelo para su hija: «Al principio hubo muy poco contacto entre él y mis hijas. Era perezoso y no estaba interesado por las cosas. Pero dado el afán de mis hijas por aprender, no quiso quedarse atrás. Surgió una especie de camaradería entre ellos y más tarde, cuando Ana maduró, descubrieron sus mutuos sentimientos. Eso trajo consigo algunos problemas, pero como yo confiaba tanto en Ana como en Peter, pude hablar abiertamente con los dos. Comprendí que aquella amistad haría que las cosas resultasen más fáciles para Ana en el anexo.»[130]

Ana sabía que la razón de su rápida madurez se debía, en parte, a sus excepcionales circunstancias. «¿Sólo tengo catorce años? ¿Sigo siendo aún una tonta niña de escuela? ¿Tengo tan poca experiencia acerca de todo? No, tengo más experiencia que la mayoría; he pasado por cosas que poca gente de mi edad ha tenido que soportar.»[131] Despreciaba la autocompasión, declarando a Kitty que «a menudo he estado abatida, pero nunca desesperada; contemplo nuestro escondrijo como una peligrosa aventura, romántica e interesante al mismo tiempo. En mi diario hablo de las privaciones como de algo divertido... Mis principios en la vida han estado llenos de interés y ésa es una buena razón para reír de la parte cómica en los momentos más peligrosos. Soy joven y poseo muchas cualidades ocultas; soy joven y fuerte, y estoy viviendo una gran aventura... Cada día siento que crezco interiormente, que la liberación se acerca y la naturaleza es maravillosa, que la gente es muy buena conmigo y esta ventura es interesante y divertida. ¿Por qué, pues, habría de estar descorazonada?».[132] A veces tiene que luchar para dominar ese nivel de optimismo: «Es doblemente difícil para nosotros los jóvenes defender nuestro terreno y mantener nuestras opiniones en un tiempo en que nuestros ideales han sido destruidos, cuando la gente muestra su peor aspecto y no se sabe si creer en la verdad, la justicia y Dios... Es increíble que no haya perdido todos mis ideales, porque parecen absurdos e imposibles de defender. Pero aún así los conservo, porque a pesar de todo sigo creyendo que la gente es buena en el fondo.»[133]

El deseo de Ana de tener a alguien —una entidad identificable— a quien escribir mientras estaba escondida tuvo como resultado que las anotaciones adquiriesen la forma de cartas a diferentes personas. Los *receptores* eran en realidad personajes de la serie de cuatro volúmenes de Cissy van Marxveldt *Joop ter Heul*, que era muy popular entre las jóvenes de Holanda por aquella época. Los libros giraban alrededor de Joop, sus amigas y su club, y las seguían desde la escuela a la maternidad. Ana escribía sucesivamente a cada personaje, pero se detuvo en uno, Kitty Francken, que se convirtió en su corresponsal. Presumiblemente Kitty era su personaje favorito, pero también pudo haber sido porque el nombre era parecido al que le daban a ella, o incluso porque había conocido y admirado a una niña llamada Kitty Egyedi en Merwedeplein. Otto explicó: «Recuerdo que Ana tenía una amiga con ese nombre. Una vez Ana me enseñó un dibujo de su amiga. Estaba muy impresionada y dijo: "¡Mira qué bien dibuja Kitty!" En la actualidad Kitty vive en Utrecht. La visité recientemente, pero no estoy seguro de que sirviese como modelo en el diario.»[134] La propia Kitty Egyedi tampoco cree que el nombre del diario fuese por ella. «Me gustó el hecho de que, de todas nuestras amigas, Ana usase mi nombre. Pero sólo Ana podría decir hasta qué punto estaba pensando en mí cuando lo hizo. Puede que pensase en mí al principio, cuando empezó a escribir a Kitty. No obstante, Kitty se convirtió en alguien tan idealizado y empezó a tener vida propia en su diario, que pronto dejó de importar a quién se refería. La verdad es que el nombre del diario no se refiere a mí.»[135]

Ana solía escribir su diario en la habitación de sus padres, en la suya propia o en el escritorio que había junto a la ventana del ático. Todo el mundo sabía que Ana tenía un diario. Otto recordaba: «A menudo decía: "Papá, estoy escribiendo. Por favor, que nadie me moleste. ¡Quiero escribir mi diario!"»[136] En ocasiones leía el diario en voz alta, aunque nunca dejó a nadie que lo leyera. La segunda esposa de Otto, Fritzi, cuenta: «Ana siempre entretenía a la gente del ático leyéndoles sus cuentos o relatos divertidos de los episodios que tenían lugar en el anexo secreto. Así que naturalmente todo el mundo sabía que Ana estaba escribiendo y que se le daba bien, aunque nadie se imaginaba que estaba tan dotada para ello.»[137] Kugler recuerda que Ana observaba a todo el mundo para poder retratarlos mejor en el diario: «Reparaba en pequeñas cosas que yo hacía cuando subía al anexo... era muy observadora... Entre las páginas del diario encuadernado en cartón hizo un recuento sensible de las tensiones y el desánimo, las pequeñas alegrías y los momentos de terror experimentados por los ocho seres humanos allí encerrados.»[138]

Cuando Ana se portaba mal, el diario se convertía en un buen medio de negociación. Otto amenazaba con confiscarlo, para desesperación de Ana. «¡Oh, horror insuperable! ¡Tendré que esconderlo en el futuro!»[139] Miep recuerda: «Ana seguía siendo muy discreta con sus escritos y siempre ponía sus papeles en la gastada cartera de cuero de su padre... Como los Frank creían en el respeto de la intimidad de todo el mundo, incluyendo la de los niños, y había tan poca intimidad en el anexo para otras cosas, la intimidad de Ana era siempre tomada muy en serio y respetada. Nadie se atrevería a tocar sus papeles ni a leer sus palabras sin su permiso.»[140] A Ana le preocupaba quedarse sin papel. «Quizá le pregunte a Bep si puede ir alguna vez a ver si Perrij sigue vendiendo diarios; si no, tendré que usar mi cuaderno de ejercicios porque mi diario se está acabando, ¡qué lástima! Por suerte, puedo alargarlo un poco pegándole páginas.»[141] Los ayudantes le suministraban libros de cuentas vacíos y materiales. Bep recordaba: «Me pedía una y otra vez que le consiguiese un cuaderno con candado, añadiendo expresamente que lo necesitaba para llevar el diario. Desgraciadamente no pude complacerla. Pero a menudo le daba papel de copia de la oficina, que venía en varios colores, como por ejemplo rojo, amarillo, azul y blanco.»[142]

En el verano de 1943 Ana descubrió una nueva pasión: escribir cuentos. El 7 de agosto, le contó a Kitty: «Hace unas semanas empecé a escribir un cuento, algo que era completamente inventado y que me produjo tal placer, que mis obras están ahora amontonándose. Como prometí hacerte un relato fiel y pormenorizado de todas mis experiencias, te dejaré juzgar si a los niños pequeños les gustarían mis cuentos...»[143] Sigue el cuento «Kitty». Algunos de los relatos de Ana, como «La batalla de las patatas» y «¡Villanos!» son piezas muy directas, que tratan abiertamente de sus experiencias en el anexo. Otros, como «Kitty», «El portero de la familia» y «El sueño de Eva», son historias con una rara cualidad etérea. Ana guardaba un registro de todo lo que no fuera el diario en un cuaderno horizontal de la oficina, llevando un índice y detalles de cuándo habían sido escritos. A veces leía en voz alta este cuaderno a sus compañeros y ayudantes. A menudo escribía acerca de la rutina diaria en el anexo y esos «cuentos» eran sus mejores y más animadas composiciones. El titulado «¡Villanos!» se refería al persistente problema de las pulgas, aunque los villanos del cuento no eran las pulgas, sino los Van Pels, que habían ignorado el consejo que se les había dado de que se deshicieran de ellas, dejando el anexo bajo el acoso de «los invasores». «¡Villanos!» termina así: «Tienen la culpa de haber traído aquí las pulgas. Nos quedamos con el olor, el picor y las molestias. La señora Van Pels no puede soportar el olor por la noche. El señor Van Pels hace como que fumiga, pero vuelve a poner las sillas, las mantas, etc. en su sitio sin fumigarlas. Que los Frank se ahoguen en sus pulgas.»[144]

A principios de 1944 Ana ya estaba considerando la importancia que podría tener su diario después de la guerra: «El mundo seguirá girando sin mí; lo que vaya a pasar pasará, y no sirve de nada resistirse. Confío en la suerte, pero si he de salvarme y librarme de la destrucción, sería terrible que mi diario y mis cuentos se perdieran.»[145] Su escritura, creía, era «lo mejor que tengo... No tengo nada propio más que el diario».[146] Ya sabía lo que iba a hacer después de la guerra: «...quiero ser escritora, e incluso si no llego a serlo, no dejaré de escribir mientras haga otro trabajo. Oh, sí, no quiero haber vivido para nada, como la mayoría de las personas. ¡Quiero seguir viva después de mi muerte! Y por tanto agradezco a Dios que me haya dado este don, esta posibilidad de desarrollarme y escribir, de expresar todo lo que hay en mí».[147] Lo peor de todo sería «llevar la misma clase de vida que mamá, la señora Van Pels y todas las mujeres que hacen su trabajo y luego son olvidadas. Yo debo tener algo más que un marido y niños, ¡algo a lo que pueda consagrarme!»[148] En diversas ocasiones menciona su determinación a «llevar una vida diferente de la de las otras chicas y más tarde, de las esposas corrientes».[149]

El conjunto de las «demás» mujeres fue algo en lo que reflexionó en una anotación fechada el 13 de junio de 1944. Sus meditaciones estaban salpicadas de algo que había leído en el libro de

Paul de Kruif *Stridjers voor het leven* [*La lucha por la vida*]. A Ana le llamó mucho la atención la idea de que las «mujeres, sólo pariendo a un niño, sufren más dolor, más enfermedad y más miseria que cualquier héroe de guerra».[150] Con cierta visión de futuro, escribió que las mujeres sólo estaban empezando a ser ellas mismas y que pronto habría otra lucha por sus derechos. No tuvo en cuenta la teoría de que las mujeres no eran más que portadoras de niños cuya obligación consistía en cuidar de su marido, los niños y el hogar. «Las mujeres son soldados mucho más bravos y valientes, luchan y sufren dolor para que continúe la humanidad, mucho más que cualquier héroe que combata por la libertad con sus bocazas... Creo que la idea de que el deber de una mujer es simplemente tener niños cambiará a lo largo de los siglos futuros, y dará paso al respeto y a la admiración para quien sin quejas ni grandes palabras carga sobre sus hombros esas cargas.»[151] La educación era el medio para salir adelante, escribió Ana, y ella misma condenaba «a todos los hombres y al sistema entero, que se niegan a reconocer el importante y a la larga el hermoso papel que las mujeres desempeñan en la sociedad».[152]

Una retransmisión de *Radio Oranje* se lo dejó todo claro. El 28 de marzo de 1944 Gerrit Bolkestein, el ministro holandés de Educación, Arte y Ciencia, pronunció un discurso que a Ana le pareció dirigido directamente a ella. Bolkestein dijo a sus oyentes: «La historia no puede ser escrita solamente según las decisiones oficiales y los documentos. Si nuestros descendientes tienen que entender totalmente lo que como nación hemos tenido que soportar y sufrir durante estos años, entonces lo que necesitamos realmente son documentos normales: un diario, cartas de un trabajador en Alemania, una colección de sermones dados por un párroco o un sacerdote. Hasta que consigamos reunir grandes cantidades de este material sencillo y cotidiano, no habremos descrito en toda su profundidad y gloria nuestra lucha por la libertad.»[153] Con este fin sugería que, cuando acabase el conflicto, se estableciera un centro que se ocupase de todos los documentos personales de la Segunda Guerra Mundial. De inmediato los demás ocupantes del anexo se volvieron hacia Ana y empezaron a hablar animadamente de su diario. Se había plantado una semilla en la fértil mente de Ana:

«Imagina lo interesante que sería si tuviera que publicar una novela del "anexo secreto". Sólo el título ya sería suficiente para que la gente pensase que era una novela policiaca.»[154]

A principios de abril contempló tranquila pero intensamente la tarea que tenía por delante: «... tengo que trabajar... para convertirme en periodista, ¡porque eso es lo que quiero! Sé que soy capaz de escribir, un par de mis cuentos son buenos, mis descripciones del "anexo secreto" son humorísticas, hay mucho de interesante en mi diario, pero queda por ver si tengo auténtico talento... Soy la mejor y más severa crítica de mi propia obra, yo misma sé lo que está bien y lo que está mal escrito. Quien no escriba no sabe lo maravilloso que es; solía quejarme por el hecho de no saber dibujar, pero ahora me alegro de que al menos sepa escribir. Y si no tengo ningún talento para escribir libros o artículos de prensa, siempre puedo escribir para mí misma... Puedo soportarlo todo si escribo; mis penas desaparecen, mi coraje vuelve. Pero, y ésta es la gran cuestión, ¿seré capaz de escribir algo grande, llegaré algún día a ser periodista o escritora? Espero que sí, oh, lo espero con fuerza, pues soy capaz de recrearlo todo cuando escribo, mis pensamientos, mis ideales y mis fantasías».[155] Unos días más tarde, estaba desanimada: «"Las confidencias de un patito feo" será el título de todas estas tonterías; mi diario no servirá de nada a los señores Bolkestein y Gerbrandy.»[156] El ánimo decaído había desaparecido una semana más tarde, cuando escribió: «Quiero mandar algo a "El príncipe", para ver si publican uno de mis cuentos, bajo seudónimo, claro, pero como todas mis historias son por ahora demasiado largas, no creo que vaya a tener suerte.»[157]

El 11 de mayo, se sintió preparada para empezar a trabajar en *Het Achterhuis (La casa de atrás)*, «... sabes que desde hace mucho tiempo mi mayor deseo ha sido convertirme en periodista algún día y más tarde en una famosa escritora. Que esa inclinación a la grandeza (¡locura!) se llegue a realizar o no queda por ver, pero sin duda la tengo en la cabeza. En cualquier caso quiero publicar un libro titulado *Het Achterhuis* después de la guerra, y si tendré éxito o no, no puedo saberlo pero mi diario me servirá de gran ayuda».[158] Entonces empezó a escribir de verdad. «Después de mucho reflexionar, he empezado mi *Achterhuis*; en mi cabeza es tan bueno como si estuviera acabado, pero no va a ir tan deprisa en realidad, si es que alguna vez lo escribo.»[159] Su nueva versión fue escrita en hojas de papel carbón coloreado. Ana alteró partes del texto original, suprimió algunos detalles, añadió otros y combinó varias anotaciones. Poseía cuatro diarios. El primero está fechado del 12 de junio de 1942 al 5 de diciembre de 1942 (el diario de cuadros original); el segundo, del 5 de diciembre de 1942 al 22 de diciembre de 1943; el tercero cubría el período del 22 de diciembre de 1943 al 17 de abril de 1944, y el último iba del 17 de abril de 1944 al 1 de agosto de 1944, otro cuaderno de ejercicios en cuya primera página había escrito: «La máxima de la propietaria: ¡Lo que necesita el hombre es entusiasmo!»[160] El segundo diario en su estado original nunca se encontró, pero Ana debió de tenerlo con ella para corregirlo. Hizo una lista de nombres cambiados de todos los que mencionaba, por si el diario era publicado, y se llamaba a sí misma «Ana Robin».[161] La última fecha del diario revisado es el 29 de marzo de 1944. Ana cumplió quince años el 12 de junio de 1944. Miep y Bep le regalaron una colección de libros sin usar de la oficina para que escribiese en ellos. Ella le preguntó a Bep si habría posibilidad de mandar alguna de sus historias a una revista bajo un nombre supuesto. Cuando Bep le preguntó si realmente quería ser escritora, ella contestó: «Sí... no... sí. —Y luego decidió con radiante sonrisa—: ¡No, quiero casarme pronto y tener muchos niños!»[162]

Un incidente que tuvo lugar en el verano de 1944 preocupó a Miep y le hizo preguntarse si el diario habría empezado a significar demasiado para Ana. Después de acabar temprano su trabajo en la oficina, subió a hacer una visita sorpresa. Al entrar en el anexo vio a Ana sentada junto a la ventana del cuarto de sus padres, escribiendo en su diario. Cuando Miep se acercó por detrás, Ana se volvió y mostró una expresión muy distinta del rostro sonriente que Miep estaba acostumbrada a ver. «Era una mirada de oscura concentración, como si sufriera un fuerte dolor de cabeza. Esa mirada me traspasó y me quedé sin habla. De pronto la persona que había allí escribiendo en la mesa era otra. No fui capaz de articular palabra. Tenía la mirada fija en los pensativos ojos de Ana.»[163] En aquel momento Edith entró en la habitación y trató de disipar la tensión del ambiente diciendo alegremente: «Sí, tenemos una hija que escribe.» Miep recuerda: «En ese momento Ana se levantó. Cerró el libro en el que estaba escribiendo y, aún con aquella mirada en la cara, dijo con una voz tenebrosa que nunca le había oído: "Sí, y también escribo sobre vosotros."»[164] Por un momento Miep quedó perpleja y luego contestó sarcásticamente: «Eso está muy bien», antes de volver a la oficina, muy preocupada. No podía encontrar explicación al repentino cambio en la actitud de Ana. «Me preocupó el lúgubre humor de Ana. Sabía que el diario estaba convirtiéndose en su vida cada vez más. Era como si hubiese interrumpido un momento muy íntimo en una amistad muy, muy privada... Aquélla no era Ana... sino otra persona.»[165]

El mes siguiente, el 1 de agosto, Ana escribió su última carta a Kitty. La acabó así: «... una voz solloza dentro de mí: "Ahí estás, en eso te has convertido, eres cruel, burlona y molesta, la gente no te quiere y todo porque no escuchas los consejos que te da tu parte buena." Oh, me gustaría escuchar, pero no funciona; si soy reservada y seria, todo el mundo cree que es mi nueva comedia y entonces tengo que convertirlo en una broma, por no hablar de mi propia familia, que piensa que estoy enferma y me hace tomar píldoras para el dolor de cabeza y los nervios, me toca el cuello y la frente para ver si tengo fiebre, me preguntan si estoy estreñida y me critican por estar de mal humor. No lo soporto: si me examinan hasta ese punto, empiezo a volverme arisca, luego desgraciada y finalmente acabo volviendo mi corazón de manera que el lado malo esté por fuera y el bueno por dentro, y sigo buscando una manera de llegar a ser la que me gustaría y podría ser si... no hubiera otras personas viviendo en este mundo. *Tuya, Ana M. Frank*».[166] Bajo la tapa del diario escribió: «*Soit gentil et tiens courage!*»[167]

Tres días más tarde, el 4 de agosto de 1944, la íntima amistad entre escritora y diarios se rompió. Aquel día Kugler entró en el anexo y dijo, desconsolado: «La Gestapo está aquí.»

6

Me dan miedo las celdas de la cárcel y los campos de concentración...

Diario de Ana Frank, 12 de marzo de 1944

Mientras la familia Frank estuvo escondida, la expulsión de la población judía de Amsterdam iba acelerándose.

El 6 de agosto de 1942 («Jueves negro») fueron detenidos, golpeados y enviados a Westerbork dos mil judíos en Amsterdam, para esperar los trenes a Auschwitz. Al día siguiente hubo redadas en diversas partes de Amsterdam y seiscientos judíos fueron conducidos a Westerbork. Dos días más tarde, en otra redada masiva, cientos de judíos fueron detenidos en Amsterdam-Zuid. El 5 de septiembre llegaron 714 judíos a Auschwitz; 651 fueron gaseados. En octubre de 1942 empezaron tres semanas de violentas redadas en las que casi cinco mil judíos fueron capturados. El Hollandse Schouwburg, un teatro en la zona de Plantage de Amsterdam, sustituyó a la Zentralstelle como principal centro de partida hacia los campos. Bajo su ornado techo, los prisioneros yacían amontonados en el suelo durante días, muriendo de sed y hambre. No había aire fresco y sólo brillaba una oscura luz artificial. Presser relata: «Había niños gritando por todas partes, en los pasillos, los corredores, los palcos, los entresuelos, en el foso, en las escaleras, las butacas. Luego estaban los que no podían estar quietos y deambulaban por el edificio. Por encima de todo dominaba la horrible agonía de la incertidumbre.»[1]

A medida que los rumores de lo que estaba ocurriendo en los campos empezaron a extenderse, los judíos de toda Holanda se acercaron a las oficinas del Consejo Judío, rogando en vano que les dieran los codiciados sellos de exención «Bolle», que les permitían quedarse un poco más de tiempo en sus casas. Las listas de los judíos que podían optar a los sellos se hicieron con gran cuidado, pero sólo la mitad de los que aparecían en ellas los recibieron en realidad.

A pesar de la creciente actividad y participación de los grupos de Resistencia judíos y no judíos,[2] el forzado exilio continuó. El 18 de octubre de 1942, 1.594 judíos holandeses de un total de 1.710 entraron en las cámaras de gas de Auschwitz. Los asilos de judíos en Holanda fueron objeto de redadas a principios de noviembre y 450 personas fueron llevadas a Westerbork, desde donde otras 1.610 fueron enviadas al Este unos días más tarde.

1943 empezó con más ataques a los asilos, hospitales y orfanatos judíos. El hospital mental judío Apeldoorn fue vaciado el 21 de enero, junto con muchas casas del centro de la ciudad. Los que llegaron a Auschwitz de Apeldoorn fueron gaseados y las enfermeras que habían insistido en viajar con sus pacientes fueron arrojadas a un pozo y quemadas vivas. El 8 de febrero mil judíos de Westerbork, incluyendo todos los niños del hospital del campo, fueron deportados a Auschwitz. Los niños, la mayoría de los cuales tenía escarlatina o difteria, fueron gaseados con otros quinientos más. El 10 de febrero se ordenó a todos los judíos que aún vivían en las provincias que fuesen a Amsterdam. Aquel mes se promulgó un decreto que aconsejaba a los alemanes que considerasen a los niños desplazados como judíos y los «tratasen según ello». El Joodse Invalide Hospital de Amsterdam fue vaciado el 1 de marzo. El Consejo Judío había advertido al personal de que habría una redada y la mayoría de los médicos habían huido, dejando sólo a un puñado de enfermeras para que tranquilizasen a los pacientes. Cuando se aseguró al Consejo que no iba a haber redada, informaron al hospital y todo el personal volvió. Los nazis aparecieron enseguida y los detuvieron a todos, aparte de algunos empleados que consiguieron esconderse debajo de un escenario provisional. 355 miembros del personal y 416 pacientes fueron gaseados en Auschwitz.

Las redadas y deportaciones continuaron durante todo marzo de 1943. El 22 de marzo Hans Rauter dijo en una reunión de las SS que los judíos habían sido completamente eliminados de Holanda, provincia por provincia. En aquel momento estaban saliendo dos trenes cada semana, llevando aproximadamente doce mil judíos al mes a la muerte. *Vrij Nederland*, un periódico clandestino, describía la vida bajo la amenaza de los transportes:

> Al dar las ocho, cuando cae la noche, la temida prueba de la espera empieza de nuevo para nuestros compañeros judíos. Cada paso es una amenaza, cada coche una condena que se aproxima; cada timbre una sentencia. Los escuadrones están en la calle, los chicos de verde y los perseguidores de judíos holandeses listos para su mortal trabajo nocturno. Cada noche las puertas se abren de par en par y mujeres, niños, ancianos, enfermos y todos los demás son arrancados como peces de un estanque, indefensos, sin apelación posible, esperanza ni ayuda. Noche tras noche, cientos de ellos son arrastrados, siempre con el mismo destino: la muerte. Cuando llega la mañana, los que aún no han partido hacen la ronda de sus amigos y familiares para ver quién queda. Luego vienen los camiones de mudanzas a llevarse los muebles y por la noche, todo vuelve a empezar de nuevo...[3]

El 21 de mayo el comandante de la policía alemana de seguridad, Aus der Funten, anunció que siete mil miembros del Consejo Judío tenían que presentarse para ser deportados. Los presidentes del Consejo elaboraron una lista de nombres, pero no llegaron al número de los que tenían que presentar. Como represalia, se hicieron redadas aleatorias. El 26 de mayo, durante un bombardeo aéreo, se detuvo a tres mil judíos, dejando el barrio judío de Amsterdam vacío, aparte del Consejo y los que estaban escondidos. El 20 de junio las redadas al amanecer en el este y sur de la ciudad atraparon a 5.500 personas. A los únicos judíos que se les permitía ahora permanecer en Amsterdam eran los que tenían un determinado número de serie en su tarjeta de identidad, judíos esterilizados, algunos casados con no judíos y los «Judíos Calmeyer», llamados así porque trataban de demostrar que no eran judíos y habían cursado peticiones a tal efecto a la justicia alemana encabezada por Hans Calmeyer.

El 23 de julio de 1943, Aus der Funten ordenó otra redada en Amsterdam, esta vez dirigida al Consejo Judío. El personal que quedó después de la redada creía que un nuevo sello les garantizaría quedar a salvo de futuras deportaciones. Pero el 29 de septiembre de 1943 unos cinco mil judíos, casi todos aquellos que habían logrado evitar las deportaciones, fueron atrapados en una enorme redada. En aquel momento el Consejo Judío dejó de existir. El debate acerca de la utilidad de sus miembros en el salvamento de vidas sigue siendo controvertido. El Consejo fue acusado de fomentar en los judíos una falsa sensación de seguridad, diciéndoles que fueran «a los transportes» en lugar de esconderse, y mientras miles de familias judías perecían en los campos, los parientes de los presidentes del Consejo se salvaban. Asscher y Cohen fueron detenidos después de la guerra, pero los cargos contra ellos se retiraron. Presser expresa la opinión de que «si la guerra hubiese acabado en 1942, la comunidad judía habría erigido un monumento a Asscher y a Cohen como los valientes y hábiles líderes gracias a los cuales los judíos holandeses fueron salvados».[4] Pero los judíos holandeses no corrieron esta suerte y la Corte de Honor judía decidió que a ambos hombres se les prohibiría pertenecer a organizaciones judías durante el resto de sus vidas. El primer ministro holandés en tiempos de guerra, el profesor P. S. Gerbrandy, dijo: «Creemos que el Consejo Judío se dejó utilizar para la liquidación de los judíos holandeses. Colaboraron con los alemanes...»[5]

Después de la última redada, los únicos judíos que aún quedaban en Amsterdam eran los que tenían falsos documentos de identidad y los que estaban escondidos. En «Tramhalte Beethovenstraat», Grete Weil describe el opresivo silencio de la ciudad, que destrozaba los nervios de cada uno de los individuos escondidos después de que las deportaciones terminasen. «En la Beethovenstraat las noches eran tranquilas. Un coche pasaba de vez en cuando, a veces se oían pasos y ellos escuchaban. Si era el ruido de botas, se encogían, inmóviles. A menudo había alarmas aéreas, el estallido de los cañones antiaéreos, los bombarderos de camino a Alemania rugiendo en lo alto. Luego otra vez las sirenas y el silencio. El silencio ahuyentaba el sueño, sólo el silencio...»[6]

El 4 de agosto de 1944 la pesadilla de estar escondidos acabó para la familia Frank, pero dio paso a otra. En ella estaban no sólo los amigos que habían sido detenidos junto a ellos, sino aquellos que se habían quedado atrás.

Inmediatamente después de la redada, Miep se encontró sola en las oficinas. Los hombres del almacén seguían estando allí, pero ella no los veía ni oía. Kleiman le había dado las llaves del edificio, pero en algún momento de la tarde el jefe del almacén, Van Maaren, se hizo con ellas.[7] Eso no le pareció extraño a Miep. «Uno de los hombres de la SD vio el nombre de Gies en mi tarjeta de identidad y recordó que también estaba relacionado con el negocio... Desde el punto de vista de los alemanes, yo era una cómplice después de todo. Por lo que me dijo Van Maaren, comprendí que él iba a ser considerado *Verwalter* (administrador). Por aquel entonces era corriente designar un administrador a cada negocio judío. Como yo no albergaba sospecha alguna en contra de Van Maaren, preferí que fuese él el administrador a cualquier otro... Van Maaren me dijo que estaba en buenos términos con la SD y que no temiese que me detuvieran. Él mismo iría a la SD.»[8]

Hacia las cinco de la tarde Jan volvió y, poco después, apareció también Bep. Jan ya había ido a ver a Lotte Pfeffer. «Ella no sospechaba nada, ni siquiera sabía que su marido había estado en Amsterdam aquellos dos años, y yo se lo dije. Ahora todo el que tenía algo que ver lo sabía. Al menos ellos lo sabían.»[9] Bep había vagado sin rumbo por la ciudad, hasta que volvió a Prinsengracht. Van Maaren se unió a los tres y cuando salió su joven ayudante, Hartog, cerró las puertas. Jan les sugirió que fueran al anexo para ver los daños. Con Van Maaren aún en posesión de las llaves, subieron por la corta escalera de caracol hasta el pasillo. La librería seguía en su sitio y la puerta escondida había sido cerrada por los de la SD. Miep sacó un duplicado de la llave y la abrió.

En la habitación de los Frank el armario que contenía las cosas de valor estaba vacío, los cajones volcados y el suelo lleno de libros y papeles. Miep recuerda: «Reinaba una total confusión... Encontré el diario de Ana en el suelo... junto con un libro contable con notas de Ana y varias hojas sueltas de papel de copia, que también estaban cubiertas de la escritura de Ana.»[10] Le señaló el diario a Bep, que lo recogió. Jan los veía rebuscar entre aquel caos: «Sin duda los oficiales de la Gestapo lo habían revuelto todo. Sé que mi esposa recogió del suelo un cuaderno con las tapas a cuadros. Es posible que en aquel momento dijera que el cuaderno era el diario de Ana.»[11] Miep y Bep recuperaron el diario, un álbum de fotografías, papeles, libros escolares, libros de lectura, una bolsa de zapatos con las iniciales «AF» bordadas y un pequeño libro de citas reunidas por Ana. Jan sacó los libros de la biblioteca que tenían que ser devueltos y los libros y folletos de español de Pfeffer. Van Maaren se hizo con un montón de pertenencias de Hermann van Pels.[12] Abandonaron el anexo cuando ya no podían llevar más cosas, pero al pasar por el cuarto de baño, Miep advirtió el peinador de Ana colgado de un gancho. «Aunque iba cargada de papeles, tendí la mano y recogí el peinador con los dedos. Todavía no sé por qué.»[13]

En la oficina Miep abrió uno de los cajones de su escritorio y metió el diario, los papeles sueltos, los libros contables y el álbum de fotografías. Bep le comentó que haría lo que ella decidiera. Miep señaló los papeles de Ana: «Lo guardaré todo —dijo añadiéndolos al montón del cajón—. Lo guardaré todo a buen recaudo hasta que Ana vuelva.»[14]

Aquella misma tarde, el 4 de agosto de 1944, la furgoneta de la policía que llevaba a los Frank, los Van Pels, Pfeffer, Kugler y Kleiman se detuvo ante el cuartel general de la Gestapo en Euterpestraat, al sur de la ciudad. En el patio una bandera negra adornada con la insignia de las SS ondeaba en un alto mástil. Las oficinas estaban en una escuela requisada, de ladrillo rojo, con una alta torre de reloj en un extremo. La muy odiada Zentralstelle se encontraba justo enfrente. Los asuntos de la Gestapo siguen rodeados de misterio, porque los archivos importantes nunca se encontraron, pero lo que es seguro es que «un gran número de prisioneros sufrieron allí interrogatorios, mientras la SD trataba de quebrar la resistencia y mantener el orden en el territorio ocupado. Durante esos interrogatorios, mucha gente fue torturada y, especialmente las bodegas, que hoy se usan para guardar bicicletas, tiene una historia siniestra y terrible».[15]

Los diez prisioneros fueron conducidos al interior del edificio y encerrados en una habitación, con otras personas sentadas en largos bancos. Esperaron. Pfeffer parecía «atontado»,[16] mientras que Margot, Peter y Ana de vez en cuando se susurraban algo al oído. Otto se volvió hacia Kleiman y murmuró: «No sabe cómo me siento, Kleiman. Pensar que está usted aquí entre nosotros, que tenemos la culpa...» Kleiman le cortó en seco: «No lo piense más. Era cosa mía y no lo hubiese hecho de otra forma.»[17] A Kugler y a Kleiman los llevaron a otra celda. A los Frank y a sus amigos se los llevaron para interrogarlos. Kugler recordaba la última visión que tuvo de ellos: «A lo lejos, en el pasillo que había delante del despacho de Silberbauer, vimos a los Frank, a los Van Pels y a Pfeffer. Los ocho parecían serios y preocupados, sin saber qué les deparaba el futuro. Nos despedimos de ellos con la mano y eso fue todo.»[18]

La entrevista con los antiguos ocupantes del anexo secreto fue breve. Una mujer mecanografió sus declaraciones. Silberbauer preguntó a Otto si sabía dónde se escondían otros judíos en Amsterdam. Otto contestó que no, ya que tras estar encerrado durante dos años, había perdido el contacto con todo el mundo. Silberbauer pareció creerle y no siguió con el asunto. Los prisioneros volvieron a sus celdas.

«Mitgefangen, mitgehangen.»: «Atrapados con ellos, serán colgados con ellos.»[19] Con estas palabras saludó Silberbauer a Kleiman y Kugler cuando fueron introducidos en su despacho. Él se reclinó en su silla, encendió un cigarrillo y empezó a interrogarles. Sobre su escritorio había varios objetos pertenecientes a Otto, el material odontológico de Pfeffer y una pequeña cantidad de dinero. La bicicleta de Peter, que apenas había usado antes de esconderse, estaba también en la habitación. Kugler recordaba: «Se me encogió el corazón cuando vi aquellos objetos inanimados, que habían pertenecido a mis amigos. Aquellos objetos eran testigos mudos del trágico destino que nos había atrapado a todos. Empezó el interrogatorio. "¿Dónde ha nacido?", me preguntó Silberbauer. Yo contesté orgullosamente: "En Austria. —Y seguí diciendo—: Serví en la marina austriaca en la Primera Guerra Mundial." Subrayé aquello especialmente, porque me di cuenta de que su acento también era austriaco. Quizá el choque fue demasiado grande para él. Primero, el señor Frank —un judío—, que era oficial del ejército alemán, y luego una persona de la marina austriaca. Se incli-

nó hacia adelante, dejó el cigarrillo y también el interrogatorio...
"Es suficiente por hoy."»[20]

Kugler y Kleiman fueron acompañados a las celdas del sótano,
pero aquella tarde los trasladaron a la prisión de Amstelveensweg
en Amsterdam. Durante el mes que duró su encarcelamiento uno
de los otros prisioneros, un anciano que había sido atrapado escuchando la radio, fue sometido a un interrogatorio. Cuando volvió,
estaba como enloquecido y hablaba de forma incoherente. Kugler
recordaba: «Nosotros, los prisioneros, conseguimos calmarle y nos
enteramos de que había sido testigo de la tortura de judíos, así
como de gentiles acusados de esconder a judíos. Había visto a un
boxeador profesional golpear a esos infortunados prisioneros.
Y había oído sus gritos angustiados mientras eran sometidos a la
terrible tortura de las empulgueras.»[21] Poco después de este incidente, llevaron de nuevo a Kugler ante Silberbauer. «Silberbauer
trató de sacarme que [el negocio de Prinsengracht] era propiedad
de un judío (el señor Frank) —recuerda—. Sin embargo, insistí en
que el señor Kleiman y yo éramos los propietarios. Finalmente Silberbauer se cansó y dijo "Basta". El interrogatorio se había acabado.»[22] Kugler y Kleiman fueron encerrados en celdas contiguas
con otras seis personas, aunque estaban destinadas a una sola.
Abandonaban la celda una vez al día para hacer ejercicio en el patio de la prisión y aprovechaban el momento para susurrarse palabras y mensajes de apoyo. Ignoraban si iban a seguir vivos o serían
ejecutados.

Los ocho judíos prisioneros pasaron la noche en la Euterpestraat. Eva Schloss comprende su miedo y desesperación, pues su
familia también estuvo detenida en el cuartel general de la Gestapo
después de ser traicionada. «El viejo edificio de la escuela estaba
lleno de nazis, rebosante de ellos. Había soldados por todas partes
y oficinas, cuartos de documentación y también celdas. Querían
que les informásemos de quién nos había protegido. Pero mi madre se aseguró de la libertad de aquella gente ofreciendo a los alemanes sus joyas. Y los alemanes cumplieron su parte del trato, que
ya es algo. Pero no podíamos creer que hubiéramos acabado allí.»[23]

Los Frank y sus amigos fueron trasladados al día siguiente al
Huis van Bewaring en la Weteringschans. Era un edificio grande,

feo y oscuro, con dos alas que se extendían a los lados de un bloque central, dominando la sucia extensión de un canal. Barras de metal oscurecían las ventanas. Eva y su familia fueron enviados al mismo lugar. «Era una auténtica cárcel para verdaderos criminales. Todo el mundo acababa en aquellas grandes salas con filas de literas. Cientos de personas y ningún retrete, sólo cubos en un rincón. El ruido nocturno, con la gente llorando y chillando, los bebés gimiendo —después de haber estado escondidos—, era como de manicomio. Terrible, terrible.»[24] Los Frank, los Van Pels y Pfeffer pasaron allí los dos días siguientes.

Miep se había hecho cargo del negocio de Prinsengracht. Tanto los representantes de ventas como el personal de almacén, conocían el asunto de la detención. Uno de los representantes, Daatselaar, le comentó a Miep que tratara de sobornar a la Gestapo para que soltaran a sus amigos. Daatselaar era miembro de la NSB, pero Otto siempre se había fiado de él. «La SD tiene un auténtico punto flaco en el dinero —le dijo a Miep, añadiendo que a los alemanes—: les está yendo mal en todos los frentes y seguramente estarán dispuestos a cooperar si el rescate es lo bastante alto.» Aseguró que podía aportar los fondos si era necesario. Miep telefoneó a Silberbauer, que le dijo: «Venga el lunes por la mañana temprano.»

El lunes 7 de agosto Miep visitó el cuartel general de la Gestapo. Silberbauer estaba en su despacho, rodeado de atareadas mecanógrafas. Miep se colocó delante de él he hizo un gesto con el dedo pulgar e índice: dinero. Él negó con la cabeza: «No puedo hacer nada por usted hoy. Vuelva mañana. Lo siento, no puedo hacer nada por usted. No ocupo un lugar lo bastante alto.» Miep, desesperada, le llamó mentiroso. Él se encogió de hombros. «Vaya arriba, a ver a mi jefe.» Miep subió por las escaleras y entró en una habitación, en la que un grupo de nazis de alta graduación estaban sentados alrededor de una mesa, escuchando la prohibida emisora británica de Londres. Uno se acercó a ella gritando: *Schweinehund!*» Miep corrió escaleras abajo. Silberbauer estaba esperándola. «¿Lo ve?», dijo. Ella supo que no podía hacer nada más.[25]

En una declaración hecha después de la guerra, Miep comenta

que cuando volvió de ver a la Gestapo, «muy desalentada», Van Maaren le dijo: «Conozco a personas que pueden hacer averiguaciones por usted.» Ella afirma: «No me dijo quién o qué eran esas personas, o si tenían alguna conexión con la SD, pero me dio la clara impresión de que de un modo u otro tenía cierta influencia con los alemanes.»[26] Van Maaren niega la acusación en su declaración: «Es absolutamente incierto que le dijese a la señora Gies que yo estaba en buenos términos con la SD y que no tenía que preocuparse por ser detenida. Por el contrario, yo era conocido entre mis amigos como un buen antialemán.»[27]

Los esfuerzos de Miep en favor de sus amigos fueron en vano. Aunque ella no lo sabía entonces, cuando entró en el cuartel de la Gestapo en Euterpestraat el segundo día, los Frank, los Van Pels y Pfeffer se encontraban, en aquel mismo momento, a bordo de un tren que iba a Westerbork.

En sus memorias Otto menciona el transporte del 8 de agosto muy de pasada: «Después de unos días en la cárcel de Amsterdam, fuimos trasladados a un campo de concentración holandés. Estábamos consternados, porque nuestros ayudantes, Kleiman y Kugler, hubieran sido también detenidos, y no sabíamos a qué destino tendrían que enfrentarse.»[28] Cuando el tren llegó, era un tren corriente de pasajeros con compartimientos a ambos lados, pero en cuanto los pasajeros subieron, las puertas fueron cerradas con candado tras ellos, lo cual no preocupó especialmente a la familia Frank. Otto recordaba: «Estábamos de nuevo juntos y nos habían dado un poco de comida para el viaje. Sabíamos adónde íbamos, pero a pesar de ello era casi como si una vez más estuviéramos viajando, yendo de excursión, e incluso estábamos alegres. Desde luego, lo estábamos si comparamos este viaje con el siguiente... La guerra estaba tan avanzada que empezábamos a albergar un poco de esperanza. Mientras avanzábamos hacia Westerbork, confiábamos en que nuestra suerte aguantase.»[29] El 6 de junio, el día D, había animado especialmente a los Frank, y siguieron pensando que verían el fin de la guerra. Ana se quedó resueltamente junto a la ventana, hipnotizada por el paisaje. Otto explicó más tarde: «Era verano.

Las praderas, los campos de rastrojos y los pueblos pasaban de largo. Los hilos del teléfono a la derecha de la vía subían y bajaban ante las ventanillas. Era como la libertad.»[30] A última hora de la tarde el tren había llegado a su destino.

El *Kamp Westerbork* se hallaba en la provincia de Drenthe, aproximadamente a doce kilómetros al norte de Amsterdam, un lugar «tan inhóspito como puede llegar a serlo un sitio, lejos del mundo civilizado, en la soledad de los páramos de Drenthe; difícil de alcanzar, con carreteras sin asfaltar donde incluso el más ligero chaparrón convertía la arena en barro».[31] Originalmente era un campo de refugiados para judíos alemanes, establecido a petición del gobierno holandés, y conocido como «la Jerusalén de Holanda».[32] Al estallar la guerra, había 750 refugiados en el campo, que fueron evacuados cuando los alemanes rediseñaron la zona para su nuevo fin como punto de partida hacia los campos del este. La mayoría volvió cuando acabaron los trabajos.

Una alta valla de alambre de espino rodeaba el perímetro del campo, salpicado de torres vigía. 107 barracones de madera, que contenían filas de tres literas, fueron diseñados para albergar trescientas personas cada uno. Había luz eléctrica, pero pocas bombillas funcionaban. Hombres y mujeres dormían separados por la noche, pero sus movimientos no estaban restringidos durante el día. La calle principal que recorría el campo había sido bautizada «Boulevard des misères» o «Tsores («Problema») Avenue». Westerbork era una ciudad en sí misma. Contenía una lavandería, un hospital bien equipado con zona de maternidad, talleres, un asilo de ancianos, una gran cocina moderna, una escuela para niños de edades comprendidas entre los seis años y los catorce, un orfanato, un servicio religioso, un taller de reparación de medias, un sastre, fabricantes de muebles, herreros, sección de jardinería, decoradores, encuadernadores, albañiles, carpinteros, veterinarios, ópticos, constructores, una división electrotécnica, un garaje y sala de calderas, alcantarillado, una centralita telefónica, un departamento industrial, un bloque de castigo y barracones para cárcel. Justo detrás del alambre de espino había una granja que llevaba la sección de agricultura del campo. Dentro del hospital había clínica dental, peluquería, fotógrafo y un sistema postal. Se podía practicar deporte, con oferta de boxeo, lucha y gimnasia. Había un cabarét, un coro y un conjunto de ballet, de los que se decía que hacían las mejores representaciones y tenían los trajes más caros del país.[33] En un café dos presentadores de Amsterdam, Johnny y Jones, cantaban normalmente con el acompañamiento de una banda de cuerda. Artículos de tocador, juguetes y plantas podían comprarse en el almacén del campo.

La Sección de Administración de Westerbork registraba a los recién llegados y el Registro Central guardaba los detalles de todos cuantos atravesaban las puertas del campo. El Registro era responsable de hacer las listas semanales de deportados. El Antragstelle trataba de obtener exenciones para los internos. La sección más menospreciada era la OD, el Cuerpo de Servicios Especiales, que intimidaba a la gente y patrullaba los barracones de castigo. Westerbork se libraba de la jurisdicción diaria de las SS alemanas porque estaba bajo liderazgo judío, pero se hallaban bajo la responsabilidad del comandante del campo, Albert Gemmeker, que vivía en una casa al borde del campo y llevaba una pequeña granja de pollos. Era un enigma para los internos. Rara vez alzaba la voz o imponía castigos y se decía que era incorruptible. Se interesaba por las actividades lúdicas que se representaban en el campo y bromeaba después con los intérpretes judíos. Jardineros judíos cultivaban especialmente para él flores en el invernadero, le peinaban peluqueros judíos y le atendían dentistas y médicos judíos. Pero aun así, cada martes contemplaba en silencio la partida de los trenes hacia el Este.

La línea férrea del campo fue terminada en noviembre de 1942. Los trenes llegaban hasta el centro del conjunto. Para que sus nombres no estuvieran en las listas de transportes la gente hacía lo que fuera, «sacrificar su último penique ahorrado, sus joyas, sus ropas, su comida y, en el caso de las chicas jóvenes, su cuerpo».[34] Los días de la semana se regían por las rutinas del transporte. Los trenes partían los martes por la mañana y «los martes por la tarde todo el mundo se tranquilizaba; la sociabilidad y la paz reinaban una vez más. Los miércoles y los jueves eran días de optimismo y euforia. Los viernes empezaban a agitarse otra vez los miedos... Los sábados todo el mundo estaba susceptible. Los domingos eran agitados. Los lunes el pánico se extendía y todo el mundo se movía en círculos, buscando parientes, tratando de conseguir información, escuchando. Y los martes, el siguiente transporte».[35]

Cuando los Frank, los Van Pels y Pfeffer llegaron a Westerbork la tarde del 8 de agosto, adoptaron la rutina de los recién llegados. Fueron recibidos por la OD, sacados del tren y llevados hasta los mostradores de registro de la plaza principal. Se les entregó tarjetas de racionamiento y luego se apuntaron detalles personales en formularios y tarjetas. El proceso se repitió en el mostrador de clasificación y en la oficina de acomodo. Los Frank fueron interrogados por Vera Cohn, que los recordaba bien: «Eran un pequeño grupo, el señor Frank, su esposa y sus dos hijas, otra pareja con un hijo, y un dentista, que habían estado escondidos juntos en Amsterdam. El señor Frank era un hombre de aspecto agradable, cortés y educado. Se plantó ante mí, alto y erguido. Contestó tranquilamente a mis preguntas de rutina. Ana estaba a su lado. En cierta manera, su cara no era bonita, pero sus ojos —brillantes, jóvenes y vivaces— te obligaban a mirarla de nuevo. Tenía quince años entonces... Ninguno de los Frank mostraba señales de desesperación por su situación... Su compostura, mientras se agrupaban alrededor de mi escritorio en la sala de recepción, era de silenciosa dignidad.»[36] El marido de Vera trabajaba en la Antragstelle de Westerbork, donde los recién llegados se enteraban de si podían optar a la exención del transporte. El marido de Vera habló con ella del caso de los Frank. «Cuando los Frank fueron conducidos a la oficina (me dijo él más tarde), sabían que recibirían parches rojos para ponerse en los hombros; era penosamente consciente de la futilidad de su petición. Pero la esperanza, por muy fino que sea el hilo, es una de las fuerzas más poderosas en un campo de concentración. Acabadas las formalidades, la familia Frank fue encerrada en sus barracones especiales. Nunca volvimos a verlos.»[37]

Antes de dirigirse a sus barracones, los que llegaban eran conducidos al bloque de cuarentena, donde un representante de Lippmann, Rosenthal & Co. les preguntaba si tenían objetos de valor. Los nuevos internos eran sometidos a un registro. Debían desnudarse y arrodillarse, se les gritaba y a menudo pegaba. Luego se les asignaba su bloque. Como habían estado escondidos, los Frank y sus amigos fueron etiquetados como «Judíos Convictos». Se les colocó en el recinto de castigo, Barracón 67. En total, unos diez mil judíos entraron en el bloque disciplinario. Su libertad estaba limitada incluso en términos del campo, y en lugar de conservar su ropa, se les daba monos azules con parches rojos en los hombros y zuecos de madera. A los hombres se les afeitaba la cabeza y las mujeres llevaban el pelo revuelto. No se les permitía lavarse y recibían menos comida que otros prisioneros, aunque su trabajo era más duro, incluyendo tareas difíciles fuera del campo si era necesario, y había un sistema de ejercicios de castigo en el interior.

La amistad y la familia eran fundamentales para sobrevivir en los campos. Después del primer día en Westerbork, los Frank conocieron a Rosa y Manuel de Winter y a su hija Judy, que tenía la misma edad que Ana. Los De Winter habían estado un año escondidos cuando un espía les traicionó y delató a la Gestapo. Sal y Rose de Liema, una joven pareja que había sido detenida mientras estaban escondidos, se hicieron amigos de los Frank mientras trabajaban en la fábrica de Westerbork. Otra pareja, Lenie de Jong-van Naarden y su marido, cuyas circunstancias eran similares a las de los Liema, conocieron a los Frank en el campo. Lenie recordaba: «Mi marido entró rápidamente en contacto con Otto Frank y se entendió muy bien con él. Mantenían profundas conversaciones, y tuvimos una estrecha relación con la señora Frank, a la que siempre llamé "señora Frank". Nunca la llamé por su nombre de pila; era una mujer muy especial. En cambio, me costaba menos decir: "Otto". Se preocupaba mucho por sus hijas. Siempre estaba pendiente de ellas... Ana, especialmente, era una niña simpática... Esas niñas esperaban tanto de la vida.»[38] Ronnie Goldstein-van Cleef también conoció a la familia: «Los Frank estaban muy deprimidos. Habían tenido la sensación de que nada podría ocurrirles. Estaban muy próximos unos a otros. Siempre caminaban juntos.»[39]

Todos los días seguían una rutina determinada. Los recuentos y luego el trabajo empezaban a las cinco de la mañana. Los niños eran enviados al taller de cables y los adultos al departamento industrial, donde se pasaban el día desmontando viejas baterías de aeroplano en largas mesas de caballetes. Se permitía la conversación, pero los guardias vigilaban el trabajo, gritando que se dieran

prisa. Para mantenerse, los trabajadores recibían un trozo de pan
duro y unas cucharadas de sopa aguada. Janny y Lientje Brilleslijper, que estaban también en la sección de castigo, trabajaron junto
a la familia Frank. Lientje recordaba: «De camino al trabajo, yo hablaba mucho con Edith Frank... Era una persona amable e inteligente, con sentimientos cálidos... Su carácter abierto y su bondad
me atrajeron mucho.»[40] El antagonismo de Ana hacia su madre
mientras estaban escondidos se había olvidado. Todo lo que importaba era estar juntos. Lientje recordaba: «Las dos niñas estaban
muy unidas a su madre. Ana escribió en el diario que su madre no
la comprendía, pero creo que no era más que un sentimiento adolescente. Se aferraba a su madre en el campo.»[41]

Rachel van Amerongen-Frankfoorder era otra joven que había
estado internada en el recinto de castigo por su relación con la Resistencia. Trabajaba en el servicio interno del campo y Otto habló
con ella, para ver si podía encontrarle algún pequeño trabajo a
Ana. Rachel recordaba: «Ana era muy agradable y también me preguntó si podía ayudarme. Dijo: "Puedo hacer cualquier cosa, soy
muy mañosa..." Por desgracia, no era yo la que tenía que decidirlo.
La mandé a la gente que estaba a cargo de los barracones... Limpiar
baterías no era muy agradable, ni limpiar retretes, pero la gente
prefería hacer lo que fuera. Creo que Otto Frank deseaba que Ana
pudiera hacerlo. Por esa razón vino a mí con Ana, no con su mujer
ni con Margot. Creo que Ana era la niña de sus ojos.»[42]

Todos los que recuerdan a los Frank en Westerbork aseguran
que Ana parecía feliz allí. Rosa de Winter contaba: «Vi a Ana Frank
y a Peter van Pels todos los días en Westerbork. Estaban siempre
juntos... Ana era tan encantadora, tan radiante... sus movimientos,
su aspecto, tenían tanto brillo que a menudo me preguntaba si en
realidad sería feliz. Creo que sí, por increíble que pudiera parecer,
era feliz en Westerbork.»[43] Los sentimientos en el campo durante
el verano de 1944 eran de esperanza. Eva Schloss, que también estaba en Westerbork, nos dice: «No nos habíamos asustado mucho
por tener que ir a Westerbork. No era un campo de concentración
y creíamos que estaríamos allí hasta la liberación. Yo estaba muy
contenta de volver a estar con mi padre y mi hermano. No podían
salir del lugar donde se escondían (mi madre y yo salíamos de vez

en cuando), así que Westerbork les parecía casi como la libertad. Habíamos empezado a albergar esperanzas de nuevo. Nunca pensamos que no íbamos a sobrevivir.»[44]

Rosa de Winter se quedó impresionada por la fuerza interior de Otto. «El padre de Ana no hablaba mucho... pero su silencio era tranquilizador y ayudaba a Ana y también a los demás. Vivía en los barracones de los hombres, pero una vez que Ana estuvo enferma, venía a visitarla cada tarde y se quedaba junto a su cama durante horas, contándole cuentos. Ana era tan parecida a él que cuando se recuperó y David, un niño de doce años que vivía en el barracón de las mujeres, se puso enfermo, ella hizo exactamente lo mismo, se quedó junto a su cama y le hablaba. David era de una familia ortodoxa y Ana y él siempre hablaban de Dios.»[45] Los recuerdos de Otto revelan que su confianza no era tanta como parecía. «En el campo debíamos trabajar, aunque teníamos tardes libres y podíamos estar juntos. El no seguir encerradas y hablar con otras personas suponía un gran alivio para las niñas. Nosotros, los mayores, temíamos sin embargo el peligro de ser transportados a los campos de la muerte de Polonia.»[46]

A principios de septiembre el comandante de Westerbork, Gemmeker, convocó a los líderes de sección y les dijo que hicieran una lista de unas mil personas para otra deportación al este. La algarabía se extendió por el campo. La hora a la que tenía que salir el tren de Westerbork fue anunciada en el departamento de información en Groninga; partiría la mañana del 3 de septiembre de 1944.

La noche anterior, uno de las OD, acompañado de un oficial alemán, entró en los barracones de castigo y leyó en voz alta los nombres de la lista. Entre ellos estaban Hermann, Auguste y Peter van Pels; Fritz Pfeffer; Otto, Edith, Margot y Ana Frank.

En Amsterdam, Miep y Jan escuchaban la radio todas las noches. El 28 de agosto la RAF británica empezó a arrojar armas para la Resistencia, para preparar la invasión aliada de Holanda. En un solo lugar llegaron a dejarse sesenta y cinco toneladas de armas y material de sabotaje. Los alemanes anunciaron un toque de queda estricto, temerosos de que Holanda se convirtiese en un teatro de operaciones, y volvieron a recortar el racionamiento de comida. El carbón, la electricidad, el gas y los transportes fueron restringidos seguidamente. La gente que vivía en el sur del país fue evacuada al norte, lejos del avance de los aliados.

Un par de semanas después de la redada en Prinsengracht, agentes alemanes limpiaron el anexo de los muebles y objetos que quedaban, mandándolo todo a Alemania. Miep, que estaba entonces en la oficina, no pudo soportarlo y le pidió a Van Maaren que fuese al anexo y trajese los papeles que viese con la escritura de Ana. Él encontró algunos y se los dio a Miep, que los guardó en el cajón de su escritorio. A veces los representantes de la compañía pedían que les enseñase el diario de Ana, al saber que había sido encontrado en el suelo del anexo. Miep siempre contestaba con una negativa: «No, no está bien. Aunque sea la escritura de una niña, es suyo y es su secreto. Sólo se lo devolveré a ella y a nadie más que a ella.»[47] Después del saqueo final del anexo, apareció de pronto *Mouschi*, el gato de Peter, de dondequiera que hubiese estado escondido desde el 4 de agosto. Recogiéndolo emocionada, Miep se lo llevó a la cocina para darle un poco de leche. A partir de entonces lo cuidó en la oficina, consciente de lo mucho que Ana y Peter lo querían.

Miep había sido autorizada por el banco para firmar cheques de cuentas y pagar al personal mientras Kleiman y Kugler estuvieran ausentes. Había trabajo suficiente para mantener el negocio a flote. Silberbauer aparecía a veces por la oficina para comprobar si Miep seguía allí, pero no hablaron. Van Maaren, en su nuevo puesto de administrador, despidió a Hartog, su ayudante, y llevaba el almacén él solo, actuando «a veces como si fuera el jefe del negocio».[48] Kleiman dijo más tarde que «cuando Van Maaren tuvo las llaves y la SD le puso a cargo de todo, se creía el administrador y actuaba como tal. Tomaba prestado dinero de personas relacionadas con el negocio y olvidaba devolverlo. Durante discusiones con el personal de la oficina, dijo que él hacía lo que quería y que no iba a retroceder ante nada, aunque tuviera que caminar sobre cadáveres».[49] Aparte de estos desagradables desplantes y amenazas, Miep y Bep le prestaron poca atención en los meses que siguieron a la detención. Sus pensamientos estaban en otra parte. Bep había pedido tiempo libre para estar con su familia y Miep trabajaba más que nunca, llegando a casa por las noches cansada y deprimida. Jan había dejado su trabajo en la Resistencia y Karel, su inquilino clandestino, había encontrado una nueva casa.

El 3 de septiembre llegaron las noticias por las ondas de radio de que Lyon había caído en manos de los aliados. Un día más tarde, con la ayuda de la Resistencia belga, los británicos consiguieron tomar Amberes.

En Amsterdam, Miep lloró al escuchar la noticia: «Sabíamos que seríamos los siguientes.»[50]

Rosa de Winter recordaba: «El 2 de septiembre nos dijeron que un millar de personas abandonarían el campo por la mañana... Por la noche recogimos las pocas cosas que se nos había permitido quedarnos. Alguien tenía un poco de tinta y marcamos con ella nuestros nombres en las mantas que íbamos a llevar con nosotros, e hicimos repetir a los niños una y otra vez las direcciones en que deberíamos encontrarnos después de la guerra, en caso de que nos separaran. Le di una vez más a Judy la dirección de su tía en Zutphen y los Frank se pusieron de acuerdo en una dirección en Suiza.»[51]

Eva Schloss, que junto con su familia fue deportada de Westerbork muy poco tiempo después, recuerda: «Cuando oímos que estábamos en la lista, intentamos por todos los medios cambiar las cosas, pero no sirvió de nada. La gente que elaboraba las listas eran sobre todo judíos, creo, y hacían lo que podían para proteger a sus amigos y parientes. Pero el resto teníamos que marcharnos. Todo el mundo empaquetó lo que tenía, aunque más tarde nos lo quitaron. Pero entonces aún creíamos que si teníamos una pequeña maleta o algunas pertenencias, podríamos conservarlas. Realmente no teníamos idea de lo brutal que iba a ser el trato en Auschwitz. O lo inmediata que iba a ser aquella brutalidad.»[52]

1.019 personas (498 mujeres, 442 hombres y 79 niños) fueron puestos en la lista del 93 transporte de Westerbork. Fue el último tren que abandonó Holanda hacia los campos de exterminio.

Cuando salía el sol el 3 de septiembre de 1944, el Boulevard des Misères estaba siendo acordonado. El tren ya había llegado: «Una larga cadena de vagones había entrado durante la noche hasta el centro del campo. Ahora estaban esperando, inmóviles, como un ejecutor enmascarado que esconde su hacha desnuda.»[53] En el andén se erguía Gemmeker, con su perro al lado. Los guardias se paseaban, relajados y sonrientes. A las siete de la mañana hombres, mujeres y niños empezaron a salir de los barracones. «Se les llamaba por sus nombres, se recogían sus papeles del campo... estaban todos alineados; un silencio mortal cayó sobre el campo.»[54] Cada pasajero llevaba una mochila en un hombro y una manta enrollada atada al otro con una cuerda. Se les dijo que caminasen hacia adelante en grupos de tres. Los enfermos e inválidos fueron llevados en camillas o carritos. Había un escalón alto desde el andén al tren y hubo que esperar bastante hasta que se llenaron los vagones. Un observador de uno de los transportes señaló: «Los vagones de mercancías habían sido totalmente sellados, pero quedaba una tabla suelta aquí y allí, y la gente sacaba las manos por las hendiduras y se despedían con la mano, como si estuvieran ahogándose. El cielo está lleno de pájaros, los lupinos púrpura se yerguen con majestad y calma, dos viejecillas se han sentado en una caja para charlar, brilla el sol... y justo delante de nuestra vista, asesinato en masa.»[55]

A las once sonó el silbato. Los guardias que seguían de pie en el andén pudieron leer la inscripción en la parte trasera del tren a medida que éste se alejaba: «Westerbork - Auschwitz: Auschwitz - Westerbork. No separar los vagones, el tren debe volver a Westerbork intacto.»

Había paja en el suelo de los repletos vagones traqueteantes; en cada uno, un pequeño cubo lleno de agua para beber. Un cubo más grande servía de retrete y junto a éste, un saco de arena para cubrir las salpicaduras. En algunos vagones había fuertes corrientes de aire, mientras que en otros la única ventilación procedía de agujeros practicados en el techo. Una diminuta ventana cuadrada y un farol colgado del techo proporcionaban una escasa ventilación. Setenta y cinco personas se apiñaban unas contra otras en la oscuridad. Los vagones apestaban al principio y más tarde el olor se hizo insoportable, cuando los casos de disentería empeoraron y los débiles empezaron a morir.

En un vagón los Frank, los Van Pels, los De Winter, Ronnie Goldstein-van Cleef, Lenie de Jong-van Naarden y Lientje y Janny Brilleslijper estaban sentados juntos en sus mochilas, apretándose contra las paredes. Compartían el vagón con gente muy enferma, en un espacio repleto y frío. Nadie sabía con seguridad adónde iban, pero corría el rumor de que se dirigían a Auschwitz.[56]

Pasaron las horas y supieron que estaban en Alemania. Cada vez que el tren se detenía, un guardia abría la puerta y arrojaba dentro un saco de mermelada de remolacha y unos trozos de pan. A veces estaban horas parados y los guardias de fuera les gritaban que entregaran sus objetos de valor. Unos cuantos dieron monedas y joyas que se habían cosido a las ropas. El cubo que servía de retrete era sacado, vaciado y vuelto a meter.

Ana, Margot, Peter y Judy iban sentados juntos, hablando en voz baja. De vez en cuando, trepaban hasta los barrotes para mirar por la ventanilla. Un joven que estaba encaramado se apartó para que miraran ellos —trataba de averiguar dónde estaban—. «Ana estaba atravesando su país de nacimiento —recordaba Rosa—, pero podía haber sido Brasil o Asia, porque incluso cuando leían el nombre de la estación por la que pasábamos, el nombre no significaba nada para nosotros; el lugar no era más que un pueblecito. Todo lo que sabíamos era que nos dirigíamos hacia el Este... Los adultos estábamos en silencio. Como mucho, preguntábamos a los niños si recordaban las direcciones, nada más.»[57]

Por la noche era imposible dormir. El traqueteo de los vagones de ganado, la peste y el miedo les mantenían despiertos. El humor era malo y surgían peleas, gritos y sollozos. Lenie de Jong-van Naarden recuerda cómo Edith trataba de mantenerse ocupada: «La señora Frank había robado un par de monos y estaba sentada a la luz de la vela, arrancando el parche rojo. Debió de pensar que sin el parche rojo no verían que éramos prisioneros convictos... Para ella era importante y sintió cierta satisfacción al hacerlo. Mucha gente, entre ellos las niñas Frank, se apoyaban en su padre o su madre; todo el mundo estaba exhausto.»[58] En sus memorias Otto recordaba el viaje en sólo dos frases: «El horrible transporte —tres días encerrados en vagones de ganado— fue la última vez que vi a mi familia. Cada uno de nosotros tratábamos de ser tan valientes como era posible y no dejar que nuestras cabezas cayesen.»[59]

La noche del tercer día, el tren empezó a reducir la velocidad. Los pasajeros se pusieron de pie, tratando de ser fuertes. Se oía el murmullo de las plegarias. El tren giró bruscamente en dirección a un edificio largo y bajo con un arco de entrada y un alto tejado en punta. Los haces de las luces de vigilancia cruzaban las tierras pantanosas. Finalmente el tren se detuvo.

Culatas de rifle golpearon las puertas: *«Juden, raus, schnell, RAUS!»*

CUARTA PARTE
1944-1945

¿Quién nos ha hecho esto?

No tengo suficiente fe en Dios... Mi miedo me hace querer gritar...

Diario de Ana Frank, 29 de diciembre de 1943

Las puertas del tren se abrieron: «Lo primero que vimos de Auschwitz fueron las deslumbrantes luces de los reflectores fijados en el tren y fuera, en el andén, hombres corriendo de un lado a otro como si estuvieran locos por demostrar lo mucho que trabajaban», recordaba Rosa de Winter.[1] Los hombres eran *kapos* (prisioneros jefes), que sacaron a los que estaban más cerca de ellos y los arrojaron al suelo desigual. Detrás de los *kapos,* oficiales de las SS saludaban a los guardias que habían acompañado al tren.

Los *kapos* vociferaron a los recién llegados que se apresuraran. Hubo gritos de angustia cuando los parientes desaparecían de la vista. Los *kapos* empujaban, sacando equipajes del tren para colocarlos en la parte trasera del andén. Los cadáveres de los que habían muerto en la última parte del viaje fueron arrojados al lado de las maletas. Por encima del susurrante vapor del tren, un altavoz conminó: «¡Mujeres a la izquierda! ¡Hombres a la derecha!» Otto Frank, Hermann van Pels, Fritz Pfeffer y los demás hombres del tren fueron apartados mientras guardias de las SS avanzaban, colocando a las mujeres en columnas de cinco, y luego en dos filas.

Eva Schloss recuerda el procedimiento: «Aquellos primeros minutos, cuando las puertas del tren se abrieron de par en par, fueron maravillosos por el aire fresco y la repentina libertad de movimientos. Pero entonces vimos a Mengele.» El doctor Josef Mengele era conocido en el campo como «el Ángel de la Muerte». Tenía un interés especial por los gemelos y los físicamente deformes. Entre sus experimentos con gemelos figuraba el matar a uno para ver los efectos que eso tenía sobre el otro. Desde su llegada a

Auschwitz en mayo de 1943 le habían traído más de 1.500 gemelos para que experimentase con ellos. «Tenía muy buen aspecto —admite Eva—, muy limpio, con esas botas altas lustrosas. También era alto. Normalmente hubieras dicho que era un hombre guapo. Pero él decidía quién viviría y quién moriría... Nos despedimos de los hombres; hubo bastante tiempo para ello. Dije adiós a mi padre, no sabía si volvería a verle. Cuando los hombres se apartaron a su lado, la orden siguiente fue: "Colóquense en filas de cinco." Siempre filas de cinco, unas detrás de las otras, filas de cinco, filas de cinco... Mi madre me dio un abrigo y un sombrero, lo que me salvó de la cámara de gas, porque a Mengele, que nunca se molestaba por mirar a nadie de cerca, le fue imposible saber mi edad.»[2]

La selección que tuvo lugar en el andén decidió quién sería admitido en el campo. Se formaron dos columnas. El pelo plateado de Mengele brillaba a la luz, sus ojos velados contemplaban a los recién llegados desapasionadamente y un movimiento casi imperceptible de su mano enguantada de blanco decidía si la gente se iba a la derecha o a la izquierda.

El altavoz volvió a rugir: «Hay una hora de marcha hasta el campo de las mujeres. Para los niños y los enfermos hemos preparado furgones al final del andén.» Los camiones estaban pintados con cruces rojas y la gente corrió hacia ellos, colgándose desesperadamente cuando los motores se pusieron en marcha. En unos minutos habían desaparecido. Eva recuerda: «Los alemanes fueron muy hábiles al ordenar a los viejos, los enfermos o los demasiado jóvenes que trepasen a aquellos camiones. Fue una especie de selección natural. Los camiones iban directos a las cámaras de gas.»[3]

Se obligó a las mujeres a que caminasen rápidamente. Pasaron por una puerta en la que unas letras de hierro negro formaban un arco con las palabras: «*ARBEIT MACHT FREI*» («El trabajo os hará libres»). Cruzaron la puerta bajo el resplandor azulado de las verjas electrificadas que rodeaban la zona. Siluetas inmóviles se veían en las torres de vigilancia. Era la entrada a Birkenau, la terminal de muerte de Auschwitz, «la mayor fábrica de muerte de todas».[4] Ya no quedaba duda alguna de dónde estaban. Janny Brilleslijper recordaba: «El momento en que te dabas cuenta era tan demencial: "Sí, esto es un campo de exterminio." Era terrible... el horrible efecto de aquella brillantísima y sucia luz de neón, una luz azulada, y el cielo gris arriba, más o menos iluminado por las luces de neón... era como una pesadilla, un infierno.»[5]

Las mujeres fueron conducidas a un estrecho edificio llamado eufemísticamente «la sauna». Cada recién llegada tenía que desnudarse y permanecer bajo la ducha, mientras sus ropas eran confiscadas para ser «descontaminadas». Luego era conducida a la «sección de peluquería», donde se le afeitaba el pelo de los sobacos y la zona púbica. Las cabezas también se afeitaban o se dejaba un pelo muy corto. La prisionera recibía nuevas ropas, zapatos y un vestido gris de tela de saco, a menudo con una gran cruz en la espalda que la identificaba como recién llegada. Vestida con su saco, recorría una serie de escritorios ante los que debía dar sus detalles personales y en los que se le tatuaba el antebrazo. Eva comenta: «Al principio aquel proceso, por difícil que fuera, nos dio nuevas esperanzas porque pensamos: "¡No nos matarán después de molestarse tanto! ¡No tendría ningún sentido!" Pero eran los *kapos* los que hacían eso, y eran mucho más crueles que los alemanes, que sólo patrullaban el campo. Fueron los *kapos* los que nos preguntaban, mientras tenía lugar ese proceso: "¿Te has despedido de tu madre, tu hermano y tu padre? Se han ido a la cámara de gas. No volverás a verlos. ¿Ves esa chimenea y el humo que sale de ella? Seguramente son ellos."»[6]

A los recién llegados se les asignaban sus barracones. Ana Frank, Margot, Edith, Rosa y Judy fueron colocadas en el Bloque 29. Los edificios eran idénticos:

> Un barracón normal consistía en una gran cabaña llamada Bloque, que medía 44,20 metros por 8,50 metros. Había un lavabo primitivo y un retrete, así como una habitación privada para el *Blockälteste* (líder del bloque). Las literas (*koje*) estaban colocadas de tres en tres, sin espacio suficiente entre ellas para que una persona pudiese sentarse. Estaban hechas de madera basta... cubiertas con colchones de paja o paja suelta. En cada camastro había normalmente dos mantas. Las mantas y los colchones de paja estaban asquerosos... Además, las heces y la orina solían gotear entre las literas por los prisioneros que sufrían de hambre, diarrea y poliuria... Los que no conseguían lugar en una litera se veían obligados a dormir debajo; y la tierra del suelo era un charco de excrementos.[7]

De los 1.019 pasajeros del transporte de Westerbork, 212 mujeres y 258 hombres fueron admitidos en Auschwitz. Otto Frank, Fritz Pfeffer y Peter van Pels estaban entre este último grupo, pero antes de entrar en el campo, vieron lo que les ocurría a los hombres, las mujeres y los niños que habían sido enviados a la otra columna. Otto contó: «Nunca olvidaré el momento en Auschwitz en que Peter van Pels, de diecisiete años, y yo, vimos al grupo de hombres seleccionados. Entre ellos estaba el padre de Peter. Los hombres se marcharon. Dos horas más tarde, llegó un camión cargado con sus ropas.»[8]

Hermann van Pels estaba entre las más de quinientas personas de Westerbork que habían sido retenidas en el andén iluminado. Todos los niños de menos de quince años estaban allí. A medida que maletas, mochilas, juguetes y otros objetos del tren iban siendo retirados, el grupo apartado fue sacado del andén y llevado escaleras abajo a un edificio rectangular sin ventanas. Los *kapos* les dijeron que se desvistieran y ofrecieron ayuda para doblar ropas, mantener los zapatos en pares, encontrar toallas y disipar el embarazo, ya que hombres, mujeres y niños se sentaban desnudos en los fríos bancos. Los prisioneros fueron conducidos a una gran habitación vacía. Había duchas saliendo del bajo techo. Metieron allí a 549 personas. Las puertas se cerraron tras ellos.

En el tejado del edificio un hombre de las SS trepó por una escalera de mano, arrastrando tras de sí una bolsa cerrada con una cuerda. Agachándose, sacó una máscara y unos guantes y luego un martillo. Se puso la ropa protectora y, usando el martillo, abrió la tapa del contenedor que llevaba en la bolsa, exponiendo su contenido —unos cristales verdes— al aire. Metió la mano por uno de los dos conductos que había en el tejado y sacó una lata atada a un alambre. Los cristales verdes cayeron a la lata y él cerró la tapa antes de deslizala por las tuberías de acero y la tela metálica. Arrojó la máscara y los guantes a la bolsa y bajó por la escalera de mano.

Abajo, los gritos traspasaban la oscuridad a medida que las luces de la cámara disminuían. El primer chorro de gas quemaba los pulmones. Los más débiles cayeron rápidamente al suelo, pero los más fuertes se precipitaron hacia la puerta, alargando los brazos.

A medida que el gas se hacía más potente, los vapores se veían mejor. Quince minutos después, no hubo más gritos.

Las puertas de la cámara fueron abiertas por el *Sonderkommando*. La pirámide de cuerpos estaba cubierta de excrementos, sangre menstrual, sudor, vómito y orina. El *Sonderkommando* iba apartándolos. Ganchos de hierro les abrían la boca, pinzas buscaban y extraían dientes de oro, los anillos de boda eran sacados de los dedos, y el pelo largo se apartaba. En el crematorio treinta kilos de carbón se arrojaban a cada horno; los cadáveres nuevos ardían fácilmente. Los grandes crematorios tenían capacidad para incinerar a 6.500 cuerpos a la hora, que luego eran cargados en estantes. Pequeñas ventanas en las puertas permitían al observador calibrar la rapidez del procedimiento. Los cadáveres se hinchaban y explotaban dentro de las jaulas de hierro, convirtiéndose en ceniza en un cuarto de hora.

El gaseamiento del 93 transporte de Westerbork fue el último que tuvo lugar en Auschwitz-Birkenau. El verano de 1944 había contemplado «una orgía de muerte... Los hornos de los crematorios se calentaron tanto, que los ladrillos refractarios estallaban y hubo que cavar pozos crematorios adicionales. Una vez empezaban las llamas, eran alimentadas con la grasa que salía de los cuerpos ardiendo. La grasa caliente era conducida por unos canalones de cemento que corrían por el fondo de los pozos, a los lados, hasta caer en cubas, de las que prisioneros de ese *Kommando* en particular la recogían con palas de largos mangos, para verterla sobre los cuerpos que se quemaban en los pozos. Los pozos habían sido diseñados por el Hauptscharführer de las SS Otto Moll, de veintinueve años de edad. Como en esa época se consideraba que no merecía la pena gasear a bebés y niños pequeños, Moll los arrojaba vivos a las tinas de grasa humana hirviente...».[9] Sin embargo, hacia finales de 1944, a medida que la derrota alemana empezaba a vislumbrarse, Himmler ordenó el fin de los gaseamientos.

Su orden llegó tarde para salvar a Hermann van Pels, que murió en Auschwitz el 6 de septiembre de 1944.[10]

En Holanda, el 5 de septiembre de 1944 fue conocido como el *Dolle Dinsdag* (Martes Loco). Después de la liberación de Bruselas y Amberes, en un caso de equivocada euforia colectiva, los holandeses se convencieron de que la liberación estaba al caer. La gente sacó banderas por las ventanas, esperó excitada poder saludar a sus salvadores y cantó por las calles. Los colaboracionistas holandeses llenaron las estaciones de tren, para escapar antes de que llegaran los aliados. Pero a medida que el día se acercaba a su fin sin ninguna señal de los liberadores, una sensación de abatimiento cayó sobre Holanda.

Dos días después del Martes Loco, Kugler y Kleiman fueron trasladados de su prisión en el Amstelveensweg. Kugler recordaba: «Era el 7 de septiembre de 1944, pasadas las ocho de la tarde, la hora del toque de queda para los ciudadanos de Amsterdam. En la tranquila ciudad, ojos asustados observaban furtivamente tras las ventanas cerradas. Los dedos señalaban la extraña escena que tenía lugar en la calle. Pasaban tranvías transportando prisioneros de la cárcel de Amstelveensweg. Soldados alemanes armados con subfusiles automáticos en el regazo iban en automóviles junto a los tranvías. Kleiman y yo estábamos entre esos prisioneros.»[11]

Fueron conducidos a la prisión de Weteringschans, donde sus amigos del anexo habían sido internados el mes anterior. Estuvieron separados desde su llegada, y Kugler se quedó asombrado al encontrarse en una celda privada: «... el lujo me admiró. Las paredes estaban pintadas y la celda contenía una cama. En la cama había una almohada, sábanas limpias y mantas. Había incluso una luz eléctrica en el techo. Esto era sin duda distinto del lugar que acababa de abandonar. Me senté en la cama para acostumbrarme a mi nuevo entorno. Pronto descubrí algunos tristes mensajes escritos en las paredes: "Van a fusilarme, recen por mí"; "Muero por la reina y nuestro país, Dios está conmigo." Me di cuenta de que estaba en una celda reservada a los que habían sido sentenciados a muerte por acciones en favor del enemigo. Me entró un sudor frío, pues estaba seguro de que había llegado mi última hora».[12] Afortunadamente no era así. Habían llevado a Kugler a aquella celda, por error. Un guardia le llevó a otra celda donde se reunió con Kleiman.

Al día siguiente llevaron a Kugler a hacer trabajos fuera de los muros de la prisión. Durante una semana acudió todos los días a una fábrica en Valckniersstraat, para desmontar máquinas que se enviaban a Alemania. El 11 de septiembre, junto con Kleiman, fue enviado al campo de tránsito de Amersfoort. En el bloque de administración entregaron sus anillos de boda y sus relojes, y se les preguntó por qué estaban allí. «Yo contesté: *"Judenbegünstigung* (ayudé a personas judías)" —recordaba Kugler—. Eso me hizo acreedor de unas cuantas miradas desagradables.»[13] Kugler y Kleiman fueron colocados juntos en una pequeña cabaña y dormían uno al lado del otro en una estrecha litera. No estaban en el mismo grupo de trabajo, pero les trataban exactamente igual; el mismo trabajo agotador interrumpido por llamadas a pasar lista, palizas y golpes. La salud de Kleiman empeoró rápidamente y una hemorragia gástrica le impidió seguir trabajando.

El 17 de septiembre, simultáneamente a las primeras incursiones aliadas en Holanda, la reina Guillermina, hablando desde Londres, conminó a los trabajadores del ferrocarril en Holanda a que hicieran una huelga para que los trenes alemanes no pudieran llegar a sus destinos. La huelga subsiguiente, que se esperaba que durase dos semanas, no acabó hasta mayo de 1945. El gobierno alemán respondió cortando los suministros de comida, electricidad, gas y carbón. El «invierno del hambre» holandés estaba en marcha.

Kugler esperaba ser trasladado a Alemania el 17 de septiembre, cuando los aviones americanos empezaron a bombardear la principal estación de tren de Amersfoort. El traslado fue cancelado, pero furiosos guardias se vengaron pegando con saña a los prisioneros. Soltaron a Kleiman al día siguiente, debido a su mala salud. Él volvió a Amsterdam, donde se pasó casi dos meses recuperándose. Su reaparición en las oficinas de Prinsengracht provocó una maravillada bienvenida por parte de Miep y Bep: «Los tres llorábamos y reíamos al mismo tiempo... La felicidad de su vuelta nos envolvió como una suave ola de alivio. Su vuelta sano y salvo me hizo concebir grandes esperanzas para los demás.»[14]

Kugler estaba ahora solo en Amersfoort y a finales de septiembre se encontraba entre los 1.100 hombres que llevaron de Amersfoort a Zwolle, para cavar fosos antitanque y realizar otras tareas bajo la vigilancia de guardias armados alemanes. De vuelta en las oficinas de Prinsengracht, Miep, Bep y Kleiman, que se había hecho cargo del negocio desde su vuelta, se sentaban ante sus escritorios y trataban de ser optimistas. Miep recuerda: «Seguíamos esperando que llegaran nuestros libertadores: los días pasaban lentamente en la espera... El tiempo era muy malo. Nada había cambiado para nosotros, los alemanes no se movían. De hecho, eran más mezquinos y vengativos que nunca. Lenta, muy lentamente, nuestra esperanza en que el fin había llegado empezó a desvanecerse...»[15]

En Auschwitz-Birkenau los silbatos sonaban todos los días a las tres y media de la madrugada para despertar a los internos. Había siempre carreras a las cabañas de las letrinas situadas al fondo del campamento, donde un largo banco con cientos de agujeros servían de retrete. El desayuno consistía en un líquido marrón arrojado a un cuenco. Los cuencos no podían ser sustituidos si se perdían, como no fuera «organizándose», palabra que en el campo significaba, trocar o robar. Ana había conseguido un par de calzoncillos largos de otra mujer, organizándoselos. Rosa recordaba: «No teníamos más ropa que un saco gris, y debajo íbamos desnudas. Pero cuando el tiempo se volvió más frío, Ana vino un día a los barracones vistiendo unos calzoncillos largos de hombre. Tenía un aspecto cómico con aquellas largas piernas blancas, pero seguía siendo encantadora.»[16]

Durante los recuentos, las mujeres debían mantenerse en filas de cinco en formación, mientras los líderes de bloque las contaban. Los muertos eran incluidos en las cuentas para que los números cuadraran. Los recuentos de la mañana solían durar cuarenta y cinco minutos; los de la noche, de una a cinco horas. Se les obligaba a permanecer de pie a pleno sol, bajo la lluvia, el granizo o la nieve, tanto tiempo como el que hacía el recuento lo deseara y mientras se llevaban a cabo los castigos. Ronnie Goldstein-van Cleef, que había llegado en el transporte de Westerbork, estuvo muchas veces junto a Ana Frank durante los recuentos. Siempre compartían una taza de *café*: «Solíamos usar la misma tacita y nos la pasábamos de una a otra... Margot estaba cerca, junto [a Ana] o delante, dependiendo de cómo le tocaba, porque estábamos en filas de cinco. Ana estaba muy tranquila y callada, y algo ausente. El hecho de que hubiesen acabado allí le había afectado profundamente; eso era obvio.»[17] Al final del recuento los muertos eran arrojados a vagones de carne y evacuados.

Había media hora de camino hasta el trabajo desde el bloque de Ana. El trabajo en sí consistía en cavar una zona de hierba que arrojaban sobre un montón de césped. Era completamente inútil, pero los *kapos* corrían entre ellas constantemente, gritando: «¡Más deprisa! ¡Más deprisa!», y pegaban a las que desobedecían. A las 12.30 grandes calderos de sopa eran llevados al prado. Cada mujer sostenía su cuenco y recibía un cucharón de líquido verde. Durante media hora se sentaban en grupos de cinco a beber sus cuencos y luego volvían a hacer otras seis horas de trabajo. A las seis de la tarde volvían al campo.

La cena consistía en una rebanada de pan y un poco de margarina. Los ayudantes del líder de bloque distribuían el pan. Ana era una de las ayudantes. Rosa recordaba: «Ana era la más joven de su grupo, pero era la cabecilla. También distribuía el pan en los barracones y lo hacía tan bien y tan equitativamente, que nunca había las quejas habituales.»[18] A las nueve de la noche sonaban los silbatos y podían irse a los barracones. Durante las seis horas y media siguientes, trataban de dormir.

La mayoría de los internos formaban sus propios grupos de apoyo. Edith, Margot, Ana, Rosa y Judy se encontraban regularmente con tres mujeres que habían conocido en Westerbork: Bloeme Evers-Emden, Lenie de Jong-van Naarden y Ronnie Goldstein-van Cleef. Bloeme recuerda: «Estaban siempre juntas la madre y las hijas. Cualquier discordia que pueda suponerse por el diario había sido barrida por la necesidad. Estaban siempre juntas. Sin duda se daban mucho apoyo entre sí. Todo lo que una adolescente pueda pensar de su madre no tenía ya significado alguno.»[19] Edith sólo pensaba en sus hijas. Ronnie recuerda: «La señora Frank no se separaba de sus hijas y se aseguraba de que tuviesen algo para comer.»[20] Lenie lo confirma: «La señora Frank trataba con todas sus fuerzas de mantener vivas a sus hijas, sin separarse de ellas, protegiéndolas. Por supuesto hablábamos unas con otras, pero no se podía hacer absolutamente nada, salvo dar consejos como: "Si van a las letrinas, vaya con ellas."»[21]

El 27 de octubre hubo otra selección en el bloque de Ana para formar un grupo de trabajo. Los más jóvenes y fuertes se marcharían de Auschwitz para trabajar en fábricas de municiones checoslovacas. Todo el mundo quería desesperadamente ser escogido, pues sabían que allí tendrían más posibilidades de sobrevivir. Judy de Winter y Bloeme Evers-Emden estaban entre las elegidas. Ana, Margot y Edith se quedaron en Auschwitz. Fueron rechazadas en la selección porque Ana tenía sarna y su madre y Margot no quisieron dejarla sola en el campo. Bloeme recuerda: «Hablé con la señora Frank, que se encontraba con Margot. Ana estaba en otra parte, tenía sarna... Debía estar aislada. Por tanto, no podía ir con nuestro grupo. La señora Frank, apoyada por Margot, dijo: "Naturalmente nos quedamos con ella." Recuerdo que asentí, lo comprendía. Fue la última vez que las vi.»[22]

La sarna la causaban unos parásitos que penetraban la piel, provocando erupciones y heridas rojas y negras que picaban de manera insoportable. Ana fue llevada al Krätzeblock (el barracón de la sarna) y Margot se unió a ella voluntariamente. Lenie recuerda que Edith estaba «totalmente desolada. Ni siquiera comía el trozo de pan que le daban. Junto a ella, cavé un agujero por debajo de la pared de madera del barracón donde estaban las niñas. La tierra estaba blanda y se podía hacer un agujero si tenías la fuerza suficiente; yo la tenía. La señora Frank se quedó junto a mí y me preguntaba: "¿Funciona?" Le contesté que sí. Seguí cavando, hasta que por el agujero pudimos hablar con las niñas. Margot tomó el trozo de pan que yo empujaba bajo la madera y lo compartieron».[23] Inevitablemente Margot también cogió la sarna. Ronnie Goldstein-van Cleef, que estaba en los barracones con ellas y con otra chica llamada Frieda Brommet, recordaba cómo la madre de Frieda y Edith Frank buscaban por todo el campo restos de comida para dárselos a sus hijas enfermas.

En una ocasión Ronnie encontró un reloj de platino dentro de su colchón, donde una prisionera anterior lo había escondido. Ella lo deslizó por el agujero debajo del barracón a Edith y al señor Brommet, que lo cambiaron por una barra entera de pan, un trozo de queso y una salchicha. Margot y Ana necesitaban cualquier alimento que pudiesen encontrarles, porque su salud estaba empeorando rápidamente. Ronnie recuerda: «Las jóvenes Frank se encerraron mucho en sí mismas. Ya no prestaban atención a las demás. Cuando llegaba la comida, se animaban un poco, compartían la comida y hablaban algo. Durante ese tiempo, un poco intuitivamente (porque creo que las animaba un poco) yo solía cantarles... Las chicas tenían un aspecto terrible. Sus manos y sus cuerpos estaban cubiertos de manchas y heridas provocadas por la sarna. Se aplicaban un ungüento, pero no podían hacer mucho más. Estaban muy mal; lastimosas, eso es lo que me parecían. No había ropa. Nos lo habían quitado todo.»[24] Desnudas en sus literas duras y frías, las prisioneras del Krätzeblock veían cadáveres apilados junto a las paredes de la barraca. Cada día que pasaba el montón era mayor.

Otto, Peter van Pels y Fritz Pfeffer conseguían sobrevivir en el campo de los hombres. En su grupo estaba el marido de Rosa de Liema, Sal, que recuerda: «[Otto Frank] dijo: "Tenemos que apartarnos de esa gente, porque si hablamos todo el tiempo de comida y esas cosas, se nos va a ir la cabeza. Debemos tratar de sobrevivir mentalmente..." El mayor problema era no perder la cabeza, pensar en el día a día. Hablábamos de Beethoven, de Schubert y de la ópera. Incluso cantábamos, pero no hablábamos de comida.»[25] Otto y Sal se hicieron muy amigos y su relación ayudó tanto a Otto como a Sal, que recuerda: «Me dijo: "Mira, ¿por qué no me llamas papá Frank? Necesito alguien de quien ser papá." Yo no sabía de qué estaba hablando. Dije: "¿Qué quieres decir? Tengo un padre escondido en Holanda, no tienes que hacer eso por mí." "Ya lo sé —aseguró él—. Pero hazlo por mí. Lo necesito. Necesito alguien de quien ser padre." Así que accedí: "Si eso te ayuda, lo haré."»[26]

El 29 de octubre se hizo una selección en los barracones. Otto, Sal y Peter van Pels permanecieron en Auschwitz, pero Pfeffer entró en un transporte que iba al campo de Sachsenhausen. Desde allí fue enviado al campo de concentración de Neuengamme, en Alemania. Todo lo que se sabe a partir de entonces de Fritz Pfeffer es que murió en Neuengamme el 20 de diciembre de 1944.[27]

El 30 de octubre se llevó a cabo una selección en el campo de mujeres de Auschwitz-Birkenau. A sólo noventa y seis kilómetros de allí avanzaban los rusos. El grito de «¡Bloque cerrado!» surgió en el recuento de la noche. Lientje Brilleslijper recordaba: «Nos sacaron a golpes de los barracones, pero no para ir a trabajar. Nos llevaron a la gran explanada y nos obligaron a desnudarnos. Estuvimos allí un día, una noche y el día siguiente. De pie, de pie, unos cuantos pasos e inmóviles otra vez, con sólo un pedazo de pan para alimentarnos. Luego nos llévaron a latigazos a una gran sala, donde al menos hacía más calor. Allí tuvo lugar la selección.»[28]

Josef Mengele se erguía impaciente junto al brillo azul de los focos. Lientje recordaba: «Nos hacía subir a una báscula y movía la mano a la derecha o la izquierda para indicar vida o muerte. Con un sencillo movimiento de mano nos mandaba a la cámara de gas.»[29] Rosa de Winter estaba con Edith, Margot y Ana en la cola. «Llevó mucho tiempo —recuerda—. Vimos que elegía a muchos que no eran muy viejos ni estaban enfermos y entonces supimos que escaparían, y que los viejos y enfermos serían gaseados.»[30] Para salvarse, las mujeres mentían acerca de su edad y salud. Rosa dijo: «Tengo veintinueve años y nunca he tenido disentería. —Mengele alzó el dedo pulgar—. Y me mandó a unirme a los viejos y los enfermos. Luego le tocó a la señora Frank, que también se unió a nuestro grupo.»[31]

«¡Siguiente!» gritó Mengele.

Ana y Margot se adelantaron. Seguían encontrándose en un estado lamentable por la sarna, pero eran jóvenes. Aterradas, Rosa y Edith esperaron a si se unirían a ellas o si serían colocadas a la izquierda, hacia un destino desconocido. Rosa recuerda haber visto a las dos chicas: «De quince y dieciocho años, delgadas, desnudas pero orgullosas, acercándose a la mesa de la selección con los hombres de las SS... Ana animó a Margot y Margot caminó directamente hacia la luz. Permanecieron allí de pie un momento, desnudas y con la cabeza afeitada, y Ana nos miró con su rostro limpio, volvió la mirada hacia adelante y se mantuvo erguida...»[32]

«¡A la izquierda!», gritó Mengele, y Ana y Margot avanzaron.

El grito angustiado de Edith Frank se alzó entre nosotros: «¡Las niñas! ¡Oh, Dios, las niñas!»[33]

8

Que llegue el fin, aunque sea duro...

Diario de Ana Frank, 26 de mayo de 1944

Las mujeres seleccionadas para quedarse en Auschwitz se dirigieron hacia las puertas abiertas del bloque vacío de los sarnosos. Los reflectores de las torres de vigilancia iluminaron cadáveres en las verjas electrificadas. Dentro del barracón oscuro Rosa y Edith se agarraron de las manos.

«Yacíamos una encima de la otra —recordaba Rosa—. Muchas mujeres lloraban. Me senté con el tronco erguido y miré alrededor. Mi madre me había enseñado que hiciese buen uso de mis ojos y oídos. De pronto la puerta del barracón se abrió. Entró una mujer con una linterna. Dejó que la luz nos recorriera. Me recogió a mí y a otras veinticinco que también parecían dignas de ser rescatadas. "Corred, corred —dijo—. Después del recuento, corred a otro barracón." Era una líder de bloque griega. Más tarde, a lo lejos vimos camiones deteniéndose frente al bloque de los sarnosos, para cargar a las otras y llevarlas al crematorio.»[1]

Aunque habían escapado a ese destino, Edith enfermó y fue llevada al hospital del campo, donde se debilitó cada vez más.

Ana y Margot estaban entre las 634 mujeres seleccionadas para ser transportadas.[2] Se les dio ropa vieja, zapatos desparejados, una manta, un cuarto de barra de pan, ciento cincuenta gramos de salchichas y un trozo de margarina. Luego fueron empujadas hacia el tren. Nadie sabía adónde iban, pero el viaje fue espantoso. En los vagones hacía un frío horrible y estaban repletos. No recibieron más comida ni agua. Al cabo de cuatro días, el tren se detuvo y los guardias de las SS abrieron las puertas. Las exhaustas mujeres subieron al andén de la estación de Celle. Unos kilómetros más allá estaba el campo de concentración de Bergen-Belsen.[3]

En sus primeros tiempos Belsen había proporcionado acomodo al ejército alemán, sirviendo de campo de prisioneros de guerra para seiscientos soldados franceses y belgas. A ellos se habían unido el verano de 1941 veinte mil prisioneros de guerra rusos. La superpoblación condujo a un brote de tifus en el campo y murieron miles de prisioneros. En abril de 1943 Himmler propuso tener allí a diez mil judíos que podían ser canjeados por prisioneros de guerra alemanes. Belsen fue requisado por las SS, pero resultó estar «en las peores condiciones concebibles. Los barracones estaban destruidos y las instalaciones sanitarias y la cocina no existían».[4] Se trajeron obreros de campos de concentración para reparar y reconstruir los barracones. Entre enero y septiembre de 1944 unos cuatro mil judíos «de intercambio», llegaron a Belsen con sus familias. La mayoría eran judíos holandeses de Westerbork que tenían sellos de exención o estaban en una lista de autonomía. Pocos fueron soltados como resultado de un intercambio.

La decisión de llevar allí prisioneros enfermos de otros campos —y así infectar potencialmente a la población del campo— marcó un punto de inflexión en la historia de Belsen. El primer transporte de inválidos, la mayoría aquejados de tuberculosis, llegaron a Belsen a finales de marzo de 1944. No había medicinas, higiene, cuidados ni comida con que devolverles la salud. Sólo 57 personas de aquel primer transporte de mil individuos enfermos sobrevivieron para presenciar la liberación del campo un año más tarde.

Los treinta kilómetros cuadrados de terreno de Belsen estaban divididos en varios subcampos. La construcción del último de ellos, el «campo de tiendas», empezó el 7 de agosto de 1944, para prever la llegada de miles de mujeres judías húngaras y polacas de los guetos y campos de trabajo. Diez o doce tiendas se alzaban ya cuando llegó el primer transporte el 11 de agosto. A mediados del mismo mes unas cuatro mil mujeres vivían en las tiendas, pero la mayoría estuvo poco tiempo allí antes de ser enviadas a trabajar. El 5 de septiembre de 1944 las internas fueron obligadas a construir cabañas destinadas a tres mil mujeres, que serían transportadas desde Auschwitz-Birkenau a finales de octubre y principios de noviembre. Cuando las nuevas llegaron, los barracones seguían siendo inhabitables. Entre estas «mujeres enfermas pero curables»[5] estaban Margot y Ana Frank.

Lientje y Janny Brilleslijper iban también en el transporte de Auschwitz. Caminando por el campo, se encontraron con Margot y Ana. «Echamos un vistazo y oímos el susurro de un grifo abierto en una pequeña colina; nos apresuramos a acercarnos para lavarnos. Cuando subíamos hacia la colina, dos figuras delgadas se nos acercaron y nos arrojamos a sus brazos. Las dos hablaban holandés. Las cuatro teníamos las cabezas afeitadas, estábamos esqueléticas y temblábamos. Ana y Margot preguntaban muchas cosas y nosotras también. Preguntamos por su madre, pues sabíamos que en Auschwitz los hombres habían sido separados de las mujeres. Ana se echó a llorar amargamente y Margot susurró: "Seleccionada..."»[6] Las cuatro chicas se sentaron juntas en la colina, viendo cómo se acercaba la fila de rezagados desde la estación de Celle. Lientje observó a Ana y a Margot, mientras éstas se arrebujaban en sus mantas. «Las dos eran inseparables, como mi hermana y yo. Parecían dos pájaros congelados, daba pena mirarlas. Después de lavarnos, desnudas al aire libre, nos vestimos rápidamente, pues no teníamos nada más que un vestido y una fina manta, una manta que atesorábamos como una preciada posesión. Luego nos deslizamos juntas a una de las tiendas. Éramos delgadas, teníamos cuatro mantas, y nos calentamos unas a otras...»[7]

Al principio Ana y Margot discutieron sobre si entrar o no en las tiendas, pero decidieron que sería mejor que quedarse fuera. Janny Brilleslijper recordaba: «Esperamos hasta el último momento y entonces tuvimos que ir a la parte más alta de la tienda. No era agradable, porque el interior de las tiendas resultaba sofocante. No sé cómo era posible, seguramente por la cantidad de gente que había. Estaba asquerosamente caliente y apestaba, como la jaula del león en el zoo de Artis... Estábamos sentadas en lo alto y la lluvia caía sobre la tienda. El agua hizo agujeros en ella.»[8] Dormían en capas sueltas de paja, mezcladas con otras doscientas personas. No había luces ni retretes. Una ocupante atestiguaba: «Cuando queríamos ir a la letrina abierta, no había manera de pasar a través de la masa de gente hasta la salida.»[9] Otra prisionera, Anita Lasker-

Wallfisch, reflexionaba: «Durante unos días vivimos así, en un gran montón, sobre la tierra desnuda en una tienda temblorosa, frías y desgraciadas.»[10]

La noche del 7 de noviembre, cayó una gran tormenta sobre el terreno baldío. El viento arreció, llegando en feroces ráfagas, arrancando las tiendas de sus sujeciones y arrastrándolas por el suelo. Las mujeres gritaban y se agachaban a medida que los palos caían alrededor de ellas. «Estaba muy oscuro. Todo el mundo luchando por salir de las tiendas destrozadas —recordaba Anita—. De algún modo, conseguimos soltarnos. Cuando finalmente lo logramos, permanecimos allí al aire libre, bajo la lluvia, con el viento arreciando, durante el resto de la noche.»[11] Finalmente llegó un grupo de guardias de las SS y las llevaron a la tienda de la cocina, pegándolas mientras corrían. Al día siguiente, aún temblando de frío, fueron trasladadas de nuevo. «Nos metieron en un viejo pajar lleno de trapos y zapatos viejos —recordaba Lientje—. Ana preguntó: "¿Por qué quieren que nos convirtamos en animales?", y una de nosotras contestó: "Porque ellos mismos son animales de presa." Y hablamos de cómo serían las cosas cuando todo acabase; porque creíamos que el tiempo sólo nos parecía largo por nuestra desgracia, pero ésta no podía durar mucho más. No sabíamos que lo peor estaba aún por venir.»[12]

El hospital, el asilo de ancianos y dos cabañas que había en otra parte del campo fueron evacuadas para albergar a las mujeres heladas. Lientje y Janny perdieron de vista a Ana y a Margot durante unos cuantos días, mientras se realizaban los acomodos. Finalmente acabaron en el mismo barracón, durmiendo en camastros de madera en una cabaña de piedra, donde miles de personas compartían un solo lavabo. El recinto se pareció enseguida a «una sola letrina, porque muchas de las prisioneras debilitadas y moribundas padecían diarrea. La gente era incapaz de llegar a las letrinas y se aliviaban donde estaban; a veces ropa sucia de pacientes con diarrea se quedaba en las camas durante semanas... Las condiciones higiénicas alcanzaron un nivel horroroso cuando los cadáveres de miles de víctimas se dejaron en medio del recinto».[13] Aproximadamente la mitad de los prisioneros de Belsen fueron transferidos al campo de mujeres el 2 de diciembre de 1944. Llegaban más transportes de campos de concentración y muchos de los recién llegados sucumbían a las enfermedades, que se extendían rápidamente.

Ana y Margot tenían la litera inferior de Lientje y Janny en su barracón. Su humor aún no había sucumbido ante la miseria que les rodeaba. «Ana solía contarnos historias cuando nos acostábamos —recordaba Lientje—. También Margot. Eran historias tontas y chistes. Nos turnábamos para contarlas. La mayoría eran sobre comida. Una vez hablamos de ir al hotel América de Amsterdam a cenar y Ana rompió a llorar súbitamente al pensar que nunca volveríamos... Inventamos un menú, con un montón de cosas buenas para comer. Y Ana dijo que todavía tenía mucho que aprender.»[14] Tenían que haber sido enviadas a trabajar fuera del campo, pero su precaria salud significaba que las hacían trabajar todos los días en el cobertizo de los zapatos, un antiguo establo donde había montones de zapatos viejos procedentes de Alemania. Los zapatos debían ser descosidos a mano, las suelas de cuero arrancadas y las piezas utilizables apartadas. El trabajo era difícil y doloroso, y los constantes golpes de los SS lo empeoraban. Lientje y Anne encontraban la tarea imposible: «Nuestras manos empezaron a supurar. Varias personas murieron por envenenamiento de sangre. Ana y yo fuimos las primeras que tuvimos que dejar de trabajar. Margot y mi hermana siguieron bastante tiempo, pero compartían la comida con nosotras... De esta forma conseguíamos un poco más de sopa aguada y un trozo de pan... Ana y yo empezamos a *organizar* cosas, es decir, a robar de la cocina o a pedir. Si te atrapaban, significaba una paliza, pero no nos cogieron... Lo hacíamos mejor que las que estaban trabajando. Ahora bien, nunca robamos a otra prisionera, sino a los nazis.»[15]

A finales de noviembre Auguste van Pels llegó a Belsen desde Auschwitz. Ana y Margot no la habían visto desde el viaje de Westerbork hacía dos meses. Ella se unió al pequeño grupo en el que estaban las hermanas Brilleslijper, Deetje y Hannelore Daniels, y una joven llamada Sonya («Una niña alegre y dotada»[16]), todas de Holanda. Cada una cuidaba de las otras. Lientje recordaba: «Una de nosotras estaba siempre de guardia cuando llegaba la comida. Había que saltar por ella o desaparecía inmediatamente. Auschwitz era un infierno organizado, pero la parte de Belsen en que estábamos era un infierno desorganizado.»[17] Anita Lasker-Wallfisch también estaba en un grupo. «Nos vigilábamos como halcones para que no hubiera signos de desfallecimiento. Era tentador no desvestirnos y no lavarnos todos los días con el frío del invierno. El agua estaba fuera. Nos veíamos unas a otras adelgazar cada vez más, y compartíamos la comida que podíamos conseguir... No había nada que hacer. Nos limitábamos a existir.»[18]

El 2 de diciembre de 1944 Josef Kramer fue nombrado comandante de Belsen. Kramer venía de Auschwitz y traía consigo a su personal más sádico. Introdujo a los *kapos* en Belsen, eliminó del campo los vestigios de autoadministración judía, privó a los prisioneros de comida varios días seguidos, organizó comandos de trabajo y retiró a los judíos de intercambio sus últimos privilegios. Aunque la comida era «el principal tema de conversación» desde 1944, se convirtió en una obsesión cuando las raciones se redujeron a «un cuenco diario de la llamada "sopa", nabos cocidos en agua sin carne ni grasa y una rebanada diaria de pan de un centímetro de grueso».[19] Lientje observó: «Cada vez estábamos más delgadas. Ana parecía no ser más que ojos... ojos con un brillo verdoso.»[20]

En medio de esta crisis los internos trataron de celebrar la Navidad y Januká. Lientje recordaba:

> Ahorramos trocitos de nuestra escasa ración de pan y recibimos una ración especial de un cuarto de queso Harz. Ana había encontrado un pedacito de ajo en alguna parte. Yo canté unas canciones en otro bloque y me recompensaron con un poco de col agria. Las hermanas Daniels, que estaban con nosotras, habían *organizado* una remolacha y una zanahoria. Con nuestras seis mantas improvisamos una mesa y celebramos un banquete de Navidad. Habíamos guardado un poco de sucedáneo de café y lo calentamos en secreto en una estufa, y tostamos unas mondas de patata. Éste fue nuestro banquete de Navidad. Ana dijo: «Y estamos celebrando Januká al mismo tiempo.»[21]

Agachadas bajo el techo en pendiente de los barracones, las mujeres entonaban sus canciones favoritas.

Canciones judías —recordaba Lientje—, y llorábamos. Los ojos de Ana brillaban. Nos contó historias. Creímos que debían de ser viejas historias que no conocíamos, pero ahora sé que Ana las había inventado. Margot empezó también a contar una historia, pero fue incapaz de seguir y Ana la acabó por ella. Dijo que su padre sabía historias mucho mejores y Margot se echó a llorar, preguntándose si seguiría vivo. Ana tenía confianza: «Claro que está vivo.»[22]

Holanda estaba desolada. El suministro de gas y electricidad había sido cortado. El terrible clima invernal se añadía a la miseria causada por la falta de luz, calefacción y escasez de comida. Los habitantes de las ciudades tenían que andar kilómetros para llegar al campo, donde la situación era sólo ligeramente mejor, y rogar a los campesinos que les diesen comida y combustible. Las raciones se recortaban una y otra vez, hasta que cada persona no tuvo más que quinientas calorías diarias. La fiebre tifoidea y la difteria se extendieron por el país. Los alemanes se lo llevaban todo, desde ganado a ropa, y lo mandaban a Alemania. Cuando ya parecía imposible que hubiese nada peor, los alemanes volaron los diques de Ijmuiden. Los canales subieron, el sistema de alcantarillado se rompió y una plaga de ratas invadió Amsterdam. El «Invierno del Hambre» se llevó por delante a 22.000 víctimas.

El 30 de diciembre de 1944 Victor Kugler fue trasladado al pueblo de Wageningen. Durante algún tiempo trabajó allí de electricista y luego se hizo traductor, llevando mensajes a una organización empleada por el ejército alemán para cavar trincheras y trampas para tanques. Kugler trabajaba en una oficina y le dieron una bicicleta, papeles de identidad y una cinta verde que le permitía viajar por pueblos evacuados. Kugler tenía carta blanca en la oficina, ya que el comandante estaba rara vez presente. Se trajo prisioneros a trabajar con él en lugar de en los campos y les dio dinero y papeles de identificación.

En Amsterdam, Kleiman trataba de averiguar si el jefe de almacén, Van Maaren, era responsable de una serie de robos en los almacenes que se habían producido durante noviembre y diciembre. Visitó a la policía con sus sospechas, pero un registro en casa de

Van Maaren no permitió descubrir nada. Recordando que Van Maaren se había vanagloriado de estar en buenas relaciones con la SD, de momento Kleiman dejó el asunto pendiente, pero se aseguró de estar al tanto de los movimientos de Van Maaren.

En noviembre nevó en Auschwitz. La nieve había caído en grandes ráfagas, amortiguando los sonidos y los movimientos en el interior del campo. En el recinto del hospital muchos prisioneros morían de tifus y difteria. Edith Frank fue una de ellos. Rosa de Winter recordaba: «Fui enviada al barracón del hospital y vi otra vez a la señora Frank. Me acosté junto a ella. Estaba muy débil y ya no comía, apenas se daba cuenta de nada. Metía la comida que le daban debajo de la manta, diciendo que la guardaba para su marido, porque él la necesitaba, y el pan se estropeaba debajo de la manta. No sé si estaba tan débil a causa de la falta de comida, o si dejó de comer porque estaba demasiado débil para ello. Ya no hay manera de saberlo...»[23] Otto describió más tarde los últimos días de su esposa: «Las dos niñas habían sido enviadas a otro campo. Desde entonces mi mujer se quedó tan desesperada y deprimida que gradualmente perdió todo deseo de vivir.»[24]

Edith Frank murió en Auschwitz el 6 de enero de 1945.[25]

El centro de muerte del campo había sido desmantelado piedra a piedra. Los gaseamientos habían acabado en noviembre de 1944 y los nazis, deseosos de ocultar la prueba de la «Solución Final», ordenaron la destrucción de las cámaras de gas y los crematorios. Durante el invierno de 1944-1945 las cámaras de gas cuatro y cinco fueron destruidas, las verjas que rodeaban dos crematorios fueron derribadas, el vestuario del crematorio tres fue desmantelado y todos los crematorios excepto uno fueron volados. El último crematorio funcionaba como incineradora para aquellos que morían en el recinto del hospital. Los motores de ventilación y las tuberías se enviaron a Mauthausen y las partes que quedaban a otros campos de concentración. Los pozos de cremación, que contenían montones de cenizas humanas, se rastrillaron y plantaron con semilla de césped. Las salas de disección fueron demolidas. Sólo una quedó en funcionamiento. Veintinueve almacenes de ropa y edificios fueron incendiados y muchos documentos destruidos. A mediados de enero de 1945 las SS abandonaron el campo.

Entre los 32.000 prisioneros que aún vivían en Auschwitz estaba Otto Frank. Había estado en el hospital del campo desde noviembre. Su salud se había debilitado por el trabajo en la construcción de una carretera y luego por las palizas de los guardianes que vigilaban su grupo de pelar patatas. Aquejado de desnutrición y diarrea, sufrió una fuerte depresión. Su momento más bajo llegó tras otro brutal asalto. «Aquello me había afectado gravemente —recordaba—, también en términos de moral. Era un domingo por la mañana y dije: "No puedo levantarme", y mis compañeros, todos holandeses, claro, porque yo era el único alemán, aunque totalmente aceptado por los demás, dijeron: "Es imposible. Tienes que levantarte, porque si no estás perdido."» Los compañeros de Otto llamaron a un médico judío holandés. Otto recordaba: «Aquel médico holandés vino a mi barracón. Dijo: "Levántese y venga mañana al barracón de los enfermos; hablaré con el médico alemán y se salvará." Eso fue lo que ocurrió y por eso me salvé.»[26]

A Peter van Pels le habían dado un trabajo en el departamento postal, que le permitió recibir unas cuantas raciones extra. Cuando visitó a Otto en el hospital, éste hizo lo que pudo para convencerle de que se escondiese allí con él, en lugar de marcharse con los miles de personas que estaban siendo evacuadas del campo. Aterrorizado por el castigo que pudiera recibir en caso de ser descubierto, Peter se negó. No fue el único prisionero que tomó aquella decisión: «Muchos, que estaban demasiado débiles para moverse, tenían que quedarse atrás, y otros decidieron quedarse. Se decía que los rusos estaban cerca (algunos aseguraban que sólo a dieciséis kilómetros). Quedarse en el campo podía significar ser asesinado por los guardias que se retiraban, pero eso a muchos les parecía un mal menor... Sin duda la decisión de quedarse o marchar se tomaba rara vez de manera lógica. Uno se quedaba o se marchaba sin saber muy bien por qué.»[27]

El 16 de enero Peter fue llevado, junto con miles de otros, a una marcha de la muerte fuera de Auschwitz. Por toda Europa columnas de supervivientes de los campos marchaban a través de la campiña bajo la vigilancia de guardias armados. Su destino eran los campos y subcampos de Alemania. Belsen, Dachau, Sachsenhausen, Buchenwald y Ravensbrück acogieron a varios supervivientes, pero muchos fueron rechazados. Las marchas de la muerte estaban llenas de peligro por ambas partes. Los prisioneros eran a menudo confundidos con militares alemanes por los soldados rusos, que abrían fuego sobre ellos. La mayoría de los que marchaban murieron de cansancio, pero a algunos les dispararon; «los transportes dejaron tras ellos un horroroso rastro de prisioneros, con cráneos destrozados o tiroteados y rostros convertidos en pulpa».[28]

El grupo de Peter llegó finalmente a Mauthausen. Terminado como campo en mayo de 1933, construido por 40.000 republicanos españoles y judíos que llevaron las piedras de sus cimientos por un sendero montañoso, Mauthausen parecía un viejo fuerte de montaña. Los internos se alojaban en barracones de madera; eran sobre todo judíos, gitanos, prisioneros soviéticos de guerra, españoles, testigos de Jehová y homosexuales. Trabajaron hasta morir en las canteras de piedra del campo.

Peter van Pels murió en Mauthausen el 5 de mayo de 1945. Tres días más tarde el campo fue liberado.[29]

En Auschwitz, Sal de Liema había perdido el contacto con «papá Frank». El 27 de enero, oyó que esperaba a los rusos, y consiguió salir cojeando del barracón. En la distancia vio lo que creía eran perros pequeños, hasta que las balas empezaron a caer alrededor. Los disparos de aviso habían sido hechos por sus liberadores.

En otra parte del campo Otto también veía acercarse a los rusos. Más tarde, su recuerdo más vívido fueron «sus abrigos de piel blancos como la nieve. Nuestros liberadores eran buena gente. No nos preocupaba si eran comunistas o no. No nos preocupaba la política, sólo nuestra liberación. Los rusos nos dieron comida, aunque ellos no tenían mucha».[30] Los soldados distribuyeron raciones de comida y ropa de los viejos almacenes de las SS y separaron a los internos enfermos crónicos de los que creían que podían vivir. Otto fue colocado en otro barracón, en una litera para él solo. Había otros muchos prisioneros en la cabaña, y mujeres de

Birkenau llegaban regularmente a buscar a sus parientes y amigos. Eva Schloss (entonces Eva Geiringer) estaba entre las visitantes. Ella y su madre se habían librado de las marchas de la muerte. «Hacia el final, cuando estaban evacuando el campo, hicimos lo posible para quedarnos en Auschwitz y no nos llevaran con uno de aquellos grupos. Creímos que nos matarían de un disparo si íbamos con ellos. E hicimos bien, pues la mayor parte de los que salieron del campo murieron. Mi padre y mi hermano trasladados a Mauthausen murieron allí.»[31]

Pero por aquel entonces Eva no conocía el destino de su padre y su hermano, y fue al campo de los hombres para buscarlos. Vio a Otto sentado en su litera, mirando desconsolado al vacío.

> Era de mediana edad, casi no le quedaba cara, sólo un cráneo esquelético en el que destacaban dos ojos pálidos e inquisitivos. «Le conozco», dije en holandés, casi segura de que le había visto antes. Él se irguió despacio y con dificultad, alto y todavía digno. Se inclinó ligeramente ante mí. «Soy Otto Frank —dijo sonriendo débilmente—. Y tú eres Eva Geiringer, ¿no? La amiguita de Ana. —Me tomó entre sus brazos y me abrazó—. ¿Está Ana contigo? ¿La has visto, a ella o a Margot?», preguntó ansioso, pero yo tuve que decirle que no había visto a ninguno de mis amigos de Merwedeplein en el campo... Me senté en su litera durante un rato y le conté todas las noticias que pude; él pensaba que era una buena idea trasladarse a Auschwitz, donde los rusos tenían un cuartel general permanente e iban a cuidar de los prisioneros. Le prometí volver a verle.[32]

Otto empezó a recuperar poco a poco la salud y la fuerza. El 23 de febrero pudo escribir a su familia en Suiza:

> Queridísima madre:
> Espero que recibas estas líneas, llevándote a ti y a todos mis seres queridos la noticia de que he sido salvado por los rusos, que estoy bien, lleno de esperanza y bien cuidado en todos los aspectos. No sé dónde están Edith y las niñas. Nos separaron el 5 de septiembre de 1944. Sólo he oído que las llevaron a Alemania. Espero volver a verlas a salvo y con buena salud. Por favor, dile a mi cuñado[33] y a mis amigos en Holanda que me han liberado. Estoy deseando

verte de nuevo y espero que eso sea posible. Ojalá estés bien. ¿Cuándo podré recibir noticias tuyas?

Todo mi amor y besos.

Tu hijo,

Otto.[34]

Los últimos prisioneros de guerra habían sido evacuados de Bergen-Belsen para hacer sitio a los supervivientes de las marchas de la muerte y a transportes de otros campos de concentración. La segunda parte del campo de prisioneros de guerra se convirtió en campo de mujeres, y otro campo de hombres sustituyó al campo de mujeres original. A pesar de la expansión, el problema de la superpoblación aumentó. El comentario de un teniente coronel británico acerca de las condiciones de un barracón durante la liberación de Belsen ilustra la gravedad del problema: «Habría debido contener ochenta y tres soldados según los cálculos del ejército británico; sacamos de allí a 1.426 mujeres, y eso sin contar a las muertas.»[35]

Ana siempre sentía mucha curiosidad por saber quién venía en los transportes. Lientje recordaba:

Nos llevaban a otra parte del campo. Trasladaron también a un grupo de mujeres mayores y niños. Excitada, Ana se acercó a nosotras: «Vayamos allí, quizá haya amigos entre ellos, se dice que son todos holandeses.» Quería ir inmediatamente. Creo que en aquel momento era la Ana que conocemos del diario, despierta y llena de vida; en otros momentos sólo la vi seria y triste. Había unos chicos y chicas que Ana conocía: Carry Vos, Roosje Pinkhof. Pero Ana pronto volvió a entristecerse. Sus amigos estaban en listas de intercambio y deberían haber sido enviados a un campo neutral, pero a pesar de eso estaban en Belsen. Preguntó por otros amigos y se enteró de que Lies, una buena amiga suya, estaba bastante cerca y podría hablar con ella por la noche si tenía cuidado. Lies le hizo unos cuantos regalitos que le gustaron mucho. Quería compartirlo todo con nosotras, pero le dijimos que los regalos eran para ella y Margot.»[36]

El encuentro entre Ana y Lies es uno de los hechos más notables de los últimos meses de la corta vida de Ana. Tras la muerte de su madre al dar a luz en 1942, Lies vivió en Amsterdam con la familia que le quedaba. El 20 de junio de 1943 la familia fue atrapada en la última gran razia de Amsterdam. Fueron llevados a Westerbork y, tres meses más tarde, enviados a Bergen-Belsen como judíos de intercambio. Podían verse todos durante el día, pero por la noche Hans Goslar tenía que volver a los barracones de los hombres. Enfermó gravemente los primeros días de 1945.

A principios de febrero Lies oyó que varios transportes de mujeres holandesas habían llegado de Auschwitz. Caminando una noche por la nieve para ver si entre ellos había algún conocido, Lies encontró a la señora Van Pels, que le comentó que Ana también estaba en el campo. Unos minutos más tarde, oyó que Ana la llamaba. De pie junto a la alambrada de espino, Lies vio a Ana, «helada, hambrienta, con la cabeza afeitada y aspecto esquelético... Sólo pudimos hablar unos instantes».[37] Ana le explicó que no se habían ido a Suiza, sino que habían estado escondidos en Amsterdam. «Me dijo que habían matado a su padre; creía que a su madre también —afirma Lies—. Fue una pena que creyera que su padre había muerto cuando no era así. La forma en que lo idolatraba quizá le hubiera ayudado a sobrevivir si hubiese sabido que aún vivía.»[38] Hablaron de los dos últimos años y Ana le contó lo de las cámaras de gas de Auschwitz. Luego dijo que no tenía nada que comer. Lies aún recibía paquetes de la Cruz Roja en su barracón y le prometió que trataría de ayudarla.

Se vieron de nuevo la noche siguiente. Lies había empaquetado una chaqueta de lana, galletas, azúcar y una lata de sardinas para su amiga. Le arrojó el bulto, pero cuando aterrizó «oí un grito agónico de Ana. Cuando le pregunté qué pasaba, dijo que otra mujer había cogido el paquete y no quería dárselo».[39] La noche siguiente Lies le tiró otro paquete y esta vez Ana lo cogió, pero después de aquello las dos amigas no tuvieron más contacto. Los Goslar creían que iban a abandonar Belsen, pero la mañana de su supuesta partida, Lies se enteró de que su padre había muerto durante la noche. Dijeron a Lies y a Gabi que su traslado había sido cancelado. Lies trató de encontrar de nuevo a Ana, pero no pudo, y a finales de marzo sufrió otra pérdida cuando murió su abuela. Lies enfermó de tifus durante los últimos días de su estancia en el campo.

La madre de Trees, amiga de Margot, también vio a Ana en Belsen. Recordaba: «Vi a Ana al otro lado del alambre de espino, por la calle del campo. Allí las condiciones aún eran peores que las que había entre nosotros... Grité: "No te vayas, Ana. ¡Espera!" Y corrí hacia el barracón y empaqueté todo lo que pude, hice un bulto y corrí de nuevo hacia la alambrada. Pero estaba muy lejos y las mujeres nos sentíamos muy débiles. Mientras pensaba cómo podría hacer llegar el paquete al otro lado, se acercó el señor Brill. El señor Brill vivía con nosotros. Era muy alto y le dije: "Tengo aquí un vestido viejo, jabón y un trozo de pan, señor Brill. Por favor, arrójelo al otro lado." El señor Brill dudó al principio, no muy seguro de si sería prudente. Pero venció todos sus miedos cuando la vio... Tomó el paquete y lo arrojó con todas sus fuerzas al otro lado.»[40]

En otros barracones cercanos habían un grupo de niños holandeses que los nazis trataban con relativa suavidad, incapaces de decidir si eran judíos o gentiles. Janny, Lientje, Ana y Margot a menudo visitaban a aquellos niños. Les cantaban y les contaban historias que les animaban. Janny y Lientje se hicieron enfermeras voluntarias en un nuevo barracón lleno de mujeres y niños holandeses moribundos. Les dijeron a Ana y a Margot que se unieran a ellas, pero ninguna de las dos estaba lo bastante fuerte para cuidar de alguien más. Las Brilleslijper robaban medicinas de la farmacia de las SS y las distribuían entre sus compañeras, pero perdieron el contacto con Ana y Margot, a las que habían sacado de su barracón. «Margot sufrió un fuerte ataque de disentería y no podía estar de pie, y a causa del peligro del tifus, tuvo que ir al viejo bloque —recordaba Lientje—. Ana la cuidaba lo mejor posible. Pudimos llevarles un poco de comida que habíamos organizado. Unos días más tarde, nos enteramos de que estaban en el pabellón de los enfermos. Fuimos allí y les dijimos que no se quedasen porque morirían. Pero al menos allí se estaba más caliente y sólo había dos por litera. Ana comentó: "Estamos juntas y tranquilas." Margot apenas dijo nada. Tenía mucha fiebre y sonreía contenta. Estaba delirando...»[41]

En Auschwitz Otto siguió escribiendo a su familia en Suiza, aunque sabía que sus cartas y postales no llegarían a su destino hasta mucho tiempo después. A principios de marzo los supervivientes del campo subieron a «grandes y anchos trenes rusos»[42] que iban a Katowice. Una escueta nota escrita desde Katowice el 15 de marzo muestra su determinación a pensar positivamente, y acaba: «Es un milagro que esté aún vivo. Hemos tenido mucha suerte y debemos estar agradecidos»,[43] pero en otra escribe simplemente: «No poseemos nada más. Espero que estéis bien cuando leáis estas líneas. Escribiré pronto. Amor, Otto.»[44]

El 18 de marzo, escribió a su prima Milly en Londres: «... soy un mendigo, lo he perdido todo excepto la vida. No queda nada de mi casa, ni una fotografía, ni una carta de mis hijas, nada, nada, pero no quiero pensar qué va a ocurrir más adelante y si podré volver a trabajar. Hay mucha gente en la misma situación... Siempre he sido optimista y sigo intentándolo».[45] En otra carta escrita aquel día Otto medita acerca de cuánto le contará a su madre: «Sigo sin decidir si contarte más detalladamente algunas de mis experiencias; lo principal es que sepas que estoy vivo y bien. Estoy constantemente atormentado por no saber dónde están Edith y las niñas. Sin duda lo comprendes. Sin embargo, espero poder verlas bien de nuevo y no quiero perder la esperanza.»[46] En la misma carta se extiende acerca de algunos hechos del pasado reciente: «Si no hubiese estado en el hospital debido a mi debilidad —pesaba 52 kilos—, sin duda ya no estaría vivo. Tuve mucha suerte y muchos amigos. Peter van Pels pasó dos años con nosotros y se portó como un hijo allí, ayudándome. Todos los días me traía comida de más.[47] —Finalmente añade—: Apenas puedo imaginar relaciones normales. No quiero pensar en el futuro todavía. Aquí soy un mendigo y ese aspecto tengo. Pero mi mente sigue fresca y mi cuerpo se ha recuperado, sobre todo porque ya no tenemos que trabajar. Espero que pronto pueda mandarte más noticias...»[48]

Otto envió más noticias sólo dos días más tarde, pero eran noticias que nadie, y menos el propio Otto, hubiera querido oír. Rosa de Winter, que había viajado en el tren desde Auschwitz con Eva y Frizti Geiringer, corrió a ver a Otto en Katowice. Rosa recordaba: «El señor Frank estaba sentado solo a una larga mesa y nos reconocimos. Le dije: "No sé nada de las niñas. Se las llevaron." Al cabo de un momento, le expliqué que su mujer había muerto en la cama, a mi lado. El señor Frank no se movió cuando se lo dije. Le miré a la cara, pero él había bajado la vista. Luego hizo un movimiento. Ya no recuerdo exactamente qué fue, pero me parece que apoyó la cabeza sobre la mesa.»[49] Más tarde, Otto hizo un supremo esfuerzo por escribir a su madre:

> Queridísima madre:
> Quiero enviarte unas cuantas líneas mientras esperamos que nos trasladen. No puedo escribir mucho, porque las noticias que he recibido de Edith del 6-1-45 me afectan tanto, que todavía no las asumo. Los recuerdos de la postal me animaron mucho.[50] Edith murió de debilidad en el hospital a causa de la mala nutrición; su cuerpo no pudo aguantar más. En realidad es otra persona asesinada por los alemanes. Si hubiera conseguido sobrevivir otras dos semanas, todo habría sido diferente tras la liberación por parte de los rusos. Me pregunto si podré ir a Holanda por [palabra ilegible], no lo sé. Espero, sin embargo, que podamos llegar allí, aunque Holanda todavía no haya sido liberada.
> No quiero escribir más hoy.
> Te mando todo mi amor.
>
> OTTO.[51]

A principios de febrero Victor Kugler se encontraba entre los seiscientos hombres escogidos para trabajar en Alemania. La marcha para cruzar la frontera se inició en un día brillante y caluroso. Kugler llevó consigo una bicicleta y aconsejó a un amigo que hiciera lo mismo. Ambos hombres se quedaron rezagados al final de la fila, con la intención de escapar. En el pueblo de Zevenaar, cerca de la frontera alemana, la columna fue bombardeada por Spitfires británicos. Kugler y su amigo corrieron sin ser vistos hasta un prado, mientras todo el mundo se ponía a cubierto. Sujetando las bicicletas, los dos hombres se escondieron en una granja, hasta asegurarse de que no había soldados alemanes cerca. Entonces empezaron su largo camino de vuelta a casa, ayudados por granjeros y gente de los pueblos, que les daban un poco de comida, ropa y cobijo. Cuando Kugler llegó a Hilversum, llamó a la puerta de su casa, pero su esposa no contestó. Un antiguo vecino apareció y le explicó que su esposa había enfermado y estaba con ellos. Al día siguiente Kugler empezó a preparar un escondrijo por si los alemanes venían a buscarle. Estas medidas se revelaron innecesarias, pues unos días más tarde las tropas alemanas estacionadas en Wageningen se rindieron. Victor Kugler era un hombre libre.

A finales de marzo Otto emprendió el regreso a Amsterdam viajando en tren a través de Polonia. Su dolor por la pérdida de su esposa sólo lo atenuaba la esperanza de que Ana y Margot siguieran vivas; sólo pensaba en encontrarlas. Muchos años después de la guerra recordaba: «Durante ese viaje no sabía lo que les había pasado a las niñas. Pero siempre preguntaba por ellas, sobre todo cuando encontraba a otros prisioneros liberados: "¿Han visto quizá a mis hijas, Ana o Margot Frank?" Nadie tenía información sobre ellas. Una vez, durante una de las paradas del tren, me reconoció una chica que había jugado con Ana en Amsterdam. La joven me presentó a su madre, que preguntó por su marido... Traté de conseguir alguna información sobre las niñas, pero fue inútil.»[52] La chica y su madre eran, naturalmente, Eva y Fritzi Geiringer. Eva recordaba: «Vi al padre de Ana, Otto Frank, otra vez durante el viaje de Katowice a Czernowitz, solo, de pie en una de las paradas. Parecía cansado y triste. Mutti estaba conmigo y me pidió que se lo presentara. Ella sabía que él acababa de enterarse por Rosa de que su mujer había muerto y sintió una gran piedad por él. Yo la llevé hasta él e intercambiaron palabras educadas, pero para el señor Frank había poco consuelo y nada le interesaba. Parecía querer mantenerse aparte y quedarse solo con su dolor.»[53]

Otto escribió a su familia en Suiza desde Czernowitz el 31 de marzo. Su carta reza:

> Queridos:
> Qué a menudo pienso en vosotros y cómo deseo volver a veros. Es posible que la gente que está aquí pueda seguir viaje, pero nadie

sabe cuándo estaremos de vuelta en Holanda. Ciertamente parece que la guerra está llegando rápidamente a su fin. Estoy bien y enfrentándome a las cosas, a pesar de la dolorosa noticia de la muerte de mi esposa. ¡Sólo espero poder encontrar a mis hijas cuando vuelva a casa!

OTTO.[54]

Entre el 1 de diciembre de 1944 y mediados de marzo de 1945, 25.000 evacuados de los campos de concentración llegaron a Bergen-Belsen. Muchos de los 45.000 prisioneros del campo padecían de tifus. Se les alimentaba con una cucharada de mantequilla, una rebanada de queso o salchicha dos veces a la semana y una gota de *café*. El pan era una rareza. Los prisioneros hambrientos arrancaban hierba y la hervían, y cuando las cubas llenas de pútrida sopa llegaban a los barracones, «cualquier gota que cayera era lamida del suelo sucio por personas frenéticas, y cinco guardianes tenían que acompañar a los que portaban la cubas para evitar ataques súbitos de los famélicos internos».[55] No había agua en el campo durante días y junto al grifo «la gente moría a centenares, arrastrándose hasta él, delirando y gritando, mientras el guardia brutal que estaba al lado repartía golpes a la fila; los demás guardias disparaban sin cesar, hasta que al final aquel medio kilómetro cuadrado de suelo contuvo más sufrimiento que cualquier punto de la tierra».[56] Los camiones recorrían el campo recogiendo cadáveres para llevarlos al crematorio, pero a mediados de febrero, cuando morían miles de personas al día, la incineradora no pudo enfrentarse a la cantidad de cuerpos que se le exigía quemar. Los cuerpos eran quemados en cajas de madera empapadas de gasóleo, pero esto trajo consigo las quejas de los soldados que se entrenaban cerca, a causa del mal olor, y la administración de montes prohibió el uso de madera para quemar los cuerpos. Se dejaba a los muertos allí donde morían, o eran amontonados junto a los barracones, hasta que «miles de cuerpos yacían en la zona del campo, hinchados y verdes al sol de la primavera, en todos los estadios de la descomposición».[57] A medida que aumentaba la hambruna empezaron a aparecer brotes de canibalismo, y la gente se volvió literalmente loca de sed.

El 6 de febrero Auguste van Pels se encontraba entre un grupo de prisioneros que fueron trasladados de Belsen a Buchenwald. Desde allí fue llevada, en tren o a pie, a Theresienstadt el 9 de abril. No está claro su destino final, pues algunos informes la sitúan en la fábrica de aeroplanos de Raguhn, donde fueron puestos a trabajar muchos internos de los campos de concentración.

Lo único que se sabe con seguridad es que Auguste van Pels murió en Alemania o Checoslovaquia en algún momento antes del 8 de mayo de 1945.[58]

El tifus se extendió tanto en Belsen que los internos que no padecían la enfermedad estaban en minoría. Todo el mundo parecía estar muriendo de algo. Presser relata: «La aplastante mayoría se agotaba y sucumbía a una de las enfermedades que asolaban el lugar. La suciedad era indescriptible; hacia el final no había nadie que no tuviera piojos; todos estaban repletos de ellos, hasta en las cejas... Para torturar más aún a aquellos infortunados, los alemanes se entretenían cortando el suministro de agua. "La acumulación de heces —escribió un experto médico—, en algunos de los bloques de lavabos era tan indescriptible que la gente huía de ellos. Como casi todo el mundo sufría de disentería, pronto todos los barracones rebosaron de heces."»[59] Miles de personas murieron de hambre, mientras en los almacenes del campo cientos de paquetes de comida de la Cruz Roja y muchísimas latas de Ovaltine permanecían allí intactas.

En uno de los atestados barracones Margot y Ana yacían agónicas con tifus. Sufrían su enfermedad en el peor lugar posible, en la litera situada junto a la puerta del barracón, donde estaban expuestas a fuertes corrientes de aire día y noche. Rachel van Amerongen-Frankfoorder, que no las había visto desde Westerbork, se quedó horrorizada ante lo cambiado de su aspecto.

> Las Frank estaban casi irreconocibles desde que les habían cortado el pelo. Estaban mucho más calvas que nosotras, no sé por qué. Tenían mucho frío, como todas las demás... Día a día se debilitaban. Sin embargo, se acercaban a la alambrada del llamado campo libre todos los días, para ver si podían conseguir algo. Eran muy decidi-

das... A veces recogían un paquete que les habían tirado. Entonces volvían contentas, muy felices, y se sentaban y comían con gran placer lo que habían conseguido. Pero se veía que estaban muy enfermas. Tenían un aspecto terrible, esquelético. A menudo discutían, sin duda por culpa de su enfermedad, porque estaba claro que tenían tifus... Tenían esas caras hundidas, la piel sobre el hueso. Tenían muchísimo frío... Las oías gritar constantemente: «¡Cierra la puerta, cierra la puerta!» Y las voces se hacían cada día más débiles. Las veíamos morir... con un desgaste gradual, una especie de apatía, un revivir ocasional, hasta que se pusieron tan enfermas que se acabó la esperanza.[60]

El tifus, que provocaba la mordedura de un parásito infectado contaminado con sus heces, se extendió tan rápidamente en Belsen porque no había nada con qué luchar contra él. Los principales síntomas eran «eccemas en la piel seguidos de fiebre, dolor de cabeza agudo y de articulaciones, fallos renales, bloqueo de los pequeños capilares que conducen a la gangrena y reducen la resistencia a otras enfermedades como la neumonía».[61] Cuando el organismo portador de la enfermedad llegaba al sistema nervioso, producía «una peculiar agitación seguida de delirio, mientras una presión sanguínea decreciente y el pulso acelerado indican que la enfermedad ha llegado al aparato circulatorio. En este estado, una muerte terrible acompañada de convulsiones y gritos agónicos se produce dentro de las veinticuatro horas».[62] Ana y Margot mostraban todos los síntomas de esa enfermedad.

Lientje Brilleslijper recordaba: «Las visitamos [a Ana y a Margot] de nuevo, junto con Roosje Pinkhof. Margot se había caído de la litera, medio inconsciente. Ana ya estaba muy febril. Fue muy amable y cariñosa. "Margot va a dormir bien y cuando duerme, no necesito levantarme... —dijo Ana—. Oh, me encuentro tan caliente y a gusto", y parecía bastante feliz.»[63]

Margot estaba demasiado débil para sobrevivir al golpe de la caída sobre el frío suelo de piedra. El golpe la mató. Se desconoce el día exacto de su muerte, pero sin duda se produjo en Belsen a mediados o finales de marzo de 1945.[64]

Con su hermana muerta, Ana sucumbió al tifus que arrasaba su pequeño organismo. Janny Brilleslijper recordaba: «Ana estaba enferma... pero se mantuvo en pie hasta que Margot murió; sólo entonces cedió a la enfermedad... En cierto momento de sus últimos días, Ana se irguió ante mí, envuelta en una manta. No le quedaban lágrimas... Me dijo que tenía tal horror a los piojos y las pulgas de sus ropas que las había tirado todas... Iba envuelta en una manta. Recogí todo lo que pude encontrar para dárselo y que volviera a vestirse. No teníamos mucho que comer y Lientje estaba muy enferma, pero di a Ana parte de nuestra ración de pan.»[65]

Eva Schloss dice: «Volví a encontrar a mi padre en Auschwitz. Había venido a buscarme. Por aquel entonces yo me había separado de mi madre tras una selección y yo sabía lo que eso normalmente significaba. Ignoraba si seguía viva. Así que cuando él me preguntó: "¿Cómo está tu madre?", le dije: "Ha ido a la cámara de gas." Creo que eso acabó con él. Cuando mi hermano murió, mi padre pensó que se quedaba solo, porque creía que mi madre había muerto y tampoco le parecía que yo pudiera sobrevivir. Estaba solo. Por eso se rindió. De haber sabido que tanto mi madre como yo estábamos vivas, creo que hubiese aguantado, pero no lo sabía. Necesitaba cierto impulso, el saber que había alguien esperándote. Eso es lo que le ocurrió a Ana, estoy segura. Cuando Margot murió, Ana ya creía que su madre y su padre habían muerto. Por eso se rindió.»[66]

La muerte de Margot era más de lo que Ana podía soportar. Pensó que ya no tenía razón alguna para vivir. Su padre estaba buscándola frenéticamente, pero ella no lo sabía. A mediados o finales de marzo de 1945, Ana murió en Belsen, sola.[67]

Hilde Jacobsthal, que había pertenecido al grupo de jóvenes de la sinagoga del Barrio del río junto con Margot Frank y Peter van Pels, llegó a Belsen a finales de marzo. Hilde recordaba: «Había muchos niños holandeses allí. Pregunté si alguno era de Amsterdam y dijeron que Ana lo era, pero que había muerto hacía unos días.»[68] Cuando Janny y Lientje visitaron de nuevo los barracones, la litera que habían compartido Ana y Margot estaba vacía. «Sabíamos lo que eso significaba —escribió Lientje en sus memorias—. Las buscamos y las encontramos. Cuatro de nosotras envolvimos los delgados cuerpos en una manta y los llevamos a la gran tumba abierta. No podíamos hacer más.»[69]

El 15 de abril de 1945, sólo dos o tres semanas después de la muerte de Ana Frank, las tropas británicas liberaron Belsen.

Poco después de su llegada, las SS trataron en vano de eliminar las pruebas de su gran negligencia. Dos mil prisioneros, medio muertos ellos mismos, fueron obligados a enterrar los cadáveres que yacían por el suelo en fosas comunes de 9 metros de profundidad y 18 metros cuadrados, desde primera hora de la mañana hasta bien entrada la noche. Kramer, el comandante del campo, insistió en que dos bandas de prisioneros tocasen música mientras la procesión iba de los barracones a la tumba. Un escritor señaló que era «una espantosa *danse macabre*, una Danza de la Muerte más pesadillesca que cualquier fantasía que un poeta visionario pudiera conjurar».[70]

Belsen fue liberado tras un alto el fuego local acordado por ambas partes, que no estaban dispuestas a que las enfermedades del campo se extendieran. El infierno de Belsen y otros campos liberados fue «la última epidemia de tifus importante en la historia de la humanidad».[71] Diez mil cadáveres aguardaban todavía a ser enterrados. Se obligó a las SS a enterrarlos. Los libertadores no podían creer lo que veían sus ojos. El teniente coronel Gonin, de la 11 Light Field Ambulance, describía las escenas: «Vimos a mujeres ahogándose en su propio vómito, porque estaban demasiado débiles para volverse; a hombres comiendo gusanos mientras agarraban media barra de pan, sólo porque tenían que comer y apenas distinguían entre los gusanos y el pan; montones de cadáveres, desnudos y obscenos, con una mujer demasiado débil para sostenerse apoyada en ellos, mientras cocinaba la comida que le dimos sobre un fuego al aire libre; hombres y mujeres agachados en cualquier parte aliviándose de la disentería que vaciaba sus cuerpos; una mujer de pie completamente desnuda, lavándose con el jabón que habíamos repartido con agua de un tanque en que flotaban los restos de un niño.»[72] Los internos estaban tan desnutridos y enfermos, que en muchos casos era imposible determinar su sexo. Algunos yacían sobre sus literas junto a compañeros que llevaban días muertos. Los desagües que salían de los barracones estaban taponados con cuerpos, así como los senderos que recorrían el campo. Resultó imposible enterrarlos manualmente. Hubo que traer bulldozers para recoger montones de cuerpos y arrojarlos en los profundos pozos. El brutal proceso fue necesario para prevenir que los cuerpos se apilaran y las enfermedades se extendieran. Capellanes del ejército y rabinos recitaban oraciones por los muertos.

La gente que vivía cerca y afirmó no saber nada del campo fue llevada dentro y se les hizo caminar por los barracones. Iban dirigidos por el coronel Spottiswoode, que les dijo: «Lo que ven aquí es la final y definitiva condena del partido nazi. Justifica todas las medidas que las Naciones Unidas van a tomar para exterminar ese partido. Lo que ven aquí es una desgracia tal para el pueblo alemán, que su nombre debe ser erradicado de la lista de naciones civilizadas...»[73]

El 24 de abril empezó la evacuación del campo. A mediados de mayo estaba casi vacío, sólo quedaban trescientos internos antiguos y la guarnición británica en Belsen. Se reunieron todos mientras un oficial británico se dirigía a ellos: «Este momento es el fin de un capítulo cuyas páginas están llenas de la peor historia de crueldad, odio y bestialidad nunca escrita por una nación...»[74] Cuando acabó su discurso, las cabañas y los edificios de Bergen-Belsen fueron incendiados. Los internos y los libertadores contemplaron cómo ardían los edificios uno a uno, hasta quedar reducidos a cenizas. Entre ellos estaban los barracones en los que habían muerto Margot y Ana Frank. Sus cuerpos yacían unos metros más allá, en una tumba pestilente, sin identificar.

QUINTA PARTE
1945-1964

No quiero haber vivido inútilmente

9

Quiero publicar un libro titulado *Het Achterhuis* después de la guerra...

Diario de Ana Frank, 11 de mayo de 1944

Basilea, Suiza, 20 de mayo de 1945
Querido señor Kleiman:
Nos han dicho que hay otra posibilidad de ponernos en contacto con usted, así que lo intento. Hemos esperado mucho tiempo para tener la oportunidad de preguntarle acerca de nuestros seres queridos. Con miedo y mucho dolor esperamos su respuesta, confiando en que no tarde mucho y nos traiga noticias esperanzadoras. Ni que decir tiene que nos acordamos de usted, sobre todo en lo que se refiere a su salud. Estamos todos bien y yo trato de ser lo más valiente posible. Le envío mis más sinceros saludos. Cuando esté en su mano, por favor dígale a mis hijos lo mucho que me preocupo por ellos. Sus últimas noticias fueron del 22 de junio de 1944; desde hace casi un año no he sabido nada. Muchas gracias por su amistad y reciba nuestros mejores deseos.

Suya, ALICE FRANK.[1]

Hacia mediados de abril, la mayoría de las provincias del noreste de Holanda habían sido liberadas. Arnhem lo fue el 14 de abril y el resto del país sabía que sólo quedaban unos días para su propia emancipación.

Muchos de los campos ya habían sido liberados, Buchenwald, Nordhausen, Gross Rosen y Belsen entre ellos. Janny y Lientje Brilleslijper seguían en Belsen cuando los británicos llegaron, pero Lies y Gabi Goslar, junto con otros siete mil prisioneros, habían sido enviadas en un transporte a Theresienstadt. Quince días de viaje sumidos en el hambre y el terror acabaron el 23 de abril de 1945, ante la intervención de los soldados rusos, en el pequeño pueblo alemán de Trobitz. Lies y su hermana estaban entre los supervivientes.

Berlín se rindió el 2 de mayo. Unos días más tarde, Holanda celebraba su liberación oficial. A medida que las alegres multitudes acudían a la plaza de Dam, los alemanes abrieron fuego, matando a veintidós personas e hiriendo a más de cien. Hitler se había suicidado junto a su nueva esposa, Eva Braun, en su búnker de Berlín.

El 25 de abril el tren que llevaba a Otto Frank y a sus compañeros supervivientes de Auschwitz llegaba al puerto de Odessa, en el mar Negro, donde el barco neozelandés *Monoway* les esperaba. Zarparon hacia Marsella el 21 de mayo. Se asignaron camarotes a las mujeres, mientras que los hombres dormían en los puentes sobre hamacas, compartiendo su sitio con otros supervivientes de campos y prisioneros de guerra franceses e italianos. Les esperaban oficiales navales vestidos con impecables uniformes blancos y se tomaron muchas molestias para asegurarse de que se les cuidaba y eran bien alimentados. El 26 de mayo Otto escribió a su madre:

> ... Aún no sabemos cuándo volveremos a Holanda o si tendremos que pasar un tiempo en Inglaterra. Para mí lo principal es que hemos salido de Rusia, y por fin tengo la posibilidad de reunirme de nuevo con mis seres queridos. No podrías creer las ganas que tengo de estar contigo otra vez. Toda mi esperanza está puesta en las niñas. Me aferro al convencimiento de que siguen vivas y que pronto estaremos juntos, pero no me prometo nada. Hemos sufrido demasiadas cosas... Sólo las niñas, *sólo las niñas* cuentan. Espero sin cesar descubrir dónde están... quizá haya personas que tengan noticias de ellas... Tengo que ir a Holanda, porque no poseo ninguna identificación (aparte de un número) y sólo podré reunirme contigo más tarde. Ahora lo más importante es que sabemos que pronto volveremos a vernos. Mis mejores deseos y besos...[2]

Al día siguiente el *Monoway* entraba en Marsella, donde una enorme multitud y dos bandas militares esperaban para saludar a los prisioneros de guerra franceses. En el muelle los pasajeros del barco dieron sus datos a funcionarios sentados tras mesas de caballete, y les informaron de los trenes que debían tomar al día siguiente tras pasar la noche en hoteles del lugar. Otto aprovechó el breve interludio para enviar un telegrama a su hermana y anunciar su llegada. En la mañana del 28 de mayo subió al tren que iba a Holanda. Éste viajó sin contratiempos por Francia y Bélgica, pero se detuvo en Maastricht donde los puentes habían sido volados. Durante ese intervalo de tiempo Rosa de Winter se había reunido con su hija Judy, lo que dio esperanzas a los que como Otto seguían sin tener noticias de sus familias. Tras un par de días, se construyeron puentes provisionales y su viaje continuó en autobús hasta Amsterdam.

Jan Gies había sido trasladado de su oficina de Marnixstraat a la Estación Central de Amsterdam, donde recibía y aconsejaba a la gente que volvía de los campos de concentración y trabajo. A menudo preguntaba por las ocho personas a las que había ayudado a proteger durante dos años. Entonces, el 3 de junio, un hombre le dijo que había visto a Otto Frank. Jan corrió a casa para decírselo a Miep, en el momento en que Otto llegaba a la Estación Central. Otto dio sus datos a otro funcionario y le ofrecieron dinero para que tomara un taxi al Barrio del río. A medida que avanzaban por la ciudad, Otto se aferraba a las pertenencias que le habían quedado en el mundo: un pequeño bulto de ropas. El taxi se detuvo frente al piso de Miep y Jan, y Otto se dirigió lentamente a su puerta. Ésta se abrió de par en par antes de que tocase el timbre, pues Miep le había visto desde la ventana. Las primeras palabras de Otto fueron: «Edith no va a volver. —Con los ojos llenos de lágrimas, Miep le dijo que entrara. Él añadió—: Pero tengo grandes esperanzas en lo que se refiere a Ana y Margot.» Ella asintió. Otto le dijo que no tenía adónde ir. Miep tomó su equipaje y le aseguró que podía quedarse con ellos todo el tiempo que quisiera. Durante la cena Otto les contó todo lo que le había sucedido desde el 4 de agosto de 1944.

En sus memorias Otto escribe acerca de su vuelta a Amsterdam: «Mi primer paso fue ir a casa de Miep y su marido y, como no tenía casa, me quedé allí. Entonces supe que ni ella ni Bep habían llegado a ser detenidas y que mis amigos Kleiman y Kugler habían vuelto de los campos de concentración a los que fueron enviados. Teníamos muchas historias que contar acerca de nuestras tristes experiencias, se dolieron conmigo de la muerte de mi esposa, pero todos albergábamos esperanzas de que las niñas volvieran.»[3]

Otto tenía una habitación en casa de los Gies y volvió a trabajar en Prinsengracht. El anexo se hallaba dos pisos más arriba de su despacho, pero estaba cerrado y se caía a pedazos mientras él trataba de reunir los pedazos restantes de su vida. Le regocijó la llegada de la postal de su madre a Kleiman el 8 de junio y le escribió inmediatamente, explicándole que la había leído y lo que se «había alegrado al ver su [de su madre] letra». Seguía:

> ¡Al menos volvemos a estar en contacto! Como mis cartas no han llegado aquí, no sé las que habrás recibido tú y sólo puedo adivinarlo, ya que desde junio de 1944 sólo quedó una remota posibilidad de contacto. Probablemente te habrás desmayado al recibir mi telegrama. Estoy escribiéndote desde la oficina. Todo es como un extraño sueño. En realidad todavía no tengo las cosas claras. No me siento capaz de escribir mucho... No sé dónde están Edith y las niñas, pero no dejo de pensar en ellas... Estoy solo; no tengo nada más que decir. Encontré aquí a mis viejos amigos. Kleiman enfermó gravemente mientras yo estaba en prisión en el campo de concentración, y Kugler ha sido liberado sólo hace quince días. Todo por nosotros. Todas nuestras pertenencias nos han sido robadas. He conservado algunas cosas en otros lugares, pero no mucho. No tengo sombrero ni gabardina, ni tampoco reloj o zapatos, aparte de lo que me han prestado, y aquí no se puede conseguir nada, ya que no hay suministros. Estoy viviendo con Miep Gies. Tengo bastante dinero en este momento, aunque no necesito mucho. Estoy deseando reunirme contigo. Por favor, dame las direcciones de los chicos.[4] Espero tener pronto noticias tuyas, saber de todo el mundo, especialmente de aquellos de los que no he sabido nada desde hace mucho tiempo. Me temo que sólo le he escrito a Robert una carta corta,[5] porque no puedo entrar en detalles. Todavía no estoy normal, quiero decir que no encuentro el equilibrio, aunque físicamente estoy bien.

> Otto.[6]

Miep todavía no le había dicho a Otto que sí quedaba algo de su hogar. Estaba decidida a que sólo Ana recibiera el diario y, hasta entonces, éste permanecería guardado bajo llave.

El 12 de junio era, naturalmente, el cumpleaños de Ana. Habría cumplido dieciséis y Otto deseaba con toda su alma que ella hubiera estado de vuelta para celebrarlo. Seguía sin tener noticias de sus hijas, a pesar de todos sus esfuerzos para encontrarlas. No obstante, había recibido noticias de su hermano Robert, que escribió con referencia a un malentendido surgido a causa del telegrama de Otto desde Marsella el 27 de mayo. Se trataba de su primer contacto con la familia en Suiza, a pesar de las muchas cartas enviadas desde su liberación en Auschwitz. Cuando Otto escribió «hemos llegado...», la familia supuso que se refería a sí mismo, a Edith y las niñas, porque no sabían que Edith había muerto ni que se había separado de Margot y Ana. Alice Frank, llena de alegría ante la noticia que creía haber recibido, informó a todo el mundo de que su hijo, su nuera y sus dos nietas, estaban bien. Evidentemente ya sabían la verdad, pues Robert escribe:

> ... quizá imaginas cómo nos sentimos tras haber sido informados por nuestra madre de que estás bien... Quiero que sepas que somos incapaces de expresar nuestros sentimientos por todo lo que ha pasado. Cómo deploramos la pérdida de Edith y cómo compartimos tu ansiedad por las niñas son cosas que no podemos describir, del mismo modo que tú nos has dado escasas pistas de lo que has tenido que padecer durante estos años. Que Dios quiera que las niñas vuelvan pronto junto a ti y en buen estado de salud. Todas las demás cuestiones parecen no tener importancia al lado de ésta. Dices que es un milagro que estés vivo y te creo, y doy las gracias por ello y porque estés en buen estado de salud, preparado para empezar una nueva vida. Confío en que después de todo lo que has pasado no estés preocupado por cuestiones económicas. Éstas se arreglarán a su debido tiempo y puedo prometerte nuestra ayuda y la de Stanfield...[7] Lottie[8] está fuera. Ya sabes que quería mucho a Edith y sufre terriblemente al pensar en su muerte...[9]

El 18 de junio la propia Lottie escribió a Otto desde el Lake District, donde estaba pasando una temporada:

... Mi corazón está contigo, querido Otto, en tu gran dolor por la muerte de Edith y tu preocupación por el paradero de tus hijas. Estoy sumamente apenada por el destino de Edith: sabes lo mucho que la quería y lo bien que nos entendíamos. Te admiro por tu valentía y constancia, y rezo y espero que tus queridas hijas se reúnan pronto contigo. No sirve de nada decirte que el tiempo curará tus heridas pero créeme, los horribles recuerdos que debes de tener irán desvaneciéndose poco a poco, y con la ayuda de tus hijas y de todos nosotros podrás construir una nueva vida... Estamos deseando que nos digas que te has reunido con tus hijas, y esperamos verte en un futuro no muy lejano.[10]

El intercambio de cartas continuó. El 21 de junio Otto le descubrió a su hermana y su cuñado cómo se enfrentaba al hecho de no tener noticias de Margot y Ana:

... no hay comunicación con los territorios ocupados por Rusia y por eso no puedo conseguir información sobre las niñas, aunque podrían estar en Alemania. Hasta ahora estaba convencido de que volvería a verlas, pero empiezo a dudarlo. ¡Nadie es capaz de imaginar cómo eran las cosas en Alemania si no las ha sufrido en propia carne! En lo que se refiere a las niñas, sé que nada puede hacerse. Tenemos que esperar, eso es todo. Voy a la oficina todos los días porque es el único modo de distraerme. No imagino cómo podré continuar sin las niñas, habiendo perdido ya a Edith. No sabes cuánto crecían las dos. Me afecta mucho escribir sobre ellas. Naturalmente sigo teniendo esperanzas y espero, espero, espero... Aquí todos mis amigos hacen lo que pueden para ayudarme y hacerme la vida soportable. Tratamos de trabajar, pero como no hay prácticamente materias básicas, es difícil. Los costes se cubren, pero no hay beneficio. Mientras haya efectivo y se puedan pagar los salarios... Físicamente estoy muy bien y otra vez peso 70 kg. También estoy quemado por el sol. No nos hemos visto desde hace tanto tiempo que nos sorprendería lo que hemos envejecido... De los 150.000 judíos de este país, no creo que hayan quedado más de 20.000. Espero poder veros pronto, pero de momento todo es un caos...[11]

Herbert, el hermano de Otto, había sobrevivido pese a estar internado en el conocido campo de Gurs en Vichy, Francia. El 23 de junio Herbert escribió a Otto por primera vez desde que la guerra empezara. Acababa su carta:

> Pienso en ti todo el día y la mitad de la noche. No puedo dormir. Mis pensamientos están *siempre* contigo, mi querido Otto. He recibido un telegrama de Julius [el hermano mayor de Edith], con respuesta pagada, pero no contesté y supongo que madre le informó de tu terrible destino. Quería mandar dinero y paquetes... Mándame noticias tan pronto como te sea posible... Herbert.[12]

Una semana más tarde, Otto recibió una carta de Julius, a quien se había comunicado la muerte de su hermana. Su insistencia en que Otto se uniese a él y a Walter en América evidencia que tenían al marido de su hermana en muy alta estima, y Julius repetiría su ruego tras la confirmación de las muertes de Ana y Margot. Por el momento escribió:

> Mi última esperanza es que encuentres a tus hijas. Walter y yo haremos todo lo posible por ti. En caso de que queráis venir a Estados Unidos tenemos dinero ahorrado para los tres. Mándame un cable cuando hayas encontrado a las niñas. Hay nueve paquetes de comida enviados a tu atención a través de Max Schuster. Dime si necesitas comida. La mandaremos. Julius.[13]

Cada día Otto preguntaba a gente, revisaba listas, llamaba a la Cruz Roja y ponía anuncios en el periódico, con la esperanza de encontrar a sus hijas. Cuando supo que Eva y su madre Fritzi estaban de nuevo en Amsterdam, les hizo una visita, sin darse cuenta de que había visto a Fritzi antes. Eva recuerda: «Oí un golpe en la puerta principal y vi a Otto Frank de pie allí. Le colgaba el traje gris de su cuerpo alto y delgado, pero se le veía tranquilo y distinguido. "Tenemos visita", dije mientras le llevaba a ver a Mutti. Él tendió la mano para ser presentado a Mutti. "Pero ya nos conocemos —dijo ella—. Camino de Czernowitz..." Él negó con la cabeza. Sus ojos pardos eran tristes y profundos. "No lo recuerdo —dijo—. He sacado su dirección de una lista de supervivientes. Estoy tratando de averiguar qué les ha ocurrido a Margot y a Ana." Estaba desolado por no haberlas encontrado todavía, pero se sentó y habló con Mutti durante un largo rato.»[14]

Otto dividía su tiempo entre la búsqueda de sus hijas y trabajar en el número 263 de Prinsengracht, en su antiguo puesto de director general. El gobierno holandés en el exilio hizo una declaración según la cual el retiro forzoso de las personas judías de sus negocios «debe considerarse como si nunca hubiese sido promulgado».[15] Pectacon y Gies & Co siguieron funcionando. La compañía Opekta, sin embargo, se vio afectada por una orden establecida por la ley de 1944, relativa a «la propiedad de los procedentes de potencias enemigas»[16], porque Otto era de origen alemán. Los problemas con Opekta siguieron sin resolverse hasta 1947. Sólo hubo un cambio significativo en las oficinas de Prinsengracht en 1945, y fue el despido de Van Maaren, al que habían atrapado robando pectina, sal y soda de los almacenes.

En julio de 1945 Janny Brilleslijper visitó la Cruz Roja holandesa. Cuando se le enseñó una lista, ella puso una cruz junto a los nombres de las personas que sabía que habían muerto. Algún tiempo después de su visita un hombre muy digno apareció en su puerta. Le dijo que era Otto Frank y que había visto la lista de la Cruz Roja en que había hecho sus marcas. Otto le preguntó entonces si podía decirle qué había ocurrido con sus hijas. Muy impresionada, Janny extendió las manos y farfulló, indefensa: «Ya... no están.» Vio con horror cómo él palidecía y caía en una silla. No había nada que pudiera hacer por él.

Otto siempre había creído que sus hijas sobrevivirían. Ahora, en un brillante día de verano, había recibido la más oscura de las noticias. En sus memorias Otto escribe: «Una y otra vez pequeños grupos de supervivientes volvían de diferentes campos de concentración y yo trataba de oír de ellos detalles acerca de Ana y Margot. Finalmente encontré a dos hermanas que habían estado con ellas en Bergen-Belsen y que me contaron los sufrimientos finales y las muertes de mis hijas. Las dos estaban tan debilitadas por las privaciones que habían caído víctimas de las fiebres tifoideas. Mis amigos, que habían compartido mis esperanzas, compartían ahora mi duelo...»[17]

Cuando Miep se enteró de la noticia, su primer pensamiento —aparte de una profunda angustia— fue para el diario de Ana. Recuerda: «Cuando supimos, hacia julio de 1945, que Ana, al igual que Margot, había muerto en Bergen-Belsen, devolví todos los escritos de Ana al señor Frank. Le di todo lo que había almacenado en el cajón del escritorio de mi oficina.»[18]

Miep le entregó el diario a Otto en las oficinas de Prinsengracht. En aquel momento él estaba sentado con la cabeza entre las manos. Levantó la mirada cuando ella colocó los papeles en el escritorio y le dijo: «Aquí está el legado de su hija Ana para usted.» Encima del montón estaba el inocuo diario a cuadros rojos y blancos. Miep abandonó la habitación en silencio, cerrando la puerta tras ella.

Otto abrió el libro, con las páginas sin tocar desde que los dedos adolescentes de su hija las hubieran vuelto para trabajar en su futuro *Het Achterhuis*. Ana le sonrió con timidez desde su última fotografía del colegio, con el labio superior cubriéndole el nuevo y horrible aparato dental: «*¡Elegante fotografía! ¿verdad? Espero confiar en ti completamente, como nunca he podido hacerlo con nadie antes, y espero que seas un gran apoyo y consuelo para mí... El viernes, 12 de junio, me levanté a las seis, lo que resulta comprensible, pues era mi cumpleaños...*»

Después de que la familia se enterase de la muerte de Ana y Margot, Otto recibió un sinfín de conmovedoras cartas de condolencia, tanto de los Holländer como de los Frank. El 6 de agosto de 1945 su madre envió un telegrama: «Recibí tristes noticias todos lloramos a nuestras queridas niñas el mayor amor y pensamientos manténte fuerte y saludable besos madre —Elias Frank.»[19]

El 9 de agosto de 1945 los americanos dejaron caer una segunda bomba atómica en Nagasaki. El gobierno japonés capituló el 2 de septiembre de 1945. La guerra había acabado.

Por todas partes, en el cine y en los periódicos, los documentales y las fotografías de los campos de concentración dejaban al público sin habla. Algunas personas no podían creer lo que veían y otras eran incapaces de mirar. Aproximadamente 110.000 judíos fueron deportados de Holanda durante la guerra; sólo cinco mil volvieron. Poco a poco fue quedando claro quién había sobrevivido y quién no.

Otto trató de ponerse en contacto con aquellos a quien había conocido antes de la guerra. Tenía especial interés en encontrar a las amigas de sus hijas. Se enteró de que los Ledermann habían sido llamados al Hollandse Schouwburg el 20 de junio de 1943. Franz e Ilse, de la mano de sus hijas Sanne y Barbara, pasaron junto al centinela alemán de la puerta. Barbara soltó de pronto la mano de su hermana menor, se volvió y le dijo al soldado que la dejara salir. El hombre la tomó por una niña alemana, en lugar de una judía alemana, aparentemente por su aspecto y su manera de hablar, y la dejó salir del teatro sin más. Sanne y sus padres fueron enviados a Westerbork y luego, el 16 de noviembre, a Auschwitz. Ilse Ledermann escribió a su hermano, Paul, cuando estaba a bordo del tren: «Querido mío, vamos juntos de viaje por última vez en mucho tiempo... Vamos de camino ahora, adiós querido, te mando mucho amor, lo mejor, amor y besos, Ilse.»[20] Tiró la nota en el tren, donde alguien la encontró y la envió. Fueron gaseados inmediatamente después de llegar a Auschwitz.

Lies Goslar había sido admitida en un hospital de Maastricht a su vuelta de Trobitz. A su hermana menor, Gabi, la cuidaba un amigo de la familia. Otto visitó a Lies en Maastricht, después de viajar durante catorce horas para encontrarse con ella. Al verle, Lies gritó enseguida: «¡He visto a Ana! ¡Está viva!» Él le susurró que ya no era así. Hablaron durante un tiempo y Lies llegó a confiar totalmente en él. «A partir de entonces se convirtió en mi padre —asegura—. Se ocupó de todo.»[21]

Otto llamó de nuevo a Eva y a su madre cuando ellas se trasladaron a su antiguo piso en Merwedeplein. Fritzi recuerda: «Cuando varias semanas más tarde volvió, ya sabíamos que nuestros seres queridos habían perecido en el campo austriaco de Mauthausen y habíamos recibido la noticia de que Ana y Margot habían muerto de fiebre tifoidea en Bergen-Belsen. Estábamos sumamente deprimidas.»[22] Eva recuerda: «Era muy difícil estar de nuevo en casa sin la familia. Yo tenía dieciséis años y no me apetecía volver a la escuela, pero Otto dijo: "Tienes que ir a la escuela, es lo único que puedes hacer ahora por tu vida: recibir una buena educación." Así que volví, aunque no podía relacionarme con nadie. El caso era éste: los que habíamos vuelto, yo y todos los demás que conocí, queríamos hablar de nuestras experiencias de entonces, necesitábamos hablar de ello desesperadamente, pero nadie quería escucharnos. Era una tragedia. Yo salí adelante, pero conozco a muchos que no lo consiguieron. Era muy difícil y fue así durante mucho, mucho tiempo. Años... La mayor parte de nuestros vecinos de Merwedeplein no volvieron. Estaba vacío. Otto hizo lo que pudo por ayudarme a superar la amargura que sentía.»[23]

El 11 de agosto Otto escribió a su familia en Suiza. Su carta se centra especialmente en las reuniones con viejos amigos. Le asegura a su madre: «No me dejo llevar, sino todo lo contrario, hago cosas para ayudar, en lugar de quedarme sentado pensando.»[24] El 19 de agosto, escribió otra vez a su madre, compartiendo con ella sus recuerdos de Ana:

> ... He recibido mucho correo de todo el mundo y no siempre puedo contestar inmediatamente. No dejo que eso me preocupe, porque trato de estar siempre ocupado con algo. Normalmente lo consigo, sólo de vez en cuando me siento decaído. Ya he escrito que tengo que trabajar en mi negocio... Debo escribir otra vez a Buddy. Él no sabe lo mucho que Ana hablaba de él y cuánto deseaba ir a vuestra casa para hablar con él acerca de todo. Las fotos de patinaje que se enviaron están todavía aquí. Ella tenía un gran interés por los progresos de Buddy, en parte porque le gustaba el patinaje y también porque soñaba con ir a patinar con él. Poco antes de que desapareciésemos, recibió unos patines Unstel, su mayor deseo. El estilo de Buddy también me recuerda el modo de escribir de Ana, es asombroso verlo. Stephan tiene un estilo diferente... Leía poemas de Goethe y Schiller con Ana, así como *La doncella de Orleans*, *Nathan el Sabio*, *El mercader de Venecia* y otras cosas. Le gustaba mucho leer biografías, como las de Rembrandt, Rubens, María Teresa, María Antonieta, el rey Carlos I y II y todos los maestros holandeses; y *Lo que el viento se llevó* y muchas otras buenas novelas. Edith y Margot también eran buenas lectoras. Aparte de ti, no he escrito prácticamente a nadie acerca de Edith y las niñas...[25]

Otto escribió acerca de su familia perdida a Julius y a Walter en Nueva York. Su carta, del 20 de agosto, describe alguna de las dificultades prácticas que tenía para superar la vida diaria:

> Queridos Julius y Walter, ¿qué noticias puedo contaros que tengan algún interés después del fallecimiento de mis seres queridos? Nada parece tener importancia ni sentido. Pero la vida sigue y trato de no pensar mucho y no enfadarme. Tenemos que soportar nuestro destino. Puedo imaginar vuestros sentimientos, igual que vosotros imagináis los míos, pero no debemos seguir con eso. Espero saber de vosotros pronto, de la vida que lleváis y las personas que están con vosotros. Me interesa como siempre todo lo que hacéis. Aquí estoy rodeado de personas que nos acompañaban a diario cuando estábamos escondidos y que lo arriesgaron todo por nosotros, a pesar de los peligros y las amenazas de los alemanes. Cuán a menudo Edith y yo mismo insistíamos a las niñas en que nunca olvidasen a esas personas, y que las ayudasen en caso de que *nosotros* no volviéramos. Sabíamos que les debíamos todo, y antes de que nos descubrieran estábamos seguros de que nos salvaríamos. Ahora estoy solo, pero no debo quejarme... Aquí todo es escaso y de mala calidad. Robert envió un traje (que aún no ha llegado), pero si puedes enviarme uno también, sería estupendo, ya que no tengo mucho que ponerme. Ha recibido ropa interior de Londres. Naturalmente me gustaría ayudar aquí a mi gente que no tiene parientes, así que si puedes conseguir ropa de mujer y medias, mándamelas. Los cigarrillos y el tabaco también serán bienvenidos. No tenemos carne, excepto la «carne enlatada con verduras», y muy poca mantequilla. El té y el café son todavía *sucedáneos*, tenemos leche, pero no bastante, así que si hay leche en polvo, será bienvenida. Quizá soy un poco atrevido, pero no quiero exagerar y no sé lo que contienen los paquetes que ya habéis enviado... ¡Qué suerte que pudierais marcharos a tiempo! Quiero mantener correspondencia regular con ambos y estoy deseando tener noticias vuestras. Espero saber pronto de vosotros y sigo como siempre, vuestro,
>
> OTTO.[26]

Dos días más tarde Otto escribió otra vez a su madre, y en la carta menciona por primera vez la existencia del diario de Ana:

Queridísima madre, he recibido tu carta del día 4. Sé lo mucho que sufres, que piensas en mí y compartes mi propia tristeza. No me abandono y trato de mantenerme tan ocupado como puedo. No tengo fotografías de los últimos años, claro, pero por suerte Miep salvó un álbum y el diario de Ana. Pero no tengo fuerzas para leerlo. Ya no queda nada de Margot, excepto sus trabajos de latín, porque nuestro hogar fue saqueado y por eso las pequeñas cosas que usábamos tan a menudo y las cositas de Edith y las niñas han desaparecido. Estoy seguro de que no tiene sentido pensar en ello, pero un ser humano no existe sólo en su mente, sino también en su corazón.»

A pesar de sus esfuerzos por «no pensar mucho»,[27] a veces algo penetraba la frágil concha del optimismo de Otto. La llegada de una carta de Betty-Ann Wagner, de América, que junto con su hermana Juanita, deseaba continuar la correspondencia con las hermanas Frank ahora que la guerra había terminado, fue un duro golpe para él. Otto escribió a su madre: «Hace unos días, llegó una larga carta de América para Margot y Ana de una niña con la que no habían tenido contacto personal. Esa niña quería reanudar la correspondencia con ellas. Le escribí bañado en lágrimas. Cosas como ésta me alteran mucho. Pero no importa...»[28] Betty Ann Wagner recuerda lo que sintió al recibir la carta de Otto: «Nos dijo que su familia había muerto durante la guerra. Me senté y lloré. Por aquel entonces yo estaba dando clases y cuando leí los detalles [de la carta de Otto], se la leí a mis alumnos y traté de que entendieran lo que había ocurrido.»[29]

Aparte de estas cosas, Otto trató de convencer a su madre de que no estaba anclado en el pasado:

Uno tiene que seguir por las personas que aún están vivas. Los otros ya no pueden ayudarte. Sabes que ésa ha sido siempre mi creencia. Es muy difícil salir adelante con nuestro destino, pero así tiene que ser... Espero que Berndt[30] haya tenido éxito. Una carrera en la profesión que ha escogido [actor] puede tener sus altibajos. No puedo mencionar ese nombre sin pensar en Ana. Entiendo que Stephan quiera marcharse. ¿Habla bien el inglés? Los chicos son ahora los únicos que cuentan para mí, como la generación más joven. Me escribo regularmente con Julius y Walter. Edith siempre se preocupaba por los ojos de Julius... No podemos detenernos pensando en las personas que han muerto. La vida pide más.[31]

A pesar de sus protestas, las siguientes cartas a su madre recogen cada vez más los recuerdos de su mujer y sus hijas. Stephan enfermó gravemente y tuvo una septicemia, y al preocuparse Otto por su sobrino, pensó en sus hijas perdidas. El 14 de septiembre, escribió:

> Siempre le veo [a Stephan] en mi mente como un niño pequeño, dulce y soñador... Tienes razón acerca de mis hijas y de él. Cuánto podría contarte... El día de Año Nuevo[32] estuve con Hanneli. No fui a la sinagoga. El servicio liberal ya no existe o yo hubiera ido, pero el ortodoxo no significa nada para mí. Sé que Edith no tenía una mentalidad tan estrecha. Nunca pretendió que yo ayunara, y entendía que iba a la sinagoga sólo por ella. Hubiera ido con ella o las niñas, pero ir solo no tiene sentido y no sería más que hipocresía. Me quedo en casa, porque tengo ciertos planes que te contaré más adelante...[33]

Los planes de Otto se referían al diario de Ana. Había empezado a leerlo y le resultaba difícil dejarlo. El 26 de septiembre Otto escribió a Leni: «En el diario de Ana encuentro una descripción de un vals sobre hielo que lleva a cabo con [Buddy] en un sueño. Lo que estoy leyendo en su libro es indescriptiblemente emocionante, y no hago más que leer y leer. ¡No puedo explicártelo! Todavía no he acabado y quiero leerlo entero antes de hacer algunas acotaciones o traducciones para ti. Escribe acerca del proceso de crecer con un increíble sentido de la autocrítica. Me interesaría aunque no lo hubiese escrito ella. Qué gran lástima que esta vida haya tenido que acabar...»[34]

En sus memorias Otto asegura:

> Empecé a leer lentamente, sólo unas pocas páginas cada día; más hubiera sido imposible, ya que estaba abrumado por dolorosos recuerdos. Para mí fue una revelación. Descubrí una Ana totalmente distinta de la niña que yo había perdido. No tenía idea de la profundidad de sus pensamientos y sentimientos... Nunca había ima-

ginado lo intensamente que Ana había pensado sobre el problema y significado del sufrimiento judío a lo largo de los siglos, y la fuerza que había conseguido gracias a su fe en Dios... ¿Cómo hubiera podido saber lo importante que era para ella el castaño si nunca había parecido interesarse por la naturaleza? Se había guardado todos aquellos sentimientos para sí... A veces nos leía episodios y cuentos humorísticos... pero nunca leyó nada que se refiriese a sí misma. Así pues, nunca supimos hasta qué punto se había desarrollado su carácter; era más autocrítica que cualquiera de nosotros. También leí lo importante que había sido su relación con Peter. A veces, al leer la dureza con que Ana escribía de su madre, me sentí muy triste. En su rabia provocada por algún conflicto determinado exteriorizaba sus sentimientos sin freno alguno. Me dolía leer cuán a menudo Ana había juzgado erróneamente los puntos de vista de su madre. Pero me sentí mejor al leer en anotaciones posteriores que Ana se daba cuenta de que a veces era culpa suya el que no se entendiera con su madre. Incluso se arrepentía de lo que había escrito... A través de la acertada descripción de Ana de cada hecho y cada persona, los detalles de nuestra convivencia se me revelaron claramente de nuevo.[35]

El 30 de septiembre Otto escribió a su madre: «Acabo de estar en la sinagoga, en un festival infantil. Ana y Margot siempre iban juntas a esa fiesta, incluso cuando estaban en Aquisgrán. Por fuera yo sonreía, pero por dentro lloraba amargamente. No podía dejar el diario de Ana. Es tan emocionante. Alguien ha empezado a copiar el "libro de cuentos" que escribió, porque no quiero separarme de él ni un momento, y está traduciéndolo al alemán para ti. *Nunca* dejo que el diario esté fuera de mi vista, porque hay mucho en él que nadie debe leer. Pero haré extractos...»[36]

Otto intentó convencer a Miep de que leyese el diario, pero al principio se negó, sintiéndose completamente incapaz. Recuerda cómo Otto «empezó en su cuarto a pasar a máquina en alemán ciertas partes del diario. Mandaba estos fragmentos a su madre en Basilea».[37] Otto había encontrado un nuevo sentido a las cosas. Trabajaba a partir del diario original de Ana y la versión que ella reescribió con vistas a publicarlo, combinando los dos. Omitió algunas de las anotaciones menos interesantes, las más íntimas y coléricas, y añadió cuatro pasajes del libro de cuentos, mecanografiándolo todo en trozos de papel que luego cortaba y pegaba, hasta que quedó satisfecho con el resultado.[38] Pidió ayuda a su amiga Anneliese Schutz para traducir las palabras de Ana del holandés al alemán, porque su madre no sabía holandés. Otto envió las traducciones por tandas a Suiza. Su familia se quedó asombrada. Buddy recuerda: «Estábamos pasmados. Yo no podía creer lo que ella había escrito; había tanta sabiduría y humanidad en ello... Pero tengo que decir que, por muy impactante que fuera el diario de Ana, no sabía qué iba a ocurrir con él. Me refiero a que si alguien me hubiera dicho: "Esto va a ser un bestseller mundial", le hubiera contestado que no dijera tonterías, ¡era imposible! Pensé que era maravilloso, pero no podía prever cómo reaccionarían otros ante el diario. Veía en él a Ana porque la conocía, pero su escritura no era lo que yo esperaba. Aquella transformación era algo verdaderamente grandioso.»[39]

Otto empezó a hablar a todo el mundo del diario. Eva y Fritzi Geiringer fueron de las primeras personas que lo vieron. Eva explica: «Un día Otto vino a vernos con el diario. Nos dijo que cuando volvió no sabía que se había salvado, porque Miep lo guardó. Nos lo enseñó, nos leyó algunas páginas y se echó a llorar.»[40] Fritzi recuerda: «Le costó mucho tiempo leerlo, porque le resultaba una experiencia emocional abrumadora. Cuando terminó, nos dijo que había descubierto que no conocía realmente a su hija.»[41]

En octubre de 1945 Otto recibió una carta de su viejo amigo Nathan Strauss, que era entonces presidente de la emisora de radio WMCA de Nueva York. Straus dispuso una transferencia para enviar a Otto quinientos dólares de su propia cuenta bancaria, diciéndole: «Espero que esto te sirva de ayuda en lo que, a pesar de tu reticencia a hablar de ello, deben de ser circunstancias financieras difíciles. No te molestes en agradecerlo. Simplemente olvídalo.»[42] A Otto le conmovió la generosidad de su amigo, pero no se guardó todo el dinero para sí; usó una parte para los niños que intentaban reunirse con sus familias en el extranjero o emigrar a Palestina. En su carta de ayuda a Straus añadió: «Aparte del negocio, estoy muy ocupado copiando el diario de mi hija menor (que apareció casualmente) y buscando un editor que lo publique. Te hablaré acerca de ello más adelante.»[43]

Cuando Otto mencionó el diario a uno de sus conocidos, Werner Cahn, un refugiado alemán con conexiones en el mundo editorial, Cahn le preguntó si podía verlo. Otto accedió, dejándole unas cuantas hojas escritas a máquina. Cahn enseñó el material a su mujer y los dos pidieron más para seguir leyendo. Al final acabaron leyendo todo el manuscrito. Otto escribió a su madre:

> ... el viernes estaba con Jetty Cahn en su casa y empecé a leer parte del diario de Ana, para que Werner me diera su opinión acerca de él. Ha trabajado con el editor Querido durante mucho tiempo, y también Jetty. El próximo viernes es la gran decisión, pero yo ya tengo una impresión: sin duda se publicará. ¡Qué gran noticia! No puedes imaginar lo que eso significa. El diario saldría en alemán e inglés, y contaría todo lo que ocurrió en nuestras vidas mientras estábamos escondidos: todos los miedos, las disputas, las discusiones sobre política, la falta de comida, la cuestión judía, el tiempo, el humor, los problemas de hacerse mayor, cumpleaños y recuerdos; en resumen, todo. Frau Schutz, en cuya casa estuve ayer, quiere traducir un cuento titulado «Blurry el explorador». La historia de un héroe... A Ana le interesaba todo tanto...[44]

Werner Cahn habló con Alice von Eugen-Nahys de Querido antes de que Otto encontrase un editor para el manuscrito, pero ella lo rechazó. Luego se puso en contacto con un editor alemán de Amsterdam, pero también lo rechazó. Cahn decidió esperar hasta que el manuscrito hubiese sido *pulido* antes de enseñarlo a nadie más. Otto llevó el diario escrito a máquina a su amigo Ab Cauvern, un dramaturgo que trabajaba en el Workers Broadcasting Channel, en Laren. Le pidió que corrigiese «los errores gramaticales y [eliminase] los germanismos, esto es, corregir las expresiones que mi hija hubiese tomado del idioma alemán y, por tanto, fuesen mal holandés».[45] Cauvern recuerda la tarea: «Leí el manuscrito y sólo corregí errores de mecanografía (al margen). Finalmente añadí un epílogo. Así que ya por aquel entonces ya debía de saber que Otto Frank pensaba publicarlo. Después Otto Frank se lo llevó y no sé lo que hizo. No tuve nada que ver con las disposiciones posteriores para su publicación.»[46] De hecho hubo cierto número de cambios —puntuación y correcciones gramaticales, redacción y supresiones— posteriores a la evaluación de Cauvern, pero no se añadió nada a las palabras de Ana. Algunos de los cambios fueron hechos por una mano inidentificada; Miep y Jan Gies los atribuían a Kleiman, que se había vuelto aún más íntimo de Otto después de la guerra.[47] El epílogo de Cauvern al diario decía simplemente: «El diario de Ana acababa aquí. El 4 de agosto, la Policía Verde hizo una redada en el anexo secreto... En marzo de 1945, dos meses antes de la liberación de nuestro país, Ana murió en el campo de concentración de Bergen-Belsen.»[48]

Otto mencionó el trabajo hecho con el manuscrito y las traducciones de los «Cuentos» de Ana en una carta a su madre el 12 de diciembre de 1945:

> ... Frau Schutz te enviará sin duda una traducción del poema de Ana «El sueño de Eva», que ella me regaló el año pasado por mi cumpleaños... Mañana llevaré el diario de Ana a Laren para que lo corrijan y revisen. Ya he llegado muy lejos con él y me gustaría tenerlo acabado para enseñárselo a editores. Te adjunto una corta traducción de una carta que Ana escribió acerca de su abuela. También escribió sobre ti, aunque poco, acerca de tu piel suave y arrugada, que creía prácticamente haber tocado. Asimismo, mencionó que había recibido una carta tuya exactamente en su cumpleaños en 1942. No puedo apartarme de todo esto, y tampoco quiero...[49]

Cuando se completaron los ajustes del diario, Isa Cauvern recuperó su puesto de antigua secretaria de Otto y mecanografió el texto revisado. Otto se lo enseñó a su familia y sus amigos, sondeando su opinión acerca de la posible publicación. Aunque le entusiasmaba la idea de verlo impreso, tenía sus reservas. Las reacciones de los amigos fueron variadas. El profesor de física de Margot en el Lyceum judío fue una de las personas que Otto consultó. Él recordaba: «A finales de 1945, Otto Frank nos llevó al anexo de Prinsengracht y nos enseñó el lugar en el que habían sido encontrados los papeles de Ana por las personas que les habían ayudado a esconderse. No vimos los diarios ni preguntamos si podíamos leerlos. Sabíamos que Otto Frank quería publicar el diario, pero ignoro con quién estaba en contacto, o qué personas le habían aconsejado. El rabino Soetendorp me contó en los años sesenta que Otto Frank le había dejado leer el diario para pedirle consejo. Soetendorp había dicho que no merecía la pena publicarlo, porque a nadie le interesaría.»[50]

Lies Goslar ya había dejado Holanda para trasladarse a Suiza, por lo que Otto no pudo hablar con ella. La otra amiga de Ana, Jacqueline van Maarsen, vivía aún en el Barrio del río, y recuerda que Otto le llevó el diario a su casa. «Vino con él un día, pero creo que para enseñárselo a mi madre. Entonces no lo leí, sólo lo miré. Quizá él no quería que yo lo leyese, no lo sé. En cualquier caso, me pareció que no debía leerlo, porque era la escritura de Ana y ella nunca quiso que la gente lo leyera cuando yo la conocía. Él no tenía intención de publicarlo por aquel entonces. Cuando más tarde habló de ello pensé, qué locura, ¿quién va a querer leer un libro escrito por una niña tan joven?»[51]

Otto había entregado el nuevo manuscrito mecanografiado a Werner Cahn, que quería una segunda opinión de él. Cahn trabajaba entonces en la ENSIE-Encyclopedia, cuyo editor era el doctor Jan Romein, un conocido historiador. Cahn recuerda: «Llevé el manuscrito a Annie Romein-Verschoor [la esposa de Jan Romein], cuya opinión yo valoraba mucho. Jan Romein vio el manuscrito allí encima aquella noche. Lo leyó de un tirón e inmediatamente escribió un artículo en *Het Parool* [periódico holandés] que se publicó al día siguiente.»[52]

El artículo apareció el 3 de abril de 1946 con el título «La voz de una niña» y decía, entre otras cosas:

> ... Cuando acabé [de leer el diario] era de noche y me quedé asombrado de ver que las luces funcionaban, que aún teníamos pan y té, que no oía los aviones resonando sobre nuestras cabezas ni el golpeteo de las botas militares en la calle... Había estado tan absorto en mi lectura, tan metido en aquel mundo irreal, de casi un año atrás...
>
> ... este diario aparentemente inconsecuente de una niña, este *de profundis* balbucido con voz infantil, lleva en sí toda la repugnancia del fascismo, más que todas las evidencias de Nuremberg juntas...
>
> ... Si los signos no me engañan, esta niña pudo haber llegado a ser una escritora de talento si hubiera seguido viva. Llegó aquí a la edad de cuatro años desde Alemania y era capaz de escribir al cabo de diez en un envidiable y sencillo holandés, mostrando una pers-

picacia hacia los fallos de la naturaleza humana —sin exceptuar la suya— tan infalible que habría asombrado en un adulto, cuanto más en una niña. Al mismo tiempo, también destacaba las infinitas posibilidades de la naturaleza humana, reflejadas con humor, ternura y amor, lo que resulta quizá más asombroso, y de las cuales uno podría apartarse, especialmente cuando se aplican a asuntos muy íntimos, si no fuera porque el rechazo y la aceptación siguen siendo tan profundamente infantiles.[53]

Diversos editores se habían interesado antes de que apareciera este artículo, incluyendo Querido (por segunda vez), pero ninguno quiso el libro. Sin embargo, inmediatamente después de la publicación del artículo de Jan Romein, los editores empezaron a ponerse en contacto con él. Romein los envió a Werner Cahn. El entusiasmo de Fred Batten, un consultor editorial de Contact, en Amsterdam, impulsó a Cahn a darle el manuscrito para que lo leyera. Contact quiso publicar el diario, pero sólo con la condición de que se hiciera cierto número de cambios. Éstos se referían sobre todo a lo que tenía que ver con la sexualidad y ligeras diferencias con el estilo del manuscrito; en total, se eliminaron veinticinco pasajes a petición del director de Contact, G.P. de Neve. En junio de 1946 cinco extractos del diario fueron publicados en la publicación izquierdista de Jan Romein, *De Nieuwe Stem*.

Otto seguía albergando dudas respecto a la publicación del diario de su hija. El rabino de la congregación judía liberal estaba en contra de ello y así se lo dijo. «Otto Frank era lo que yo llamaría un buen hombre, pero también era sentimental y débil. Me habló por primera vez del diario de su hija Ana cuando el editor, Contact, tenía ya el manuscrito. No vino a pedirme consejo, sino más bien a desahogarse emocionalmente, pues siempre se emocionaba cuando hablaba del diario. Habló de la relación entre Peter y su hija... Yo no leí *Het Achterhuis* hasta que salió a la venta. Tampoco me habló nunca del jaleo comercial subsiguiente, y a mí jamás me gustó la Anne Frank House. Lo mismo les ocurre a todos los judíos razonables de Holanda.»[54] La esposa del rabino opinaba del mismo modo: «Una mañana Frank vino a ver a mi marido con el diario... Estaba muy alterado. Quería publicarlo. En ese momento le dije que cómo podía hacer aquello. No entendía (y sigo sin entenderlo) cómo podía haber copiado los pensamientos de su hija adolescente para mostrarlos al mundo entero. Yo estaba en contra de la publicación, y la misma Ana lo hubiese estado también. Debemos dejar que los muertos descansen en paz. Ésa era mi opinión respecto a los planes de Frank. No recuerdo cómo reaccionó ante eso.»[55]

Al final, Otto decidió seguir adelante con la publicación porque estaba seguro de que era lo que Ana hubiese querido. Eva recuerda: «Cuando apareció el artículo en el periódico, y el profesor dijo que era un documento muy valioso y no podía impedirse que el público lo viera, Otto pensó en publicarlo. Había que tener en consideración las palabras de Ana, el hecho de que ella hubiera dicho: "Quiero seguir viviendo después de mi muerte..." Aunque era difícil, porque se trataba de un documento sumamente personal. Otto eliminó algunas de las palabras más duras de Ana sobre su madre, y sus pensamientos más íntimos. Creo que estuvo bien hacerlo así en aquel momento.»[56]

En sus memorias el propio Otto explica cómo llegó a tomar esa decisión: «A Ana le habría encantado ver algo publicado... Después de leerlo, sentí la necesidad de hablar con amigos íntimos, y sobre todo con nuestros ayudantes, del diario de Ana... Mis amigos opinaban que no tenía derecho a contemplar aquello como un documento privado, sino como un significativo documento sobre la humanidad. Inicialmente yo me mostraba reticente a publicarlo, pero una y otra vez me di cuenta de que tenían razón. Una mañana leí en el periódico un artículo con el título: "La voz de una niña..." Entonces un editor se puso en contacto conmigo y de ese modo apareció la primera edición del diario en 1947. Ana hubiera estado muy orgullosa.»[57]

El miércoles 25 de junio de 1947 Otto Frank escribió en su agenda de bolsillo: «LIBRO.»[58]

El libro al que se refería se publicó en una edición de 1.500 ejemplares, con un prólogo de Annie Romein-Verschoor y un extracto de «La voz de una niña» en la solapa. Su título era *Het Achterhuis: Dageboekbrieven van 14 Juni 1942 - Augustus 1944*. La autora era Ana Frank. Su título. Su libro.

... nada es peor que ser descubierto...

Diario de Ana Frank, 25 de mayo de 1944

¿Quién mató a Ana Frank?, planteaba el provocativo título de un programa de televisión de la CBS emitido el 13 de diciembre de 1963. Otto Frank, Simon Wiesenthal y el doctor Louis de Jong, del Instituto Estatal Holandés de Documentación de Guerra, fueron entrevistados en el programa, que fue alabado por la crítica, pero que en realidad no conseguía contestar a la pregunta principal: ¿quién traicionó a las ocho personas escondidas en Prinsengracht?

En *Ashes in the Wind* [*Cenizas al viento*], Jacob Presser señala lo frágil que era el equilibrio entre estar escondido y ser descubierto para los fugitivos durante la guerra: «Es cierto que miles de judíos perdieron la vida como resultado de una denuncia, anónima o no, a veces incluso de las mismas personas que les albergaban... La *Algemeen Politieblad* (Gaceta de la Policía) no dejaba de publicar listas de los judíos desaparecidos enviadas por diversos burgomaestres y que pedían su captura. En una ocasión los alemanes publicaron una llamada a los judíos escondidos: los que apareciesen serían perdonados... todos los que salieron fueron deportados.»[1]

Había informantes de dos categorías: los profesionales y los aficionados. Los primeros eran lo bastante listos para saber que podían sacar más chantajeando a los judíos escondidos que denunciándolos inmediatamente —los pagos aumentaban con el tiempo—. La más infamante en esta primera categoría fue la Columna Henneicke, cuyas actividades «provocaron la muerte de cientos de judíos. A los hombres se les pagaba por persona y su dinero ensangrentado subió, en un momento dado, de siete florines y medio hasta treinta y siete florines y medio por cabeza de judío».[2] La Columna Henneicke utilizaba dinero judío para recompensar a los captores con éxito. Los aficionados eran un grupo más difícil de agarrar; sus motivos eran rara vez monetarios, ya que generalmente no informaban con suficiente regularidad como para sacar provecho de ello. La voluntad de traicionar parecía ser en principio emocional y podía ir desde el antisemitismo, la antipatía personal o la maldad, hasta la adherencia a la doctrina nazi. Holanda estaba «llena de colaboradores nazis. Mientras el número de esfuerzos de rescate holandeses parece haber sido alto, el número de personas rescatadas realmente representaba sólo el 11 por ciento de la población judía. La traición era un lugar común».[3] Entre ocho mil y nueve mil de los 25.000 judíos que se escondieron fueron detenidos. Las redadas organizadas por los nazis, la laxitud por parte de los propios fugitivos y los deslices de sus protectores fueron también factores a tener en cuenta. ¿Qué combinación de dichos factores pudo ser la que desencadenó la redada del anexo secreto?

Kleiman fue el primero que llamó la atención de las autoridades sobre el asunto. Poco después de la liberación, visitó el Departamento de Investigaciones Políticas Criminales (POD) con una declaración escrita que implicaba que Willem Gerard van Maaren, el almacenista, era culpable de la traición. Kleiman resumía los robos cometidos por Van Maaren y declaraba: «A mi pregunta sobre si había conocido a las personas que estaban escondidas en el edificio, respondió que simplemente lo sospechaba, pero que el personal de uno de los negocios de al lado le había dicho una vez algo al respecto...»[4]

El peligro de que Van Maaren resultase ser un informante a menudo era discutido entre las ocho personas escondidas. Cuando llegó a sustituir al padre de Bep en la primavera de 1943, al principio nadie se preocupó. En su diario Ana ya había escrito acerca de un nuevo asistente en los almacenes del piso inferior: «Tenemos un nuevo almacenista; el viejo ha tenido que marcharse a Alemania, lo que es una pena, aunque para nosotros mucho mejor, porque el nuevo no conoce la casa. Siempre nos han asustado los almacenistas.»[5] Kugler contrató a Van Maaren; no podemos suponer que conociera el historial de negocios sucios y reputación de poco fiable que arrastraba consigo Van Maaren, sobre todo en lo

que se refería a las finanzas. Él ya tenía experiencia como almacenista en la organización Caridad según habilidad. Lo que Van Maaren no le dijo a Kugler era que, mientras trabajaba allí, había sido
descubierto como ladrón que robaba a sus empleados.

Los problemas empezaron a surgir poco después de su llegada
al almacén. Pequeñas cantidades de azúcar, especias y fécula de
patatas desaparecían y Van Maaren empezó a hacer preguntas, lo
que hizo sospechar a Kugler y a Kleiman si el almacenista habría
adivinado su secreto. En una ocasión Kugler lo descubrió rascando
la pintura azul que cubría las ventanas del anexo y murmurando:
«Bueno, nunca he estado ahí.» Cuando descubrió el maletín de
Van Pels[6] en el almacén (Van Pels se lo había dejado allí acciden-
talmente la noche anterior), preguntó a Kugler acerca de él y también si «cierto señor Otto Frank solía trabajar aquí». Más preocu-
pante aún fue el hecho de que por la noche ponía trampas en el
almacén: lápices colocados en el borde de la mesa, que cualquier
movimiento podrían desplazar, y fécula de patatas espolvoreada
por el suelo para que quedasen huellas marcadas en ella. Cuando
se le preguntó acerca de su comportamiento dijo, razonablemente,
que estaba intentando atrapar al auténtico ladrón para demostrar
que él no tenía la culpa.[7] Hizo lo que pudo para mezclar a Bep Voskuijl y su padre en los robos. Sin embargo, Kleiman y Kugler con-
trataron a un hombre llamado J.J. de Kok, para ayudar a Van Maaren y al que trabajaba con él, Hartog, en el almacén, y después de la
guerra, De Kok admitió haber vendido mercancías que Van Maaren robaba de Prinsengracht en el mercado negro. Tanto De Kok
como Hartog dejaron de trabajar en el almacén antes de que acabara 1944.

Los ocupantes del anexo pronto empezaron a desconfiar de
Van Maaren. La rapidez y el alcance con que se extendió este malestar se reflejan en la anotación del diario de Ana del 16 de septiembre de 1943 (seis meses después de que Van Maaren hubiese
empezado a trabajar): «El almacenista, Van Maaren, empieza a sospechar del anexo. Naturalmente cualquiera que tenga un dedo de
frente tiene que darse cuenta de que Miep no hace más que decir
que va al laboratorio, Bep que va a revisar los archivos y Kleiman al
almacén de Opekta, mientras que Kugler dice que el Anexo Secre-

to no forma parte de nuestro edificio, sino que pertenece al edificio vecino. No nos importaría mucho que el señor Van Maaren pensase en la situación, si no supiéramos que no es de fiar y que es excepcionalmente inquisitivo, muy difícil de engañar.»[8] Una anotación posterior indica cuánto les perturbaba su presencia. «El sábado hubo aquí un gran drama, que superó en furia a todo lo que ha pasado hasta ahora. Todo empezó con Van Maaren...»[9] Su conducta les obligó a tomar nuevas medidas de seguridad, como por ejemplo tirar de la cadena del retrete cuando fuera prudente: «Van Maaren no debe oírnos.»[10] El 21 de abril Ana escribió: «Estamos teniendo una desgracia detrás de otra. Apenas se habían asegurado las puertas de fuera[11] cuando Van Maaren volvió por aquí. Lo más probable es que él robara la fécula de patata y quiere echarle la culpa a Bep... Quizá Kugler haga ahora vigilar a ese tipo sórdido.»[12] Este pasaje suscita una pregunta: Ana se refiere a Van Maaren como «sórdido», pero ¿cómo consiguió esa descripción? ¿Fue algo que los ayudantes habían dicho, una mera dramatización por su parte, o había llegado a verle ella misma?, y si lo había hecho, ¿quién puede decir que él no la viera a ella, como otra persona asegura que ocurrió? (se habla de este incidente más adelante en este capítulo). Volviendo al diario de Ana, su anotación del 25 de abril de 1944 dice: «Ha habido otro incidente desagradable, que por ahora todavía no ha sido explicado. Van Maaren está tratando de echar la culpa a Bep por todas las cosas robadas y anda divulgando mentiras descaradas sobre ella. Ha desaparecido gran cantidad de fécula de patata y, aún peor, nuestro baúl privado del ático de delante ha sido vaciado casi por completo. Van Maaren seguramente también sospechará de nosotros. Bep ya no es la última en marcharse; Kugler es el que cierra. Kleiman, que ha estado aquí mientras tanto, Kugler y los dos hombres, han estado pensando en cómo quitar a ese tipo de en medio desde todos los ángulos posibles. Abajo creen que es demasiado arriesgado. Pero ¿no es más arriesgado dejar las cosas como están?»[13]

Quizá lo fuera, porque el 4 de agosto de 1944 llegó la Gestapo a Prinsengracht. Después de llevarse a todos los ocupantes del anexo secreto, y a Kugler y Kleiman, sólo quedó Miep en las oficinas aquella tarde, mientras Van Maaren seguía trabajando en el almacén. Le habían dado las llaves por orden de Silberbauer, pero es discutible si este hecho aumenta la probabilidad de que él fuera el traidor. Después de todo, Silberbauer sabía que Miep estaba relacionada con el anexo secreto y no había nadie más a quien confiar las llaves. Ella declaró más tarde que Van Maaren había dicho que «estaba en buenos términos con la SD»,[14] pero él negó esta declaración. Cuando Kleiman volvió a trabajar en invierno de 1944, Van Maaren perdió su puesto de *administrador*. Los robos aumentaron y en una ocasión fueron saqueadas mercancías que se le habían ocultado deliberadamente. Se sometió a un registro en su casa, pero no sirvió de nada y hasta la liberación Kleiman no pudo despedirle, habiéndole atrapado finalmente con las manos en la masa.

Se ha creído generalmente que Otto no quiso que el traidor fuese identificado, pero eso no es totalmente cierto; a él le daba mucho miedo que se acusase a una persona equivocada. Después de enterarse de que sus hijas habían muerto, Otto y sus ayudantes visitaron el POD. El 11 de noviembre de 1945, escribió a su madre en Suiza:

> ... Puedo contarte algo muy serio. Estuve en la Policía de Seguridad. Hicimos lo que pudimos para sacarles quién nos había traicionado. Ahora parece posible poner las ruedas en marcha, así que ayer fuimos a la comisaría de policía a ver fotografías, para tratar de reconocer al que nos detuvo. Las fotografías eran pasmosas: identificamos a dos de los hombres. Éstos están aún en la cárcel y vamos a carearnos con ellos. Todo esto es muy desagradable, como puedes imaginar. Ésos —los asesinos— son los responsables de la muerte de Edith y mis hijas. Pero hay que conservar la calma para hacer hablar a la gente y así poder descubrir más cosas. Ojalá que esto funcione, porque a menudo estas personas ni siquiera saben quiénes fueron los verdaderos traidores, y sencillamente obedecieron las órdenes de sus impecables superiores...[15]

Las fotografías de identificación no condujeron a ninguna parte; ambos hombres negaron saber nada de la redada. No se hizo nada más hasta mayo o junio de 1947, cuando Otto llamó al Departamento de Investigación Política (PRA) de la policía. Kleiman volvió a enseñar su carta de 1945 con una nota adjunta que mencionaba la visita de Otto. En enero de 1948 el PRA entrevistó a Kleiman, Kugler y Miep.

Kleiman les dijo que el 4 de agosto de 1944 el oficial de la SD y sus hombres «parecían saber muy bien qué estaban haciendo, pues fueron directamente al escondrijo y detuvieron a las ocho personas que allí había».[16] También les habló de un incidente que había tenido lugar en julio de 1944. La esposa del ayudante de Van Maaren en el almacén, Hartog, había preguntado a la mujer de uno de los empleados del hermano de Kugler, Genot, si era cierto que había judíos escondidos en el 263 de Prinsengracht. La mujer de Genot no contestó, pero le dijo que tuviese cuidado con esos comentarios. Le contó la conversación al hermano de Kleiman, que se lo dijo al propio Kleiman. Él no podía hacer nada más que esperar a que muriese el rumor, pero ya sabía que entre el personal del almacén alguien había visto o adivinado el secreto de la casa de atrás.

El 2 de febrero de 1948 Van Maaren visitó el PRA para hacer una declaración escrita de su inocencia. En ella aseguraba gozar de «una posición de confianza dentro del negocio» y no tener nada que ver con los robos del almacén. También dijo que había ido dos veces a ver a Kugler a la Euterpestraat por órdenes de Miep, en una de ellas para pedirle la fórmula de un conservante, y que Kugler pudo dársela. Esto era totalmente falso; Kugler y Kleiman ya habían sido trasladados a otra prisión. Van Maaren afirmó no saber nada del anexo secreto y, al ver la entrada, quedó «admirado por su ingenuidad técnica... La SD nunca hubiera podido descubrir esta puerta secreta sin información de dentro. —Añadió—: Me dijeron que al llegar la SD fue directamente arriba, a la librería, y que abrieron la puerta».[17] No se le pidió que aclarara esta declaración.

El 10 de marzo de 1948 los Genot fueron entrevistados en su casa de Amberes. Cuando les preguntaron sobre lo que había dicho Kleiman acerca de la conversación entre la señora Hartog y la señora Genot, confirmaron que la conversación había tenido lugar. Genot había limpiado el anexo antes de que fuera habitado clandestinamente. En 1942 se había dado cuenta de que Kleiman albergaba allí a judíos, porque veía la cantidad de comida que llegaba a las oficinas. Aunque juzgaba a Van Maaren como «un tipo muy raro» y «no sabía qué pensar de él»,[18] no creía que fuera el traidor. Diez días más tarde la policía visitó a Hartog, que reconoció que también había reparado en la entrada de comida, pero que nunca había sospechado nada hasta que «Van Maaren me habló, unos catorce días antes de que se llevaran a los judíos, de que había judíos escondidos en el edificio. —Hartog dijo de la detención—: Me llamó la atención el hecho de que los detectives que hicieron la redada no sólo estaban buscando judíos escondidos, sino que sabían perfectamente, por así decirlo, lo que estaban haciendo».[19]

El 31 de marzo Van Maaren fue interrogado. Admitió que antes de la detención «sospechaba que algo raro pasaba en el edificio, sin que se me ocurriera, sin embargo, que hubiera judíos escondidos en él». Sus sospechas, como las de Genot y Hartog, se despertaron por la cantidad de comida que se llevaba a las oficinas. Dijo que las «trampas» eran para atrapar al ladrón que había en la oficina y que las había colocado con el conocimiento de Kugler. Continuaba: «No es verdad que hablase nunca con el personal o la compañía Keg[20] de que hubiera judíos en nuestro edificio. Sí lo hice después de que se los llevaran. Tras la detención, recibí las llaves de la señora Gies, pero no sabía que eran órdenes de la SD.» Negó «muy enfáticamente» que él fuera el traidor.[21]

El PRA elaboró su informe al día siguiente y llegó a la conclusión de que «no ha lugar a respuesta.»[22] El 22 de mayo el fiscal público decidió que no se seguiría con el caso, pero en noviembre del mismo año fue reabierto, quizá porque a Van Maaren le parecía que su nombre no había quedado lo bastante limpio. Se le concedió una rehabilitación provisional, y estuvo tres años en libertad condicional, perdiendo sus derechos civiles. Apeló de nuevo y esta vez ganó el caso. En su declaración del 8 de agosto de 1949 sostuvo su inocencia; cinco días más tarde, fue absuelto y sus derechos fueron restituidos.

Y ahí hubiese quedado todo de no haber sido por la resonancia que el nombre «Ana Frank» tenía a principios de los años sesenta. Ana era conocida por millones de personas: hubo una conocida obra de teatro y una película sobre su diario, que era un bestseller en todo el mundo; el Papa, que alabó el diario, había recibido a su padre en el Vaticano; el presidente John F. Kennedy había hablado brillantemente sobre ella; escuelas y pueblos llevaban su nombre; se habían erigido estatuas y lacas en su memoria; la casa en la que se escondió estaba convirtiéndose rápidamente en uno de los sitios más visitados de Holanda; e incluso se plantó en Israel un esqueje del castaño que ella veía desde la ventana, además de un bosque de diez mil árboles que se plantaron en su honor.

En octubre de 1958, después de que una manifestación antisemítica interrumpiese una representación en Viena de la obra, el cazador de nazis Simon Wiesenthal oyó a un joven decir a sus amigos que lamentaba haberse perdido la protesta. Cuando Wiesenthal le preguntó por qué, el estudiante respondió que el diario debía de ser una falsificación y que seguramente Ana Frank nunca había existido. Discutir con aquellos chicos fue inútil, pero uno de ellos desafió a Wiesenthal a encontrar al hombre que la había detenido. Entonces, dijeron, escucharían lo que Wiesenthal tuviera que decir.

Wiesenthal aceptó el desafío y usó un apéndice al diario como punto de partida. Allí encontró el nombre escrito del oficial austriaco de la SD «Silbernagel». Este nombre falso se había hecho público por insistencia de Otto —Silberbauer era un nombre corriente en Austria y Otto no quería llamar la atención sobre gente inocente que compartía el nombre del Oberscharführer de las SS—. Wiesenthal consultó las guías telefónicas e hizo una lista de ocho «Silbernagel», todos los cuales habían sido miembros del partido nazi. Pronto se dio cuenta de que el hombre que buscaba no estaba entre ellos. En 1963 Wiesenthal viajó a Holanda para hacer una entrevista en la televisión. Visitó la casa de Ana Frank donde, recuerda: «puse la mano sobre la pared que había tocado la niña, como si de allí pudiera sacar fuerza para mis investigaciones».[23] En una segunda visita habló de su búsqueda con dos amigos holandeses. Uno era un antiguo oficial de policía holandés, que le dio una fotocopia de la guía telefónica de la SD holandesa durante la guerra. Volando de vuelta a Viena, Wiesenthal abrió el libro, que contenía más de trescientos nombres. Estaba casi dormido cuando un nombre le llamó la atención desde una página que empezaba así: «IVB4 Joden»: Silberbauer.

En Viena Wiesenthal volvió de nuevo a la guía de teléfonos. Sabía que la mayoría de los hombres que había trabajado para la «IVB4» habían sido reclutados en las policías alemana y austriaca. Tenía serias sospechas de que Silberbauer estaba entre estos últimos y que había vuelto a su puesto después de la guerra. Pidió ayuda a su amigo el doctor Josef Wiesinger, un funcionario del Ministerio del Interior austriaco. A Wiesinger no le resultó difícil localizar a Silberbauer, cuya historia era la que Wiesenthal había sospechado. Karl Josef Silberbauer, hijo de un oficial de policía, había nacido en Viena en 1911. Sirvió durante algún tiempo en el ejército austriaco, antes de ingresar en la policía en 1935. Aunque hasta entonces no era miembro del partido nazi, entró en la Gestapo en 1939. Fue transferido a la SD y trasladado a La Haya en noviembre de 1943, donde trabajó en la famosa sección IVB4. En abril de 1945 volvió a su ciudad natal y, tras pasar catorce meses en la cárcel, se reincorporó a la policía de Viena en 1954.

El 15 de octubre de 1963 Wiesenthal llamó a Wiesinger para saber si había noticias de Silberbauer. Éste le dijo que no. De hecho, el 4 de octubre, Silberbauer había sido suspendido de su empleo mientras se llevaba a cabo una investigación referente a sus actividades durante la guerra. Su revólver y tarjeta de identificación fueron confiscados y él se escondió. La historia del «Nazi de Ana Frank» apareció en la prensa el 11 de noviembre, con la publicación de un artículo en el periódico comunista *Volksstimme*. Se había ordenado a Silberbauer que mantuviera silencio acerca de su suspensión, pero él le comentó a un colega que estaba «teniendo problemas a causa de la Ana Frank esa»[24] y el colega, miembro del Partido Comunista, acudió con la información al *Volksstimme*. A Wiesinger (el contacto de Wiesenthal) también le habían pedido que no hablase del asunto; Wiesenthal se enteró por medio de la prensa. Enfadado ante el hecho de que periodistas rusos dijeran que luchadores y vigilantes de la resistencia habían provocado la suspensión de Silberbauer, Wiesenthal concedió una entrevista a un periodista holandés, declarando que Silberbauer había sido descubierto gracias a su tenacidad. A Otto no le gustó el giro que tomaban los acontecimientos; siempre había conocido la verdadera identidad de Silberbauer y se le cita diciendo que el oficial de la SD no hacía más que cumplir órdenes. Wiesenthal «siempre dudó de que Frank fuese sincero»[25] y no estaba de acuerdo con que Silberbauer no hiciese más que cumplir con su deber. Pero finalmente había conseguido su objetivo: había encontrado a Silberbauer.

Los periódicos de todo el mundo publicaron la historia. El 21 de noviembre, *The New York Herald Tribune* informó: «Un funcionario del Ministerio del Interior dijo que Silberbauer había declarado "que, para él, la familia Frank no era más que una de las muchas familias judías que fueron atrapadas por la Gestapo". La mujer de Silberbauer dijo: "Todos estamos muy disgustados con este asunto. ¿Por qué no pueden dejarnos en paz?"»[26] En la misma fecha *Los Angeles Times* aseguraba que Silberbauer había dicho que «como los judíos no tenían derecho a vivir en libertad, era lógico que se hubiesen dictado órdenes para detener a los Frank».[27] Al día siguiente unos periodistas dijeron que Silberbauer había identificado a Van Maaren como el traidor. *The New York Times* escribió: «El antiguo oficial nazi que detuvo a Ana Frank y su familia ha declarado que los Frank fueron traicionados a la Gestapo por un holandés que trabajaba en su almacén de droguería de Amsterdam. —La columna de al lado rezaba así—: Los holandeses buscan al informador: los holandeses dijeron hoy que estaban buscando a un misterioso señor "M van M.", el pretendido informador proalemán cuyo chivatazo condujo a la detención de Ana Frank. El nombre "M. van M." apareció en Viena ayer, cuando las autoridades anunciaron la suspensión de Karl Silberbauer del cuerpo de policía después de que confesase haber practicado el arresto.»[28]

Tras el 23 de noviembre, la historia fue relegada temporalmente debido al asesinato de John F. Kennedy, pero a finales de mes volvía a hacer correr ríos de tinta. Un periódico encontró en su casa a Van Maaren, habló con él e incluso publicó su dirección. El artículo, titulado «Detención da pie a nueva encuesta sobre Ana Frank», decía:

> Willem van Maaren, de 68 años, está escondido de nuevo tras unas puertas cerradas. Se niega a ver a visitantes. El caso ha sido

reabierto en Holanda, tras la detención del inspector de policía Karl Silberbauer, de 52 años, que admite haber detenido a la niña actuando, según dice, a partir de informaciones suministradas por Van Maaren. Y las acusaciones contra Van Maaren han vuelto a empezar... [Van Maaren] vive ahora tranquilamente con su mujer. Tiene el pelo gris, lleva gafas y exhibe un aire paciente y resignado. De las últimas acusaciones dice: «Es horrible. Me han causado muchos problemas. Y ahora ese hombre de Viena... es inimaginable. Que traiga pruebas, papeles... Nada me gustaría más que se encontrase al verdadero traidor.» El fiscal público holandés a cargo de casos de la guerra, el señor G.R. Nube, que se encarga de la nueva investigación, enviará esta semana a un inspector de policía a interrogar a Silberbauer. Ha asegurado: «El caso Frank es muy importante, aunque sólo sea uno entre miles para nosotros. Deseamos encontrar al que traicionó a esas personas.»

El periódico también citaba a Otto, que supuestamente había dicho: «Cuando fuimos detenidos, Silberbauer estaba allí. Yo lo vi. Pero Van Maaren no estaba presente y no tengo pruebas en contra de él.»[29]

Las autoridades holandesas habían decidido iniciar otra investigación. El 26 de noviembre el ayudante de Van Maaren durante un corto período de tiempo en 1943, J. J. de Kok, fue encontrado y entrevistado. Confesó rápidamente haber vendido mercancías robadas por Van Maaren en el mercado negro, pero dijo de su anterior compañero de trabajo: «Nunca vi signos que indicaran que le interesaba el nacionalsocialismo o que simpatizara con las fuerzas de ocupación.»[30]

Cuatro días más tarde, apareció una entrevista con Silberbauer en la prensa holandesa. Su madre le había dado al periodista Jules Huf la dirección de su hijo, diciendo: «Le gustará, antes vivía en Holanda.»[31] Huf habló con Silberbauer en su casa de Viena y advirtió que «parecía un manojo de nervios, le temblaba todo el cuerpo y parecía tener gran dificultad para esconder el miedo ante lo que pudiera pasar».[32] La esposa de Silberbauer también estaba presente y se lamentaba: «Por amor de Dios, ya hemos pasado bastante por lo ocurrido con Ana Frank. Sólo queremos que nos dejen en paz. De qué sirve retroceder estos veinte años. Mi marido no merece tanto... Mañana todo saldrá en el periódico. ¿Qué cree que van a decir los vecinos? Y los periódicos acusarán a mi marido de ser un criminal.»[33] Silberbauer no estaba de acuerdo: «Nadie está diciendo que yo sea un criminal. Pero ¿qué hay detrás de todo esto? Quizá sea Wiesenthal, o alguno del ministerio que quiere dar coba a los judíos. El 4 de octubre de 1963 nuestro mundo se derrumbó...»[34] Su mujer explicó que tenían graves problemas financieros, «y todo por culpa de Ana Frank. Mi marido nunca supo nada».[35]

En este punto de la entrevista Silberbauer sacó su copia del diario de Ana y dijo: «Se interrumpe antes de la detención. No he visto la película ni la obra y sólo me di cuenta de que fui yo el que la detuvo cuando lo leí en el periódico. En 1943 fui trasladado de la Gestapo en Viena a la SD en Amsterdam. Mi jefe allí era Willi Lages. Lages me puso nervioso desde el principio...»[36] Su mujer interrumpió: «¿Por qué dices eso? Este hombre lo pondrá en el periódico. Y luego volveremos a los alemanes maldiciendo a los alemanes.»[37] Después de decirle que se callara, Silberbauer añadió: «A sus ojos [de Lages] yo era el típico pelma austriaco demasiado blando con sus hombres. Déjeme que le diga que hubiese preferido con mucho quedarme en Viena con mi mujer.»[38]

Silberbauer habló de la detención:

> Era un día soleado y cálido de agosto. Estaba a punto de salir a comer cuando me telefonearon para informarme de que había judíos escondidos en una casa en Prinsengracht. Reuní a ocho[39] hombres holandeses de la SD que ya estaban a nuestro servicio y fuimos hasta Prinsengracht en coche. La puerta se abrió y salió un aroma a especias que siempre hay en sitios que almacenan ese tipo de mercancías. Uno de mis holandeses quiso hablar con el almacenista, pero éste señaló con el dedo pulgar hacia arriba, como diciendo: «Están arriba.» Uno por uno subimos por las estrechas escaleras que conducían a las oficinas de la compañía que pertenecía al señor Frank.[40] —Describió la escena en el anexo—: La gente se apresuraba, metiendo sus pertenencias en bolsas. Como no había sitio, tuve que quedarme de pie junto a la puerta. Al ver que uno de los hombres no hacía nada, le dije: «Venga, muévase.» Entonces se adelantó, se presentó como Frank y dijo que había sido un oficial en la reserva del ejército alemán. Me interesé por saber cuánto tiempo

habían estado esas personas escondidas allí. «Veinticinco meses», contestó. Cuando le dije que no le creía, tomó de la mano a la niña que estaba junto a él (debía de ser Ana) y la colocó junto a la jamba de la puerta,[41] donde había unas rayas que mostraban claramente lo que había crecido. En efecto, comprobé que era mucho más alta que la última raya.[42] —Silberbauer miró la fotografía de Ana en el diario y agregó—: Era mucho más bonita que en la foto, y mayor. Le dije a Frank: «Qué hija tan encantadora tiene.» Su madre no era especialmente atractiva.[43]

Huf le preguntó por qué no había enviado a Otto, un antiguo miembro del ejército alemán, a Theresienstadt. Silberbauer contestó: «Nunca supimos qué estaban haciendo con los judíos. No tenía idea de que Ana Frank llegase a escribir en su diario que estaban gaseando a los judíos. Nunca lo supimos... En aquellos días a nadie le interesaban los judíos, eso había perdido interés y si Frank no se hubiera escondido, nada le hubiera pasado. Para mí el asunto se arregló en una hora. Los ocho fueron llevados a un transporte y nunca volví a preocuparme por ellos. Por supuesto, no supe lo que les había ocurrido después.»[44]

Al final de la entrevista Silberbauer despidió a Huf en la puerta y declaró: «Mire esto. Lo he construido con mis propias manos. Mezclé el cemento yo mismo, lo pinté todo, y ahora pasa esto. No sé qué hacer. Por favor, escriba objetivamente sobre nosotros, porque por desgracia no puedo hacer nada hasta que la investigación disciplinaria acabe. Pero tengo ahí la moto y el sidecar así que, si vienen los comunistas, aún puedo escapar a la frontera.»[45]

El 2 de diciembre de 1963 Otto fue entrevistado por el Departamento Estatal de Investigación Criminal de Amsterdam. No pudo añadir nada a sus declaraciones anteriores, pero dijo que él y sus ayudantes habían llegado a estar «cada vez más convencidos de que Van Maaren era el único sospechoso».[46] Una semana más tarde, Bep fue interrogada, pero tampoco tenía nada nuevo que decir, excepto que «había estado terriblemente asustada de [Van Maaren], al que consideraba capaz de cualquier cosa».[47] Miep fue entrevistada el 23 de diciembre y dijo que creía haber mandado a Van

Maaren a los cuarteles de la Gestapo, pero sólo para que las autoridades pensaran que él estaba a cargo del número 263 de Prinsengracht y no nombraran «administrador» a otro. Añadió que Van Maaren «me dio la clara impresión de que de, un modo u otro, tenía cierta influencia con los alemanes», pero «no podía nombrar ningún hecho y/o circunstancias que dejasen fuera de toda duda que él hubiese sido el que habló del escondrijo de las ocho personas judías a la SD».[48]

La investigación continuó en 1964. El jefe en tiempos de guerra de la oficina de Amsterdam de la Comandancia de la policía de Seguridad y Servicio de Seguridad, Willi P. F. Lages (que Silberbauer había mencionado en su conversación con Jules Huf) fue entrevistado en Breda, donde estaba preso. Lages, un experto policía, había sido trasladado a Amsterdam como representante personal de Wilhelm Harster, jefe de la Gestapo, y se hizo cargo de la Zentralstelle. Un conocido suyo le describió como «un criminal intelectual». Tenía pocas cosas de interés que decir, aparte de su declaración de que: «Me preguntan que si tiene sentido que al haber recibido una llamada telefónica revelando el escondrijo de una o más personas, hubiéramos ido inmediatamente al edificio en cuestión y detenido a esas personas. Mi respuesta es que tiene poco sentido para mí, a menos que el chivatazo proviniera de alguien bien conocido por nosotros como informador y cuyos informes se hubiesen basado siempre en la verdad.»[49] Esto parece apoyar la pretensión de inocencia de Van Maaren, ya que sin duda no era un informador bien reconocido.

En marzo un detective holandés viajó a Viena para asistir al examen al que iba a someter a Silberbauer un importante oficial de policía austriaco. Éste, y sus anteriores declaraciones escritas, no difieren significativamente del relato de los hechos del 4 de agosto de 1944 que dio a Jules Huf. Sin embargo, en su entrevista de marzo de 1964 declaró que la persona que había hecho la llamada telefónica informó de que había ocho personas escondidas en el anexo. Si esto era correcto, evidentemente el que informó conocía los hechos a la perfección. Silberbauer dijo que su jefe, Julius Dettmann, había recibido la llamada y notificado a Abraham Kaper, jefe de los holandeses empleados por el IVB4, para que le acompañase a él (Silberbauer) a Prinsengracht. Repitiendo la anécdota del almacenista señalando con el dedo hacia arriba —cuando le preguntaron dónde estaban escondidos los judíos— Silberbauer dijo, correctamente, que aquel gesto podía indicar las oficinas de la compañía. Describió el momento en que Kugler reveló la entrada al anexo, asegurando que lo había hecho libremente, aunque más tarde Kugler dio una versión ligeramente distinta de los hechos. Silberbauer dijo que no se acordaba de Miep, cuya historia de la visita al cuartel general de la Gestapo para interesarse por sus amigos era, desde su punto de vista, una invención, y fue incapaz de identificar a Van Maaren en una fotografía que le enseñaron.

Aunque la encuesta judicial contra Silberbauer se interrumpió en junio de 1964 debido a la falta de pruebas, los procedimientos disciplinarios continuaron. Fue seguidamente absuelto del cargo de mantener en secreto su pasado y se le levantó la suspensión. Hubo una apelación tras el resultado, pero sin éxito, y en octubre de 1964 Silberbauer siguió trabajando en la policía de Viena.

Van Maaren fue interrogado otra vez el 6 de octubre. Aquel verano se publicaron dos extensos artículos de prensa que lo señalaban como al traidor —en uno había una fotografía suya a toda plana en la puerta de su casa—.[50] Durante su interrogatorio Van Maaren negó todas las acusaciones que se le hacían. Admitió haber robado, pero sólo pequeñas cantidades. Dijo que no sabía que había judíos escondidos en el edificio en que trabajaba, aunque una vez había visto el anexo mientras él y Kugler estaban en el tejado reparando una gotera. Había advertido «un ambiente de secreto en el edificio antes de las detenciones»,[51] que nunca había sido capaz de entender. Aseguró que su gesto en respuesta a la pregunta de los nazis holandeses pretendía simplemente señalar dónde estaban las oficinas. Dijo que un trabajador de una empresa vecina le había preguntado en cierta ocasión si alguien se escondía en el número 263, a lo que él contestó que no sabía de qué estaba hablando. El hombre comentó que ya podían «ellos» tener cuidado, porque «ellos» salían por la noche a visitar al farmacéutico de Leliegracht; Van Maaren le dijo que debía de estar hablando de su jefe. Al investigar el asunto, los detectives descubrieron que el hombre al que se refería Van Maaren había sido miembro de la NSB y «se le

había conminado, por parte del vigilante de su bloque, un hermano de Abraham Kaper [el jefe de los holandeses empleados en la
IVB4] a que mostrase "más iniciativa".[52] Desgraciadamente el
hombre en cuestión había muerto en la época de la investigación.

Van Maaren también afirmó que Miep le había dado voluntariamente las llaves y había ido a la Euterpestraat por órdenes suyas.
Dijo que un amigo suyo que trabajaba para la Resistencia tenía
contactos en la SD, pero que él no. Este amigo se había trasladado a
Alemania después de la guerra y los detectives no pudieron encontrarle. Interrogaron a otros miembros de la Resistencia, que confirmaron que aunque Van Maaren no era persona grata, su amistad
con el miembro de la Resistencia era cierta, y que les parecía muy
improbable que fuera el traidor. Alguien aseguró a los detectives
que Van Maaren había sido empleado por la Wehrmacht como
agente comprador y había recibido octavillas de la organización
nazi Winter Aid Netherlands. Van Maaren negó estas afirmacio-
nes. También contó a sus interrogadores que había escondido a su
propio hijo en casa durante la guerra.

El 4 de noviembre de 1964 el Departamento de Estado de Investigación Criminal declaró el caso cerrado. Mandaron el archivo
al fiscal público, con una carta que concluía que «la encuesta no ha
conducido a ningún resultado concreto».[53] En *The Critical Edition
of the Diary of Anne Frank: The Betrayal*, Harry Paape señala que la
investigación fracasó porque los detectives se concentraron demasiado en Van Maaren; si hubieran ampliado su red, podrían haber
atrapado más peces. Pero Paape está seguro de que «Van Maaren
sabía que los judíos se hallaban escondidos en la parte trasera del
edificio».[54] No es posible hacer más preguntas a Van Maaren; murió en Amsterdam en 1971 y se llevó consigo a la tumba la verdad
acerca de si era o no el traidor.

Otto Frank apenas trata el tema de la traición en sus memorias, excepto para decir: «Hubo sin duda un traidor, pero nunca pudo esta-
blecerse quién fue.»[55] Pero consideró más a fondo el asunto en un
artículo para la revista *Life*, escrito el año antes de su muerte: «No
sabemos si fuimos traicionados por antisemitismo o por dinero.

Nunca descubrimos quién nos traicionó. Teníamos nuestras sospechas. Un hombre que había estado en la policía durante la ocupación fue considerado sospechoso e interrogado. Sin embargo, nunca tuvimos pruebas. Tengo una teoría. Se dijo que una mujer hizo una llamada telefónica que condujo a nuestra captura. Por tanto, asumo que el policía investigado puedo haber hablado de nosotros a alguien. Pero como no puedo demostrarlo, no tengo derecho a acusar a nadie. Los verdaderamente culpables eran los que manejaban las cuerdas desde arriba. No se puede conseguir mucho con castigos. Lo que ocurrió nunca podrá borrarse.»[56] De este modo Otto introdujo en la ecuación sospechosos totalmente nuevos, pero nada más se dijo de ellos y no se ha tomado medida alguna.

Durante sus investigaciones para *The Critical Edition* del diario de Ana, trabajadores del Instituto de Estado para la Documentación de Guerra utilizaron a fondo el archivo para las investigaciones de 1963, pero reconocieron que el archivo estaba incompleto. Faltaban dos cartas, escritas por Victor Kugler en 1963. Ambas han aparecido recientemente. Estaba claro que Kugler escribía en respuesta a una carta que había recibido de Otto Frank acerca de la traición:

... Comparto su opinión acerca de Silberbauer. Él no es muy importante, en el sentido de que nos detuvo hace ya veinte años, pero es la única persona que puede presionar a Van Maaren.

Le escribo también acerca de los cristales de las ventanas que se pintaron de azul [esto se hizo en la zona de la casa de delante que daba al anexo]. A menudo he pensado en por qué me preguntó qué estaba pasando allí cuando miró por la grieta en los cristales azules. Dijo que nunca había subido allí y me preguntó que por qué no le dejábamos subir. Le contesté que a nadie se nos permitía y que no sabíamos nada de lo que allí pasaba. Esa respuesta, sin embargo, sólo le satisfizo durante poco tiempo, porque repitió la pregunta unas semanas más tarde y yo le dije que ni siquiera sabía cuál era la entrada al otro edificio. «Pero hay una puerta arriba, la del ventanuco,[57] así que se tiene que poder entrar ahí.» [Palabras de Van Maaren, lo que sigue es la respuesta que le dio Kugler] «Lo siento, pero cuando alquilamos la casa, sólo alquilamos la parte que conocemos y nada más.» Con eso, esperaba haber puesto fin a sus preguntas.

Puso lápices en el borde de los escritorios más de una vez. Además, a menudo dejaba un palo de madera sobre la mesa de empaquetar, de modo que sobresaliera un poco. Como el espacio entre la mesa y los barriles del otro lado no era muy amplio, era posible que una persona que pasase por allí moviese el palo. También miraba las huellas en el polvo. Cada vez que ponía una de esas trampas, lo primero que preguntaba por la mañana era: «¿Ha estado en el almacén?» Mi respuesta inmediata era siempre: «Oh, sí», o «Quizá, pero no lo recuerdo». Siempre contestaba eso y Kleiman lo corroboraba.

Una vez bajé y él me enseñó una cartera, preguntándome si era mía. Sin dudarlo un segundo dije que sí y que la había echado en falta. Cuando hablé de esto arriba, Van Pels dijo que de hecho era su cartera, y que tenía diez florines dentro. Explicó que hacía unos días se había subido a la báscula de la habitación del grano. Se le debió de caer de la chaqueta. Yo coloqué la cartera en mi maletín sin decir nada excepto gracias. Los diez florines habían desaparecido. El mismo día, o quizá fuese un par de días más tarde, otro hombre se me acercó y me dijo que había visto a Van Maaren recoger la cartera entre unos cestos vacíos en alguna parte en el V[palabra indescifrable]. Cuando le pregunté a Van Maaren dónde la había encontrado, contestó de forma muy confusa. El joven insistió en que la había encontrado allí y Van Maaren dijo que eso era imposible. Él [Van Maaren] aseguró que allí había encontrado un maletín,[58] que aún conservo. Es muy sencillo, dos lados cosidos y dos abiertos. Seguramente conoce esa clase de objetos, ya que son muy corrientes. Es más, a menudo él dejaba cosas sobre la mesa de empaquetar y marcaba dónde las había dejado. Si se movían, aunque fuese un poco, me hacía las mismas preguntas que he mencionado antes.

Acerca de la declaración de Silberbauer, una vez que los hombres que llevaban a cabo la detención llegaron, él [Van Maaren] señaló a la gente de arriba. Eso es lo que apareció en los periódicos por aquel entonces, y también es lo que yo creo, porque cuando nos bajaron a todos, él siguió allí y se quedó mirándonos, muy «por encima de la luna»,[59] como decimos en Amsterdam. Nunca olvidaré su cara. La veo sin cesar ante mí. Podemos esperar que lo niegue todo, no es muy probable que diga: «Me siento feliz de liberarme del peso de tener la muerte de siete personas sobre mi conciencia.» Según los periódicos sigue protestando: «No tengo nada que ver

Ana («una niña pequeña en el fondo de la clase») en la escuela Montessori. 1935.

Margot, Otto y Buddy en 1938.

17

Otto y Ana riéndose asomados a la ventana durante una excursión en barca. Marzo, 1938.

Margot en la playa. Fecha desconocida.

*fiesta de Ana en su décimo aniversario. Ana es la segunda de la izquierda, Sanne la tercera, Lies la cuar-
La cuarta de la derecha es Kitty Egyedi. 12 de junio de 1939.*

Ana en Laren, la víspera del estallido de la Segunda Guerra Mundial. 1939.

Ana y Margot en Zandvoort. Agosto de 1940. pegó esta fotografía en su diario.

con la ropa que eligió para la boda de Miep en julio de 1941. Junto a la fotografía anotó: «Ana presu-
ndo con su abrigo nuevo.»

Miep y Jan el día de su boda. 1941.

El matrimonio Van Pels y Victor Kugler el día de la boda de Miep. 1941.

Ana acechando detrás de un periódico en la piscina de Amsterdam. 1941.

Ana con gesto huraño en compañía de Hermann y Herbert Whilp. 1949 o 1941.

Margot, Hermann Whilp y Ana en la plaza Merwede. 1941.

Ana de vacaciones en 1941; Sanne está sentada a la derecha.

Verano de 1941. Ana y Sanne en el centro de la primera fila. Barbara, la hermana de Sanne, está detrás de ellas.

Victor Kugler, Bep Voskuijl y Miep Gies; detrás de ellos dos oficinistas temporales. 1941.

Serie de fotos del pasaporte de Margot.

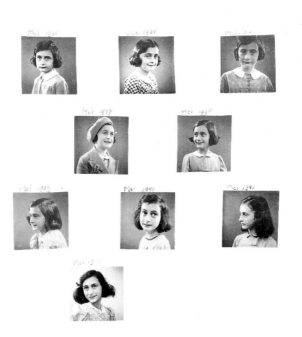

Serie de fotos del pasaporte de Ana.

Fotografía aérea del Prinsengracht 263, séptima casa de la esquina.

Casa de Atrás.

Peter van Pels, sin fecha.   *Fritz Pfeffer y Charlotta Kaletta. 1939.*

Johannes Kleiman junto a la librería giratoria. La fotografía se tomó después de la guerra.

Johannes Kleiman y Victor Kugler ante la puerta principal del refugio.

Otto Frank, su segunda esposa, Fritzi, y la actriz Audrey Hepburn. Más adelante Hepburn sería nomb embajadora de la Ana Frank Educational Trust. *1957.*

con todas esas cosas, que me han provocado mucha tensión.» Silberbauer es, de hecho, la única persona que puede presionarle. Según la prensa, sigue sin ser interrogado por la policía de Viena. Ha realizado declaraciones en conferencias de prensa. Supongo que la policía habrá hecho algo mientras tanto. ¿Ha ido la policía de Amsterdam a su casa [de Van Maaren], van a ir, o han ido, a Viena para hablar con Silberbauer?

Y aquí llega la pregunta final: ¿vamos aún a castigar a Van Maaren por este caso? Mientras tanto, criminales mucho peores han sido condenados. Van Maaren sólo ha levantado polvo porque está relacionado con la «historia de Ana Frank...».[60]

Sin duda Kugler pensaba que Van Maaren era culpable. Por desgracia, la carta anterior de Otto y su posterior respuesta a Kugler no han sido encontradas. No hay nada en la carta de Kugler que conduzca al lector objetivo a compartir categóricamente su opinión sobre la traición de Van Maaren, pero sirve para reforzar la impresión de que Van Maaren era excesivamente curioso acerca del anexo y que tal vez había adivinado su secreto.

Hay otras posibilidades aparte de Van Maaren. Los ruidos en el anexo pudieron filtrarse al edificio adyacente. ¿Quizá les traicionó uno de los obreros de Keg? El hombre de la NSB que habló con Van Maaren (y no parece haber razón para dudar de su relato acerca de la conversación) tenía obviamente alguna idea de lo que estaba pasando. Pudo haber informado al hermano de Abraham Kaper o acudir él mismo a la policía. Los visitantes de las oficinas advertían que algo andaba mal, tal vez actuaron según sus sospechas. Incluso los fugitivos, como pensaba Jan, podían haber sido descuidados, mientras que quizá los ayudantes dijeran algo que hubiera oído alguna persona menos de fiar que ellos mismos.

Hubo varios robos en el edificio durante el período en cuestión. Cualquiera de los culpables podía haber ido a la policía sin delatarse a sí mismo. Casi con toda seguridad, uno de los ladrones vio a Hermann van Pels. El 28 de febrero de 1944 Van Pels había bajado por la noche para hacer su chequeo habitual y se sorprendió al ver papeles tirados por el suelo y los escritorios. Comprobó el cerrojo de la puerta delantera, pero estaba en su sitio. Volvió al anexo, preguntándose acerca del asunto, pero no mencionó a nadie lo que había visto. A la mañana siguiente Peter volvió al anexo después de su ronda por el piso inferior y dijo que la puerta principal estaba abierta y el proyector no estaba en su sitio habitual en el armario. Van Pels les habló de lo que había visto la noche anterior. El nuevo maletín de Kugler también había desaparecido. Parece como si el ladrón tuviera una llave y se hubiera escondido en el edificio tras ser sorprendido por Van Pels. Los fugitivos se sentían amenazados por el hecho de que alguien tuviera una llave y pudiera volver, quizá con la policía, entrando silenciosamente en el edificio por la noche hasta la puerta de la librería. En su diario Ana escribió: «Es un misterio. ¿Quién puede tener nuestra llave? ¿Y por qué el ladrón no entró en el almacén? Si el ladrón es uno de los del almacén, entonces sabe que algo pasa en el edificio por la noche...»[61]

Más peligroso aún fue el robo del 8 de abril de 1944. Aquella noche Peter había ahuyentado a unos ladrones que había en el almacén y corrió arriba para decírselo a todos. Después de que Peter y su padre los asustaran y los echaran, subieron al escondrijo, convencidos de que los ladrones volverían. Los ocupantes del anexo permanecieron sentados juntos en la oscuridad y oyeron una puerta abrirse abajo. Nadie dijo una palabra y escucharon los pasos, que resonaban por las habitaciones del edificio principal. Más pasos, cada vez más cerca, y luego nada. De pronto la librería empezó a hacer ruido; alguien estaba tirando de ella con fuerza. Ana suspiró: «Estamos perdidos.» Siguieron tirando de la librería y algo cayó. El ruido se detuvo. Los pasos se alejaron del armario hasta desvanecerse por completo. Las ocho personas escondidas vieron una luz encendida al otro lado de la librería. No hubo más ruidos, pero el vigilante nocturno había visto el agujero en la puerta del almacén dejado por los ladrones e informó a la policía de que había habido un atraco. Van Hoeven, el frutero, también vio la puerta rota, pero deliberadamente no llamó a la policía, consciente de que su presencia no sería bienvenida.

Otro posible sospechoso era el hombre de la NSB que vivía detrás del anexo secreto en Westermarkt. Una mujer que lo conoció por aquel entonces declaró al Instituto Estatal Holandés de Documentación de Guerra: «Yo tenía una tía que vivía en el 4 de Westermarkt. Desde la casa se veía el anexo. Y en la puerta contigua, en el número 6, vivía un hombre llamado A–,[62] un conocido colaborador de la NSB (trabajaba con los alemanes), pero murió a finales de 1943. Las ventanas del anexo estaban oscurecidas... A mediados de 1943, A– me preguntó si aún había gente viviendo allí. Yo le dije: "Desde luego que nadie en su sano juicio querría vivir en un sitio así." En aquel momento yo no sabía que había gente viviendo allí.»[63] Aunque el hombre murió en 1943, podía haber transmitido sus sospechas a alguien más.

Había también otras personas, que vivían en las casas de alrededor del patio de césped y grava durante aquellos años, que sospechaba que algo estaba pasando en el anexo. Dos niños, sin malicia alguna, treparon por la ventana hasta el almacén en la noche del 24 de marzo de 1943. Uno de los niños, Wijnberg, apareció muchos años más tarde y admitió que «sencillamente entramos y salimos y no nos metimos en la oficina».[64] Mientras estaban en el almacén, oyeron la cisterna encima de sus cabezas en el edificio supuestamente abandonado y salieron corriendo asustados. El entrevistador de Wijnberg señaló: «El señor Wijnberg no dijo que hubiera personas viviendo en el edificio, porque había aprendido a callarse esas cosas; había más gente escondida en el vecindario que él supiera.»[65] Entrevistado de nuevo para el documental de Jon Blair *Anne Frank Remembered*, Wijnberg también afirmó haber visto a Ana asomada a la ventana del despacho de Otto: «Vi una cara que más tarde supe, porque vi las fotografías, que debía de ser Ana Frank... Incluso recuerdo en qué posición estaba cuando la vi, porque yo estaba subiendo aquella pared, así que primero estaba sentado y luego de pie. Le vi la cara desde diferentes ángulos. Y sigo viendo esa cara allí... —Cuando le preguntaron si ella le había visto a él, Wijnberg contestó—: Sí. Se apartó. Ahora sé por qué. Se suponía que yo no debía verla... Creo que se lo dije a mi hermana.»[66] Ana había escrito extensamente sobre el atraco en el diario. Quizá, como hacen los niños, los chicos le dijeron a alguien que la vieja casa desierta estaba encantada, y alguien sumó dos y dos.

No hay duda de que los ocupantes del anexo fueron volviéndose más despreocupados a lo largo del tiempo. Ana veía los peligros, se daba cuenta de que se habían vuelto menos cuidadosos con las estrictas medidas de seguridad que debían observar. En invierno de 1943 empezaron a encender la estufa de la habitación principal a las siete y media en lugar de las cinco y media de la madrugada los domingos. Ana escribió: «Creo que es muy arriesgado. ¿Qué pensarán los vecinos de nuestra humeante chimenea? Como las cortinas... A veces, en un impulso irresistible, uno de los caballeros o las señoras decide echar un vistazo fuera. Consecuencia: una tormenta de reproches. Contestación: "Pero nadie puede vernos." Así es como empiezan y terminan los descuidos. "Nadie puede vernos, nadie puede oírnos, nadie nos presta atención", se dice muy fácil, pero ¿es la verdad?»[67] En abril de 1944 Peter olvidó abrir la puerta delantera con llave una mañana, lo que significaba que Kugler y los hombres del almacén no pudieron entrar cuando llegaron a trabajar. Uno de los empleados de Keg ya había cogido una escalera y estaba a medio camino de la ventana de Peter cuando Kugler le vio y consiguió convencerle de que la escalera era demasiado corta. Kugler tuvo que forzar la ventana de la cocina mientras los demás miraban. Ana se sintió preocupada: «¿Qué habrán pensado? ¿Y Van Maaren?»[68]

Al parecer, todos los caminos acababan conduciendo a él.

Harry Paape, el autor de *The Betrayal* en *The Critical Edition of the Diary of Anne Frank* concluye con esta valoración de los hechos conocidos: «Pasaron dos buenos años antes de que alguien cogiera el teléfono y llamara a la SD. Que ese alguien fuese Van Maaren no nos parece del todo improbable. ¿Hasta dónde puede llegar un hombre por frustración y rencor? Sin embargo, es perfectamente posible que hubiese sido otra persona.»[69]

No hay ninguna prueba definitiva. Pero el 4 de agosto de 1944 alguien marcó el número de Julius Dettmann en Amsterdam, consciente de que su llamada iba a mandar a un grupo de personas a una muerte casi segura. Quizá esa misma persona contemplase con curiosidad aquella luminosa mañana de verano cómo los ocho prisioneros y dos de sus ayudantes entraban en un vehículo policial

con barrotes. Ocho vidas enviadas a Westerbork, Auschwitz, Belsen. A hacer trabajos forzados, a morir de hambre, a las cámaras de
gas, a la locura, el tifus y la muerte. El que les traicionó escapó a la
justicia. Pero como dijo Otto Frank: «Eso no me devolvería a mi
mujer y a mis hijas.»

Epílogo

Gerrold van der Stroom, conferencia «Ana Frank y su diario», pronunciada en el Instituto de Estudios Judíos, University College, Londres, en junio de 1997:

> Al morir joven, Ana Frank compartió el destino de un gran número de otros grandes escritores... Que el nombre de «Ana Frank» se haya convertido desde entonces en una marca registrada, igual que Coca-Cola o Michael Jackson, no disminuye en nada su categoría...

Cuando se publicó el diario, Otto entregó copias a la familia y a sus amigos, con dedicatorias personales en cada uno. La de Jetteke Frijda dice: «Finalmente, *Het Achterhuis* ha aparecido y te lo envío como recuerdo de Margot y Ana. Entenderás por qué no escribo mucho acerca de él, pero espero que tengamos la oportunidad de hablar pronto.»[1] Otto seguía en contacto con Werner Peter Pfeffer y le envió el libro, pero tardó algún tiempo en ser capaz de leerlo. «Creo que estuvo en mi librería o mi escritorio durante meses. Me asustaba abrirlo. Y a medida que la historia se hacía más conocida, yo decía: "Muy bien, voy a leerlo." Lo leí y en aquel momento no pude ponerme en la posición de mi padre... El papel de mi padre en él era la descripción [de Ana] y no creo que me identificara hasta ese punto... Creo que no era lo bastante maduro, o quizá tuviera demasiado miedo.»[2]

La primera edición holandesa se agotó en seis meses y se hizo una segunda para cubrir la demanda. Animado, Otto entregó el manuscrito a unos editores alemanes, pero sin éxito. Recordaba: «Generalmente esperaba hasta que editores de otros países se ponían en contacto conmigo, pero en un país lo intenté yo: Alemania. Creía que deberían leerlo. Sin embargo en Alemania en 1950 tuve dificultades. Era una época en que los alemanes no querían leer acerca de aquello. Y Schneider de Heildelberg me escribió. Dijo: "He leído el libro y me parece que debe ser publicado, pero no creo que sea un éxito financiero."»[3] El instinto de Schneider no era del todo acertado; cuando la primera tirada alemana de 4.500 ejemplares se editó en 1950, hizo falta una gran dosis de persuasión para convencer a los libreros de que lo promocionaran, pero lo vendieron muy bien cuando lo hicieron. Calmann-Levy publicó el diario el mismo año en Francia, donde fue acogido favorablemente, tanto por parte de la crítica como comercialmente.

En Gran Bretaña el libro fue rechazado por Allen & Unwin, Gollancz, Heinemann, Macmillan y Secker & Warburg antes de que lo publicara Vallentine, Mitchell en mayo de 1952. El mes siguiente, fue publicado por Doubleday en América, tras ser rechazado por Knopf, Simon & Schuster y Viking entre otros. En ambos países la traducción de Barbara M. Mooyaart-Doubleday iba acompañada de un prólogo de Eleanor Roosevelt. Mooyaart-Doubleday nunca vio el diario original, sino que trabajó a partir de un manuscrito mecanografiado, traduciendo tres páginas al día durante cuatro meses. «Estaba profundamente interesada y conmovida —recordaba—. Empezaba por la tarde, mientras mis niños estaban durmiendo, y de nuevo por la noche cuando les metía en la cama. Mi marido (el piloto holandés de la Segunda Guerra Mundial Eduard Mooyaart) siempre me decía que lo dejase a las nueve porque si no, no podría dormir. Yo estaba casi en trance, completamente subyugada.»[4] Ella vio a Otto varias veces, una de ellas en el anexo secreto. Cuando él hablaba del diario, «siempre se emocionaba, a menudo casi hasta las lágrimas».[5] Su hijo Leslie, que entonces tenía cinco años, recuerda a Otto de visita en su casa. «Aún puedo verlo. Aquel hombre era al mismo tiempo encantador y muy triste. Parecía como si no fuera a sonreír en un millón de años.»[6] En América, patrocinado por la entusiasta crítica de Meyer Levin en *The New York Times* el libro se convirtió en un bestseller. La respuesta en Gran Bretaña fue algo más fría; en 1953 no estaba a la venta. Pan Books, después de ciertas dudas, publicó una edición de bolsillo en 1954 y a partir de entonces las ventas aumentaron rápidamente.

El diario fue publicado en Japón en 1952 con considerable aceptación. Los japoneses «requerían desesperadamente a Ana Frank. Las ventas en Japón tras la publicación en 1952 fueron espectaculares. Se vendieron más de 100.000 ejemplares a principios de 1953, cuando el diario alcanzó su treceava edición. Para los japoneses, Ana Frank, aunque europea, se había convertido en una figura aceptable y accesible de la guerra; una joven víctima, que había inspirado esperanza para el futuro en lugar de un sentimiento de culpa por el pasado. Su sexo subrayaba aún más el hincapié en la inocencia».[7] Otto había escrito a Meyer Levin que el libro de Ana «no es un libro de guerra. La guerra es el fondo. Tampoco es un libro judío, aunque la esfera, los sentimientos y el ambiente judíos están en el fondo».[8]

De todos modos, la estrategia de mercado de los editores japoneses era vender el diario como un libro de guerra, poniendo el acento en las tragedias que el conflicto había causado, un enfoque que resultó ser de gran éxito.

En 1955 Otto pasaba varias horas al día contestando las cartas que recibía de lectores cautivados. El rabino David Soetendorp recuerda: «Otto Frank visitó a mis padres en nuestra casa de De Lairessestraat, por la época en que el diario de Ana estaba haciéndose famoso en todo el mundo. Se sentó a nuestra mesa contando multitud de historias acerca de cómo los niños de lejanos países se sentían inspirados por el diario y la fuerza positiva que aquello había resultado ser para las mentes jóvenes... Él y mis padres rompieron a llorar al pensar: "Si esa fuerza positiva hubiera existido en los años que condujeron a la Segunda Guerra Mundial..."»[9]

Con una misión claramente definida, Otto accedió a las voces que ahora le conminaban a permitir que el diario fuera adaptado al teatro. Meyer Levin esperaba convencer a Otto de que él era la persona adecuada para ello, pero tras años de súplicas, amenazas y promesas, Levin perdió la batalla entre el dúo de escritores Frances Goodrich y Albert Hackett.[10] La obra El diario de Ana Frank se estrenó oficialmente en el Cort Theatre de Nueva York el 5 de octubre de 1955. Al estreno acudió Marilyn Monroe, cuya joven amiga, Susan Strasberg, era la protagonista. En una carta al reparto y al equipo, Otto explicó que no estaría entre el público. «Para mí esta obra es parte de mi vida y la idea de que mi mujer, mis hijas y yo estemos presentes en el escenario me resulta muy penosa. Por tanto, me resulta imposible ir y verla.»[11] Otto nunca se arrepintió de sus palabras, aunque en este caso podría haber sido mejor que lo hiciera, ya que a pesar de los panegíricos reunidos por la producción (ganó el premio Pulitzer en 1956 y el Tony Award, junto con la mayor parte de los premios de la crítica), Goodrich y Hackett habían descrito a su hija como «una figura universal cuya condición de judía podía ser casi ignorada. Ana Frank se había convertido en cualquiera, era accesible a todos... impecablemente americana».[12] Las representaciones de los demás miembros de la *familia* del anexo también estaban lejos de ser fieles, especialmente en el caso de Pfeffer, cuyo personaje había sido casi asesinado; su encolerizada viuda escribió más tarde a los autores que habían retratado a su marido como si fuera un «psicópata».[13] Otto había leído el guión y no se sentía cómodo con las interpretaciones, pero por una parte había pedido a Levin, que aún era considerado un escritor, que no «hiciese una obra judía. En cierto modo claro que debe ser judía, aunque funcione en contra del antisemitismo. No sé si me explico bien...».[14] La esperanza de Otto era que el público pudiera relacionarse con las personas que estaban en el escenario, lo que se temía que fuese imposible si la obra no era lo bastante *universal*. Su objetivo era «llevar el mensaje de Ana a la mayor cantidad de gente posible»,[15] pero la adaptación de Goodrich y Hackett desdibujaba todas las complejidades con sus «judíos no judíos y la redención final».[16]

A pesar de la floja inexactitud del guión, gran parte del «mensaje de Ana» permaneció intacto, para remover las conciencias de los espectadores que todavía no habían leído el diario. El estreno europeo tuvo lugar en Suecia en agosto de 1956, pero fue la producción alemana la que acaparó los titulares de la prensa internacional. En el país natal de Ana la obra «suscitó una ola de emoción que finalmente rompió el silencio con el que los alemanes habían tratado el período nazi».[17] Un corresponsal del *New York Times* informó de que en una ciudad alemana hubo «sollozos audibles y lágrimas contenidas a medida que el drama llegaba a su clímax y conclusión: el sonido de los golpes de los alemanes en la puerta del escondrijo. El público se quedó sentado durante varios minutos después de que bajara el telón y se levantó cuando la familia real se marchaba. No hubo aplausos».[18] Más de un millón de personas vieron la obra en Alemania y las ventas del diario se dispararon. Se formaron grupos de jóvenes con el nombre de Ana, se le dedicaron escuelas y calles, un grupo de dos mil jóvenes hizo el viaje de Hamburgo a Bergen-Belsen para conmemorar su muerte, y en la antigua casa de Ganghoferstrasse se colocó una placa en la pared: «En esta casa vivió Ana Frank, que nació el 12 de junio de 1929 en Francfort del Main. Murió víctima de las persecuciones nacionalsocialistas en 1945 en el campo de concentración de Bergen-Belsen. Su vida y su muerte son nuestra responsabilidad. Los jóvenes de Francfort.»

El estreno holandés tuvo lugar el 27 de noviembre de 1956 en presencia de la familia real. Otto asistió a la ceremonia de apertura (aunque no a la representación), con Jacqueline van Maarsen, Jetteke Frijda, Miep y Jan, Bep y su marido y Kleiman y su mujer. Jetteke recuerda: «Después me acerqué a uno de los actores y le pregunté si le resultaba extraño lo de aquella noche. Dijo que sí, porque el público tenía cierta relación con los personajes de la obra, o con los judíos de Holanda. Les había resultado algo muy intenso.»[19] La obra se representó a continuación por todo el mundo.

Era lógico que la obra pasase del teatro al cine y en 1957 se inició el rodaje de la versión de la Twentieth Century Fox de *El diario de Ana Frank*. George Stevens, que había participado en la liberación de Dachau como soldado americano, dirigió la película en un plató especialmente construido. El anexo fue enteramente reconstruido excepto en su pared exterior, para permitir que la cámara sobre una grúa entrase en todas las habitaciones. Los exteriores se rodaron en Amsterdam. Otto y Kleiman fueron asesores de la película. Kleiman comentó a un periodista: «El personal de la película es muy preciso. Tengo que mandar de todo a América: lápices, botellas de leche, mochilas, sellos. El señor Stevens, el director, pidió fotografías y descripciones exactas de los molinos de especias. Todo lo que hay en la película tiene que ser exacto.»[20] Stevens insistió en que: «La película debe estar exenta de los horrores nazis. Contará la valiente y a menudo humorística historia de una maravillosa familia escondida en una época de grandes tensiones; la historia del magnífico triunfo de una adolescente sobre el miedo. Ana Frank era la clase de niña que es responsable de la supervivencia de la especie humana.»[21] Después de una búsqueda por todo el país de una actriz que interpretase a Ana, se escogió a Millie Perkins, una modelo de diecinueve años de edad. Otto hubiese querido que lo hiciese Audrey Hepburn, pero la actriz, que había vivido en Holanda de niña durante la guerra, rechazó el papel al considerar que sería demasiado penoso para ella representarlo en la pantalla.[22] Van Hoeven, el auténtico verdulero de Leliegracht, se interpretaba a sí mismo en la película. Joseph Schildkraut representaba en la película el mismo papel que en el teatro, interpretando a Otto Frank, y Shelley Winters ganó el Oscar a la mejor actriz de reparto como señora Van Daan. La película también obtuvo el Oscar a la mejor dirección artística y a la mejor producción en blanco y negro. Se había rodado un final alternativo en el que se veía a Ana en el campo de concentración, pero se eliminó en favor de la penúltima línea de la obra de teatro: «A pesar de todo, aún creo que la gente tiene buen corazón.» El estreno tuvo lugar en Amsterdam el 16 de abril de 1959 y Miep, Bep y la señora Kleiman fueron presentadas a la reina y la princesa Beatriz. Se rodó por la misma época una película alemana oriental, *A Diary For Anne Frank*. En ella se describía la deportación de los ocupantes del anexo y desenmascaraba a antiguos nazis. Gemmeker, el comandante de Westerbork, estaba entre los hombres cuya dirección se revelaba. La película recibió críticas cautamente aprobadoras, pero fue «rechazada por la censura británica en el mismo año en que la película de Hollywood se estrenó mundialmente».[23]

El 4 de mayo el anexo se abrió como museo. Ya desde la primera publicación del diario, la gente llamaba a la puerta del 263 de Prinsengracht para preguntar si podían echar un vistazo. Kleiman había actuado como guía no oficial. Hubo muchos cambios en el lugar durante los años siguientes. Tanto Miep como Bep dejaron el negocio a finales de los cuarenta. Bep se casó con su novio de toda la vida, Cornelius van Wijk, y formó una familia, mientras que Miep quiso dedicarse a su casa tras mudarse a un nuevo piso en Jerkenstraat, en enero de 1947. Otto siguió viviendo con Miep y Jan (que fueron padres en 1950) durante un tiempo, pero tras su retiro de Opekta en abril de 1953, emigró a Suiza. Tenía su propia habitación espaciosa en la casa de su hermana y su cuñado en Basilea. 1953 fue un año muy emotivo para Otto; su madre, Alice, murió el 20 de mayo en Suiza y su hermano mayor, Robert, murió el 23 de mayo en Londres, pero hubo también una adquisición en la familia, en la persona de la nueva esposa de Otto, Fritzi Geiringer. Otto había comunicado a sus amigos a finales de 1952 que iba a casarse el año siguiente. La hija de Fritzi, Eva, no se sorprendió en absoluto: «La quería mucho. Cuando empezó su relación, Otto iba al trabajo en bicicleta y mi madre hacía el mismo camino en tranvía. Cada vez que el tranvía se detenía, Otto también paraba y hablaba con ella. Era muy romántico.»[24]

Otto y Fritzi se casaron el 10 de noviembre de 1953 en Amsterdam. Fritzi compartió su habitación en el piso más alto de la casa de Basilea. El matrimonio fue sólido y Fritzi le ayudó con la gran cantidad de correspondencia que generaba el diario de Ana, guardado en una caja fuerte de un banco de Basilea. Eva recuerda: «Mi madre le hacía muy feliz. Formaban un verdadero equipo. Cuando venían aquí, tenían su propia habitación con una cama y una mesa. Mi madre se sentaba cada mañana a la mesa a escribir a máquina, mientras Otto caminaba por la habitación pensando qué poner en esas cartas. Yo estaba un poco celosa, porque quería que mi madre saliera conmigo y con mis hijos, de compras o a lo que fuera, pero Otto insistía en que tenía que quedarse y ayudarle a escribir las cartas. En cierto modo, mi vida quedó oscurecida por la de Ana. Otto era maravilloso, pero su vida entera consistía en su hija perdida, y podía hablar de ello veinticuatro horas al día. Yo quedé menguada por Ana, y preocupada por la situación. Pero quería a Otto, que era encantador. Siempre pasábamos juntos las Navidades y solíamos ir juntos de vacaciones.»[25]

En 1955 Otto y Kugler se retiraron de Pectacon y, junto con Jan Gies, de Gies & Co. El negocio se vendió y Kugler emigró a Canadá tras la muerte de su primera esposa. Volvió a casarse y trabajó en Weston, Toronto, de electricista y empleado de una agencia de seguros antes de retirarse. Kleiman murió el 30 de enero de 1959. Otto leyó una línea del diario de Ana en su funeral: «Cuando el señor Kleiman entra, el sol empieza a brillar.»

La viuda de Kleiman asistió a la ceremonia de apertura de la Casa de Ana Frank el 4 de mayo de 1960, con Otto, Bep, Miep y

Jan. La supervivencia del anexo fue una especie de triunfo ante la adversidad. En 1953 un agente inmobiliario compró las casas de la esquina de Prinsengracht y Westermarkt y el dueño de la del número 263 le ofreció vendérsela también. Otto convenció a Opekta de que comprase el edificio, y en una reunión de accionistas se decidió que Otto o «una fundación nombrada por él» se hiciera cargo de la propiedad en un futuro próximo. Desgraciadamente el edificio estaba casi en ruinas y los costes de restauración serían astronómicos. En 1954 un agente inmobiliario compró la propiedad y, ante la intención de demoler las casas adyacentes, parecía que no podía hacerse nada más. La prensa holandesa informó sobre la amenaza del escondrijo y cargó vehementemente en contra de ello: «El Anexo Secreto se ha convertido en un monumento a una época de opresión y caza del hombre, de terror y oscuridad. Holanda será objeto de un escándalo público si la casa se derriba. Hay toda clase de razones, especialmente si se tiene en cuenta el enorme interés tanto dentro como fuera del país, en corregir la situación lo antes posible.»[26] El Anne Frank Stichting se hizo realidad el 3 de mayo de 1957, con la intención de encabezar la campaña para detener la demolición y supervisar la urgente necesidad de solicitar fondos para comprar y restaurar el edificio. En octubre de 1957 el dueño de la propiedad, Berghaus, se lo regaló al Stichting. Se puso en marcha un amplio proyecto de restauración y los edificios adyacentes, que llegaban hasta la esquina de Westermarkt, fueron comprados con fondos conseguidos en una segunda campaña. Las propiedades adicionales se utilizaron para albergar estudiantes y establecer un centro juvenil donde se impartían cursos y conferencias. En el 263 de Prinsengracht se efectuaron cambios importantes en la casa de delante, pero el anexo quedó, hasta donde fue posible, en el mismo estado que el original. Otto insistió en que debía permanecer vacío, pues así es como había quedado después de la detención. Se construyeron dos maquetas para dar a los visitantes una idea del aspecto que tenía durante la guerra. Hubo también propuestas para que se hiciera «otra» casa-museo de Ana Frank en el número 37 de Merwedeplein, pero de momento sigue siendo de propiedad privada. La escuela Montessori de Nierstraat se llamó «Escuela Ana Frank» el 12 de junio de 1957. El Stichting siguió conservando la propiedad de Prinsengracht y lucha por desafiar y educar en contra del racismo y la discriminación.

Otto contó una vez a un entrevistador por qué había abandonado Holanda y cómo se sentía cuando visitaba el anexo: «Vivo actualmente en Basilea porque ya no puedo vivir en Amsterdam. Voy a menudo, pero no aguanto más de tres días. Y visito Prinsengracht, donde estuvimos dos años escondidos... A veces miro nuestro escondrijo; no ha cambiado. Las habitaciones están casi vacías, porque se sacó todo después de que nos deportaran. Pero el mapa en la pared con los alfileres que muestran el avance de las tropas aliadas sigue allí. En una pared veo aún las marcas que hice para señalar el crecimiento de las niñas. Las fotografías de estrellas de cine que Ana puso en la pared para decorar siguen en su cuarto, y otras fotos también. Miro alrededor y me marcho. No puedo soportar la visión más tiempo.»[27] En 1962 Otto y Fritzi se trasladaron a una casa grande y encantadora en el barrio de Birsfelden, en Basilea, donde Otto se dedicó a la jardinería. En 1966 instauró el Anne Frank-Fonds en Basilea, para proteger el nombre de su hija y administrar los royalties de las ventas de su diario, cuyos devotos lectores aumentaban donde fuera que se publicase. Los beneficios fueron a parar a un gran número de obras benéficas y así sigue siendo hoy día. Con tantos lectores, era inevitable que los revisionistas del Holocausto y los neonazis quisieran desacreditar el diario. Otto tuvo que enfrentarse en varios pleitos durante los años siguientes a aquellos que veían la obra de su hija como una amenaza para su débil ideología. Los fondos que se sacaran se donaban normalmente al Stichting en Amsterdam.

Otto se mantuvo en contacto con sus ayudantes y los amigos que habían sobrevivido a la guerra. Fritzi y él solían visitar a Lies en Israel, donde ella se había casado con un mayor del ejército y había tenido tres niños, y escribía con regularidad a los hermanos de Edith en América. Walter y Julius habían «ahorrado dinero suficiente para vivir un retiro cómodo que no tuvieron tiempo de disfrutar».[28] Julius murió en octubre de 1967; Walter, en septiembre de 1968. Catorce miembros de la familia, además de Edith, perecieron en los campos.

Otto trabajó más que ninguno para difundir sus ideales, como él los consideraba, expresados en el diario de su hija. Si, como cree el biógrafo cinematográfico de Ana, Jon Blair, no «siempre se hizo a sí mismo y al legado literario de su hija la mayor justicia, a causa de su resuelta y loable determinación de extender su interpretación de la historia de ella y la historia de las víctimas del Holocausto por el mundo» e «hizo tratos poco ventajosos»,[29] de todos modos consiguió lo que había pretendido: la fama póstuma para Ana, el reconocimiento de su talento literario y un medio por el cual ella fue, en un sentido abstracto, capaz de «trabajar para el mundo y la humanidad». De su papel de guardián de la llama del diario, Otto dijo: «Es un extraño papel. En las relaciones familiares normales, es el hijo del padre famoso el que tiene el honor y la tarea de continuar su labor. En mi caso, el papel está invertido.»[30]

Otto escribió varios artículos después de la guerra y en uno, «¿Ha olvidado Alemania a Ana Frank?», declaraba que siempre había sido y siempre sería optimista: «Sé que hay muchos judíos que no quieren tener nada que ver con alemanes, pero a mí me gustan los jóvenes alemanes. Soy un hombre positivo. No se puede hacer volver a los que han sido asesinados...»[31] Le dijo a un periodista: «Todo lo que hago ahora está dedicado a Ana. No siento odio. Nunca lo he sentido. ¿Por qué tuvo que morir mi hija y no otros? Del diario de Ana han salido muchas cosas positivas. Nunca he vuelto a Auschwitz ni a Belsen. Allí no hay nada. Tenemos que pensar en los vivos.»[32]

Otto gozó de buena salud hasta el último año de su vida, en que contrajo un cáncer. La enfermedad se extendió rápidamente y la noche del 19 de agosto de 1980 murió en su casa de Basilea. Como era su deseo, su cuerpo fue incinerado y sus cenizas enterradas en un cementerio no judío cercano a su casa. Comparte su lugar de descanso con su sobrino Stephan Elias, que murió inesperadamente sólo cinco días más tarde.

En 1981, el 16 de diciembre, Victor Kugler murió en Canadá. Dos años más tarde, tras un feliz matrimonio que le proporcionó los hijos que siempre había deseado, Bep Voskuijl-van Wijk también murió. La muerte de Jan Gies el 26 de enero de 1993 dejó a Miep

Nota final

... me parece que ni a mí, ni a nadie más en realidad, le interesarán los desahogos de una colegiala de trece años...

Diario de Ana Frank, 20 de junio de 1942

En la primavera de 1998, cuando estaba inmersa en las investigaciones para escribir este libro, me enteré de que había aparecido cierto número de páginas hasta ahora inéditas del diario de Ana. Yo sabía que al mismo tiempo se estaba haciendo otra biografía de Ana Frank y que a la autora, Melissa Muller, la ayudaba en sus investigaciones Cornelius Suijk que, tras dimitir de su puesto de director internacional del Anne Frank Stichting, había pasado a cumplir la misma función en el Anne Frank Center de Estados Unidos. Suijk me telefoneó unos meses más tarde, cuando un conocido común le sugirió que podría serme de ayuda en mi libro. Suijk me advirtió que la señora Muller ya había entrevistado a varias personas para su propia obra; esas mismas personas, dijo, seguramente no querrían hablar conmigo. Esto me pareció extraño (y resultó no ser cierto), y tras unas cuantas llamadas, decidí que —contrariamente a la sugerencia de Suijk— sería mejor no verle a él ni a la señora Muller. A continuación recibí una extraña carta del señor Suijk, en la que me preguntaba si iba a aceptar la ayuda de la señora Muller en lo que él definía como «abrirme puertas». No hubo ningún otro contacto entre nosotros.

La versión de Suijk del modo en que entró en posesión de las cinco páginas del diario es la siguiente: Otto Frank, al parecer antiguo amigo suyo, le entregó el material en 1980, cuando dos neonazis alemanes, Ernst Romer y Edgar G... [no se entiende en la fotocopia del fax], estaban procesados por haber denunciado el diario como una falsificación. Los dos hombres fueron hallados culpables y, cuando se apeló su caso, un equipo de historiadores fue enviado por el gobierno federal alemán a verificar la autenticidad de las notas del diario. Otto les permitió examinar la obra de su hija, pero no antes de sacar del archivo cinco páginas que quería que permaneciesen privadas. Entonces se las dio a Cornelius Suijk, quien afirma que la intención de Otto al confiarle los papeles era poder decir sinceramente a cualquier parte interesada que no tenía más páginas en su poder. Según Suijk, Otto no quería revelar «nada que pudiese resultar embarazoso para él o su esposa Fritzi. También quería evitar cualquier discusión acerca de si había hecho bien en publicar el diario de Ana».[1]

Tras la muerte de Otto en 1980, al parecer Suijk guardaba las cinco páginas y no lo mencionó a RIOD (el Instituto Estatal Holandés de Documentación de Guerra) durante la preparación de la *Edición Crítica* de los diarios, aunque en las disposiciones de su testamento Otto había legado todos los escritos de Ana al instituto holandés. La decisión de Suijk de permanecer callado acerca del material no publicado fue motivada, según él, por un deseo de proteger a Fritzi, la viuda de Otto, de tener que enfrentarse a ello. Los editores de la *Edición Crítica* consultaron con Fritzi Frank en el transcurso de su trabajo. Ella les pidió que eliminaran cierto número de líneas de las anotaciones originales de Ana del 8 de febrero de 1944; el pasaje empieza con otra discusión entre Ana y Edith, en el que Ana asegura haber dicho a su madre «en broma»: «¿Sabes?, eres una auténtica *Rabenmutter*» (una madre cruel). Al final del párrafo hay una serie de elipsis y la nota al pie dice: «En las 47 líneas omitidas aquí Ana Frank daba una imagen extremadamente dura y parcialmente injusta del matrimonio de sus padres. A petición de la familia Frank, este pasaje ha sido omitido.»[2] David Barnouw, uno de los editores de la *Edición Crítica*, asume ahora que las páginas en poder de Suijk son una extensión de la anotación borrada: «El archivo había sido numerado después de que se retirasen las cinco páginas, así que no sabemos dónde están. Sin embargo, creo que esas páginas son en realidad una versión reescrita de una anotación más corta del 8 de febrero de 1944, en la que también se criticaba el matrimonio de sus padres.»[3]

Suijk guardó este secreto durante otros diez años. Pero el Anne Frank-Fonds «sabía que faltaba algo, pero no sabía qué».[4] Suijk mostró finalmente las páginas a la señora Muller, que esperaba publicarlas en su biografía. En junio de 1998 le dijeron que no podía hacerlo. El Anne Frank-Fonds, como propietarios de los derechos del diario y de todos los escritos de Ana Frank, consideró «absolutamente ilegal» que Suijk tuviese las páginas y que las compartiera con ella.[5] Muller hizo saber que desde su punto de vista el veto había sido impuesto por «consideraciones comerciales, así como por un equivocado esfuerzo por proteger a Otto Frank».[6] Ella no tenía más opción que aceptarlo, aunque hablaba de las páginas desaparecidas en su biografía, parafraseándolas largo y tendido.

El libro de Muller debía publicarse en Holanda en septiembre de 1998. Un mes antes aparecieron las noticias acerca de las cinco páginas y la publicidad generada por la historia fue enorme. La prensa se apresuró a reflejar los entresijos de la historia: cómo habían desaparecido por primera vez las páginas, por qué no habían aparecido antes, por qué Muller no había podido incluirlas en su libro y, por encima de todo, la batalla legal subsiguiente entre RIOD y el Anne Frank-Fonds contra Suijk. Las dos instituciones, junto con el Anne Frank Stichting, hicieron la declaración siguiente: «Todas las partes implicadas son de la opinión que es sumamente improbable que Otto Frank regalase este manuscrito original a su antiguo empleado: es más probable que le confiase las páginas para evitar que el contenido fuese publicado. RIOD y Anne Frank-Fonds le han pedido que devuelva el material a RIOD. Es más, Anne Frank-Fonds, como propietario de los derechos, ha dejado bien claro que el antiguo empleado no tiene autorización ninguna para publicar el material...»[7]

El escándalo creció el 25 de agosto con un artículo de la *NCR Handelsblad*, que comenzaba: «Él ha admitido finalmente que quiere ver dinero.»[8] La prensa informó de que Suijk estaba dispuesto a entregar las páginas a RIOD... siempre que recibiera antes una suma de dinero sustanciosa. Éste, dijo Suijk, no sería para él, sino para el Anne Frank Center en EE.UU., que necesitaba fondos con urgencia para sus proyectos sobre el Holocausto y de educación. La suma exacta difiere en cada informe: algunos periódicos aseguraron que Suijk había pedido «un par de millones»,[9] pero se cita a Melissa Muller diciendo que quería 500.000 dólares.[10] Un día más tarde, Suijk negó que hubiese pedido dinero: «Nunca dije eso;

hay otras formas de financiación.»[11] Entonces pidió al Anne Frank-Fonds que «patrocinase» las páginas y les acusó de quedarse con los royalties de las ventas del diario. De hecho, el Fonds dona la mayor parte de sus entradas a una serie de obras benéficas, pero aquél fue un comentario que Suijk, después de ponerlo en circulación, jamás pudo soltar. En un foro organizado por el grupo judío de jóvenes *Sjoeche* en Amsterdam, el 17 de septiembre de 1998, Suijk le dijo al público: «Me gustaría tener un patrocinador para dar un paso adelante. Me gustaría que ese patrocinador fuese el Anne Frank-Fonds, porque tiene dinero suficiente. ¿Qué hace Basilea con todo ese dinero? Lo mete en algún banco suizo. La fundación no está haciendo nada con los royalties y Otto estaría de acuerdo conmigo.»[12]

Suijk expuso su punto de vista en varias entrevistas a periódicos y a la radio, así como en un documental proyectado en Holanda y América. Sin embargo, empezaba a recibir duras críticas de algunas personas que lo acusaban de «chantajista, mercenario y buscador de publicidad»,[13] cuestionando, no sólo sus motivos, sino también el modo en que había obtenido las páginas. Hans Knoop, un experto en el tema del Holocausto, declaró: «Éste no es el espíritu de Ana Frank. ¿Qué vendrá a continuación? ¿El diario patrocinado por Coca-Cola? Esto convertiría a Ana Frank en una versión holandesa de Shirley Temple... Para millones de personas, para bien o para mal, Ana es el símbolo del Holocausto. No se puede abusar de las páginas, ni comerciar con ellas.»[14] A Suijk no le importaron las críticas y dijo: «Creo que tengo esta misión. La gente puede criticarme, pero me siento con el derecho moral.»[15] Al parecer, sus críticos pensaban que la señora Muller, cuyo libro buscaba publicidad a ambos lados del Atlántico, había sido utilizada: «[Suijk] ha utilizado a Melissa Muller por razones mercantilistas. Necesitaba llamar la atención del mundo y ahora está esperando por el mejor postor.»[16] Sin embargo, no puede decirse que la señora Muller, una experta periodista de treinta y dos años, haya tratado de distanciarse de Suijk: estaba presente en el foro de Amsterdam, donde se vendían también ejemplares de su libro.

Mientras tanto, surgió otra conmoción por la publicación de tres de las cinco páginas en el periódico holandés *Het Parool* el 26 de agosto de 1998. A pesar de la advertencia de RIOD y el Anne Frank-Fonds en su artículo de prensa, Frits Campagne, editor de *Het Parool*, defendió su decisión de publicarlas, alegando que «todo el tema es una noticia y no hay derechos de autor sobre las noticias. Si [el Anne Frank-Fonds] manda a sus abogados, diremos a nuestros abogados que les contesten».[17] Esto es precisamente lo que ha ocurrido: el Anne Frank-Fonds está ahora en proceso de demanda contra *Het Parool* por publicar sin permiso.

Tal como están las cosas en el momento de escribir estas líneas, noviembre de 1998, Cornelius Suijk sigue teniendo en su poder las páginas y están llevándose a cabo acciones legales para recuperarlas. Él dijo que si no puede encontrar patrocinador, entregaría las páginas a RIOD, que ya tiene previsto actualizar la *Edición Crítica*. Las páginas se incluirían en esta nueva edición y en todas las nuevas ediciones del *Diario*. David Barnouw explica: «Llevamos diez años con estas discusiones [acerca de la omisión] y creemos que ya está bien. No vamos a incluir una nota al pie. Los lectores tendrán que sacar sus propias conclusiones.»[18]

¿Y qué ocurre con las páginas propiamente dichas? ¿Merecían todo este revuelo de prensa, las acusaciones y recriminaciones, y las especulaciones sin fin? Personalmente creo que no. Hace meses, tras leer las páginas en que Ana habla del matrimonio de sus padres, llegué a la conclusión de que la existencia de los *nuevos* fragmentos del diario tenían gran importancia en relación con su autoría, pero de hecho el material real que contuviesen no sería en ningún caso revelador. No hay nada en las páginas secretas (escritas por Ana en páginas sueltas en febrero de 1944) que Ana no hubiera dicho ya, de una forma u otra, en alguna parte en su diario. El tema principal —y el que causó más revuelo— se refería al matrimonio de Otto y Edith, que Ana consideraba lejano a la imagen ideal que sus padres trataban de proteger. Creía que la relación era románticamente desigual y que su madre estaba afectada por la falta de pasión y amor que mostraba Otto. A ojos de Ana, los sentimientos de Otto hacia su mujer eran de respeto y amor, pero no lo que Ana consideraba amor «completo», refiriéndose al amor romántico. Sugería (como ya lo había hecho) que hubo una relación en el pasado de su padre, anterior a su boda con Edith, implicando quizá que aquél había sido el gran amor de Otto. Ana escribió que admiraba a su madre por llevar tan bien un matrimonio que sólo existía nominalmente, y se preguntaba si ella podría ayudar de alguna manera, antes de concluir que el abismo entre ella y su madre era demasiado grande para permitirle hacer algo en ese sentido.

En lo que se refiere a otros aspectos del diario, es preciso considerar las circunstancias bajo las cuales fue escrita la disección del matrimonio de sus padres por parte de Ana. Las nociones de ésta sobre el amor no habían sido mitigadas por la experiencia propia, y siempre era sumamente crítica cuando se describía a sí misma y a la gente con la que vivía en una proximidad constante y casi insoportable. El juicio de Ana podía ser justo o no, pero seguramente sería bastante acertado decir que el matrimonio de sus padres estaba sometido a tensiones a causa de la situación en que se encontraban: el confinamiento, la tensión, el miedo y la falta de intimidad (Margot compartía el dormitorio de sus padres) no serían de mucha ayuda para mejorar la relación de ninguna pareja. En cualquier caso, Otto tenía treinta y seis años cuando se casó. Es al mismo tiempo poco realista e ingenuo pensar que nunca hubiera mirado a otra mujer antes de conocer a Edith. ¿Qué puede entonces considerarse revelador o chocante en las especulaciones adolescentes de Ana?

Se ha hablado mucho de que Ana se mostraba más comprensiva con su madre en las páginas que faltan que en otras partes de su diario; yo no creo que sea así. Ana ya había decidido que era mejor escribir sus pensamientos menos caritativos acerca de su madre que hablar de ellos abiertamente; también había decidido no señalar los problemas en su relación, confiando a Kitty: «Quiero evitarle el disgusto que le causaría.»[19] Si el diario hubiese continuado después del 4 de agosto de 1944, es muy probable que la rabia ocasional de Ana hacia su madre, que disminuía claramente a medida que ella maduraba, se hubiera agotado, como le ocurre a la gran mayoría de rebeliones adolescentes.

En el resto de las páginas que faltan Ana escribió que debía tener cuidado de no dejar sus papeles a la vista de su familia, pues sentía que sus secretos eran sólo suyos. Esto ha dado pie a fervientes especulaciones acerca de que Ana no hubiera querido que su diario se publicase. De nuevo hay que recordar que Ana era voluble y sus opiniones e ideas cambiaban de un día para otro. Al principio del diario declara: «No pretendo enseñar este cuaderno de cartón, que lleva el orgulloso nombre de diario, a nadie...»[20] Es imposible asegurar hoy si hubiera deseado que su obra se publicase del modo en que apareció por primera vez, pero hay pocas dudas de que el mayor deseo de Ana —ella misma lo decía— era ser escritora. Fuera lo que fuese lo que pensaba en diferentes momentos, deseaba reescribir el diario entero con vistas a su publicación, y seguía trabajando en esas revisiones cuando llegó la Gestapo.

Así pues, ¿por qué escondió Otto esas páginas durante tanto tiempo? No comparto la opinión de Suijk de que Otto «temiese preguntas desagradables. Se consideraba a sí mismo un modelo de virtudes. A partir del diario, la gente le consideraría un padre maravilloso y no quería que esa idea se destruyese».[21] No creo que la finalidad de Otto fuese conservar su propia imagen a los ojos de los lectores del *Diario*, ni que pensara que a Fritzi Frank le hubiese molestado su contenido. Al fin y al cabo, no era ninguna niña ingenua cuando se casó con Otto. La respuesta real se encuentra en estas líneas de las memorias de Otto: «Me entristecía mucho el modo en que Ana describía tan rudamente a su madre. En su rabia, causada por algún conflicto, exteriorizaba sus sentimientos sin freno. Me duele leer lo a menudo que Ana juzgaba mal los puntos de vista de su madre. Pero me sentí aliviado al leer en anotaciones posteriores que Ana se daba cuenta de que era culpa suya el que con frecuencia se llevase mal con su madre. Incluso se arrepentía de lo que había escrito.»[22] Creo categóricamente que eran esos sentimientos de aflicción hacia las relaciones que habían existido entre su esposa y su hija menor los que llevaron a Otto a omitir dichas anotaciones del diario publicado. Quería conservar la imagen de su hija no sólo ante los lectores, sino ante sí mismo. Sabía perfectamente que Ana no era una santa, pero como padre obedeció a su instinto, excluyendo los pasajes en que la ira de Ana era más vehemente, sobre todo cuando aquélla se dirigía directamente a la esposa que había perdido. La vanidad, por mucho que sus detractores hayan luchado por demostrar lo contrario, no es un término que pueda aplicarse a Otto Frank.

Parece que lo justo es que la última palabra sobre el tema de las páginas secretas la tenga el último pariente directo de Ana, que aún vive, que la conoció bien y al que Ana quería, Buddy Elias. En una carta que me envió en octubre de 1998 escribió:

> Para mí es impensable e imposible que mi tío, Otto Frank, regalase cinco páginas originales pertenecientes al diario de su hija.
>
> No sé cómo consiguió esas páginas el señor Suijk.
>
> Rechazo la afirmación de que fuese amigo suyo. Era un conocido de Otto en el que —por desgracia— confiaba. Si hubiera sido amigo de Otto, habría respetado su último deseo, escrito en su testamento, de que TODAS las páginas se entregasen a RIOD (el Instituto Estatal Holandés de Documentación de Guerra). Al no hacerlo, traicionó al hombre que llamaba su amigo. Estas páginas deben entregarse a RIOD para que las conserve para la posteridad.

Notas

Prólogo

1. Karl Josef Silberbauer entrevistado por Jules Huf, en Simon Wiesenthal, *Justice Not Vengeance: The Test Case* (London: Weidenfeld & Nicholson 1989), p. 340.

2. Los que participaron en la redada de Prinsengracht que sobrevivieron a la guerra han concedido innumerables entrevistas, declaraciones escritas y testimonios jurados acerca de los hechos. Hay cierto número de discrepancias en las diferentes versiones, principalmente debido a los lapsos de tiempo, los recuerdos y la perspectiva. Los hechos aquí narrados están basados en los acontecimientos tal como han sido contados más frecuentemente. Todas las citas directas han sido, naturalmente, debidamente comprobadas.

3. Bep Voskujil en Ernst Schnabel, *The Footsteps of Anne Frank* (Londres: Pan Books 1976), p.101.

4. Bep Voskujil en Capítulo 2, *The Arrest*, en *The Diary of Anne Frank: The Critical Edition* (Londres: Viking 1989), p. 21.

5. Bep Voskujil en Capítulo 2, *The Arrest*, en *The Diary of Anne Frank: The Critical Edition* (Londres: Viking 1989), p. 21.

6. Ernst Schnabel, *The Footsteps of Anne Frank* (Londres: Pan Books 1976), p.104. Nunca se ha establecido exactamente cuántos nazis holandeses acompañaron a Silberbauer. *The Critical Edition* habla de cuatro o cinco.

7. Declaración de Miep Gies-Santrouschitz ante diversos notarios de Amsterdam, 5 de junio de 1974. Colección de RIOD.

8. Victor Kugler en *The Reminiscences of Victor Kugler, the «Mr. Kraler» of Anne Frank's Diary* contadas a Eda Shapiro (Jerusalén: Yad Vashem Studies XIII, 1979), p. 358.

9. Victor Kugler en *The Reminiscences of Victor Kugler, the «Mr. Kraler» of Anne Frank's Diary* contadas a Eda Shapiro (Jerusalén: Yad Vashem Studies XIII, 1979), p. 358.

10. Victor Kugler en *The Reminiscences of Victor Kugler, the «Mr. Kraler» of Anne Frank's Diary* contadas a Eda Shapiro (Jerusalén: Yad Vashem Studies XIII, 1979), pp. 358-359.

11. Declaración de Miep Gies-Santrouschitz ante varios notarios de Amsterdam el 5 de junio de 1974. Colección de RIOD.

12. Miep Gies, transcripciones de entrevista para el documental de Jon Blair, *Anne Frank Remembered* (Jon Blair 1995). Colección privada de Jon Blair.

13. Otto Frank en Ernst Schnabel, *The Footsteps of Anne Frank* (Londres: Pan Books 1976), p. 105.

14. Victor Kugler en *The Reminiscences of Victor Kugler, the «Mr.Kraler» of Anne Frank's Diary* contadas a Eda Shapiro (Jerusalén: Yad Vashem Studies XIII) pp. 359-361.

15. Otto Frank en *The Global Magazine: Postscript to a Diary*, por E.C. Farrell, 6 de marzo de 1965.

16. Miep Gies con Alison Leslie Gold, *Anne Frank Remembered* (Nueva York: Bantam Press 1987), p. 156.

17. Otto Frank en *McCalls Magazine: «The Anne Frank We Remember»*, por Jane Pratt, enero 1986.

18. Miep Gies con Alison Leslie Gold, *Anne Frank Remembered* (Nueva York: Bantam Press 1987), p. 156.

19. Otto Frank en Ernst Schnabel, *The Footsteps of Anne Frank* (Londres: Pan Books 1976), p. 111.

20. Testimonio de Kleiman en Ernst Schnabel, *The Footsteps of Anne Frank* (Londres: Pan Books 1976), p. 111.

21. *Diario*, 28 de septiembre de 1942 (a), p. 190.

22. Álbum fotográfico de los Frank, mayo 1941. Cortesía del Anne Frank-Fonds, Basilea.

23. *Diario*, 29 de octubre de 1943 (b), p. 411.

24. *Diario*, 17 de abril de 1944 (a), p. 612.

Capítulo 1

1. Ana Frank en Ernst Schnabel, *The Footsteps of Anne Frank*, (Londres: Pan Books 1976), p. 89; también *Diario*, 2 de mayo de 1943 (a), p. 306. Todas las citas del diario de Ana son de *The Diary of Anne Frank: The Critical Edition* (Londres: Viking 1989). A partir de aquí me referiré a él como *Diario*. Las letras entre paréntesis indican qué versión del diario se cita. a, es la versión original de Ana; b, su borrador revisado y c, el diario publicado, editado por su padre.

2. Amos Elon, *Founder: Meyer Amschel Rothschild & His Time* (Londres: Harper Collins 1996), p. 20.

3. Información de los archivos de la ciudad de Landau y los folletos *Some Historical Facts About The House* y *Facts Relating To The Jews Of Landau*, disponibles en la Frank-Loeb'sches House. En 1940 los judíos que aún quedaban en Landau fueron alojados en la casa hasta su deportación a Gurs y desde allí a Auschwitz. Después de la guerra, se habló de llamarla «La casa de Ana Frank». Fue formalmente inaugurada bajo su nombre actual el 7 de mayo de 1987 y hoy alberga una exposición permanente de la historia de los judíos de Landau, exhibe bellas artes y se utiliza como centro cultural.

4. *Diario*, sin fecha pero probablemente 28 de septiembre de 1942 (a), p. 190.

5. *Diario*, 8 de mayo de 1944 (a), p. 636.

6. Otto Frank en Ernst Schnabel, *The Footsteps of Anne Frank* (Londres: Pan Books 1976), p. 17.

7. Otto Frank en Cara Wilson, *Love, Otto: The Legacy of Anne Frank* (Andrews & McMeel 1995), pp. 136-137.

8. *Diario*, 8 de mayo de 1944 (a), p. 636. Ana se equivoca. No había ningún Herman en Luxemburgo. La persona a la que se refiere es, casi con total seguridad, Arnold, hermano de Jacob.

9. En aquel momento Nathan Straus era aún conocido por su nombre de nacimiento, Charles Webster Straus (se le puso el nombre de un antiguo socio en Macy's), pero cuando tenía más o menos veintiún años y quiso meterse en política, decidió usar el más reconocible «Nathan Straus» y se cambió el nombre legalmente. El historiador de la familia Straus escribe: «Dio a su familia tres meses para que se acostumbraran a llamarle Nathan y no contestaba al nombre de Charlie. La única que siguió llamándole Charlie fue su cuñada Flora Stieglitz-Straus, que se había casado con su hermano Hugh Grant Straus.» De hecho, Flora no fue la única que siguió llamándole por su nombre de nacimiento. En toda su correspondencia Otto se dirige a Nathan como «Charley»... pero su amigo siempre firmaba Nathan. Para evitar confusiones, he usado el nombre de Nathan Straus, júnior, en todo el texto. Información cortesía del historiador de la familia Straus, e-mail a la autora, 16 de enero de 1998.

10. Historiador de la familia Straus, e-mail a la autora, 3 de diciembre de 1997.

11. La familia no recuerda la causa de la muerte de Michael Frank.

12. Cartas de Otto Frank, 1909-1910. Colección privada de Buddy Elias.

13. Carta de Otto Frank, agosto de 1915. Colección privada de Buddy Elias.

14. Cartas de Otto Frank, 1915-1918. Colección privada de Buddy Elias.

15. Otto Frank, carta, 18 de febrero de 1916. Colección privada de Buddy Elias.

16. Otto Frank, carta, 21 de junio de 1917. Colección privada de Buddy Elias.

17. Otto Frank, carta, 1975, en Anne Frank Stichting, *Anne Frank Magazine 1998* (Amsterdam: Anne Frank Stichting 1998), p. 39.

18. Otto Frank, cita de panel de exhibición, Anne Frank Educational Trust UK, exposición «*Anne Frank: A History For Today*», 1997.

19. Otto Frank en Ernst Schnabel, *The Footsteps of Anne Frank* (Londres: Pan Books 1976), p. 16.

20. Miep Gies con Alison Leslie Gold, *Anne Frank Remembered* (Nueva York: Bantam Press 1987), p. 36.

21. Otto Frank, carta, 11 de febrero de 1966 en Cara Wilson, *Love, Otto: The Legacy of Anne Frank* (Andrews & McMeel 1995), pp. 26-27.

22. Información sobre la familia Holländer, árbol genealógico cortesía de la doctora Trude K. Holländer, Eddy Fraifeld y Dick Plotz.

23. Eddy Fraifeld, e-mail a la autora, 2 de diciembre de 1997.

24. Dra. Trude K. Holländer, carta a la autora, 25 de marzo de 1997. La doctora Holländer sigue diciendo que Edith era «conocida como una persona inteligente, fiel a la tradición familiar que creía en los valores auténticos», y afirma que los Holländer han sido «muy dejados de lado en todas las ediciones de los libros de Ana... después de las correcciones, ediciones y añadidos del padre de Ana que era por entonces el único miembro vivo de la familia, Otto se convirtió en el mentor de Ana, modelo e indiscutible influencia en su vida. Eso puede sonar ahora a despecho, pero la familia lo sabe muy bien; una familia que no tiene voz propia ahora mismo en el mundo».

25. Más tarde, Margot también se dirigió a él como «Berndt», mientras que Ana le llamaba siempre «Bernd».

26. «Libro del bebé de Margot», 14 de marzo de 1926. Cortesía de Anne Frank-Fonds, Basilea.

27. *ídem*, 12 de mayo de 1926. Cortesía de Anne Frank-Fonds, Basilea.

28. *ídem*, 14 de junio de 1926. Cortesía de Anne Frank-Fonds, Basilea.

29. *ídem*, diciembre de 1927. Cortesía de Anne Frank-Fonds, Basilea.

30. Historiador de la familia Straus, e-mail a la autora, 16 de enero de 1998.

31. Nathan Straus Jr., postal, 23 de julio de 1928. Colección privada de Buddy Elias.

32. Ernst Schnabel, *The Footsteps of Anne Frank* (Londres: Pan Books 1976), p.19.

33. *Der Stürmer*, en A.C. Roodnat & M. de Klijn, *A Tour of the Anne Frank House in Amsterdam* (Amsterdam: Anne Frank Stichting 1971), p. 20.

34. Kathi Stilgenbauer en Ernst Schnabel, *The Footsteps of Anne Frank* (Londres: Pan Books 1976), p. 24.

35. Kathi Stilgenbauer en Ernst Schnabel, *The Footsteps of Anne Frank* (Londres: Pan Books 1976), p. 24.

36. Milly Stanfield, *Newsday: The Woman Who Would Have Saved Anne Frank*, 16 de marzo de 1995, por Carl Fussman.

37. Milly Stanfield, *Newsday: The Woman Who Would Have Saved Anne Frank*, 16 de marzo de 1995, por Carl Fussman.

38. Buddy Elias, entrevista de la autora, Cheltenham: octubre de 1997.

39. Buddy Elias, entrevista de la autora, Cheltenham: octubre de 1997.

40. Buddy Elias, entrevista de la autora, Cheltenham: octubre de 1997.

41. Buddy Elias, entrevista de la autora, Cheltenham: octubre de 1997.

42. Ana Frank, *Paula's Plane Trip* en *Tales from the Secret Annexe* (Londres: Penguin 1982), p. 28.

43. Ana Frank, *Paula's Plane Trip* en *Tales from the Secret Annexe* (Londres: Penguin 1982), pp. 33-34.

44. Ana Frank, *Paula's Plane Trip* en *Tales from the Secret Annexe* (Londres: Penguin 1982), p. 28.

45. Ernst Schnabel, *The Footsteps of Anne Frank* (Londres: Pan Books 1976), p.19.

46. Ernst Schnabel, *The Footsteps of Anne Frank* (Londres: Pan Books 1976), pp. 19-20.

47. Álbum de fotos de Margot, años treinta. Cortesía de Anne Frank-Fonds, Basilea.

48. Ernst Schnabel, *The Footsteps of Anne Frank* (Londres: Pan Books 1976), p. 21.

49. La firma es ilegible.

50. Otto Frank, carta, 2 de abril de 1932. Colección privada de Buddy Elias.

51. Ernst Schnabel, *The Footsteps of Anne Frank* (Londres: Pan Books 1976), p. 27.

52. He sido incapaz de encontrar mi fuente original de esta cita. Cualquiera que crea tener derechos sobre ella debe contactar con la autora.

53. Otto Frank en Ernst Schnabel, *The Footsteps of Anne Frank* (Londres: Pan Books 1976), pp. 24-25; y Anna G. Steenmeijer & Otto Frank, *A Tribute to Anne Frank* (Nueva York: Doubleday 1971), p. 13.

54. Otto Frank, «No puedes...» en *Moment*, diciembre 1977, por R. Pete Straus; «El mundo...» Otto Frank, carta, 19 de junio de 1968 en Cara Wilson, *Love, Otto: The Legacy Of Anne Frank* (Andrews & McMeel 1995), p. 50.

55. Buddy Elias, entrevista con la autora, Cheltenham: octubre 1997.

56. Capítulo 1, *Originally From Frankfurt-am-Main*, en *The Diary of Anne Frank: The Critical Edition* (Londres: Viking 1989), p. 4.

57. Buddy Elias, entrevista de la autora, Cheltenham: octubre 1997.

58. Eva Schloss, entrevista de la autora, Londres: enero de 1998.

59. Buddy Elias, entrevista de la autora, Cheltenham: octubre 1997.

60. Buddy Elias, entrevista de la autora, Cheltenham: octubre 1997.

61. Eva Schloss, entrevista de la autora, Londres: enero de 1998.

62. Gertrud Naumann en Ernst Schnabel, *The Footsteps of Anne Frank* (Londres: Pan Books 1976), p. 24.

63. *The Poisonous Mushrooms* en Karen Shawn *The End of Innocence: Anne Frank and the Holocaust* (Nueva York: Anti-Defamation League of B'nai B'rith 1989), p. 11.

64. Obligatorio desde 1939.

65. Edith Frank, carta, sin fecha, en Ernst Schnabel, *The Footsteps of Anne Frank* (Londres: Pan Books 1976), p. 25.

66. Miep Gies con Alison Leslie Gold, *Anne Frank Remembered* (Nueva York: Bantam Press 1987), p. 10.

67. Miep Gies con Alison Leslie Gold, *Anne Frank Remembered* (Nueva York: Bantam Press 1987), p. 13.

68. Miep Gies con Alison Leslie Gold, *Anne Frank Remembered* (Nueva York: Bantam Press 1987), pp. 16-20.

69. *Diario*, 15 de junio de 1942 (a), p. 182. Margot Frank cumplió ocho años en febrero de 1934, de ahí la referencia de Ana de que fuese su regalo de cumpleaños.

70. Edith Frank, carta, marzo de 1934, en Ernst Schnabel, *The Footsteps of Anne Frank* (Londres: Pan Books 1976), p. 25.

Capítulo 2

1. «El Merry»: Ana se refiere al Merwedeplein.

2. Van Gelder en Ernst Schnabel, *The Footsteps of Anne Frank* (Londres: Pan Books 1976), pp. 40-41.

3. *Diario*, 15 de junio de 1942 (a), p. 179.

4. Hanneli Pick-Goslar en Willy Lindwer, *The Last Seven Months of Anne Frank* (Nueva York: Pantheon 1991), p. 14.

5. Anna Frank en Ernst Schnabel, *The Footsteps of Anne Frank* (Londres: Pan Books 1976), p. 33.

6. Hanneli Pick-Goslar en Willy Lindwer, *The Last Seven Months of Anne Frank* (Nueva York: Pantheon 1991), p. 15.

7. Edith Frank, carta, sin fecha, en Ernst Schnabel, *The Footsteps of Anne Frank* (Londres: Pan Books 1976), p. 26.

8. Miep Gies con Alison Leslie Gold, *Anne Frank Remembered* (Nueva York: Bantam Press 1987), p. 17, p. 22.

9. Juliane Duke en *The New York Times: Anne Frank Remembered*, 11 de junio de 1989, por Juliane Duke.

10. Juliane Duke en *The New York Times: Anne Frank Remembered*, 11 de junio de 1989, por Juliane Duke

11. Juliane Duke en *The New York Times: Anne Frank Remembered*, 11 de junio de 1989, por Juliane Duke.

12. Juliane Duke en *The New York Times: Anne Frank Remembered*, 11 de junio de 1989, por Juliane Duke.

13. Juliane Duke en *The New York Times: Anne Frank Remembered*, 11 de junio de 1989, por Juliane Duke.

14. Otto Frank, carta, 9 de abril de 1934, en Capítulo 1, *Originally from Frankfurt-am-Main*, en *The Diary of Anne Frank: The Critical Edition* (Londres: Viking 1989), p. 8.

15. Otto Frank, postal, 1934, de la exposición *«Anne Aus Frankfurt»* en el Anne Frank Youth Centre, Frankfurt, marzo 1998.

16. He sido incapaz de encontrar mi fuente original de esta cita. Cualquiera que crea poder asumir los derechos de la misma debe contactar con la autora.

17. Lucy S. Dawidowicz, *The War against the Jews 1933-1945* (Londres: Penguin 1987), pp. 100-101.

18. Lucy S. Dawidowicz, *The War against the Jews 1933-1945* (Londres: Penguin 1987), p. 99.

19. Desde el 26 de noviembre los gitanos y los negros fueron incluidos en la prohibición de los matrimonios «mixtos».

20. Edith Frank, carta, 26 de marzo de 1935, de la exposición *«Anne Aus Frankfurt»*, en el Anne Frank Youth Centre, Frankfurt, marzo de 1998.

21. Margot Frank, carta, 1935, de la exposición *«Anne Aus Frankfurt»*, en el Anne Frank Youth Centre, Frankfurt, marzo de 1998.

22. Edith Frank, carta, sin fecha, en Ernst Schnabel, *The Footsteps of Anne Frank* (Londres: Pan Books 1976), p. 26

23. Edith Frank, carta, sin fecha, en Ernst Schnabel, *The Footsteps of Anne Frank* (Londres: Pan Books 1976), p. 26.

24. Edith Frank, carta, sin fecha, en Ernst Schnabel, *The Footsteps of Anne Frank* (Londres: Pan Books 1976), p. 26.

25. Edith Frank, carta, sin fecha, de la exposición *«Anne Aus Frankfurt»*, en el Anne Frank Youth Centre, Frankfurt, marzo de 1998.

26. Otto Frank, «Ana estaba siempre...» en *The Global Magazine: Postscript to a Diary*, 6 de marzo de 1965, por E.C. Farrel; «Una niña normal...» en *Journal: The Living Legacy of Anne Frank*, septiembre de 1967; «Margot era...» en *Moment*, diciembre de 1977, de R. Peter Straus; «Pero Ana...» en *The Global Magazine: Postscript to a Diary*, 6 de marzo de 1965, por E.C. Farrel; «Era bulliciosa...» en *Moment*, diciembre de 1977, por R. Peter Straus.

27. Otto Frank, memorias. Colección privada de Buddy Elias.

28. Edith Frank, carta, sin fecha, en Ernst Schnabel, *The Footsteps of Anne Frank* (Nueva York: Pan Books 1976), p. 26.

29. Hanneli Pick-Goslar en Willy Lindwer, *The Last Seven Months of Anne Frank* (Nueva York: Pantheon 1991), p. 17.

30 . *Diario*, 27 de noviembre de 1943 (b), p. 422.

31. Alison Leslie Gold, *Memories of Anne Frank: Reflections of a Childhood Friend* (Nueva York: Scholastic Press 1997), pp. 15-16. Esta información está tomada de Willy Lindwer, *The Last Seven Months of Anne Frank* (Nueva York: Pantheon 1991), p. 17, a menos que se constate lo contrario.

32. Alison Leslie Gold, *Memories of Anne Frank: Reflections of a Childhood Friend* (Nueva York: Scholastic Press 1997), pp. 29-30.

33. Hanneli Pick-Goslar en Willy Lindwer, *The Last Seven Months of Anne Frank* (Nueva York: Pantheon 1991), pp. 16-17.

34. Alison Leslie Gold, *Memories of Anne Frank: Reflections of a Childhood Friend* (Nueva York: Scholastic Press 1997), p. xii.

35. Hanneli Pick-Goslar en Willy Lindwer, *The Last Seven Months of Anne Frank* (Nueva York: Pantheon 1991), pp. 16-17.

36. Ana Frank, carta, 18 de diciembre de 1936, en *Stern*, 21 de mayo de 1982.

37. Eslogan de Opekta en Ruud van der Rol & Rian Verhoeven, *Anne Frank: Beyond the Diary* (Londres: Puffin Books 1993), p. 25.

38. Miep Gies con Alison Leslie Gold, *Anne Frank Remembered* (Nueva York: Bantam Press 1987), p. 21.

39. Miep Gies con Alison Leslie Gold, *Anne Frank Remembered* (Nueva York: Bantam Press 1987), pp. 22-23.

40. Miep Gies con Alison Leslie Gold, *Anne Frank Remembered* (Nueva York: Bantam Press 1987), p. 23.

41. Miep Gies con Alison Leslie Gold, *Anne Frank Remembered* (Nueva York: Bantam Press 1987), p. 23.

42. *Diario*, 6 de enero de 1944 (a), p. 448.

43. Sol Kimel en *Hadassah Magazine: Heart to Heart*.

44. Hanneli Pick-Goslar en Willy Lindwer, *The Last Seven Months of Anne Frank* (Nueva York: Pantheon 1991), pp. 16-17.

45. Otto Frank en Anna G. Steenmeijer & Otto Frank, *A Tribute to Anne Frank* (Nueva York, Doubleday 1971), p. 18.

46. Buddy Elias, «¡Ni siquiera...!» entrevista de la autora, Cheltenham: octubre de 1997; «Nunca hubiera podido...» en *The Dayton Daily News: Past Lives Again Because of Little Girl*, 2 de octubre de 1960.

47. Buddy Elias, «la seria...» en *The Dayton Daily News: Past Lives Again Because of Little Girl*, 2 de octubre de 1960; «Era muy diferente...» entrevista de la autora, Cheltenham: octubre de 1997.

48. Buddy Elias, «Era vivaz...» entrevista con la autora, Cheltenham: octubre de 1997; «alegre, despreocupada...» en *The Dayton Daily News: Past Lives Again Because of Little Girl*, 2 de octubre de 1960; «Como niño...» en *The Mail on Sunday: You Magazine: I Knew The Real Anne Frank*, 2 de febrero de 1997.

49. Buddy Elias, entrevista de la autora, Cheltenham: octubre de 1997.

50. Buddy Elias en *The Mail on Sunday: You Magazine: I Knew The Real Anne Frank*, 2 de febrero de 1997.

51. Otto Frank en Wolf von Wolzogen, *Anne Aus Frankfurt* (Frankfurt: Historical Museum 1994), p. 102.

52. Edith Frank, carta, 1937, de la exposición *«Anne Aus Frankfurt»*, en The Anne Frank Youth Centre, Frankfurt, marzo de 1998.

53. *Der Stürmer* en Anne Frank Stitching, *Anne Frank in the World 1929-1945*, catálogo de la exposición (Amsterdam: Bert Bakker 1985), p. 47.

54. Lucy S. Dawidowicz, *The War against the Jews 1933-1945* (Londres: Penguin 1987), p. 136.

55. Miep Gies con Alison Leslie Gold, *Anne Frank Remembered* (Nueva York: Bantam Press 1987), p. 29.

56. Miep Gies con Alison Leslie Gold, *Anne Frank Remembered* (Nueva York: Bantam Press 1987), p. 29.

57. Miep Gies con Alison Leslie Gold, *Anne Frank Remembered* (Nueva York: Bantam Press 1987), p. 29.

58. Miep Gies con Alison Leslie Gold, *Anne Frank Remembered* (Nueva York: Bantam Press 1987), p. 30.

59. Álbum de fotos de Ana Frank, 1938. Cortesía de Anne Frank-Fonds, Basilea.

60. Milly Stanfield, *Newsday: The Woman Who Would Have Saved Anne Frank*, 16 de marzo de 1995, por Carl Fussman.

61. Anne Frank Stichting, *Anne Frank Magazine 1998* (Amsterdam: Anne Frank Stichting 1998), p. 8.

62. Hermann Röttgen en *On the Occasion of the «Habimah» Production: My Last Meeting with Anne Frank and her Family*. No he podido encontrar más detalles de esta publicación. Cualquiera que crea tener derechos sobre la cita debe ponerse en contacto con la autora.

63. Ana Frank, *My First Article* en *Tales from the Secret Annexe* (Londres: Penguin 1982), p. 128.

64. Henny van Pels, hermana de Hermann, vivió en Amsterdam desde 1935 y su padre, Aron, llegó para vivir con ella en 1938. Murió en 1941.

65. Miep Gies con Alison Leslie Gold, *Anne Frank Remembered* (Nueva York: Bantam Press 1987), p. 30.

66. Miep Gies con Alison Leslie Gold, *Anne Frank Remembered* (Nueva York: Bantam Press 1987), p. 30.

67. Max van Creveld en Anne Frank Stichting, *Anne Frank Magazine 1998* (Amsterdam: Anne Frank Stichting 1998), pp. 12-13.

68. Max van Creveld en Anne Frank Stichting, *Anne Frank Magazine 1998* (Amsterdam: Anne Frank Stichting 1998), pp. 12-13.

69. Bertel Hess en Anne Frank Stichting, *Anne Frank Magazine 1998* (Amsterdam: Anne Frank Stichting 1998), p. 13.

70. Miep Gies con Alison Leslie Gold, *Anne Frank Remembered* (Nueva York: Bantam Press 1987), p. 30.

71. Pfeffer y Lotte, que habían vivido juntos como pareja, descubrieron que era imposible casarse tras la ocupación nazi de Holanda y la aplicación de las leyes de «raza» (Lotte no era judía). Siguieron viviendo juntos, haciendo varios intentos infructuosos por casarse. En 1953, ocho años después de la muerte de Pfeffer, Lotte consiguió que su matrimonio fuese registrado oficialmente en Berlín.

72. Lotte Pfeffer en Ernst Schnabel, *The Footsteps of Anne Frank* (Londres: Pan Books 1976), p. 49.

73. Conversación con Bep van Wijk-Voskuijl, 25 de febrero de 1981. Colección de RIOD.

74. Bep Voskuijl en Ernst Schnabel, *The Footsteps of Anne Frank* (Londres: Pan Books 1976), p. 89.

75. Edith no les acompañó, por razones desconocidas.

76. Buddy Elias, «Fue la última...» entrevista de la autora, Cheltenham: octubre de 1997; «Tenía un gran sentido de la comedia» en *The Times: Cousin of Anne Frank Remembers the Holocaust Well*, 17 de julio de 1985, por Mary E. Campbell.

77. Conversación con Miep Gies, 19 y 27 de febrero de 1985. Colección de RIOD.

78. Lista de judíos residentes en Aquisgrán en 1935, cortesía de Dick Plotz, e-mail a la autora, 25 de marzo de 1998.

79. Dra. Trude K. Holländer, carta a la autora, 25 de marzo de 1998.

80. *Diario*, 28 de septiembre de 1942 (a), p. 191.

81. Otto Frank, carta, mayo 1939, del *Diario*, 28 de septiembre de 1942 (a), p. 191.

82. *Diario*, 28 de septiembre de 1942 (a), p. 191.

83. *Diario*, 28 de septiembre de 1942 (a), p. 190.

84. Ilustración en Willy Lindwer, *The Last Seven Months of Anne Frank* (Nueva York: Pantheon 1991).

85. Lucy S. Dawidowicz, *The War against the Jews 1933-1945*. (Londres: Penguin 1987), p. 143.

86. He sido incapaz de encontrar mi fuente original de esta cita. Cualquiera que crea tener derechos sobre ella debe contactar con la autora.

87. Van Gelder en Ernst Schnabel, *The Footsteps of Anne Frank* (Londres: Pan Books 1976), p. 41.

88. Van Gelder en *De Telegraaf: In Those Days She Was Called Annelies*, 8 de junio de 1957.

89. Señora Kuperus, «Ana era...» en *PRIVE: How I Remember Anne Frank*, 16 de junio de 1979, por Mattieu van Winsen; «Yo era tan...» en Ernst Schnabel, *The Footsteps of Anne Frank* (Londres: Pan Books 1976), pp. 42-43.

90. Otto Frank, recuerdo. Colección privada de Buddy Elias.

91. Margot Frank, carta, 27 de abril de 1940. Colección de Simon Wiesenthal Centre USA.

92. Ana Frank, carta y postal, 29 de abril de 1940. Colección de Simon Wiesenthal Centre USA.

93. Juanita Wagner, declaración jurada en *Autographs, Including Anne Frank Correspondence*, folleto de subasta de la Swann Galleries, USA, 25 de octubre de 1988.

94. Betty Ann Wagner, «A menudo hablábamos...» en *Los Angeles Times: American Pen-Pals to Auction Anne Frank Correspondence*, 24 de julio de 1988; «Para ser sincera...» en *New York Times: Letter by Anne Frank is Being Sold*, 22 de julio de 1988, por Richard F. Shepard.

95. Milly Stanfield, *Newsday: The Woman Who Would Have Saved Anne Frank*, 16 de marzo de 1995, por Carl Fussman.

96. Verso de Ana Frank en *The Jewish Journal: Anne Frank's Signature*, Peggy Isaak Gluck, 20-26 de abril de 1990, y en *Holy Land Treasures: Antic Judaica, Rare Anne Frank Autograph Verse*, 1990. El álbum de poesía fue subastado en Christie's en Nueva York en 1990. El coleccionista de antigüedades y objetos judíos Rabino Irvin D. Ungar lo compró y lo donó al Simon Wiesenthal Centre USA. Ungar pagó una cantidad de cinco cifras.

97. Miep Gies con Alison Leslie Gold, *Anne Frank Remembered* (Nueva York: Bantam Press 1987), pp. 36-37.

98. *Diario*, sin fecha (a), p. 222.

99. *Diario*, 10 de octubre de 1942 (a), p. 282.

Capítulo 3

1. No he podido encontrar la fuente original de esta cita.

2. Jetteke Fridjda, entrevista de la autora, Amsterdam: marzo de 1998.

3. Eva Schloss, entrevista de la autora, Londres: enero de 1998.

4. Eva Schloss, entrevista de la autora, Londres: enero de 1998.

5. Eva Schloss & Evelyn Julia Kent, *Eva's Story* (Londres: W.H. Allen 1988), p. 30.

6. Eva Schloss & Evelyn Julia Kent, *Eva's Story* (Londres: W.H. Allen 1988, p. 32)

7. Eva Schloss, entrevista de la autora, Londres: enero de 1998.

8. Eva Schloss, «Ana era...» en entrevista de la autora, Londres: enero de 1998; «Eran...» en Eva Schloss & Evelyn Julia Kent, *Eva's Story* (Londres: W.H. Allen 1988), p. 31.

9. Eva Schloss, entrevista de la autora, Londres: enero de 1998.

10. Eva Schloss, «Estábamos sentadas...» en Eva Schloss & Evelyn Julia Kent, *Eva's Story* (Londres, W.H. Allen 1988), p. 32; «Ana tenía que...» en entrevista de la autora, Londres: enero de 1998.

11. Fritzi Frank en *McCalls Magazine: «The Anne Frank We Remember»*, enero de 1986, por Jane Pratt.

12. Eva Schloss, entrevista de la autora, Londres: enero de 1998.

13. Eva Schloss, entrevista de la autora, Londres: enero de 1998.

14. Laureen Nussbaum en *The Sunday Oregonian: Life and Death*, 4 de octubre de 1992.

15. Laureen Nussbaum en *The Sunday Oregonian: Life and Death*, 4 de octubre de 1992.

16. Otto Frank en Ernst Schnabel, *The Footsteps of Anne Frank* (Londres: Pan Books 1976), p. 50.

17. *Diario*, 28 de septiembre de 1942 (a), p. 190.

18. *Diario*, 6 de enero de 1944 (a), pp. 448-449.

19. Hanneli Pick-Goslar en el documental de Jon Blair, *Anne Frank Remembered* (Jon Blair 1995).

20. Dr. Jacob Presser, *Ashes in the Wind: The Destruction of Dutch Jewry* (Londres: Souvenir Press 1968), p. 12.

21. Ernst Schnabel, *The Footsteps of Anne Frank* (Londres: Pan Books 1976), p. 51.

22. Dr. Jacob Presser, *Ashes in the Wind: The Destruction of Dutch Jewry* (Londres: Souvenir Press 1968), p. 21.

23. Ernst Schnabel, *The Footsteps of Anne Frank* (Londres: Pan Books 1976), pp. 51-52.

24. Información sobre Pectacon y Opekta del Capítulo 1, *Originally from Frankfurt-am-Main*, en *The Diary of Anne Frank: The Critical Edition* (Londres: Viking 1989), pp. 5-20.

25. El día después del traslado, Otto envió una carta a la Oficina de Investigaciones Económicas, para disculparse por el retraso en mandarles la información adjunta referente a su negocio.

26. Miep Gies con Alison Leslie Gold, *Anne Frank Remembered* (Nueva York: Bantam Press 1987), p. 64.

27. La hermana pequeña de Lies, Gabi.

28. Margot Frank, carta, diciembre de 1940. Colección privada de Buddy Elias.

29. Ernst Schnabel, *The Footsteps of Anne Frank* (Londres: Pan Books 1976), p. 52.

30. La zona fue más tarde parcialmente reabierta.

31. Ana Frank, carta, 13 de enero de 1941. Colección privada de Buddy Elias.

32. Esto se refiere probablemente a una fotografía de Buddy vestido de payaso en su espectáculo de hielo.

33. Ana Frank, carta, 22 de marzo de 1941. Colección privada de Buddy Elias.

34. Capítulo 1, *Originally from Frankfurt-am-Main*, en *The Diary of Anne Frank: The Critical Edition* (Londres: Viking 1989), p. 13.

35. La madre de Edith.

36. A causa de las medidas antijudías.

37. Ana Frank, carta, junio de 1941. Colección privada de Buddy Elias.

38. Ana Frank, postal, junio de 1941, en Anne Frank Stichting *Anne Frank 1929-1945* (Heidelberg: Lambert Schneider 1979), Figura 28.

39. Un socio de negocios de Otto Frank.

40. La pareja que dirigía el campamento.

41. El bebé hijo de Heinz y Eva.

42. Ana Frank, carta, junio de 1941. Colección privada de Buddy Elias.

43. Uno de los diversos nombres sin sentido que Ana le daba a su padre.

44. Ana Frank, carta, junio de 1941. Colección privada de Buddy Elias.

45. Miep Gies con Alison Leslie Gold, *Anne Frank Remembered* (Nueva York: Bantam Press 1987), p. 48.

46. Dr. Jacob Presser, *Ashes in the Wind: The Destruction of Dutch Jewry* (Londres: Souvenir Press 1968), p. 75.

47. Dr. Jacob Presser, *Ashes in the Wind: The Destruction of Dutch Jewry* (Londres: Souvenir Press 1968), p. 93.

48. Ernst Schnabel, *The Footsteps of Anne Frank* (Londres: Pan Books 1976), p. 52

49. Dr. Jacob Presser, *Ashes in the Wind: The Destruction of Dutch Jewry* (Londres: Souvenir Press 1968), p. 35.

50. Señora Kuperus, «Había...» en PRIVE: *How I Remember Anne Frank*, 6 de junio de 1979, Matthieu van Winsen; «durante un tiempo...» en Ernst Schnabel, *The Footsteps of Anne Frank* (Londres: Pan Books 1976), p. 43.

51. Otto Frank, memorias. Colección privada de Buddy Elias.

52. Laureen Nussbaum en *The Sunday Oregonian: Life and Death*, 4 de octubre de 1992.

53. Jacqueline van Maarsen, entrevista de la autora, Amsterdam: febrero de 1998.

54. Jacqueline van Maarsen, *My Friend Anne Frank* (Nueva York: Vantage Press 1996), p. 6.

55. Jacqueline van Maarsen, *My Friend Anne Frank* (Nueva York: Vantage Press 1996), p. 6

56. Jacqueline van Maarsen, *My Friend Anne Frank* (Nueva York: Vantage. Press 1996), p. 6.

57. Jacqueline van Maarsen, entrevista de la autora, Amsterdam: febrero 1998.

58. Jacqueline van Maarsen, «la cocina donde...» en Jacqueline van Maarsen, *My Friend Anne Frank* (Nueva York: Vantage Press 1996), p. 6; «Hacíamos los deberes...» Jacqueline van Maarsen, entrevista de la autora, Amsterdam: febrero de 1998.

59. Jacqueline van Maarsen, *My Friend Anne Frank* (Nueva York: Vantage Press 1996), p. 18.

60. Fotografía en Jacqueline van Maarsen, *Anne en Jopie* (Amsterdam: Balans, 1990).

61. Jacqueline van Maarsen en el documental de Jon Blair, *Anne Frank Remembered* (Jon Blair 1995).

62. Jacqueline van Maarsen en el documental de Jon Blair, *Anne Frank Remembered* (Jon Blair 1995).

63. *Diario*, 6 de enero de 1944 (a), p. 443.

64. Jacqueline van Maarsen, *My Friend Anne Frank* (Nueva York: Vantage Press 1996), p. 24.

65. Jacqueline van Maarsen, *My Friend Anne Frank* (Nueva York: Vantage Press 1996), p. 21.

66. *Diario*, 24 de enero de 1944 (a), p. 463.

67. *Diario*, 18 de marzo de 1944 (a), p. 545.

68. Otto Frank, «Había sido...» en *Journal: The Living Legacy of Anne Frank*, septiembre de 1967; «Ana era vivaracha...» en *Father Won't Watch Anne Frank Portrayal*, abril de 1959, por Hazel K. Johnson. No he podido encontrar más detalles de esta última publicación. Cualquiera que crea tener derechos sobre esta cita debe contactar con la autora.

69. Jacqueline van Maarsen, «siempre muy dulces...» en Jacqueline van Maarsen, *My Friend Anne Frank* (Nueva York: Vantage Press 1996), pp. 21-22; «Margot era...» Jacqueline van Maarsen, entrevista de la autora, Amsterdam: febrero de 1998.

70. Jacqueline van Maarsen, *My Friend Anne Frank* (Nueva York: Vantage Press 1996), p. 46, p. 23.

71. Señora Van Maarsen en Ernst Schnabel, *The Footsteps of Anne Frank* (Londres: Pan Books 1976), p. 37-38.

72. Jacqueline van Maarsen, *My Friend Anne Frank* (Nueva York: Vantage Press 1996), p. 24.

73. Señora Van Maarsen en Ernst Schnabel, *The Footsteps of Anne Frank* (Londres: Pan Books 1976), p. 39.

74. Otto Frank, postal, 14 de septiembre de 1941. Colección privada de Buddy Elias.

75. Ana Frank, postal, 14 de septiembre de 1941. Colección privada de Buddy Elias.

76. Laureen Nussbaum, transcripciones de entrevistas del documental de Jon Blair, *Anne Frank Remembered* (Jon Blair 1995). Colección privada de Jon Blair.

77. Laureen Nussbaum, «Era delgada...» en *The Sunday Oregonian: Life and Death*, 4 de octubre de 1992; «tenía...» transcripciones de entrevistas del documental de Jon Blair, *Anne Frank Remembered* (Jon Blair 1995). Colección privada de Jon Blair.

78. *Diario*, 20 de junio de 1942 (a), p. 183.

79. Hilde Jacobstahl en *A Survivor's Story* de Art Myers.

80. Hilde Jacobstahl en *A Survivor's Story* de Art Myers.

Capítulo 4

1. Lucy S. Dawidowicz, *The War against the Jews 1933-1945* (Londres: Penguin 1987), p. 169.

2. Lucy S. Dawidowicz, *The War against the Jews 1933-1945* (Londres: Penguin 1987), p. 170.

3. Lucy S. Dawidowicz, *The War against the Jews 1933-1945* (Londres: Penguin 1987), p. 171.

4. Lucy S. Dawidowicz, *The War against the Jews 1933-1945* (Londres: Penguin 1987), p. 171.

5. Lucy S. Dawidowicz, *The War against the Jews 1933-1945* (Londres: Penguin 1987), p. 180.

6. Cartas en posesión de Anne Frank Stichting, Amsterdam.

7. Alice Frank, carta, 12 de enero de 1942. Colección privada de Buddy Elias.

8. Alice Frank, carta, 12 de enero de 1942. Colección privada de Buddy Elias.

9. Alice Frank, carta, 20 de enero de 1942. Colección privada de Buddy Elias.

10. Alice Frank, carta, 12 de abril de 1942. Colección privada de Buddy Elias.

11. Alice Frank, carta, 12 de abril de 1942. Colección privada de Buddy Elias.

12. Otto Frank en Ernst Schnabel, *The Footsteps of Anne Frank* (Londres: Pan Books 1976), pp. 59-60.

13. Hermann Röttgen en *On the Occasion of the «Habimah» Production: My Last Meeting with Anne Frank and her Family*.

14. Información sacada del Capítulo 1 de *Originally from Frankfurt-am-Main*, en *The Diary of Anne Frank: The Critical Edition* (Londres: Viking 1989), p. 16. Lewinsohn se escondió durante la guerra y sobrevivió.

15. Otto Frank, carta, 10 de junio de 1971. Colección privada de Buddy Elias.

16. Victor Kugler: «Organizamos...» en *The Man Who Hid Anne Frank*, de Maxine Kopel. No he podido encontrar más detalles de la edición. Cualquiera que crea tener derechos sobre esta cita debe contactar con el autor: «Sin duda podíamos...» en *The Hamilton Spectator: The Man Who Hid Anne Frank*, 23 de marzo de 1974.

17. Miep Gies con Alison Leslie Gold, *Anne Frank Remembered* (Nueva York: Bantam Press 1987), pp. 64-65.

18. El hermano de Keliman también fue informado del plan.

19. Dr. Jacob Presser, *Ashes in the Wind: The Destruction of Dutch Jewry* (Londres: Souvenir Press 1968), pp. 222-223.

20. *Diario*, 22 de mayo 1944 (a), p. 657.

21. *Diario*, 9 de octubre de 1942 (b), p. 274.

22. Eva Schloss, entrevista de la autora, Londres: enero de 1998.

23. *Diario*, 20 de junio de 1942 (a), p. 183.

24. Jacqueline van Maarsen, entrevista de la autora, Amsterdam: febrero de 1998.

25. Toosje en Ernst Schnabel, *The Footsteps of Anne Frank* (Londres: Pan Books 1976), p. 58.

26. Ana Frank, *Tales from the Secret Annexe* (Londres: Guild Publishing 1985), p. 93.

27. Ana Frank, carta, 1942. Colección privada de Buddy Elias.

28. Otto Frank, memorias. Colección privada de Buddy Elias.

29. Dr. Jacob Presser, *Ashes in the Wind: The Destruction of Dutch Jewry* (Londres: Souvenir Press 1968), p. 101.

30. Dr. Jacob Presser, *Ashes in the Wind: The Destruction of Dutch Jewry* (Londres: Souvenir Press 1968), p. 112.

31. Dr. Jacob Presser, *Ashes in the Wind: The Destruction of Dutch Jewry* (Londres: Souvenir Press 1968), p. 118.

32. Dr. Jacob Presser, *Ashes in the Wind: The Destruction of Dutch Jewry* (Londrs: Souvenir Press 1968), p. 120.

33. Miep Gies en Ernst Schnabel, *The Footsteps of Anne Frank* (Londres: Pan Books 1976), p. 66.

34. Eva Schloss, entrevista de la autora, Londres, enero de 1998.

35. Eva Schloss, entrevista de la autora, Londres, enero de 1998.

36. *Diario*, 20 de junio de 1942 (a), p. 183.

37. Ana Frank, carta, en *The Diary of Anne Frank: The Critical Edition* (Londres: Viking 1989), p. 117.

38. Hanneli Pick-Goslar en Willy Lindwer, *The Last Seven Months of Anne Frank* (Nueva York: Pantheon 1991), p. 18.

39. Jacqueline van Maarsen, *My Friend Anne Frank* (Nueva York: Vantage Press 1996), p. 25.

40. Jacqueline van Maarsen, entrevista de la autora, Amsterdam: febrero de 1998.

41. *Diario*, 20 de junio de 1942 (b), p. 185.

42. Jacqueline van Maarsen: «Nunca nos sentábamos...» entrevista de la autora, Amsterdam: febrero de 1998. «Siempre corríamos...» Jacqueline van Maarsen, *My Friend Anne Frank* (Nueva York: Vantage Press 1996), p. 22.

43. Ana Frank, carta, mayo de 1942. Colección privada de Buddy Elias.

44. Buddy Elias, entrevista de la autora, Cheltenham: octubre de 1997.

45. Otto Frank, carta, mayo de 1942. Colección privada de Buddy Elias.

46. Margot Frank, carta, mayo de 1942. Colección privada de Buddy Elias.

47. Dr. Jacob Presser, *Ashes in the Wind: The Destruction of Dutch Jewry* (Londres: Souvenir Press 1968), pp. 325-326.

48. Dr. Jacob Presser, *Ashes in the Wind: The Destruction of Dutch Jewry* (Londres: Souvenir Press 1968), pp. 128-129.

49. *Diario*, 14 de junio de 1942 (a), p. 178.

50. *Diario*, 14 de junio de 1942 (a), p. 178.

51. *Diario*, 12 de junio de 1942 (a), p. 177.

52. *Diario*, 12 de junio de 1942 (a), p. 177.

53. *Diario*, 28 de septiembre de 1942 (a), p. 177.

54. *Diario*, 28 de septiembre de 1942 (a), p. 177.

55. Hanneli Pick-Goslar en Willy Lindwer, *The Last Seven Months of Anne Frank* (Nueva York: Pantheon 1991), pp. 17-18.

56. Jacqueline van Maarsen, *My Friend Anne Frank* (Nueva York: Vantage Press, 1996), p. 27.

57. Jacqueline van Maarsen, *My Friend Anne Frank* (Nueva York: Vantage Press,1996), p. 54.

58. Jacqueline van Maarsen, *My Friend Anne Frank* (Nueva York: Vantage Press, 1996), p. 68.

59. Hanneli Pick-Goslar en Alison Leslie Gold, *Memories of Anne Frank: Reflections of a Childhood Friend* (Nueva York: Scholastic Press 1997), p. 31.

60. *Diario*, 19 de junio de 1942 (a), p. 189.

61. Jacqueline van Maarsen, entrevista de la autora, Amsterdam: febrero de 1998.

62. Edmond Silverberg, entrevista de la autora, teléfono: junio de 1998.

63. Edmond Silverberg, entrevista de la autora, teléfono: junio de 1998.

64. Edmond Silverberg, «La palabra que...», entrevista de la autora, teléfono: junio 1998; «Creo que estaba seguramente...» en *The Record, Hackensack: Holocaust Survivor Discloses his Courtship of Anne Frank*, 18 de abril de 1996, por Tina Traster.

65. *Diario*, 30 de junio de 1942 (a), p. 203.

66. Edmond Silverberg, entrevista de la autora, teléfono: junio de 1998.

67. *Diario*, 30 de junio de 1942 (a), p. 201.

68. *Diario*, 5 de julio de 1942 (b), p. 205.

69. Hanneli Pick-Goslar en Willy Lindwer, *The Last Seven Months of Anne Frank* (Nueva York: Pantheon 1991), p. 18.

70. *Diario*, 1 de julio de 1942 (b), p. 205.

71. La señora Van Maarsen en Ernst Schnabel, *The Footsteps of Anne Frank* (Londres: Pan Books 1976), p. 36.

72. La señora Van Maarsen en Ernst Schnabel, *The Footsteps of Anne Frank* (Londres: Pan Books 1976), p. 57.

73. Otto Frank en Ernst Schnabel, *The Footsteps of Anne Frank* (Londres: Pan Books 1976), p. 67.

74. Victor Kugler, «Ana no era tan...» en Ersnt Schnabel, *The Footsteps of Anne Frank* (Londres: Pan Books 1976), p. 81.

75. Victor Kugler en *New Haven Evening Register: Nazis Located Anne Frank In Hiding Place 14 Years Ago*, 4 de agosto de 1958, por Victor Kugler.

76. Dr. Jacob Presser, *Ashes in the Wind: The Destruction of Dutch Jewry* (Londres: Souvenir Press 1968), p. 140.

77. *Diario*, 8 de julio de 1942 (b), p. 207.

78. *Diario*, 8 de julio de 1942 (b), p. 208.

79. Johannes Kleiman en Ernst Schnabel, *The Footsteps of Anne Frank* (Londres: Pan Books 1976), p. 67.

80. Otto Frank en Ernst Schnabel, *The Footsteps of Anne Frank* (Londres, Pan Books 1976), p. 67.

81. Miep Gies con Alison Leslie Gold, *Anne Frank Remembered* (Nueva York: Bantam Press 1987), p. 70.

82. *Diario*, 8 de julio de 1942 (b), p. 208.

83. Miep Gies con Alison Leslie Gold, *Anne Frank Remembered* (Nueva York: Bantam Press 1987), p.70.

84. Otto Frank, postal, 5 de julio de 1942. Colección privada de Buddy Elias.

85. Ana Frank, postal, 5 de julio de 1942. Colección privada de Buddy Elias.

86. Las bicicletas estaban por aquel entonces prohibidas a los judíos, así que Margot tuvo que haber guardado la suya clandestinamente, o haber pedido una prestada.

87. Miep Gies con Alison Leslie Gold, *Anne Frank Remembered* (Nueva York: Bantam Press 1987), p. 70.

88. *Diario*, 8 de julio de 1942 (b), p. 209.

89. Miep Gies con Alison Leslie Gold, *Anne Frank Remembered* (Nueva York: Bantam Press 1987), p. 71.

90. Miep Gies con Alison Leslie Gold, *Anne Frank Remembered* (Nueva York: Bantam Press 1987), p. 73.

91. Toojse en Ernst Schnabel, *The Footsteps of Anne Frank* (London: Pan Books 1976), p. 60.

92. Edmond Silverberg, entrevista de la autora, teléfono: junio de 1998.

93. Jetteke Frijda, entrevista de la autora, Amsterdam: marzo de 1998.

94. Hanneli Pick-Goslar en Willy Lindwer, *The Last Seven Months of Anne Frank* (Nueva York: Pantheon 1991), pp. 19-20.

95. Señora Van Maarsen en Ernst Schnabel, *The Footsteps of Anne Frank* (Londres: Pan Books 1976), pp. 60-61.

96. Jacqueline van Maarsen, *My Friend Anne Frank* (Nueva York: Vantage Press 1996), pp. 27-28.

Capítulo 5

1. Dr. Jacob Presser, *Ashes in the Wind: The Destruction of Dutch Jewry* (Londres: Souvenir Press 1968), p. 141.

2. Dr. Jacob Presser, *Ashes in the Wind: The Destruction of Dutch Jewry* (Londres: Souvenir Press 1968), p. 392.

3. Dr. Jacob Presser, *Ashes in the Wind: The Destruction of Dutch Jewry* (Londres: Souvenir Press 1968), p. 383.

4. Eva Schloss, entrevista de la autora, Londres: enero de 1998.

5. Bruno Bettelheim, *The Ignored Lesson of Anne Frank* en Michael R. Marrus, *The Holocaust In History* (Londres: Penguin Books 1989), pp. 131-132.

6. Para información general sobre «ayudantes» me he basado principalmente en el Dr. Jacob Presser, *Ashes in the Wind: The Destruction of Dutch Jewry* (Londres: Souvenir Press 1968), y Eva Fogelman, *Conscience and Courage: Rescuers of Jews During the Holocaust* (Londres: Cassel 1995).

7. Dr. Jacob Presser, *Ashes in the Wind: The Destruction of Dutch Jewry* (Londres: Souvenir Press 1968), p. 388.

8. Eva Fogelman, *Conscience and Courage: Rescuers of Jews During the Holocaust* (Londres: Cassel 1995), p. 159.

9. Eva Fogelman, *Conscience and Courage: Rescuers of Jews During the Holocaust* (Londres: Cassel 1995), pp. 162-163.

10. Eva Fogelman, *Conscience and Courage: Rescuers of Jews During the Holocaust* (Londres: Cassel 1995), p. 59.

11. Kleiman también cita el ejemplo de la lealtad de su hija hacia Ana (véase Ernst Schnabel, *The Footsteps of Anne Frank*, pp. 84-85) y en su diario Ana menciona visitas que hacía al anexo la señora Kleiman, por ejemplo, el 26 de septiembre de 1942.

12. Miep Gies, «Nunca sentí...» en *The Independent: A Portrait of Anne Frank*, 4 de mayo de 1995, por Angela Lambert; «pero cuando...» Miep Gies en el documental de Jon Blair, *Anne Frank Remembered* (Jon Blair 1995).

13. Anne Frank Stichting, *Anne Frank Magazine 1998* (Amsterdam: Anne Frank Stichting 1998), pp. 26-28.

14. Dr. Jacob Presser, *Ashes in the Wind: The Destruction of Dutch Jewry* (Londres: Souvenir Press 1968), p. 387.

15. *Diario*, 11 de julio de 1943 (b), p. 366.

16. Eva Fogelman, *Conscience and Courage: Rescuers of Jews During The Holocaust* (Londres: Cassel 1995), pp. 150-151.

17. *Diario*, 28 de enero de 1944 (b), p. 472-473.

18. *Diario*, 1 de octubre de 1942 (b), p. 261.

19. *Diario*, 5 de octubre de 1942 (a), p. 268.

20. Dr. Jacob Presser, *Ashes in the Wind: The Destruction of Dutch Jewry* (Londres: Souvenir Press 1968), p. 389.

21. El comportamiento de Van Maaren y su posible participación en la traición es comentado ampliamente en el último capítulo de este libro.

22. *Diario*, 9 de noviembre de 1942 (b), p. 300.

23. *Diario*, 9 de noviembre de 1942 (b), p. 300.

24. *Diario*, 9 de agosto de 1943(b), p. 389.

25. *Diario*, 15 de enero de 1944 (a), p. 458.

26. *Diario*, 14 de marzo de 1944 (a), p. 528.

27. *Diario*, 25 de mayo de 1944 (a), p. 659.

28. *Diario*, 27 de septiembre de 1942 (a), p. 258.

29. *Diario*, 29 de septiembre de 1942 (b), p. 257.

30. Otto Frank, memorias. Colección privada de Buddy Elias.

31. Otto Frank, carta, 10 de junio de 1971. Colección privada de Buddy Elias.

32. *Diario*, 22 de diciembre de 1943 (b), p. 428.

33. Fritz Pfeffer, carta, 15 de noviembre de 1942, en *Handelsblad: Discovery of Letters Written By Man Who Hid in Anne Frank's Annexe*, 7 de noviembre de 1987, por Aneke Visser.

34. *Diario*, 22 de diciembre de 1942 (b), p. 330.

35. Werner Peter Pfeffer en el documental de Jon Blair, *Anne Frank Remembered* (Jon Blair 1995).

36. *Diario*, 5 de febrero de 1943 (b), p. 335.

37. Otto Frank, memorias. Colección privada de Buddy Elias.

38. *Diario*, 30 de septiembre de 1942 (a), p. 262.

39. Miep Gies con Alison Leslie Gold, *Anne Frank Remembered* (Nueva York: Bantam Press 1987), p. 130.

40. Miep Gies con Alison Leslie Gold, *Anne Frank Remembered* (Nueva York: Bantam Press 1987), p. 132-133.

41. *Diario*, 17 de octubre de 1942 (a), p. 216.

42. Otto Frank, memorias. Colección privada de Buddy Elias.

43. La esposa de un conocido de negocios.

44. *Diario*, 30 de septiembre de 1942 (a), p. 261.

45. *Diario*, 1 de octubre de 1942 (b), p. 262.

46. *Diario*, 17 de noviembre de 1942 (b), p. 312.

47. *Diario*, 10 de diciembre de 1942 (b), p. 326.

48. Otto Frank, memorias. Colección privada de Buddy Elias.

49. El querido gato de Peter.

50. Miep Gies con Alison Leslie Gold, *Anne Frank Remembered* (Nueva York: Bantam Press, 1987), p. 95.

51. Miep Gies con Alison Leslie Gold, *Anne Frank Remembered* (Nueva York: Bantam Press, 1987), p. 100.

52. *Diario*, 28 de noviembre de 1942 (b), p. 319. Es posible que haya también fotografías de los Frank y sus amigos cuando estaban escondidos. Cuando Miep le enseñó a Cara Wilson el anexo en 1977, dijo: «Aquí es donde Ana escribía su diario. Aquí mismo, junto a la ventana. En la habitación donde nos encontramos recuerdo haberle hecho una vez una foto mientras escribía. Ella levantó la vista, cerró el cuaderno de un golpe y salió en tromba de la habitación. Se enfadó mucho conmigo. Sí, tenía mucho genio.» Miep Gies en Cara Wilson, *Love, Otto: The Legacy of Anne Frank* (Andrews & McMeel 1995), p.118. Además, en una entrevista concedida al *The Holländer Herald* en 1970, Kugler muestra al periodista que hacía la entrevista varias fotografías, incluyendo una de Ana tomada, aparentemente, en el anexo. Por desgracia, a pesar de una incesante búsqueda, no se han encontrado aún fotografías de esa época.

53. *Diario*, 11 de julio de 1942 (b), p. 216.

54. *Diario*, 11 de julio de 1942 (b), p. 218.

55. Otto Frank, memorias. Colección privada de Buddy Elias.

56. *Diario*, 19 de noviembre de 1942 (b), p. 316.

57. *Diario*, 13 de enero de 1943 (b), p. 332.

58. *Diario*, 2 de mayo de 1943 (a), p. 307.

59. *Diario*, 25 de septiembre de 1942 (a), p. 243.

60. *Diario*, 28 de septiembre de 1942 (a), p. 192.

61. Jacqueline van Maarsen, entrevista de la autora, Amsterdam: febrero de 1998.

62. *Diario*, anotación sin fecha, 1942 (a), p. 283.

63. Buddy Elias en el documental de Jon Blair, *Anne Frank Remembered* (Jon Blair 1995).

64. Buddy Elias en el documental de Jon Blair, *Anne Frank Remembered* (Jon Blair 1995).

65. *Diario*, 14 de agosto de 1942 (b), p. 221.

66. Buddy Elias, entrevista de la autora, Cheltenham: octubre de 1997.

67. Buddy Elias, entrevista de la autora, Cheltenham: octubre de 1997.

68. Buddy Elias, entrevista de la autora, Cheltenham: octubre de 1997.

69. *Diario*, 24 de diciembre de 1943 (b), pp. 431-432.

70. *Diario*, 15 de julio de 1944 (a), p. 694.

71. *Diario*, 26 de mayo de 1944 (a), p. 662.

72. *Diario*, 26 de mayo de 1944 (a), p. 661.

73. *Diario*, 23 de febrero de 1944 (a), p. 497.

74. *Diario*, 23 de febrero de 1944 (a), p. 498.

75. Ernst Schnabel, *The Footsteps of Anne Frank* (Londres: Pan Books 1976), p. 91.

76. Johannes Kleiman en Ernst Schnabel, *The Footsteps of Anne Frank* (Londres: Pan Books 1976), p. 97.

77. *Diario*, 21 de septiembre de 1942 (a), p. 237.

78. *Diario*, 22 de octubre de 1942 (a), p. 287.

79. *Diario*, 18 de octubre de 1942 (a), p. 272.

80. *Diario*, 17 de abril de 1944 (a), [no viene la página].

81. *Diario*, 14 de octubre de 1942 (a), p. 276.

82. Otto Frank, memorias. Colección privada de Buddy Elias.

83. Notas al pie de *The Diary of Anne Frank: The Critical Edition* (London: Viking 1989), p. 273.

84. *Diario*, 4 de octubre de 1942 (a), p. 266.

85. Miep Gies, en Anne Frank Stichting, *Anne Frank Magazine 1998* (Amsterdam: Anne Frank Stichting 1998), pp. 28-29.

86. Victor Kugler en *The Man Who Hid Anne Frank*, por Maxine Kopel.

87. Ernst Schnabel, *The Footsteps of Anne Frank* (Londres: Pan Books 1976), p. 97.

88. Otto Frank, «Recuerdo...» carta, 19 de junio de 1968 en Cara Wilson,

Love, Otto: The Legacy of Anne Frank (Andrews & McMeel 1995), p. 50; «Sólo con...» en sus memorias, colección privada de Buddy Elias.

89. *Diario*, 20 de noviembre de 1942 (b), p. 317.

90. Otto Frank, carta, 1975, en Anne Frank Stichting, *Anne Frank Magazine 1998* (Amsterdam: Anne Frank Stichting 1998), p. 39.

91. Lotte Pfeffer, carta en Judith E. Doneson, *The Holocaust in American Film*: The Diary of Anne Frank in Post-War America (Nueva York: The Jewish Publication Society 1987), p. 81. Lotte estaba escribiendo a los Hackett condenando su retrato de Pfeffer, en el que se le describía como un hombre judío que no sabía nada de su religión.

92. Otto Frank, todas las citas tomadas de esta carta a los Hackett, 2 de febrero de 1954, en Lawrence Graver, *An Obsession with Anne Frank: Meyer Levin and the Diary* (Londres: University of California Press Ltd, 1995), pp. 78-79, p. 58. La última parte de la cita, «Ana nunca mostraba...» de sus memorias, colección privada de Buddy Elias.

93. *Diario*, 2 de mayo de 1943 (a), p. 306.

94. *Diario*, 16 de febrero de 1944 (a), pp. 491-492.

95. *Diario*, 7 de marzo de 1944 (a), p. 518.

96. *Diario*, 19 de noviembre de 1942 (b) p. 316.

97. *Diario*, 27 de febrero de 1943 (b), p. 337.

98. *Diario*, 27 de noviembre de 1943 (b), p. 422.

99. *Diario*, 29 de diciembre de 1943 (a), p. 436.

100. *Diario*, 12 de marzo de 1944 (a), p. 526.

101. *Diario*, 11 de abril de 1944 (a), p. 600.

102. Fritzi Frank en *McCalls Magazine: «The Anne Frank We Remember»*, enero de 1986, por Jane Pratt.

103. *Diario*, 12 de julio de 1942 (a), p. 223.

104. *Diario*, 2 de enero de 1944 (b), p. 439.

105. Otto Frank, memorias. En la colección privada de Buddy Elias.

106. *Diario*, 5 de febrero de 1943 (b), p. 335.

107. *Diario*, 14 de agosto de 1942 (b), p. 219.

108. «Una miserable...» *Diario*, 7 de noviembre de 1942 (a), p. 292; «No dejo...» *Diario*, 30 de septiembre de 1942 (a), p. 263.

109. Ernst Schnabel, *The Footsteps of Anne Frank* (Londres: Pan Books 1976), p. 83.

110. *Diario*, 30 de enero de 1943 (b), pp. 333-334.

111. *Diario*, 28 de septiembre de 1942 (a), p. 260.

112. Corrie iba al mismo club de hockey que Jacqueline van Maarsen.

113. Johannes Kleiman en Ernst Schnabel, *The Footsteps of Anne Frank* (Londres: Pan Books 1976), p. 84.

114. Victor Kugler, «Eran probablemente...» en *The Hamilton Spectator: The Man Who Hid Anne Frank*, 23 de marzo de 1974; «Cuando comprábamos...» en *The Man Who Hid Anne Frank*, de Maxine Kopel.

115. Victor Kugler en Ernst Schnabel, *The Footsteps of Anne Frank* (Londres: Pan Books 1976), p. 82.

116. Otto Frank, memorias. Colección privada de Buddy Elias.

117. *Diario*, 6 de enero de 1944 (a), pp. 442-443.

118. *Diario*, 6 de enero de 1944 (a), p. 442.

119. *Diario*, 28 de febrero de 1944 (a), p. 501.

120. *Diario*, 24 de enero de 1944 (a), p. 468.

121. *Diario*, 6 de enero de 1944 (a), p. 451.

122. *Diario*, 6 de enero de 1944 (a), p. 451.

123. *Diario*, 12 de febrero de 1944 (a), p. 483.

124. *Diario*, 14 de febrero de 1944 (a), p. 484.

125. *Diario*, 16 de febrero de 1944 (a), p. 490.

126. *Diario*, 17 de marzo de 1944 (a), p. 543.

127. *Diario*, 2 de mayo de 1944 (a), p. 624.

128. *Diario*, 5 de mayo de 1944 (a), p. 630.

129. *Diario*, 7 de mayo de 1944 (a), p. 635.

130. Otto Frank, memorias. Colección privada de Buddy Elias.

131. *Diario*, 28 de abril de 1944 (a), p. 623.

132. *Diario*, 3 de mayo de 1944 (a), p. 629.

133. *Diario*, 15 de julio de 1944 (a), p. 692.

134. Otto Frank en *Life: Anne Frank Would Have Been 50 This Year*, marzo de 1979, por Otto Frank.

135. Kitty Egyedi, en *Day In, Day Out: In Search of Kitty, the Friend of Anne Frank*, 14 de junio de 1986.

136. Otto Frank en *Life: Anne Frank Would Have Been 50 This Year*, marzo de 1979, por Otto Frank.

137. Fritzi Frank en *McCalls Magazine: «The Anne Frank We Remember»*, enero de 1986, por Jane Pratt.

138. Victor Kugler, «Era...» en *The Man Who Hid Anne Frank*, por Maxine Kopel; «Entre las páginas...» en *New Haven Evening Register: Nazis Located Anne Frank in Hiding Place 14 Years Ago*, 4 de agosto de 1958, por Victor Kugler.

139. *Diario*, 4 de octubre de 1942 (a), p. 268.

140. Miep Gies con Alison Leslie Gold, *Anne Frank Remembered* (Nueva York: Bantam Press 1987), p. 113.

141. *Diario*, 20 de octubre de 1942 (a), p. 286.

142. Bep Voskuijl, en Capítulo 2, *The Arrest*, en *The Diary of Anne Frank: The Critical Edition* (Londres: Viking 1989), p. 25.

143. *Diario*, 7 de agosto de 1943 (b), p. 387.

144. Anne Frank, *Villains!* en *Tales from the Secret Annexe* (Londres: Penguin 1982), p. 101.

145. *Diario*, 3 de febrero de 1944 (a), p. 481.

146. Anne Frank, «lo mejor...» en *Diario*, 23 de febrero de 1944 (a), p. 497; «No tengo nada...» en *Diario*, 19 de marzo de 1944 (a), p. 548.

147. *Diario*, 25 de marzo de 1944 (a), p. 569.

148. *Diario*, 5 de abril de 1944 (a), pp. 586-588.

149. *Diario*, 3 de mayo de 1944 (a), p. 629.

150. *Diario*, 13 de junio de 1944 (a), p. 678.

151. *Diario*, 13 de junio de 1944 (a), p. 678.

152. *Diario*, 13 de junio de 1944 (a), p. 678.

153. Discurso de Bolkestein en Capítulo 5, *The Diaries, Het Achterhuis and the Translations*, en *The Diary of Anne Frank: The Critical Edition* (Londres: Viking 1989), p. 59.

154. *Diario*, 29 de marzo de 1944 (a), p. 578.

155. *Diario*, 5 de abril de 1944 (a), pp. 586-588.

156. *Diario*, 14 de abril de 1944 (a), p. 602.

157. *Diario*, 21 de abril de 1944 (a), p. 616.

158. *Diario*, 11 de mayo de 1944 (a), p. 647.

159. *Diario*, 20 de mayo de 1944 (a), p. 653.

160. *Diario*, 17 de abril de 1944 (a), p. 612.

161. Fotografía de la lista en Capítulo 5, *The Diaries, Het Achterhuis and the Translations*, en *The Diary of Anne Frank: the Critical Edition* (Londres: Viking 1989), p. 60.

162. Bep Voskuijl en Ernst Schnabel, *The Footsteps of Anne Frank* (Londres: Pan Books 1976), p. 90.

163. Miep Gies con Alison Leslie Gold, *Anne Frank Remembered* (Nueva York: Bantam Press 1987), p. 147.

164. Miep Gies con Alison Leslie Gold, *Anne Frank Remembered* (Nueva York: Bantam Press 1987), p. 147.

165. Miep Gies con Alison Leslie Gold, *Anne Frank Remembered* (Nueva York: Bantam Press 1987), p. 147.

166. *Diario*, 1 de agosto de 1944 (a), p. 699.

167. *Diario*, 1 de agosto de 1944 (a), p. 699.

Capítulo 6

1. Dr. Jacob Presser, *Ashes in the Wind: The Destruction of Dutch Jewry* (Londres: Souvenir Press 1968), p. 164.

2. Hubo muchos grupos de Resistencia en Holanda durante la guerra; desgraciadamente su trabajo cae fuera de los objetivos de este libro, pero el lector interesado puede dirigirse al capítulo oportuno de la obra del doctor Presser, así como visitar el Museo de la Resistencia que se encuentra en la antigua sinagoga de Amsterdam en el número 63 de Lekstraat.

3. *Vrij Nederland* en Dr. Jacob Presser, *Ashes in the Wind: The Destruction of Dutch Jewry* (Londres: Souvenir Press 1968), p. 162.

4. Dr. Jacob Presser, *Ashes in the Wind: The Destruction of Dutch Jewry* (Londres: Souvenir Press 1968), p. 273.

5. Dr. Jacob Presser, *Ashes in the Wind: The Destruction of Dutch Jewry* (Londres: Souvenir Press 1968), p. 264.

6. Jan Stoutenbeek y Paul Vigeveno *A Guide to Jewish Amsterdam* (Amsterdam: De Haan 1985), p. 128.

7. Todos los que sobrevivieron a la redada de Prinsengracht han concedido innumerables entrevistas, escrito crónicas y dado testimonios jurados de los hechos que siguieron. Hay cierto número de discrepancias en las diferentes versiones, debidas principalmente a lapsos de tiempo, memoria y perspectiva. Los hechos narrados aquí se basan en los que han sido relatados más frecuentemente. Todas las citas directas están, naturalmente, debidamente acreditadas.

8. Miep Gies en el Capítulo 3, *The Betrayal*, en *The Diary of Anne Frank: The Critical Edition* (Londres: Viking 1989), pp. 29-30.

9. Jan Gies, en Ernst Schnabel, *The Footsteps of Anne Frank* (Londres: Pan Books 1976), p. 114.

10. Miep Gies en Capítulo 2, *The Arrest*, en *The Diary of Anne Frank: The Critical Edition* (Londres: Viking 1989), p. 24.

11. Testimonio de Jan Gies en Lübeck, 29 de septiembre de 1959. Colección de RIOD.

12. Información sacada de un informe de dos conversaciones con Jan Gies y Miep Gies-Santrouschitz en Amsterdam el 19 y 27 de febrero de 1985. Colección de RIOD.

13. Miep Gies con Alison Leslie Gold, *Anne Frank Remembered* (Nueva York: Bantam Press 1987), pp. 157-158.

14. Miep Gies con Alison Leslie Gold, *Anne Frank Remembered* (Nueva York: Bantam Press 1987), p. 158.

15. Jan Stoutenbeek y Paul Vigeveno, *A Guide To Jewish Amsterdam* (Amsterdam: De Haan 1985), p. 127.

16. Ernst Schnabel, *The Footsteps of Anne Frank* (Londres: Pan Books 1976), pp. 115-117.

17. Ernst Schnabel, *The Footsteps of Anne Frank* (Londres: Pan Books 1976), pp. 115-117.

18. Victor Kugler en *The Reminiscences of Victor Kugler, the «Mr. Kraler» of Anne Frank's Diary* (Jerusalén: Yad Vashem Studies XIII, 1979), contadas a Eda Shapiro, p. 360.

19. Victor Kugler en *The Reminiscences of Victor Kugler, the «Mr. Kraler» of Anne Frank's Diary* (Jerusalén: Yad Vashem Studies XIII, 1979), contadas a Eda Shapiro, p. 360.

20. Victor Kugler en *The Reminiscences of Victor Kugler, the «Mr. Kraler» of Anne Frank's Diary* (Jerusalén: Yad Vashem Studies XIII, 1979), contadas a Eda Shapiro, pp. 360-361.

21. Victor Kugler en *The Reminiscences of Victor Kugler, the «Mr. Kraler» of Anne Frank's Diary* (Jerusalén: Yad Vashem Studies XIII, 1979), contadas a Eda Shapiro, pp. 361-362.

22. Victor Kugler en *The Reminiscences of Victor Kugler, the «Mr. Kraler» of Anne Frank's Diary* (Jerusalén: Yad Vashem Studies XIII, 1979), contadas a Eda Shapiro, pp. 361-362.

23. Eva Schloss, entrevista de la autora, Londres: mayo 1998.

24. Eva Schloss, entrevista de la autora; Londres: mayo 1998.

25. Basado en un informe de dos conversaciones con Jan Gies y Miep Gies-Santrouschitz en Amsterdam el 19 y 27 de febrero de 1985, colección de RIOD; y en relatos del Capítulo 2, *The Arrest*, en *The Diary of Anne Frank: The Critical Edition* (Londres: Viking 1989), p. 25; Miep Gies y Alison Leslie Gold, *Anne Frank Remembered* (Nueva York: Bantam Press 1987), pp.160-162 y Ernst Schnabel, *The Footsteps of Anne Frank* (Londres: Pan Books 1976), pp. 119-120.

26. Miep Gies en Capítulo 3, *The Betrayal*, en *The Diary of Anne Frank: The Critical Edition* (Londres: Viking 1989), p. 36.

27. Van Maaren en Capítulo 3, *The Betrayal*, en *The Diary of Anne Frank: The Critical Edition* (Londres: Viking 1989), p. 34.

28. Otto Frank, memorias. Colección privada de Buddy Elias.

29. Otto Frank en Ernst Schnabel, *The Footsteps of Anne Frank*, (Londres: Pan Books 1976), p. 117.

30. Otto Frank en Ernst Schnabel, *The Footsteps of Anne Frank*, (Londres: Pan Books 1976), p. 117.

31. Jaap Nijstad, *Westerbork Drawings: The Life and Work of Leo Kok 1923-1945* (Amsterdam: Balans 1990), p. 27.

32. Dr. Jacob Presser, *Ashes in the Wind: The Destruction of Dutch Jewry* (Londres: Souvenir Press), p. 406.

33. El cabaret fue desmantelado en 1944.

34. Dr. Jacob Presser, *Ashes in the Wind: The Destruction of Dutch Jewry* (Londres: Souvenir Press), p. 450.

35. Dr. Jacob Presser, *Ashes in the Wind: The Destruction of Dutch Jewry* (Londres: Souvenir Press), p. 435.

36. Vera Cohn, *The Anti-Defamation League Bulletin: The Day I Met Anne Frank*, junio de 1956, por Vera Cohn, contado a Harold Berman.

37. Vera Cohn, *The Anti-Defamation League Bulletin: The Day I Met Anne Frank*, junio de 1956, por Vera Cohn, contado a Harold Berman.

38. Lenie de Jong-van Naarden en Willy Lindwer, *The Last Seven Months of Anne Frank* (Nueva York: Pantheon Books 1991), p. 144.

39. Ronnie Goldstein-van Cleef en Willy Lindwer, *The Last Seven Months of Anne Frank* (Nueva York: Pantheon Books 1991), p. 176.

40. Lientje Brilleslijper-Jaldati, *Memories of Anne Frank*, en folleto de prensa de la película *Ein Tagebuch fur Anne Frank* (Berlin: VEB Progress Film-Vetrieb 1959).

41. Lientje Brilleslijper-Jaldati, *A Sequel to Anne Frank's Diary*, 1966, por Edith Anderson.

42. Rachel van Amerongen-Frankfoorder en Willy Lindwer, *The Last Seven Months of Anne Frank*, Nueva York: Pantheon Books 1991), p. 92-93.

43. Rosa de Winter en Ernst Schnabel, *The Footsteps of Anne Frank* (Londres: Pan Books 1976), p. 127.

44. Eva Schloss, entrevista de la autora, Londres: mayo 1998.

45. Rosa de Winter en Ernst Schnabel, *The Footsteps of Anne Frank* (Londres: Pan Books 1976), pp. 127-128.

46. Otto Frank, memorias. Colección privada de Buddy Elias.

47. Miep Gies con Alison Leslie Gold, *Anne Frank Remembered* (Nueva York: Bantam Press 1987), p. 162.

48. Harry Paape en Capítulo 2, *The Arrest*, en *The Diary of Anne Frank: The Critical Edition* (Londres: Viking 1989), p. 26.

49. Johannes Kleiman en Capítulo 3, *The Betrayal*, en *The Diary of Anne Frank: The Critical Edition* (Londres: Viking 1989), p. 30.

50. Miep Gies con Alison Leslie Gold, *Anne Frank Remembered* (Nueva York: Bantam Press 1987), p. 165.

51. Rosa de Winter en Ernst Schnabel, *The Footsteps of Anne Frank* (Londres: Pan Books 1976), pp. 128-129.

52. Eva Schloss, entrevista de la autora, Londres: mayo 1998.

53. Testigo anónimo en Dr. Jacob Presser, *Ashes in the Wind: The Destruction of Dutch Jewry* (Londres: Souvenir Press 1968), p. 462.

54. Dr. Jacob Presser, *Ashes in the Wind: The Destruction of Dutch Jewry* (Londres: Souvenir Press 1968), p. 462.

55. Etty Hillesun, *Letters from Westerbork* (Londres: Jonathon Cape 1986), p. 56.

56. Lientje Brilleslijper-Jaldati, *Memories of Anne Frank*, en folleto de prensa para la película *Ein Tagebuch fur Anne Frank* (Berlín: VEB Progress Film-Vertrieb 1959).

57. Rosa de Winter en Ernst Schnabel, *The Footsteps of Anne Frank* (Londres: Pan Books 1976), pp. 129-130.

58. Lenie de Jong-van Naarden en Willy Lindwer, *The Last Seven Months of Anne Frank* (Nueva York: Pantheon Books 1991), pp. 146-147.

59. Otto Frank, memorias. Colección privada de Buddy Elias.

Capítulo 7

1. Rosa de Winter en Ernst Schnabel, *The Footsteps of Anne Frank* (Londres: Pan Books 1976), p. 130.

2. Eva Schloss, entrevista de la autora, Londres: mayo 1998.

3. Eva Schloss, entrevista de la autora, Londres: mayo 1998.

4. Anton Gill, *The Journey Back From Hell: Conversations with Concentration Camp Survivors* (Londres: Grafton Books 1988), p. 26.

5. Janny Brilleslijper en Willy Lindwer, *The Last Seven Months of Anne Frank* (Nueva York: Pantheon Books 1991), p. 56.

6. Eva Schloss, entrevista de la autora, Londres: mayo 1998.

7. Anton Gill, *The Journey Back From Hell: Conversations with Concentration Camp Survivors* (Londres: Grafton Books, 1988), p. 35.

8. Otto Frank en *Welt am Sonntag: Anne Frank's Vater: Ich will Versohnung*, 4 de febrero de 1979. Hay cierta confusión acerca de cuándo murió Hermann van Pels, pero el Dossier Oficial de la Cruz Roja (número 103586), en los archivos de RIOD, fecha su muerte la noche de la llegada del transporte de Westerbork a Auschwitz.

9. Anton Gill, *The Journey Back From Hell: Conversations with Concentration Camp Survivors* (Londres: Grafton Books 1988), pp. 26-27.

10. Informe de la Cruz Roja holandesa. Colección de RIOD.

11. Victor Kugler en *The Reminiscences of Victor Kugler, the «Mr. Kraler» of Anne Frank's Diary* (Jerusalén: Yad Vashem Studies XIII, 1979), contado a Eda Shapiro, pp. 363-364.

12. Victor Kugler en *The Reminiscences of Victor Kugler, the «Mr. Kraler» of Anne Frank's Diary* (Jerusalén: Yad Vashem Studies XIII, 1979), contado a Eda Shapiro, p. 364.

13. Victor Kugler en *The Reminiscences of Victor Kugler, the «Mr. Kraler» of Anne Frank's Diary* (Jerusalén: Yad Vashem Studies XIII, 1979), contado a Eda Shapiro, p. 366.

14. Miep Gies con Alison Leslie Gold, *Anne Frank Remembered* (Nueva York: Bantam Press 1987), p. 167.

15. Miep Gies con Alison Leslie Gold, *Anne Frank Remembered* (Nueva York: Bantam Press 1987), p. 168.

16. Rosa de Winter en Ernst Schnabel, *The Footsteps of Anne Frank* (Londres: Pan Books 1976), p. 135.

17. Ronnie Goldstein-van Cleef en Willy Lindwer, *The Last Seven Months of Anne Frank* (Nueva York: Pantheon Books 1991), p. 186.

18. Rosa de Winter en Ernst Schnabel, *The Footsteps of Anne Frank* (Londres: Pan Books 1976), p. 135.

19. Bloeme Evers-Emden en Willy Lindwer, *The Last Seven Months of Anne Frank* (Nueva York: Pantheon Books 1991), p. 129.

20. Ronnie Goldstein-van Cleef en Willy Lindwer, *The Last Seven Months of Anne Frank* (Nueva York: Pantheon Books 1991), p. 187.

21. Lenie de Jong-van Naarden en Willy Lindwer, *The Last Seven Months of Anne Frank* (Nueva York: Pantheon Books 1991), p. 153.

22. Bloeme Evers-Emden en Willy Lindwer, *The Last Seven Months of Anne Frank* (Nueva York: Pantheon Books 1991), p. 129.

23. Lenie de Jong-van Naarden en Willy Lindwer, *The Last Seven Months of Anne Frank* (Nueva York: Pantheon Books 1991), p. 155.

24. Ronnie Goldstein-van Cleef en Willy Lindwer, *The Seven Last Months of Anne Frank*, (Nueva York: Pantheon Books 1991), pp. 191-192.

25. Sal de Liema, «Otto Frank dijo...» en el documental de Jon Blair, *Anne Frank Remembered* (Jon Blair 1995); «El mayor problema...» en *Watertown Daily Times: Holocaust Survivors Recall Their Hell On Earth*, 5 de febrero de 1995.

26. Sal de Liema en el documental de Jon Blair, *Anne Frank Remembered* (Jon Blair 1995).

27. Informe del Servicio de Localización Internacional de la Cruz Roja. Colección de RIOD.

28. Lientje Brilleslijper-Jaldati, *Memories of Anne Frank* en folleto de prensa para la película *Ein Tagebuch fur Anne Frank* (Berlín: VEB Progress Film-Vertrieb 1959).

29. Lientje Brilleslijper-Jaldati, *National Guardian: A Sequel to Anne Frank's Diary*, mayo 1966, por Edith Anderson.

30. Rosa de Winter en Ernst Schnabel, *The Footsteps of Anne Frank* (Londres: Pan Books 1976), p. 137.

31. Rosa de Winter en Ernst Schnabel, *The Footsteps of Anne Frank* (Londres: Pan Books 1976), p. 137-138.

32. Rosa de Winter, «De quince y...» en *Freedom After Auschwitz: I Knew Anne Frank* por Dick Schaap: «Ana animó a Margot...» en Ernst Schnabel, *The Footsteps of Anne Frank* (Londres: Pan Books 1976), p. 138.

33. Edith Frank en Ernst Schnabel, *The Footsteps of Anne Frank* (Londres: Pan Books 1976), p. 138.

Capítulo 8

1. Rosa de Winter en *Freedom After Auschwitz: I Knew Anne Frank* por Dick Schaap.

2. La selección tuvo lugar el 30 de octubre; el siguiente transporte que salió de Auschwitz lo hizo el 1 de noviembre de 1944, que debió de ser el transporte en que iban Margot y Ana Frank. El dato se da en las notas al pie de Eberhard Kolb. *Bergen-Belsen, from 1943-1945* (Gottingen: Sammlung Vandenhoeck 1988), p. 24.

3. El nombre es hasta cierto punto equivocado; como se verá, Bergen-Belsen fue un campo de detención desde 1943 hasta mediados de 1944, cuando se incorporó a los campos de concentración.

4. Eberhard Kolb, *Bergen-Belsen, from 1943-1945* (Gottingen: Sammlung Vandenhoeck 1988), p. 24.

5. La Cruz Roja citada en Eberhard Kolb, *Bergen-Belsen, from 1943-1945* (Gottingen: Sammlung Vandenhoeck 1988), p. 35.

6. Lientje Brilleslijper-Jaldati, *Memories of Anne Frank*, en folleto de prensa para la película *Ein Tagebuch für Anne Frank* (Berlín: VEB Progress Film-Vertrieb 1959).

7. Lientje Brilleslijper-Jaldati, *Memories of Anne Frank*, en folleto de prensa para la película *Ein Tagebuch für Anne Frank* (Berlín: VEB Progress Film-Vertrieb 1959).

8. Janny Brilleslijper, transcripción de entrevista para el documental de Jon Blair, *Anne Frank Remembered* (Jon Blair 1995). Colección privada de Jon Blair.

9. Eberhard Kolb, *Bergen-Belsen, from 1943-1945* (Gottingen: Sammlung Vandenhoeck 1988), p. 38.

10. Anita Lasker-Wallfisch, *Inherit The Truth 1939-1945* (Londres: Giles de Mare 1996), p. 90.

11. Anita Lasker-Wallfisch, *Inherit The Truth 1939-1945* (Londres: Giles de Mare 1996), p. 90.

12. Lientje Brilleslijper-Jaldati, *Memories of Anne Frank*, en folleto de prensa para la película *Ein Tagebuch für Anne Frank* (Berlín: VEB Progress Film-Vertrieb 1959).

13. Christine Lattek, Capítulo *Bergen-Belsen: From «Privileged» Camp to Death Camp* en *Belsen in History and Memory* (Londres: Frank Cass 1997), p. 57.

14. Lientje Brilleslijper-Jaldati, «Ana solía...» en *National Guardian: A Sequel to Anne Frank's Diary*, mayo 1966, por Edith Anderson; «Inventamos un...» en *Memories of Anne Frank* en folleto de prensa para la película *Ein Tagebuch für Anne Frank* (Berlín: VEB Progress Film-Vertrieb 1959).

15. Lientje Brilleslijper-Jaldati, «Nuestras manos empezaron...» en *Memories of Anne Frank* en folleto de prensa para la película *Ein Tagebuch für Anne Frank* (Berlín: VEB Progress Film-Vertrieb 1959): «Lo hacíamos mejor...» en *National Guardian: A Sequel to Anne Frank's Diary* 1966, por Edith Anderson.

16. Lientje Brilleslijper-Jaldati, *National Guardian: A Sequel to Anne Frank's Diary* 1966, por Edith Anderson.

17. Lientje Brilleslijper-Jaldati, *National Guardian: A Sequel to Anne Frank's Diary* 1966, por Edith Anderson.

18. Anita Lasker-Wallfisch, *Inherit the Truth 1939-1945* (Londres: Giles de Mare 1996), p. 91.

19. Christine Lattek, Capítulo *Bergen-Belsen: From «Privileged» Camp to Death Camp* en *Belsen in History and Memory* (Londres: Frank Cass 1997), p. 55.

20. Lientje Brilleslijper-Jaldati, *Memories of Anne Frank*, en folleto de prensa para la película *Ein Tagebuch für Anne Frank* (Berlín: VEB Progress Film-Vertrieb 1959).

21. Lientje Brilleslijper-Jaldati, *Memories of Anne Frank*, en folleto de prensa para la película *Ein Tagebuch für Anne Frank* (Berlín: VEB Progress Film-Vertrieb 1959).

22. Lientje Brilleslijper-Jaldati, *Memories of Anne Frank*, en folleto de prensa para la película *Ein Tagebuch für Anne Frank* (Berlín: VEB Progress Film-Vertrieb 1959).

23. Rosa de Winter en Ernst Schnabel, *The Footsteps of Anne Frank* (Londres: Pan Books 1976), p. 134.

24. Otto Frank, memorias. Colección privada de Buddy Elias.

25. Informe de la Cruz Roja holandesa. Colección de RIOD.

26. Otto Frank, entrevista de archivo en el documental de Jon Blair, *Anne Frank Remembered* (Jon Blair 1995).

27. Dr. Jacob Presser, *Ashes in the Wind: The Destruction of Dutch Jewry* (Londres: Souvenir Press 1968), p. 526.

28. Dr. Jacob Presser, *Ashes in the Wind: The Destruction of Dutch Jewry* (Londres: Souvenir Press 1968), p. 527.

29. Informe de la Cruz Roja holandesa. Colección de RIOD.

30. Otto Frank, *Life Magazine: Anne Frank Would Have Been Fifty This Year*, marzo de 1979, por Otto Frank.

31. Ava Schloss, entrevista de la autora, Londres: mayo de 1998.

32. Eva Schloss con Evelyn Julia Kent, *Eva's Story* (Londres: W.H. Allen 1988), p.165.

33. Otto se refiere aquí a Julius, el hermano de Edith.

34. Otto Frank, carta, 23 de febrero de 1945. Colección privada de Buddy Elias.

35. Christine Lattek, Capítulo *Bergen-Belsen: From «Privileged» Camp to Death Camp* en *Belsen in History and Memory* (Londres: Frank Cass 1997), p. 57.

36. Lientje Brilleslijper-Jaldati, *Memories of Anne Frank*, en folleto de prensa para la película *Ein Tagebuch für Anne Frank* (Berlín: VEB Progress Film-Vertrieb), 1959.

37. Hanneli Pick-Goslar en *Her Best Friend Reveals A Surprising New Side Of The Little Girl Whose Diary Touched The Heart Of The World*, 1957, por Patricia Yaroch. He sido incapaz de encontrar más detalles de esta publicación. Cualquiera que crea poder ejercer derechos sobre esta cita debe ponerse en contacto con la autora. Entrevistada por Willy Lindwer muchos años más tarde, Lies no creía que hubiera visto realmente a Ana cuando habló con ella.

38. Hanneli Pick-Goslar en *Her Best Friend Reveals A Surprising New Side Of The Little Girl Whose Diary Touched The Heart Of The World*, 1957, por Patricia Yaroch.

39. Hanneli Pick-Goslar en *Her Best Friend Reveals A Surprising New Side Of The Little Girl Whose Diary Touched The Heart Of The World*, 1957, por Patricia Yaroch.

40. La madre de Trees en Ernst Schnabel, *The Footsteps of Anne Frank* (Londres: Pan Books 1976), p. 145.

41. Lientje Brilleslijper-Jaldati, *Memories of Anne Frank*, en folleto de prensa para la película *Ein Tagebuch für Anne Frank* (Berlín: VEB Progress Film-Vertrieb 1959).

42. Otto Frank, *Life Magazine: Anne Frank Would Have Been Fifty This Year*, marzo de 1979, por Otto Frank.

43. Otto Frank, carta, 15 de marzo de 1945. Colección privada de Buddy Elias.

44. Otto Frank, nota sin fecha. Colección privada de Buddy Elias.

45. Otto Frank, carta, 18 de marzo de 1945, en *Newsday: The Woman Who Would Have Saved Anne Frank*, 16 de marzo de 1995, por Carl Fussman.

46. Otto Frank, carta fechada el 18 de marzo de 1945. Colección privada de Buddy Elias.

47. Otto Frank, carta fechada el 18 de marzo de 1945. Colección privada de Buddy Elias.

48. Otto Frank, carta fechada el 18 de marzo de 1945. Colección privada de Buddy Elias.

49. Rosa de Winter en Ernst Schnabel, *The Footsteps of Anne Frank* (Londres: Pan Books 1976), p. 133.

50. No está claro a qué se refiere Otto. Buddy Elias no recuerda que la familia contactase con Otto hasta mucho más avanzado el año.

51. Otto Frank, carta sin fecha. Colección privada de Buddy Elias.

52. Otto Frank, *Life Magazine: Anne Frank Would Have Been Fifty This Year*, marzo de 1979, por Otto Frank.

53. Eva Schloss con Evelyn Julia Kent, *Eva's Story* (Londres: W.H. Allen 1988), pp. 196-197.

54. Otto Frank, carta, 31 de marzo de 1945. Colección privada de Buddy Elias.

55. Christine Lattek, Capítulo *Bergen-Belsen: From «Privileged» Camp to Death Camp* en *Belsen in History and Memory* (Londres: Frank Cass 1997), p. 55.

56. Christine Lattek, Capítulo *Bergen-Belsen: From «Privileged» Camp to Death Camp* en *Belsen in History and Memory* (Londres: Frank Cass 1997), p. 55.

57. Eberhard Kolb, *Bergen-Belsen, from 1943-1945* (Gottingen: Sammlung Vandenhoeck 1988), p. 46.

58. Informe de la Cruz Roja holandesa. Colección de RIOD.

59. Dr. Jacob Presser, *Ashes in the Wind: The Destruction of Dutch Jewry* (Londres: Souvenir Press 1968), p. 517.

60. Rachel van Amerongen-Frankfoorder en Willy Lindwer, *The Last Seven Months of Anne Frank* (Nueva York: Pantheon Books 1991), pp. 103-104.

61. Paul Kemp, Capítulo *The British Army and the Liberation or Bergen-Belsen, April 1945* en *Belsen in History and Memory* (Londres, Frank Cass 1997), pp. 146-147.

62. Paul Kemp, Capítulo *The British Army and the Liberation or Bergen-Belsen, April 1945* en *Belsen in History and Memory* (Londres, Frank Cass 1997), pp. 146-147.

63. Lientje Brilleslijper-Jaldatu. «Visitamos...» en *Memories of Anne Frank*, en folleto de prensa para la película *Ein Tagebuch für Anne Frank* (Berlín: VEB Progress Film-Vertrieb 1959); «Ana dijo...» en *National Guardian: A Sequel to Anne Frank's Diary*, mayo 1966, por Edith Anderson.

64. Informe de la Cruz Roja holandesa. Colección de RIOD.

65. Janny Brilleslijper en Willy Lindwer, *The Last Seven Months of Anne Frank* (Nueva York: Pantheon Books 1991), pp. 73-74.

66. Eva Schloss, entrevista de la autora, Londres: mayo de 1998.

67. Informe de la Cruz Roja holandesa. Colección de RIOD.

68. Hilde Jacobsthal en *A Survivor's Story*, por Art Myers.

69. Lientje Brilleslijper-Jaldati, *Memories of Anne Frank*, en folleto de prensa para la película *Ein Tagebuch für Anne Frank* (Berlín: VEB Progress Film-Vertrieb 1959).

70. Eberhard Kolb, *Bergen-Belsen, from 1943-1945* (Gottingen: Sammlung Vandenhoeck 1988), p. 47.

71. Paul Kemp, Capítulo *The British Army and the Liberation of Bergen-Belsen, April 1945* en *Belsen in History and Memory* (Londres: Frank Cass 1997), pp. 146-147.

72. Paul Kemp, Capítulo *The British Army and the Liberation of Bergen-Belsen, April 1945* en *Belsen in History and Memory* (Londres: Frank Cass 1997), pp. 136-137.

73. No he podido encontrar mi fuente original de esta cita. Cualquiera que crea tener derechos sobre ella debe ponerse en contacto con la autora.

74. No he podido encontrar mi fuente original de esta cita. Cualquiera que crea tener derechos sobre ella debe ponerse en contacto con la autora.

Capítulo 9

1. Alice Frank, postal, 20 de mayo de 1945. Colección privada de Buddy Elias.

2. Otto Frank, carta, 26 de mayo de 1945. Colección privada de Buddy Elias.

3. Otto Frank, memorias. Colección privada de Buddy Elias.

4. Se refiere a Buddy y a Stephan.

5. El hermano mayor de Otto.

6. Otto Frank, carta, 8 de junio de 1945. Colección privada de Buddy Elias.

7. Primos.

8. La esposa de Robert.

9. Robert Frank, carta, 12 de junio de 1945. Colección privada de Buddy Elias.

10. Lottie Frank, carta, 18 de junio de 1945. Colección privada de Buddy Elias.

11. Otto Frank, carta, 21 de junio de 1945. Colección privada de Buddy Elias.

12. Herbert Frank, carta, 23 de junio de 1945. Colección privada de Buddy Elias.

13. Julius Holländer, carta, 30 de junio de 1945. Colección privada de Buddy Elias.

14. Eva Schloss & Evelyn Julia Kent, *Eva's Story* (Londres: W.H.Allen 1988), p. 215.

15. Capítulo 4, *Imprisonment and Deportation*, en *The Diary of Anne Frank: The Critical Edition* (Londres: Viking 1989), p. 55.

16. Capítulo 4, *Imprisonment and Deportation*, en *The Diary of Anne Frank: The Critical Edition* (Londres: Viking 1989), p. 56.

17. Otto Frank, memorias. Colección privada de Buddy Elias. Hay otra versión de cómo descubrió Otto que sus hijas habían muerto. Miep recuerda que Otto recibió una carta dándole la noticia, pero como la carta está fechada el 11 de noviembre y Otto sabía sin duda desde finales de agosto que sus hijas habían muerto, esto no parece probable. Por supuesto, puede que hubiera una carta anterior, pero yo me he basado en la versión dada en *The Last Seven Months*.

18. Conversación con Miep y Jan Gies, 18 de febrero de 1981. Colección de RIOD.

19. Familia Frank-Elias, telegrama, 6 de agosto de 1945. Colección privada de Buddy Elias.

20. Ilse Ledermann, carta, 16 de noviembre de 1943, en *Saturday and Sunday: «We're on our way, Farewell, my Darlings»*, 4 de mayo de 1985, por Miki Shoshan.

21. Hanneli Pick-Goslar en Willy Lindwer, *The Last Seven Months of Anne Frank* (Nueva York: Pantheon Books 1991), p. 33.

22. Fritzi Frank en Eva Schloss & Evelyn Julia Kent, *Eva's Story* (Londres: W. H. Allen 1988), p. 221.

23. Eva Schloss, entrevista de la autora, Londres: enero de 1998.

24. Otto Frank, carta, 11 de agosto de 1945. Colección privada de Buddy Elias.

25. Otto Frank, carta, 19 de agosto de 1945. Colección privada de Buddy Elias.

26. Otto Frank, carta, 20 de agosto de 1945. Colección privada de Buddy Elias.

27. Otto Frank, carta, 1 de septiembre de 1945. Colección privada de Buddy Elias.

28. Otto Frank, carta, 6 de septiembre de 1945. Colección privada de Buddy Elias.

29. Betty-Ann Wagner en *New York Times: Anne Frank Letter to Iowa Pen-Pal to be Sold*, 22 de julio de 1988.

30. Buddy.

31. Otto Frank, carta, 6 de septiembre de 1945. Colección privada de Buddy Elias.

32. El Año Nuevo judío.

33. Otto Frank, carta, 14 de septiembre de 1945. Colección privada de Buddy Elias.

34. Otto Frank, carta, 26 de septiembre de 1945. Colección privada de Buddy Elias.

35. Otto Frank, memorias. Colección privada de Buddy Elias.

36. Otto Frank, carta, 30 de septiembre de 1945. Colección privada de Buddy Elias.

37. Conversación con Miep Gies-Santrouschitz, 18 de febrero de 1981. Colección de RIOD.

38. Segundo escrito a máquina de Otto.

39. Buddy Elias, entrevista de la autora, Cheltenham: octubre de 1997.

40. Eva Schloss, entrevista de la autora, Londres: enero y mayo 1998.

41. Eva Schloss & Evelyn Julia Kent, *Eva's Story* (Londres: W.H. Allen 1988), p. 222.

42. Nathan Strauss, carta, 25 de octubre de 1945. Colección privada de Buddy Elias.

43. Otto Frank, carta, 14 de noviembre de 1945. Colección privada de Buddy Elias.

44. Otto Frank, carta, 11 de noviembre de 1945. Colección privada de Buddy Elias.

45. Capítulo 5, *The Diaries, «Het Achterhuis» and the Translations*, en *The Diary of Anne Frank: The Critical Edition* (Londres: Viking 1989), p. 63.

46. Conversación con Ab Cauvern, 23 de enero de 1981. Colección de RIOD.

47. Conversación con Miep y Jan Gies, 18 de febrero de 1981. Colección de RIOD.

48. Capítulo 5, *The Diaries, «Het Achterhuis» and the Translations*, en *The Diary of Anne Frank: The Critical Edition* (Londres: Viking 1989), p. 64.

49. Otto Frank, carta, 12 de diciembre de 1945. Colección privada de Buddy Elias.

50. Conversación con el señor M. G., 8 de abril de 1981. Colección de RIOD.

51. Jacqueline van Maarsen, entrevista de la autora, Amsterdam: febrero de 1998.

52. Declaración de Werner Cahn, 12 de marzo de 1981. Colección de RIOD.

53. Jan Romein, *Het Parool: A Child's Voice*, 3 de abril de 1946.

54. Conversación con el rabino I. H., 23 de febrero de 1981. Colección de RIOD.

55. Conversación con la señora M. B., 12 de enero de 1981. Colección de RIOD.

56. Eva Schloss, entrevista de la autora, Londres: enero de 1998.

57. Otto Frank, memorias. Colección privada de Buddy Elias.

58. Otto Frank, diario, 25 de junio de 1947, fotocopia. Colección de RIOD.

Capítulo 10

1. Dr. Jacob Presser, *Ashes in the Wind: The Destruction of Dutch Jewry* (Londres: Souvenir Press 1968), p. 392.

2. Dr. Jacob Presser, *Ashes in the Wind: The Destruction of Dutch Jewry* (Londres: Souvenir Press 1968), p. 392.

3. Eva Fogelman, *Conscience and Courage: Rescuers of Jews During the Holocaust* (Londres: Cassel 1995), p. 72.

4. Johannes Kleiman, carta, sin fecha, en Capítulo 3, *The Betrayal*, en *The Diary of Anne Frank: The Critical Edition* (Londres: Viking 1989), pp. 30-31.

5. *Diario*, 4 de marzo de 1943 (b), p. 339.

6. Maletín o cartera; ver carta de Kugler citada en este capítulo.

7. Se habla de estos asuntos en la carta de Kugler.

8. *Diario*, 16 de septiembre de 1943 (b), p. 405.

9. *Diario*, 29 de septiembre de 1943 (b), p. 408.

10. *Diario*, 18 de abril de 1944 (a), p. 613.

11. Después de un robo.

12. *Diario*, 21 de abril de 1944 (a), p. 616.

13. *Diario*, 25 de abril de 1944 (a), p. 618.

14. Miep Gies en Capítulo 3, *The Betrayal*, en *The Diary of Anne Frank: The Critical Edition* (Londres: Viking 1989), p. 30.

15. Otto Frank, carta, 11 de noviembre de 1945. Colección privada de Buddy Elias.

16. Kleiman en Capítulo 3, *The Betrayal*, en *The Diary of Anne Frank: The Critical Edition* (Londres: Viking 1989), p. 31.

17. Todas las declaraciones de Van Maaren en Capítulo 3, *The Betrayal*, en *The Diary of Anne Frank: The Critical Edition* (Londres: Viking 1989), p. 33.

18. P. J. Genot en Capítulo 3, *The Betrayal*, en *The Diary of Anne Frank: The Critical Edition* (Londres: Viking 1989), p. 32.

19. Todas las declaraciones de L. Hartog en Capítulo 3, *The Betrayal*, en *The Diary of Anne Frank: The Critical Edition* (Londres: Viking 1989), p. 33.

20. Uno de los negocios vecinos.

21. Todas las declaraciones de Van Maaren en Capítulo 3, *The Betrayal*, en *The Diary of Anne Frank: The Critical Edition* (Londres: Viking 1989), pp. 33-34.

22. Informe del PRA en Capítulo 3, *The Betrayal*, en *The Diary of Anne Frank: The Critical Edition* (Londres: Viking 1989), p. 34.

23. Simon Wiesenthal, *Justice Not Vengeance: The Test Case* (Londres: Weidenfield & Nicholson, 1989), pp. 335-340.

24. Simon Wiesenthal, *Justice Not Vengeance: The Test Case* (Londres: Weidenfield & Nicholson, 1989), pp. 335-340.

25. Hella Pick, *Simon Wiesenthal: A Life in Search of Justice* (Londres: Weidenfield & Nicholson, 1996), p. 173.

26. *The New York Herald Tribune*, 21 de noviembre de 1963.

27. *Los Angeles Times*, 21 de noviembre de 1963.

28. *The New York Times*, 22 de noviembre de 1963.

29. Artículo de periódico, *Arrest Starts New Anne Frank Inquiry*, por Peter Hann. No he podido encontrar en qué periódico apareció este artículo. Cualquiera que crea tener derechos sobre esta cita debe ponerse en contacto con la autora.

30. J. J. de Kok en Capítulo 3, *The Betrayal*, en *The Diary of Anne Frank: The Critical Edition* (Londres: Viking 1989), p. 35.

31. *The Haagse Post: «I went through a lot of misery»; HP's Huf speaks to SD man Silberbauer*, 30 de noviembre de 1963, por Jules Huf.

32. *The Haagse Post: «I went through a lot of misery»; HP's Huf speaks to SD man Silberbauer*, 30 de noviembre de 1963, por Jules Huf.

33. *The Haagse Post: «I went through a lot of misery»; HP's Huf speaks to SD man Silberbauer*, 30 de noviembre de 1963, por Jules Huf.

34. *The Haagse Post: «I went through a lot of misery»; HP's Huf speaks to SD man Silberbauer*, 30 de noviembre de 1963, por Jules Huf.

35. *The Haagse Post: «I went through a lot of misery»; HP's Huf speaks to SD man Silberbauer*, 30 de noviembre de 1963, por Jules Huf.

36. *The Haagse Post: «I went through a lot of misery»; HP's Huf speaks to SD man Silberbauer*, 30 de noviembre de 1963, por Jules Huf.

37. *The Haagse Post: «I went through a lot of misery»; HP's Huf speaks to SD man Silberbauer*, 30 de noviembre de 1963, por Jules Huf.

38. *The Haagse Post: «I went through a lot of misery»; HP's Huf speaks to SD man Silberbauer*, 30 de noviembre de 1963, por Jules Huf.

39. Como se ha dicho en las notas al pie del prólogo, nadie fue capaz de ponerse de acuerdo acerca del número exacto de hombres que iban con Silberbauer en la redada.

40. *The Haagse Post: «I went through a lot of misery»; HP's Huf speaks to SD man Silberbauer*, 30 de noviembre de 1963, por Jules Huf.

41. Silberbauer está equivocado; las marcas de altura estaban en la pared, pero cerca de la puerta de la habitación de Ana.

42. *The Haagse Post*: «*I went through a lot of misery*»; *HP's Huf speaks to SD man Silberbauer*, 30 de noviembre de 1963, por Jules Huf.

43. *The Haagse Post*: «*I went through a lot of misery*»; *HP's Huf speaks to SD man Silberbauer*, 30 de noviembre de 1963, por Jules Huf.

44. *The Haagse Post*: «*I went through a lot of misery*»; *HP's Huf speaks to SD man Silberbauer*, 30 de noviembre de 1963, por Jules Huf.

45. *The Haagse Post*: «*I went through a lot of misery*»; *HP's Huf speaks to SD man Silberbauer*, 30 de noviembre de 1963, por Jules Huf.

46. Otto Frank en Capítulo 3, *The Betrayal*, en *The Diary of Anne Frank: The Critical Edition* (Londres: Viking 1989), p. 35.

47. Bep Voskuijl en Capítulo 3, *The Betrayal*, en *The Diary of Anne Frank: The Critical Edition* (Londres: Viking 1989), p. 35.

48. Miep Gies en Capítulo 3, *The Betrayal*, en *The Diary of Anne Frank: The Critical Edition* (Londres: Viking 1989), pp. 35-36.

49. Willi Lages en Capítulo 3, *The Betrayal*, en *The Diary of Anne Frank: The Critical Edition* (Londres: Viking 1989), p. 44.

50. Los artículos eran de Carole Kleesiek y Simon Wiesenthal, y ambos aparecieron el 26 de julio de 1964.

51. Van Maaren en Capítulo 3, *The Betrayal*, en *The Diary of Anne Frank: The Critical Edition* (Londres: Viking 1989), p. 38.

52. Capítulo 3, *The Betrayal*, en *The Diary of Anne Frank: The Critical Edition* (Londres: Viking 1989), p. 39.

53. Departamento de Estado de Investigación Criminal, carta, 4 de noviembre de 1964, en Capítulo 3, *The Betrayal*, en *The Diary of Anne Frank: The Critical Edition* (Londres: Viking 1989), p. 40.

54. Capítulo 3, *The Betrayal*, en *The Diary of Anne Frank: The Critical Edition* (Londres: Viking 1989), p. 43.

55. Otto Frank, memorias. Colección privada de Buddy Elias.

56. Otto Frank, *Life Magazine: Anne Frank Would Have Been Fifty This Year*, marzo de 1979.

57. Ésta es probablemente la extraña puerta/ventana del dormitorio de Peter, que puede verse desde la casa de delante.

58. En el almacén, probablemente.

59. Jubiloso.

60. Victor Kugler, carta, sin fecha pero del año 1963. Colección privada de Buddy Elias.

61. *Diario*, 1 de marzo de 1944 (a), p. 504.

62. Su nombre está en el documento en los archivos de RIOD.

63. Conversación con la señora B., 6 de febrero de 1981. Colección de RIOD.

64. Conversación con el señor H. Wijnberg, 13 de octubre de 1981. Colección de RIOD.

65. Conversación con el señor H. Wijnberg, 13 de octubre de 1981. Colección de RIOD.

66. Señor H. Wijnberg, transcripción de la entrevista para el documental de Jon Blair, *Anne Frank Remembered* (Jon Blair 1995). Colección privada de Jon Blair.

67. *Diario*, 3 de noviembre de 1943 (b), p. 412.

68. *Diario*, 15 de abril de 1944 (a), p. 604.

69. Capítulo 3, *The Betrayal*, en *The Diary of Anne Frank: The Critical Edition* (Londres: Viking 1989), pp. 44-45.

Epílogo

1. Jetteke Frijda, entrevista de la autora, Amsterdam: marzo de 1998.

2. Werner Peter Pfeffer (Peter Pepper), transcripciones de entrevista para el documental de Jon Blair, *Anne Frank Remembered* (Jon Blair 1995). Colección privada de Jon Blair.

3. Otto Frank en *The Global Magazine: Postscripts to a Diary* 1965, por E. C. Farrel.

4. B. M. Mooyaart-Doubleday en *The Jewish Week*, 19 de mayo de 1995.

5. B. M. Mooyaart-Doubleday en *The Jewish Week*, 19 de mayo de 1995.

6. Leslie Mooyaart-Doubleday en *The Jewish Week*, 19 de mayo de 1995.

7. Tony Kushner, capítulo *I Want To Go On Living After My Death: The Memory of Anne Frank* en Martin Evans & Kenneth Lunn (editores) *War and Memory in the Twentieth Century* (Londres: Berg Publishers, 1997), p. 10.

8. Otto Frank, carta, junio de 1952, en Lawrence Graver, *An Obsession with Anne Frank* (Londres: University of California Press, 1995), p. 54.

9. Rabino David Soetendorp, *Anne Frank Educational Trust U.K.: Diary 1997*, p. 3.

10. El conflicto entre Otto Frank, Meyer Levin y otras partes implicadas es complejo y largo. Los lectores interesados pueden tomar nota de dos libros que tratan el tema: *An Obsession with Anne Frank* de Lawrence Graver (Londres: University of California Press, 1995) y *The Lost Legacy of Anne Frank* (Estados Unidos: Yale University, 1997), de Ralph Melnick.

11. Otto Frank, carta, octubre de 1955, en Anne Frank Stichting, *A History for Today* (Amsterdam: Anne Frank Stichting 1996), p. 84.

12. Tony Kushner, capítulo *I Want To Go On Living After My Death: The Memory of Anne Frank* en Martin Evans & Kenneth Lunn (editores) *War and Memory in the Twentieth Century* (Londres: Berg Publishers, 1997), p. 13.

13. Ralph Menick, *The Lost Legacy of Anne Frank* (Estados Unidos: Yale University, 1997), p. 168.

14. Lawrence Graver, *An Obsession with Anne Frank* (Londres: University of California Press, 1995), p. 54.

15. Otto Frank, carta, en Judith Doneson, capítulo *The Diary of Anne Frank in Post-War America* en *The Holocaust in American Film* (Estados Unidos: The Jewish Publication Society, 1987), p. 71.

16. Tony Kushner, capítulo *I Want To Go On Living After My Death: The Memory of Anne Frank* en Martin Evans & Kenneth Lunn (editores)*War and Memory in the Twentieth Century* (Londres: Berg Publishers, 1997), p. 14.

17. *Reader's Supplement* en *Anne Frank: The Diary of a Young Girl* (Nueva York: Washington Square Press, 1972), p. 18.

18. Crítica del *New York Times* citada en *Reader's Supplement* en *Anne Frank: The Diary of a Young Girl* (Nueva York: Washington Square Press, 1972), p. 19.

19. Jetteke Frijda, entrevista de la autora, Amsterdam, marzo 1998.

20. Johannes Kleiman en *Snapshot: The Anne Frank House.*

21. George Stevens en *Anne Frank comes to Hollywood.* No he podido encontrar más detalles de esta publicación. Cualquiera que crea tener derechos sobre esta cita debe ponerse en contacto con la autora.

22. Audrey Hepburn se convirtió más tarde en patrocinadora del Anne Frank Educational Trust U.K.

23. Tony Kushner, capítulo *I Want To Go On Living After My Death: The Memory of Anne Frank* en Martin Evans & Kenneth Lunn (editores)*War and Memory in the Twentieth Century* (Londres: Berg Publishers, 1997), p. 16.

24. Eva Schloss, entrevista de la autora, Londres: mayo de 1998.

25. Eva Schloss, entrevista de la autora, Londres: mayo de 1998.

26. *Het Vrij Volk: Anne Frank Secret Annexe Awaits The Wrecker's Ball,* 23 de noviembre de 1955.

27. Otto Frank, *Life Magazine: Anne Frank Would Have Been Fifty This Year,* marzo de 1979, por Otto Frank.

28. Dra. Trude K. Holländer, carta a la autora, 25 de marzo de 1998.

29. Jon Blair, *New York Times Book Review: Compulsion,* 28 de septiembre de 1997, p. 3.

30. Otto Frank en *Moment,* diciembre de 1977, por Peter Straus.

.31. Otto Frank en *Coronet: Has Germany Forgotten Anne Frank?,* febrero de 1960.

32. Otto Frank en *The Global Magazine: Postscripts to a Diary,* 1965, por E. C. Farrel.

33. Gerrold van der Stroom, *Anne Frank and her Diaries,* Instituto de Estudios Judíos, University College, Londres, junio de 1997. p. 1.

34. Otto Frank, memorias. Colección privada de Buddy Elias.

35. Las dos ideas fueron vetadas por el Anne Frank-Fonds de Basilea.

36. KRO-TV, *Reporter: Anne's Legacy,* 1995.

37. Gerrold van der Stroom, *Anne Frank and her Diaries*, Instituto de Estudios Judíos, University College, Londres, junio de 1997. p. 6.

38. Gerrold van der Stroom, *Anne Frank and her Diaries*, Instituto de Estudios Judíos, University College, Londres, junio de 1997. p. 6.

39. Cynthia Ozick, *The New Yorker: Who Owns Anne Frank?*, 6 de octubre de 1977.

40. *Life Entertainment Story: The Censoring of Anne Frank*, 11 de octubre de 1997.

41. Richard Cohen, *The Washington Post: Anne Frank's Book About Hate*, 30 de octubre de 1997.

42. *Diario*, 5 de abril de 1955 (a), p. 588.

43. Tony Kushner, capítulo *I Want To Go On Living After My Death: The Memory of Anne Frank* en Martin Evans & Kenneth Lunn (editores) *War and Memory in the Twentieth Century* (Londres: Berg Publishers, 1997), pp. 3-16.

44. Otto Frank, carta, Abril de 1954, Ralph Menick, *The Lost Legacy of Anne Frank* (Estados Unidos: Yale University, 1997), p. 103.

Nota final

1. Cornelis Suijk, *The New York Times: New Found Pages From Anne Frank's Diary Set Off Furore*, 10 de septiembre de 1998, por Ralph Blumenthal.

2. *Diario*, 8 de febrero de 1944 (a), p. 482.

3. David Barnouw, *The Observer: Anne Frank's Father Censored Her Diaries To Protect The Family*, 23 de agosto de 1998, por Jay Rayner.

4. Buddy Elias, *The New York Times: New Found Pages From Anne Frank's Diary Set Off Furore*, 10 de septiembre de 1998, por Ralph Blumenthal.

5. Buddy Elias, *The New York Times: New Found Pages From Anne Frank's Diary Set Off Furore*, 10 de septiembre de 1998, por Ralph Blumenthal.

6. *The New York Times: New Found Pages From Anne Frank's Diary Set Off Furore*, 10 de septiembre de 1998, por Ralph Blumenthal.

7. Artículo de prensa de RIOD y Anne Frank-Fonds, julio de 1998. Colección de la autora.

8. *NRC Handelsblad*, 25 de agosto de 1998.

9. *NRC Handelsblad*, 25 de agosto de 1998.

10. Melissa Muller, *Man Holding Diary Pages To Turn Them Over If Buyer Not Found*, 9 de septiembre de 1998, Fox News Web Site.

11. Cor Suijk, *De Volkstrant*, 26 de agosto de 1998.

12. Cor Suijk, *Anne Frank «Sponsorship» Idea Sparks Outrage*, 21 de septiembre de 1998, Fox News Web Site.

13. Cor Suijk, *Anne Frank «Sponsorship» Idea Sparks Outrage*, 21 de septiembre de 1998, Fox News Web Site.

14. Hans Knoop, «Éste no es...» en *Anne Frank «Sponsorship» Idea Sparks Outrage*, 21 de septiembre de 1998, Fox News Web Site; «Para millones...» *Jewish Community Denounces Man With New Pages of Anne Frank's Diary*, 18 de septiembre de 1998, Fox News Web Site.

15. Cor Suijk, *Jewish Community Denounces Man With New Pages of Anne Frank's Diary*, 18 de septiembre de 1998, Fox News Web Site.

16. Hans Knoop, *Anne Frank «Sponsorship» Idea Sparks Outrage*, 21 de septiembre de 1998, Fox News Web Site.

17. Frits Campagne, *The Independent: Anne Frank's Lost Pages Published*, 27 de agosto de 1998, por Kathy Marks.

18. David Barnouw, *The Observer: Anne Frank's Father Censored Her Diaries To Protect The Family*, 23 de agosto de 1998, por Jay Rayner.

19. *Diario*, 12 de enero de 1944 (a), p. 454.

20. *Diario*, 20 de junio de 1942 (b), p. 180.

21. Cornelis Suijk, *Anne Frank «Sponsorship» Idea Sparks Outrage*, 21 de septiembre de 1998, Fox News Web Site.

22. Otto Frank, memorias. Colección privada de Buddy Elias.

Índice de materias